"十三五"普通高等教育本科系列教材

发电厂动力部分

（第三版）

主编　关金峰　李加护
编写　于淑梅　危日光
主审　谢诞梅

中国电力出版社
CHINA ELECTRIC POWER PRESS

内 容 提 要

本书为"十三五"普通高等教育本科系列教材。全书分为火力发电厂动力部分、水力发电厂动力部分、原子能发电厂动力部分共三篇十三章,各篇阐述了各电厂动力部分的基本理论和基本知识,主要动力设备的工作原理、结构、系统布置和运行方式。各章后附有习题和思考题,供复习参考。

本书可作为高等院校非热能与动力工程专业教学用书,也可供电厂相关技术人员参考使用。

图书在版编目(CIP)数据

发电厂动力部分/关金峰,李加护主编. —3 版. —北京:中国电力出版社,2015.8(2025.6 重印)

"十三五"普通高等教育本科规划教材

ISBN 978-7-5123-8071-4

Ⅰ.①发… Ⅱ.①关…②李… Ⅲ.①发电厂-动力装置-高等学校-教材 Ⅳ.①TM621

中国版本图书馆 CIP 数据核字(2015)第163297号

中国电力出版社出版、发行

(北京市东城区北京站西街19号 100005 http://www.cepp.sgcc.com.cn)

望都天宇星书刊印刷有限公司印刷

各地新华书店经售

*

1998 年 9 月第一版

2015 年 8 月第三版 2025 年 6 月北京第三十八次印刷

787 毫米×1092 毫米 16 开本 16 印张 385 千字

定价 **45.00** 元

前　言

　　《发电厂动力部分》第一版是根据 1995 年 8 月全国普通高等学校电力工程类专业教学指导委员会扩大会议讨论制定的教材编写大纲的要求，为非能源动力类专业编写的教学用书。2007 年为贯彻落实教育部《关于进一步加强高等学校本科教学工作的若干意见》的精神，根据中国电力教育协会组织制定的普通高等教育"十一五"规划教材的编写要求，强调适应不同层次、不同类型院校，满足学科发展和人才培养需求的基础上，对教材进行了修订。

　　经过"十一五"和"十二五"期间的使用，本书得到了广大院校师生的认可，已累计印刷 26 次，发行量达到 8 万余册，这说明该教材能充分满足相关专业对发电厂动力部分课程的教学需要，体现了本书的教学适用性。为了使教材能反映我国电力技术发展的水平，进一步满足高等学校专业教学的需要，此次修订，对教材内容和体系只做了一些必要的删节、增补和调整，不做大的变动；对电力行业发展现状及相关的新知识和新技术进行更新；对概念、理论的阐述，文字的表达，图文的配合进行了认真的审核和修订。

　　本书由关金峰编写绪论和第十～十三章，于淑梅、危日光编写第一、二、七～九章，于淑梅、李加护编写第三、五、六章，李加护编写第四章。关金峰、李加护任主编，李加护负责全书的修订和统稿工作。

　　限于编者水平，本书仍有不足之处，恳请广大师生、读者批评指正。

编　者

2015 年 6 月

第一版前言

《发电厂动力部分》是根据全国普通高等学校电力工程类专业教学指导委员会发电厂教学组，1995年8月扩大会议讨论制定的编写大纲要求，为"电力系统及其自动化"专业（本科）编写的教学用书。

全书按课内50学时编写。内容分为火力发电厂动力部分、水力发电厂动力部分和原子能发电厂（核电厂）动力部分三篇。各篇阐述了各电厂动力部分的基本理论和基本知识，主要动力设备的工作原理、结构、系统布置和运行方式。各章后附有习题和思考题。在内容编排上，注重吸纳成熟的新技术成果，适应电力技术历史阶段性发展的水平。教师在使用本教材时，可以根据各地区、各院校的教学特点，对教材内容进行取舍。

全书由华北电力大学编写。关金峰任主编。于淑梅编写第一篇；关金峰编写绪论、第二篇、第三篇。由西安交通大学李朝阳审稿。在本教材的编写过程中，听取了各兄弟院校对教材有关内容的取舍意见和建议，在此一并致以谢意。

限于编者水平，对于教材中的缺点和不足，恳请广大师生和读者给予批评指正。

编　者

1997年9月

第二版前言

为贯彻落实教育部《关于进一步加强高等学校本科教学工作的若干意见》和《教育部关于以就业为导向深化高等职业教育改革的若干意见》的精神，加强教材建设，确保教材质量，中国电力教育协会组织制订了普通高等教育"十一五"教材规划。该规划强调适应不同层次、不同类型院校，满足学科发展和人才培养的需求，坚持专业基础课教材与教学急需的专业教材并重、新编与修订相结合。本书为修订教材。

《发电厂动力部分》第一版是根据 1995 年 8 月全国普通高等学校电力工程类专业教学指导委员会扩大会议讨论制订的教材编写大纲的要求，为非热动专业（本科）编写的教学用书。该教材的第一版由华北电力大学关金峰主编，其中于淑梅编写了第一篇。教材自 1998年 9 月出版发行以来，已历经十二次重印，为使教材能反映我国电力技术历史阶段性发展的水平，适应普通高等学校专业教学的需要，按照"普通高等教育'十一五'教材规划"精神，于 2005 年着手对第一版进行修订工作。

教材修订后，仍由相对自成体系的三篇（第一篇：火力发电厂动力部分；第二篇：水力发电厂动力部分；第三篇：原子能发电厂动力部分）组成，共分为十三章。各章注重基本理论知识的阐述，注重对与大型发电机组发展相适应的主要发电动力设备结构、工作原理、系统布置及运行方式等作较为系统、全面的介绍。各章前附有摘要，各章后附有小结、思考题和习题，便于教学（或自学）中掌握要点和针对各非热动专业教学要求的不同，进行相应的内容取舍。

第二版修订，仍由华北电力大学关金峰教授主编，绪论部分和第十、十一、十二、十三章由关金峰编写；第三、五、六章由于淑梅、李加护编写，李加护增编了第四章（关于流体力学）的相关知识内容，第一、二、七、八、九章由于淑梅、危日光编写。李加护对全部修订稿的整理和组织做了大量工作。

本书由武汉大学谢诞梅教授担任主审，并提出了许多珍贵的意见和建议，在此深表谢意。

限于编者水平，对修订后教材的缺点和不足之处，恳请广大师生、读者批评、指正。

编　者
2007 年 7 月

目　录

绪　　论

一、能源知识概述

能源，是指产生机械能、热能、光能、电磁能、化学能等各种能量的自然资源，是人类赖以生存和发展工业、农业、国防、科学技术，改善人民生活所必需的燃料和动力来源。

基本性质不同的各种能源，对人类的社会活动有着不同的重要作用。目前人类在日常生活和生产过程中大规模应用的能源，主要来自煤炭、石油、天然气、草木燃料、太阳辐射能；另外还有水力、风力、波浪能，地球内部的地热能，铀、钍、氘等原子核能，它们都是以现成的形式存在于自然界的能源，称之为"一次能源"。通过人类的生产活动，依靠一次能源制取的能源，如电能、煤气、甲醇以及由石油提取出来的各种成品油类等，称之为"二次能源"。

一次能源中的煤炭、石油、天然气等化石燃料和当前可供开发利用的铀、钍、氘等原子核能燃料，都是在远古时代地球自然变迁过程中生成的载能体物质。相对来说，它们随着本身的自然转化，或是人类的开发利用而逐渐减少。这些由地球为人类储存的宝贵能量资源，用一点就少一点，不会再生，称之为不可再生能源。而如水力、风力、草木燃料、地热能和太阳辐射能等，不会因其本身的转化和人类的开发利用而日益减少，它们依自然规律而循环再生和被重复利用，称之为可再生能源。

随着科学技术的发展和人类对能源价值认识的加深，世界上对一次能源的消费结构发生着变化，煤炭、石油、天然气、水力和原子核裂变能，构成了当今世界一次能源的五大支柱。而其中的天然气、石油和优质煤，愈来愈多地被当作宝贵的化工原料使用，世界各国不再毫无限制地把它们当作能源消耗掉，而劣质煤、水力、原子核裂变能则越来越多地成为能源消费的主体。加之对风能、地热能、太阳辐射能、生物质能和原子核裂变能等多种能源利用的研究、探索和工业开发，可以预见，世界上耗用一次能源的结构，将会发生更加巨大的变化。

在"二次能源"中，电能是最具生命力的优质能源。它能很方便地转变成机械、热、光、声、化学等多种形式的能量；电能十分便于通过变压设备和电力输送线路，实现远距离传输而损失较少。对电能的生产和使用，能实现有效而精确的控制，在机械加工、化学、生物、医疗、农业生产和国防等各个领域，电能已是无可替代的能源形式，并给某些科学研究和生产技术带来根本性的变革。

在人类生产、生活的各个领域，电气化的程度已是国民经济现代化的重要标志之一。电力工业是为国民经济各个领域提供电能的部门。世界上各个国家发展国民经济的正反两方面经验都证明了，没有雄厚而又高速发展的电力工业为基础，就不可能实现国民经济的高速发展。

二、电力的主要生产方式及其生产过程

电能由各种一次能源按不同的转换方式而获得。具有一定转换规模、能连续不断对外界提供电能的工厂，称为发电厂。

　　基于一次能源种类和转换方式的不同，发电厂可分为不同的类型，例如：火力发电厂、水力发电厂、原子能发电厂、风力发电厂、地热发电厂和太阳能发电厂等。目前世界上已形成规模，具有成熟开发利用技术、并已大批量投入商业运营的发电厂，主要是火力发电厂（简称火电厂）、水力发电厂（简称水电厂）和原子能发电厂（简称核电厂）。

　　在这些发电厂中，用以实现"燃料"能量释放、热能传递和热能—机械能转换的设备和系统，称作发电厂的动力部分；用于电能的产生、变压、分配的设备和系统，称作发电厂的电气部分。本课程的任务，是针对火力发电厂、水力发电厂和原子能发电厂（核电厂）的动力部分，介绍能量转换的基本规律和转换原理，能量转换所需设备及其系统布置，电厂动力设备的运行和控制、维护等有关知识。

　　1. 火力发电厂动力部分组成及其生产过程

　　火力发电厂是利用煤炭、石油、天然气或其他燃料的化学能生产电能的工厂。火电厂的类型很多，但从能量转换观点分析，其基本过程是：燃料的化学能→热能→机械能→电能。世界上多数国家的火电厂以燃煤为主。我国煤炭资源丰富，燃煤电厂占 70% 以上。一座装机容量为 600MW 的燃煤火力发电厂，每昼夜所需燃煤量和除灰量，分别高达 1 万多吨和几千吨。囿于繁重的煤炭运输和灰渣的处理问题，我国将致力于优先发展坑口电厂（如山西、陕西、内蒙古、河南和贵州等煤炭基地）、港口电厂（如东南沿海和沿江地区）和路口电厂（沿铁路主干线）。

　　煤炭由海、陆路运到火电厂后，经预处理送至主厂房（暂时用不着的部分送至电厂的储煤场），在制粉车间被磨煤机磨制成粒径为 $50\mu m$ 左右的干燥细煤粉。合格的煤粉与助燃用热空气一起由锅炉燃烧系统设备送入锅炉炉膛。电厂锅炉是一个深和宽各十多米、高几十米的庞大热交换器。煤粉和空气在锅炉炉膛空间内悬浮进行强烈的混合和氧化燃烧，燃料的化学能转化为热能。热能以辐射和热对流方式传递给锅内的高压水介质，分阶段完成水的预热、汽化和过热过程，使水成为高压高温的过热水蒸气。锅炉产生的废烟气和固态灰渣，经由无害化处理后，烟气排入大气，灰渣做多种经营再利用或排放到储灰场。

　　锅炉生产的合格蒸汽，经管道有控制地送入汽轮机。汽轮机是一个实现蒸汽热能向机械能转换的高速旋转发动机。蒸汽在汽轮机内绝热地降温降压，其热能部分地转换成汽轮机转子旋转机械功。压力和温度很低的乏汽从汽轮机末端经排汽管排入凝汽器，并在凝汽器中放出汽化热面凝结成水。

　　凝汽器收集的凝结水，经回热加热系统逐级加热并去除含氧等杂质，再由给水泵一次加压到锅炉所需压力，然后送入锅炉重复上述预热、汽化和过热过程，形成高温高压过热蒸汽，进入汽轮机做功。

　　高速旋转的汽轮机转子通过联轴器拖动发电机发出电能，电能由发电厂电气部分的升变电设备送入电力系统。

　　综上所述，燃煤火力发电厂动力部分是由制粉系统设备（磨制煤粉，使之能在锅炉炉膛内迅速而有效燃烧）、锅炉设备（实现燃料化学能的释放，并转变成水蒸气携带的热能）、汽轮机设备（实现蒸汽热能部分地转变为旋转机械能）、凝汽器设备（实现乏汽冷凝，并回收干净的凝结水）和给水泵设备（将给水加压后供给锅炉）等组成的。这些动力设备的结构和系统布置、工作原理和工作过程、设备运行和维护知识，是本课程的重要学习内容之一。

2. 水力发电厂动力部分组成及其生产过程

江河流水具有动能和势能。水流量的大小和水头的高低，决定了水流能量的大小。

水能是再生能源，蒸发和降水自然循环使江河水体川流不息。水能又是过程性能源，这种比较集中的能量过程不被利用时，便消耗于自然衍变之中，有的还会造成公害（如洪水泛滥、河床冲蚀和河流改道等）。

水电厂是将水能转变为电能的工厂。从能量转换的观点分析，其过程为水能→机械能→电能。实现这一能量转变的生产方式，一般是在河流的上游筑坝，提高水位以造成较高的水头；建造相应的水工设施，以有控制地获取集中的水流。

水经引水机构将集中的水流引入坝后水电厂内的水轮机，驱动水轮机旋转，水能便被转变为水轮机的旋转机械功。与水轮机直接相连接的发电机将机械能转换成电能，并由电气系统升压分配送入电网。

各种不同类型的水电厂，其动力部分所包括的蓄水、引水等水工设施和水轮机的型式也各不相同。水电厂装机容量的大小，水电厂在电力系统中的地位和调节运行方式等，都是本课程分别予以阐述和分析的重要内容。

3. 原子能发电厂（核电厂）动力部分组成及其生产过程

物质原子的原子核之所以如此紧密地结合在一起，是由于组成核的各个核子（中子与质子）之间，具有强大的结合力。重核分裂和轻核聚合时，都会放出巨大的能量，这种能量统称为"核能"，即通常所说的原子能。人类利用核能发电是在 20 世纪 50 年代开始的，技术上已比较成熟，目前大量投入了商业运营的，只是重核裂变释放出的裂变能用于发电的方式，可控的轻核聚变释放出的核能对电能的转换，仍处于试验探索阶段。

利用重核裂变释放能量发电的核电厂，从能量转换观点分析，是由重核裂变能→热能→机械能→电能的转换过程。囿于重核裂变的强辐射特性，已投入运营和在建的核电厂，毫无例外地划分为核岛部分和发电部分（见图 13-3），用安全防护设施严密分隔开的两部分，共同构成了核电厂的动力部分。

核岛部分的内部介质和设备，都带有较强的放射性。它的重要设备是"重核裂变反应器"，称作"反应堆"。反应堆的功能相当于火力发电厂的锅炉设备。反应堆所燃用的燃料，多为金属铀（U），1kg 金属铀裂变释放出的能量与 2700t 标准煤完全燃烧时释放出的能量相等。反应堆由核燃料、慢化剂、冷却剂、调节控制系统元件、危急保安系统元件、反射体和防护层等组成。由铀燃料棒、调节棒和控制棒组成的堆芯，严格按技术要求装配，浸没在充满慢化剂和冷却剂的反应堆壳体内。通过堆壳外的调节控制系统，控制金属铀进行有规律的连续裂变反应过程，实现堆内可控的（铀）裂变能到热能的转变。冷却剂（一般是高压水）由循环水泵加压后，便在反应堆、蒸汽发生器、一回路循环泵、反应堆密闭系统内循环流动，技术上把上述系统叫作核电厂的一回路系统。重核裂变产生的热能不断由循环流动的冷却剂带出堆芯，并在蒸汽发生器（表面式换热器）内，把来自凝汽器的给水加热成具有一定压力和温度的水蒸气（不带有放射性）。把蒸汽用管路引入汽轮机做功，乏汽则排入凝汽器凝结成水，此凝结水经二回路循环泵加压后送入一、二级预热器预加热，再送入蒸汽发生器蒸发成新蒸汽。技术上把上述系统叫作核电厂的二回路系统。这样，两个独立循环回路系统内的工质，经蒸汽发生器进行换热，完成核电厂的能量转换。核电厂发电部分的汽轮发电机及其设备与火力发电厂没有根本的区别。

由于反应堆的功率不同及所用慢化剂和冷却剂的参数不同等，核电厂反应堆的类型、结构和运行特点也各不相同。另外，核电厂的反应堆控制、对有害放射性的屏蔽和防护措施等，也远比火力发电厂复杂和具有更高的要求。本教材第十三章针对目前普遍采用的压水堆核电厂动力部分设备结构，工作原理，一、二次系统布置及运行等问题，进行概括性的分析和阐述。

三、我国电力工业现状与发展简述

作为工农业生产动力基础的电力工业，其规模与发展水平是衡量国民经济发展和综合国力的一个重要标志。优越的社会主义建设环境和丰富的煤炭、石油及水力资源蕴藏量，迅速改变了我国解放初期只有 1849MW 装机容量（当时占世界第 21 位）和 43.1kW·h 年发电量（当时占世界第 25 位）的电力工业落后面貌。尤其自 1978 年以来，改革开放、发展国民经济的正确决策和我国综合国力的提高，使我国的电力工业取得了突飞猛进、举世瞩目的辉煌成就。到 1995 年末，全国发电设备总装机容量突破 2 亿 kW；到 2000 年末，达到 3.2 亿 kW；截至 2013 年末，全国发电装机总量达 12.47 亿 kW，其中，火电 8.6 亿 kW（占发电装机总容量的 69.13%），水电装机 2.8 亿 kW（占发电装机总容量的 22.45%），核电 1461 万 kW（占发电装机总容量的 11.7%），并网风电 7548 万 kW，并网太阳能发电装机容量 1479 万 kW，新能源和可再生能源发电装机占比 31%。全国年发电量为 52451 亿 kWh，其中火电发电量 4.19 万亿 kWh（占总发电量的 80%），水电发电量 8963 亿 kWh（占总发电量的 17%），核电发电量 1121 亿 kWh（占总发电量的 2.1%），并网风电发电量 1401 亿 kWh。全国发电设备总装机容量和发电规模均位居世界第一位。

2011—2020 年，我国全社会用电量将保持 7.2% 以上的增速。预计 2020 年电能占用能比重约为 28%，全社会用电量达 8.4 万亿 kWh，中东部 12 省用电占全国比重 51%。

从电源结构调整来看，今后中西部应建大型坑口电站，采用发热量低的煤矸石综合利用发电。除了热电联产项目，东部地区原则不上新的煤电项目，其电力缺口要靠外来电、天然气、核电等方式解决，但长远来看仍要发展清洁高效煤电。

"十三五"期间，可再生能源要进一步优化发展。要积极发展水电，"十二五"水电装机目标为 2.9 亿 kW，"十三五"装机目标为 3.5 亿 kW；2015 年风电装机目标为 1 亿 kW，2020 年为 2 亿 kW；2015 年太阳能装机目标为 3500 万 kW、2020 年装机目标为 1 亿 kW；天然气 2020 年目标为 600 亿到 1000 亿 m³，占比 10% 以上；福岛核事故之后，我国核电装机目标下调，核电 2020 年装机目标为 5800 万 kW。

各种能源科技实现商业化的时序为，页岩气技术、智能电网技术将在 2018 年左右实现商业化；三代核电、海上风电也将于 2020 年前后成熟；风电将于 2020 年实现平价上网，光伏发电价格实现用户侧平价上网。

第一篇　火力发电厂动力部分

第一章　热力学基本概念与基本定律

【摘要】　本章内容分两部分。第一部分以系统为主线，集中介绍有关热力学基本概念。这部分内容是热力学中经常遇到的概念和术语，不熟悉它们，就无法学习后面的内容。

本章第二部分介绍热力学基本定律，即热力学第一定律和第二定律。这两条定律是工程热力学的两根支柱，前者确定了能量转换过程中的数量关系，后者着重解决能量转换过程的方向。学习中，需要注意理解它们的实质。

第一节　热力学基本概念

经典热力学研究问题的基本方法，就是将所研究的对象与其周围环境划分开来，集中研究对象内部的结构特性和物理状态的变化，以及它与周围环境的相互作用，因此热力学基本概念的定义都与其研究方法密切相关。

一、工质、热源和热力系统

热机：凡是能将热能转换为机械能的机器统称为热力发动机，简称热机。例如蒸汽轮机（也称蒸汽透平）、内燃机（汽油机、柴油机等）等。

工质：热能和机械能之间的转换是通过一种媒介物质在热机中的一系列状态变化过程来实现的，这种媒介物质称为工质。在热力工程中往往依靠工质容积变化做功，因此要求工质有良好的流动性和膨胀性。如：火力发电厂用水蒸气作为工质，制冷装置用氨或其他制冷剂作为工质。

热源：在工程热力学中，把热容量很大且在吸收或放出有限量热量时自身温度及其他热力学参数没有明显改变的物体称为热源，其惟一作用是吸收或供给系统内工质热量。习惯上，向系统提供热量的热源称为高温热源，接收系统放热的热源称为低温热源或冷源。

系统：热力系或热力学系统（简称系统）是一个可识别的物质集团，其物理特性和可能产生的作用就是我们要研究的内容。系统总是由边界包围的，包围系统的边界叫作界面，界面之外就是外界。系统的划分非常灵活，完全取决于我们分析问题的目的和任务。系统可以是一个完全独立的体系，也可以是体系的某一局部；可以是一个固定的实体，也可以是一个流动变化着但被控制的流体集团。界面也一样，可以是实体，也可以是虚设的。

按照系统与外界之间的关系，可以将系统分为如下几种类型。

图 1-1　封闭系示意图

（1）封闭系：与外界之间不存在物质交换的系统，叫作封闭系统（如图 1-1 所示），简称封闭系。

（2）开口系：与外界之间既存在物质交换，也存在能量交换的系统，叫作开口系统（如图 1-2 所示），简称开口系，也叫控制体。

（3）绝热系：与外界之间不存在热交换的系统，叫作绝热系。因世界上没有完全热绝缘的物质，故完全的绝热系是不存在的。提出这一理想概念，主要是为便于分析问题。热力工程中的许多设备，如汽轮机、水泵等，其散热损失很小，一般忽略不计，可近似地认为是绝热系。

（4）孤立系：与外界之间既无物质交换，也无能量交换的系统叫作孤立系。一个系统与其外界的组合，就构成一个特殊的孤立系。孤立系也是一个理想概念。

二、工质的热力学状态及其状态参数

1. 基本概念

（1）热力学状态：系指热力系统中工质在某一瞬间所呈现的物理状况。这种状况一般用热力学状态参数及其平面坐标图（如 $p\text{-}v$ 图、$T\text{-}s$ 图等）进行描述。

（2）平衡状态：简称平衡态。在外界条件不变的情况下，即使经历较长时间，系统的宏观特性仍不发生变化，我们称系统处于平衡状态。经典热力学所研究的热力学状态都是平衡状态。

图 1-2　开口系示意图

（3）状态参数：热力学参数通常叫作状态参数，是描述系统平衡状态的宏观物理量。一般用两个相互独立的状态参数就可以确定系统的一个状态。

状态参数大致可以分为基本参数和导出参数两种，前者可以直接测量而得，如温度、压力等，后者一般不能测量，只能用基本参数依据某种关系推导而得，如比热力学能、比焓、比熵等，以后将陆续介绍。

（4）状态方程：在平衡状态下，系统的某一参数与独立于它的另一参数之间有着确定的联系，将这种联系表达出来的数学方程式就是状态方程，如 $pv=RT$ 就是理想气体的状态方程。利用状态方程可以求解系统在某一状态下的状态参数。

2. 基本状态参数

（1）温度：国际单位制中，温度的测量采用热力学温标，此温标下的温度称为热力学温度，符号为"T"，单位为开尔文（K）。热力学温度与摄氏温度 t 之间的关系是

$$T = t + 273.15\text{(K)} \tag{1-1}$$

（2）压力：在国际单位制中，压力的单位为帕斯卡（Pa）。工程上常用 MPa（10^6 Pa）作为压力单位。

过去我国使用工程大气压（at）和液柱（汞柱或水柱）高度作为压力单位，现已废止不用，遇到这些压力单位时，应按下列关系换算成 Pa 单位：

$$1\text{at} = 1\text{kgf/cm}^2 = 98067\text{Pa}$$

$$1\text{mmHg} = 133.321\text{Pa}$$

$$1\text{mmH}_2\text{O} = 9.8067\text{Pa}$$

实际压力测量中，压力表计的读数是所测系统实际压力 p 与当地大气压力 p_{amb} 的差值。

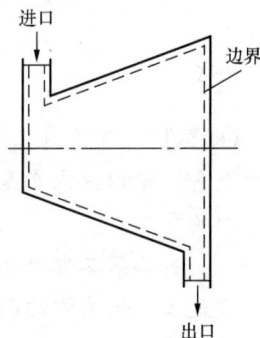

习惯上，称系统的实际压力 p 为绝对压力。当绝对压力高于当地大气压力时，称测量表计的读数为表压力 p_e；当绝对压力低于当地大气压力时，称测量表计读数为真空或负压 p_v（绝对值）。几者之间的关系由图 1-3 所示，其数学关系为

$$p = p_{amb} + p_e \tag{1-2}$$
$$p = p_{amb} - p_v \tag{1-3}$$

在工程应用中，常用 p 表示表压力。

（3）比体积（比容）：单位质量物质所占有的体积称为比体积，以符号 v 表示，单位为 m^3/kg。根据定义，比体积与密度 ρ（kg/m^3）互为倒数。

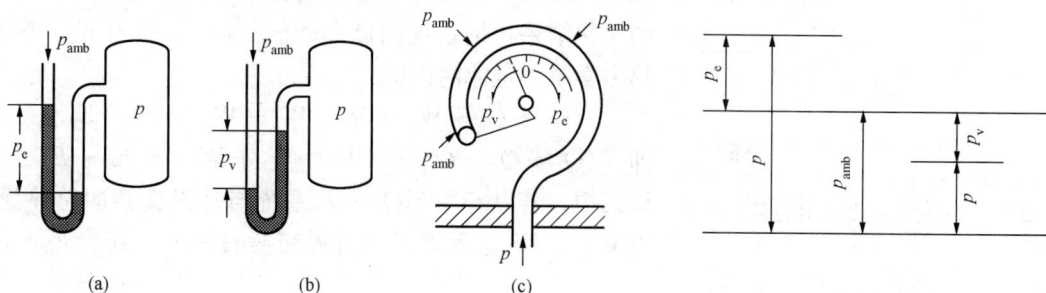

图 1-3　绝对压力、大气压力、表压力的关系

三、状态的改变

系统即使处于稳定平衡状态，一旦外界条件改变，其平衡状态也会遭到破坏，从而引起状态变化，这就涉及"过程"概念。

（1）过程。系统由其初始平衡态，经过一系列中间状态而达到某一新的平衡态的变化过程称为热力过程，简称过程。

（2）准静态过程。虽然过程的实现是平衡状态被破坏的结果，但可以设想这样的过程：在其进行的每一中间状态，既离开平衡态，又无限接近于平衡态，称这种状态为准静态或准平衡态，而经历一系列准静态变化所实现的过程叫作准静态过程。

（3）可逆过程。系统完成某一过程之后，若能够沿原路径返回其初始平衡态，且系统和外界均不留下任何宏观的变化痕迹，则称该过程为可逆过程；反之则为不可逆过程。实际中的热力过程都是不可逆过程，因为过程中存在着各种各样的能量损失，系统与外界不可能不留下变化而返回到初始状态。显然，可逆过程只是一种抽象化的理想热力过程。

（4）循环。系统经历了若干不相重复的过程，最后又回到初始状态所形成的封闭过程叫作热力循环，简称循环。如果构成循环的诸过程都是可逆的，则称该循环为可逆循环；否则称为不可逆循环。循环若是按顺时针方向进行，其循环结果是系统对外界输出净功，则称其为动力循环；反之称为制冷循环。

第二节　热力学第一定律

一、热力学第一定律的实质与表述

热力学第一定律就是能量转换及守恒定律在热现象上的应用。这个定律可广泛用于热能

和各种能量之间的转换，但工程热力学着重研究热能和机械能的转换。

根据研究者不同的着眼点，热力学第一定律有不同的表述，这里给出两种。

说法一：热可以变为功，功也可以变为热。一定量的热消失时，必产生与之数量相当的功；消耗一定量的功时，也必出现相应数量的热。

说法二：对于任何一个系统，输入系统的能量减去输出系统的能量，等于系统储存能量的增加。

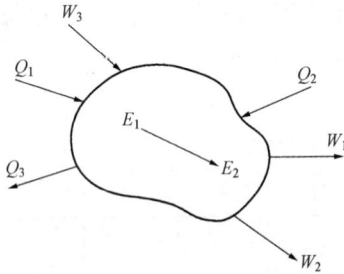

图 1-4　多输入和多输出的系统示意

二、热力学第一定律解析式

图 1-4 所示为具有多股热量（Q_i，$i=1\sim n$）和功（W_i，$i=1\sim n$）输出、输入的任意系统，其输入、输出的变化结果，是系统内储存的能量由 E_1 变为 E_2。按照热力学第一定律的说法二，应有

$$Q_1 + Q_2 + W_3 - Q_3 - W_1 - W_2 = E_2 - E_1$$

即　$(Q_1 + Q_2 - Q_3) - (W_1 + W_2 - W_3) = E_2 - E_1$

该式中，若以 $Q = \sum Q_i$ 表示系统与外界交换的总热量，以 $W = \sum W_i$ 表示系统与外界交换的总功，$\Delta E = E_2 - E_1$ 表示系统内储存能量的增加值，则

$$Q - W = \Delta E \tag{1-4}$$

写成微元形式为

$$\mathrm{d}Q = \mathrm{d}W + \mathrm{d}E \tag{1-5}$$

或以单位质量表示

$$q = w + \Delta e \tag{1-6}$$

以上式（1-4）～式（1-6）均称为热力学第一定律解析式，它们在不同的系统中又有着不同的具体表现形式。

三、热力学能、封闭系的第一定律表达式

封闭系与外界之间无物质交换，又假定所研究的封闭系处于宏观静止状态，即不考虑系统动能和势能的变化，则热力学第一定律的解析式为

$$Q = W + \Delta U \tag{1-7}$$

$$q = w + \Delta u \tag{1-8}$$

式（1-8）说明，对于任意的封闭系，输入系统的热量被分成了两部分，一部分用于与外界交换的功，一部分则成为系统内部能量的变化。此时，人们称系统所做的功为膨胀功，而将 ΔU（或 Δu）叫作系统热力学能的改变。

将式（1-7）写成微元形式为

$$\mathrm{d}U = \mathrm{d}Q - \mathrm{d}W \tag{1-9}$$

这就是说，$\mathrm{d}U$ 是系统从外界得到的净能量，它不会自行消失，必然以某种方式储存在系统之中，这种储存的能量，就叫作热力学能。热力学能是一个状态参数，其单位与过程量功和热的单位相同（J 或 J/kg）。

四、焓、开口系的第一定律表达式

1. 稳定流动

稳定流动是流动过程的一种特殊情况，它满足以下条件：流入和流出系统的质量流量不

随时间变化；系统任何一点的参数和流速不随时间
变化；系统内的储存能不随时间变化；单位时间内
加入系统的热量和系统对外所做的功也不随时间改
变。很多实际的流动过程可以作为稳定流动过程
处理。

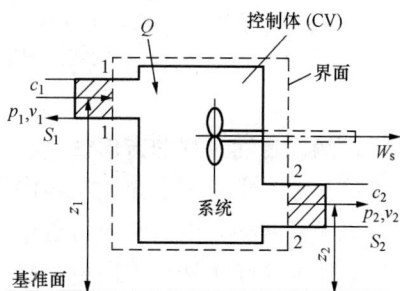

图 1-5　开口系稳定流动示意图

2. 稳定流动能量方程

工质在开口系的稳定流动如图 1-5 所示，以
$E_k = \dfrac{1}{2}mc^2$（m 为质量，c 为流速）表示宏观动能；

$E_p = mgz$（g 为重力加速度，z 为地理高度）表示宏观势能。按照图示所取定的系统和给定的符号，将热力学第一定律解析式（1-7）用于该开口系，则有

$$Q - W = \frac{1}{2}m(c_2^2 - c_1^2) + mg(z_2 - z_1) + \Delta U \tag{1-10a}$$

式中，W 应由下列部分构成：

（1）工质流经系统时对外输出的轴功 W_s（如蒸汽流过汽轮机时所做的内功）；

（2）由于在进口截面 1-1 处原已充满工质，其压力为 p_1，比体积为 v_1，欲使 $m$kg 工质流入系统，必须用力 $p_1 S_1$（S_1 为进口横截面积）克服阻力，把工质推入系统，此时，外界对系统做出推动功 $p_1 S_1 l_1 = p_1 V_1 = m p_1 v_1$（式中 V_1 为体积，l_1 为 p_1 推进距离），否则工质无法流入系统；同理，当 $m$kg 工质流出系统时，必须对外界做出推动功 $m p_2 v_2$。pv 称为 1kg 工质的推动功或流动功。因此，系统与外界所交换的功为

$$W = W_s + p_2 V_2 - p_1 V_1 = W_s + \Delta(pV) \tag{1-10b}$$

将式（1-10b）代入式（1-10a）并改写成

$$Q = \Delta U + \Delta(pV) + \frac{1}{2}m\Delta c^2 + mg\Delta z + W_s \tag{1-10c}$$

令

$$\Delta H = \Delta U + \Delta(pV) \tag{1-10d}$$

则式（1-10c）成为

$$Q = \Delta H + \frac{1}{2}m\Delta c^2 + mg\Delta z + W_s \tag{1-10}$$

写成单位质量形式为

$$q = \Delta h + \frac{1}{2}\Delta c^2 + g\Delta z + w_s \tag{1-11}$$

式（1-10）、式（1-11）就是稳定流动的能量方程，也就是开口系的热力学第一定律解析式。式中的 Δh（或 ΔH）称为系统焓的变化，称 H 为焓，h 为质量焓或比焓。由定义知

$$h = u + pv \tag{1-12}$$

因为 u、p、v 均为状态参数，所以焓也是状态参数，其单位与热力学能相同。焓是蒸汽动力循环计算与分析时使用最多的一个状态参数。

在某些场合，宏观动能和宏观势能的改变可以忽略不计，则此时的开口系能量方程成为

$$q = \Delta h + w_s \tag{1-13}$$

假如流动过程中系统与外界不产生功的交换或热的交换，则上式还可相应简化。

第三节　热力学第二定律

一、熵、自然过程的方向性

无论是热力学第一定律，还是内涵更为广泛的能量转换与守恒定律，都只是指出了能量之间可以相互转换，以及转换过程中的数量关系，而没有指明此种能量与他种能量相互转化的差异，比如说哪个转化方向更"轻而易举"。

事实上，一切自然过程都是有方向性的，如热可以自发地从高温物体传向低温物体，但反过来却不可能；转动的飞轮会由于摩擦而停止，摩擦使动能转变成热能而耗散于大气，但却不能加热飞轮而使其恢复转动；压力、温度及成分不同的几种气体可以自然地混合，其各项参数会变得均匀一致，但却不能再自发地恢复到原来的分离状态。如此种种，集中说明了一个问题，就是自然过程都具有方向性，过程能够非常容易地向着自发的方向进行，却不能不付代价地恢复到原来状态。

状态参数熵给出了自然过程方向性的定量描述。熵的概念由下面的微分式来定义，即

$$dS = \frac{dQ}{T} \tag{1-14}$$

式中　dQ——系统从温度为 T 的热源中可逆地吸取的热量。

所以说，熵就是在可逆的条件下，传入系统的微元热量 dQ 与热源温度 T 的比值。理论证明了熵确实是一个状态参数，单位质量熵（比熵，符号 s）的单位是 kJ/(kg·K)。

从物理意义上解释，熵是无序性的度量，是系统紊乱程度的表征。对于气体和一般流体，它表征分子热运动的混乱程度。可以这样说，系统越纷乱无序，其熵值也就越大。自然过程所呈现的方向性实质，说明自然界的事物总是自发地从概率小的方向向概率大的方向转化，也就是从有序到无序、从比较有规则向无规则过渡。所以说，自然过程总是向着熵增加的方向进行的。

二、热力学第二定律、熵增原理

如前所述，热力学第一定律指出了不同能量形式之间转化的可能性，但它没有揭示这种转化的方向性和转化的深度。热力学第二定律是能量转化规律更为深化的定律，它指出了一切自然过程的不可逆性。

同热力学第一定律一样，热力学第二定律也是建立在长期无数经验积累基础之上的，由于自然过程的多样性，所以从不同的现象出发，就总结出不同的热力学第二定律的表述方法。这里给出两种典型的说法。

说法一：热不可能自发地、不付代价地从低温物体传向高温物体。

说法二：只冷却一个热源而连续做功的循环发动机是造不成功的。

两种说法表面看起来似乎互不相关，但其本质是一样的，这就是：一切自发过程都是不可逆的。热从高温传向低温、功转变为热都是不可逆的自发过程，要使其反方向进行，必须付出代价。热力学第二定律的定量描述就是著名的熵增原理。

熵增原理指出：在经历任意过程之后，孤立系统的熵只会增加或保持不变，但永远不会减少。

尽管实际研究的系统往往不是孤立系统，但只要把参与过程的所有系统组合起来扩展成

扩大的孤立系统时，熵增原理仍可适用，这就使熵增原理变得非常实用。

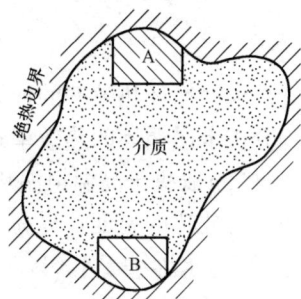

图 1-6　由热源和传热介质组成的孤立系

实质上，熵增原理是热力学第二定律的另外一种说法。下面以图 1-6 证明热力学第二定律的说法一与熵增原理完全一致。图中示出，两热源的温度分别为 T_A 和 T_B，且 $T_A > T_B$，该孤立系的熵增为

$$dS = dS_A + dS_B + dS_W \qquad (1-15)$$

式中　dS_W——传热介质的熵增。

由于介质在全过程中只充当媒介，其自身无热量增减，故 $dS_W = 0$。

假定有热量 dQ（$Q > 0$）由低温的 B 自发地传到高温的 A，则两热源的熵的变化为

$$dS_A = \frac{dQ}{T_A} ; dS_B = -\frac{dQ}{T_B}$$

此时该孤立系的熵增应为

$$dS = \frac{dQ}{T_A} - \frac{dQ}{T_B} = dQ\left(\frac{1}{T_A} - \frac{1}{T_B}\right)$$

因为 $T_A > T_B$，故 $\frac{1}{T_A} - \frac{1}{T_B} < 0$，得 $dS < 0$。而这一结果说明有热量从低温传到了高温，违反了热力学第二定律的说法一，是不能成立的。因此只能是

$$dS \geqslant 0$$

即热量只能从高温自发地传向低温（等号系 $T_A = T_B$ 的情况）。

三、卡诺循环与卡诺定理

热力学第二定律的说法二指出，只冷却一个热源而连续做功的循环发动机是造不成功的。这就是说，热向功的转化过程是非自发的，要使过程得以进行，必须付出一定的代价。事实证明，此代价就是使部分从高温热源获取的热量传向低温热源，即系统从高温热源吸取的热量中，除一部分转变成功外，另一部分排放到低温热源。卡诺循环与卡诺定理主要解决了如何提高从高温热源所吸取热量中转变为功的比例，即提高循环热效率的问题。

1. 卡诺循环

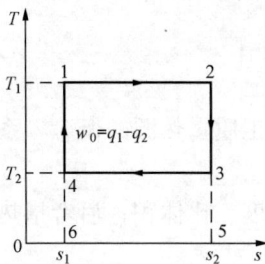

图 1-7　卡诺循环

卡诺循环是由两个可逆定温过程和两个可逆绝热过程所构成的动力循环。该循环可以在分别以温度 T 和熵 s 为纵、横坐标的平面坐标图（称温熵图或 $T\text{-}s$ 图）上表示出来，如图 1-7 所示。图中，1→2 为定温吸热过程，所获热量 q_1 以 1-2 线与 s 轴间的面积表示；2→3 为绝热膨胀做功过程；3→4 为定温放热过程，所放热量 q_2 以 3-4 线与 s 轴间的面积表示；4→1 为绝热压缩耗功过程。按照前面对于热力学第二定律的解释，循环所做出的净功 w_0 应该是吸热量与放热量之差值。

若以循环热效率 η 表示循环净功 w_0 占循环吸热量 q_1 的比值，则卡诺循环的热效率为

$$\eta_{TC} = \frac{w_0}{q_1} = 1 - \frac{q_2}{q_1} = 1 - \frac{T_2 \Delta s_{3-4}}{T_1 \Delta s_{1-2}}$$

显然 $\Delta s_{3-4} = \Delta s_{1-2}$，所以

$$\eta = 1 - \frac{T_2}{T_1} \tag{1-16}$$

这就是卡诺循环热效率的计算式，该式与工质的性质无关。

分析卡诺循环的热效率式可得出：

(1) η 取决于高温恒温热源与低温恒温热源的温度 T_1 和 T_2，也就是取决于工质定温吸热和定温放热的温度，提高 T_1、降低 T_2 均可提高 η。

(2) η 永远小于 100%，这是因为 $T_1 = \infty$ 和 $T_2 = 0$ 都是不可能的，这正是热力学第二定律所揭示的规律。

(3) 当 $T_1 = T_2$ 时，$\eta = 0$。这就是说，在没有温差存在的体系中，热能不可能转变为机械功，这也正是第二定律的第二种说法。

2. 卡诺定理

卡诺循环是一种理想循环，实际上定温吸热或放热和可逆膨胀或压缩都是不可能的。卡诺循环不仅无法付诸实用，而且有些工质（如水蒸气）也无法按卡诺循环工作。那么，实际中其他循环的热效率如何评价呢？卡诺定理解决了这个问题，其主要结论如下：

(1) 在两个不同温度的恒温热源间工作的一切可逆循环，均具有相同的热效率，且与工质的性质无关。

(2) 在两个不同温度的恒温热源间工作的任何不可逆循环，其热效率必低于在两个同样恒温热源间工作的可逆循环。

循环不可逆就是意味着构成循环的过程中，存在着各种能量损失（如膨胀过程中的摩擦、涡流等），使循环输出的净功减少，循环热效率降低。实际循环都是不可逆循环，其热效率低于同温限的卡诺循环。

另外，工质不是从两个恒温热源吸热、放热时，其循环热效率必然低于其最高温限之间的卡诺循环。实际中，往往是高温热源的温度是变化的，可以看成是由很多个热源供工质吸热，使得工质的平均吸热温度 $\overline{T_1}$ 低于最高吸热温度 T_1，循环热效率降低。

总之，卡诺循环虽然是一个理想循环而不能付诸实用，但它在理论上确定了一定范围内热变功的最大限度，为实际循环的组成及热效率的提高指出了方向与途径。

本 章 小 结

一、热力学的基本概念包括热力系、状态、状态参数、过程、工质、热源的概念，系统与外界的相互作用等。

工质的状态参数有基本参数和导出参数两种，前者指压力、温度、比体积；后者指热力学能、焓、熵等。

二、热力学第一定律的实质，是不同能量之间可以相互转换，并且在转换过程中是守恒的。这一定律解决了热变功过程的数量计算问题。热力学第二定律的实质则是指出一切自然过程都具有方向性。若使过程反方向进行，必须付出代价。热力学第二定律解决了热变功过程的方向问题，即指出热变功过程是非自发过程，要使其得以进行，必须付出代价，此代价即为一部分高温热源的热量传给了冷源，成为不可以再利用的能量。熵增原理就是热力学第二定律的定量描述。

思 考 题

1. 热力系的几种类型之间有何联系与区别?

2. 准静态过程与可逆过程有何联系与区别?

3. 工质的基本状态参数和导出状态参数分别是指哪些参数?

4. 试说明热力学第一定律和第二定律分别解决了热功转换及热量传递过程中的什么问题。

5. 闭口系与开口系的第一定律表达式有何区别?

6. 试说明不可逆性、熵和热力学第二定律三者的关系。

7. 卡诺循环的意义是什么?

习 题

1. 某亚临界压力机组由运行表计读取到下列表压力数据：锅炉过热器出口蒸汽压力 18.3MPa；汽轮机高压缸进汽压力 16.7MPa；汽轮机中压缸进汽压力 3.78MPa；凝汽器的真空 5.39kPa；炉膛内负压 58.8Pa。当地大气压力为 100.6kPa。试求相应的绝对压力值。

2. 自然循环锅炉汽包的中心线标高为 40m，下联箱标高为 6.2m，自然循环系统如插图 1-8 所示，已知汽包水位在其中心线以下 70mm 处，求汽包与联箱之间的压力差为多少兆帕?

3. 装机容量 800MW 的发电厂，供给发热量为 23500kJ/kg 的煤种，若燃料完全燃烧，产生热量的 38% 可以转换成电能，试求该厂输煤系统每昼夜应提供燃煤多少吨?

4. 如果某凝汽式汽轮机的进汽焓值为 3458kJ/kg，进汽流速为 50m/s；汽轮机的排汽焓值为 2428kJ/kg，排汽流速为 150m/s。每小时蒸汽流量为 360t/h，进出口势能差可忽略，试求绝热过程中该汽轮机输出的内部功率为多少千瓦?

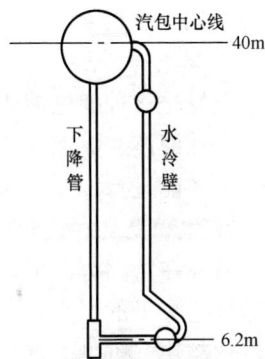

图 1-8　习题 2 图

第二章　水蒸气及其动力循环

【摘要】　水蒸气是火力发电厂中热变功所采用的工质。因此，本章内容和火力发电厂密不可分，在全书中占有重要的位置，它既是前面热力学理论的实践，又是后文实际热力系统、设备的基础。本章介绍了水蒸气的定压形成过程、图表及其应用，典型热力过程分析以及动力循环。

第一节　水蒸气的定压形成过程及图表应用

一、基本概念

1. 汽化和液化

物质由液态转变为汽态的现象称为汽化。汽化的相反过程，即由汽态转变为液态的现象称为液化，也叫凝结。

2. 蒸发与沸腾

蒸发是一种通过液体表面进行的比较缓慢的汽化现象，蒸发在任何温度下都能进行。沸腾则是在液体表面和液体内部同时进行的剧烈的汽化现象，沸腾必须在某一特定温度（沸点）下才能进行。

3. 饱和温度和饱和压力

液体在密闭容器里，由于液体各个分子的动能大小不同，液面上的某些动能较大的分子克服邻近分子的引力，脱离液面逸入液体外的空间形成蒸汽。温度越高，分子的动能越大，则汽化越快。可见，汽化速度取决于液体的温度。同样，聚集在液面上空的蒸汽分子在杂乱运动中也会随时撞回液面而液化。液面上空蒸汽分子的密度越大，撞回液面的分子就越多，则液面上的蒸汽分压力也就越大，液化越快。所以，液化速度取决于液面上蒸汽分压力。当汽化速度等于液化速度时，汽、液两相将处于动态平衡，这种两相平衡的状态称为饱和状态。饱和状态时的压力，即为汽、液两相平衡时的压力，称为饱和压力 p_s，此时的温度称为饱和温度 t_s。若对液体继续加热使其温度升高时，则汽化速度加快并大于液化速度，汽、液平衡状态遭到破坏。当蒸汽空间的分子密度增加到一定数值时，将重建新的动态平衡。这时汽、液两相的平衡压力，即为对应新温度下的饱和压力。可见，某一饱和温度，必有某一饱和压力与之对应。处于饱和状态下的液体和蒸汽分别称为饱和水和饱和蒸汽，二者的混合物称为湿饱和蒸汽，简称湿蒸汽。湿蒸汽中，纯饱和蒸汽的质量百分数称为湿蒸汽的干度，以 x 表示。湿蒸汽的状态一般由 (p_s, x) 或 (t_s, x) 确定。

二、水蒸气的定压形成过程

水蒸气作为火电厂中热变功的工质，是在专门的蒸汽产生设备——锅炉中定压或接近定压下产生的，因此现研究与锅炉中相类似但比较简单的水蒸气的定压形成过程。

如图 2-1（a）所示，汽缸内盛有质量为 1kg、温度 $t=0℃$ 的水，置有重物的活塞与汽缸壁完全无摩擦，其重量和大气压力总共对水面形成的压力为 p（常数），水温 t 低于压力 p

对应的饱和温度 t_s，称这种温度低于所承受压力下饱和温度的水为未饱和水或过冷水。0℃过冷水的比体积用 v_0 表示，$v_0 \approx 0.001 \mathrm{m^3/kg}$。

现对汽缸定压加热，并观察水温及比体积的变化。

当水温随着加热逐渐提高时，其比体积增大甚微。水温达到压力 p 下的饱和温度，即 $t=t_s$ 时，水沸腾，但未产生蒸汽（即 $x=0$），此时的水为饱和水，如图 2-1（b）所示。饱和水的比体积、焓、熵等分别用 v'、h'、s' 表示。

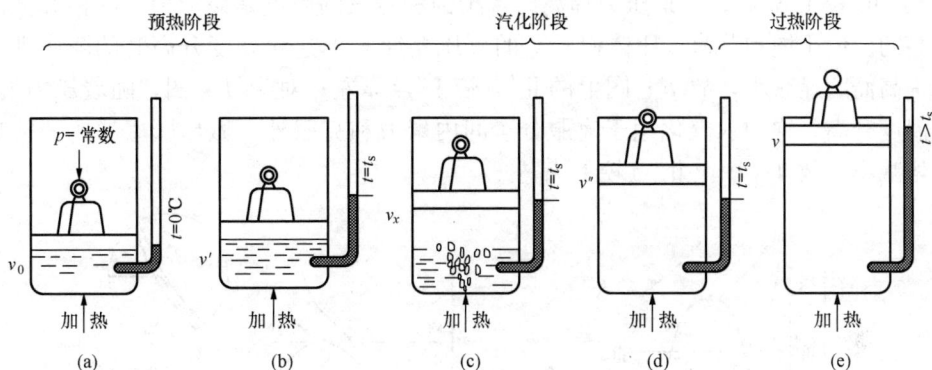

图 2-1 水蒸气的定压形成过程

对饱和水继续加热，已达到沸腾的水开始汽化产生蒸汽，此时汽缸内为汽水两相共存的湿饱和蒸汽，如图 2-1（c）所示。随着汽化的进行，湿蒸汽的比体积随其干度 x 值增大而迅速增大，但湿蒸汽的温度 t 则仍然等于饱和温度 t_s 不变，且在整个汽化过程中，$t=t_s$ 保持不变。湿蒸汽的比体积、焓、熵等分别以 v_x、h_x、s_x 等表示。

当湿蒸汽中的最后一滴水变成蒸汽（即 $x=1$），但其温度仍然是饱和温度 t_s 时，此时的蒸汽称为干饱和蒸汽，如图 2-1（d）所示。干饱和蒸汽的比体积、焓、熵等分别用 v''、h''、s'' 等来表示。

再对干饱和蒸汽加热，蒸汽的温度开始升高，比体积继续增大。将这种温度高于所承受压力 p 下的饱和温度的蒸汽，称为过热蒸汽。过热蒸汽的温度 t 与其饱和温度 t_s 的差值，称为过热度，以 $D=t-t_s$ 表示。过热蒸汽的参数分别用 p、t、v、h、s 来表示。

上述是 1kg 的水在某个压力 p 下，由过冷水变为过热蒸汽的整个过程。这一过程经历了三个阶段：将过冷水加热到饱和水的预热阶段；将饱和水汽化变成干饱和蒸汽的汽化阶段；将干饱和蒸汽加热成为过热蒸汽的过热阶段。图 2-1 中的（a）、（b）、（c）、（d）、（e）是整个过程中所涉及的五个典型状态，其中饱和水和干饱和蒸汽状态是定压力 p 下的两个惟一状态点，其他可具有无限多个状态点。

把上述水蒸气的定压形成过程在 p-v 图和 T-s 图上表示出来，则分别为图 2-2 中的 $\mathrm{I^0}$-$\mathrm{I'}$-$\mathrm{I''}$-I 线所示。$\mathrm{I^0}$、$\mathrm{I'}$、$\mathrm{I^x}$、$\mathrm{I''}$ 和 I 分别为定压力 p_I 下的 0℃过冷水、饱和水、湿蒸汽、干饱和蒸汽和某个过热度时过热蒸汽的状态点。在 p-v 图上，因水蒸气的整个形成过程为定压过程，故为一水平线。在 T-s 图上，水的预热及蒸汽的过热均为定压，但温度是逐渐提高的，故 $\mathrm{I^0}$-$\mathrm{I'}$ 线和 $\mathrm{I''}$-I 线是向右上倾斜的曲线，而水的汽化既为定压过程又为定温过程，故 $\mathrm{I'}$-$\mathrm{I''}$ 线为一水平线。

如果将压力 p 由 p_{I} 提高到 p_{II}，则水蒸气的定压形成过程是类似的，如图 2-2（a）和（b）中的 II^0-II'-II''-II 过程线所示。II^0、II'、II^x、II''、II 相应为 p_{II} 下的过冷水、饱和水、湿蒸汽、干饱和蒸汽、过热蒸汽状态；II^0-II'、II'-II''、II''-II 表示定压力 p_{II} 下的预热、汽化和过热阶段。但需说明的是：一是液态水的可压缩性很小，任意压力下的比体积几乎为一常数，故 II^0 与 I^0 点同落在一条垂线上；二是压力提高时，饱和水的饱和温度、熵都随之提高，并且水温升高所引起的膨胀作用大于压力提高所引起的压缩作用，故 $p\text{-}v$ 图和 $T\text{-}s$ 图上点 II' 较 I' 靠右；三是压力提高时，干饱和蒸汽的温度是该压力下的饱和温度，自然是提高的。但干饱和蒸汽（比体积 v''）的可压缩性大于饱和温度升高时的膨胀性，随着压力的提高而明显减小，故 $p\text{-}v$ 图上的 II'' 点较 I'' 点靠左；对于 $T\text{-}s$ 图，随着压力的提高，饱和水温度升高，饱和水汽化用于克服分子间内聚力和克服外力做出膨胀功所需的热量减少，熵增减小，故 $T\text{-}s$ 图上 II'' 点较 I'' 靠左。

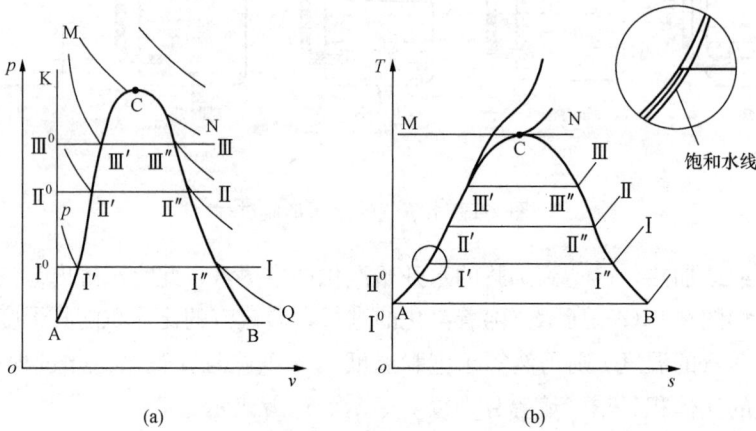

图 2-2　水蒸气的定压形成过程
（a）$p\text{-}v$ 图；（b）$T\text{-}s$ 图

依次将压力提高，可以得到任意较高压力（如 p_{III}）下各相应状态点以及定压形成过程线。将各个压力下的饱和水状态点连接起来，就形成了 CA 线，CA 线称为饱和水线；同样将各压力下的干饱和蒸汽状态点连接起来，则形成 CB 线，CB 线称为干饱和蒸汽线。两曲线的交点 C 称为临界点，在此点所对应的压力 p_c 下以及 $p>p_c$ 的压力下将水加热到其饱和温度 t_c，水则直接汽化变成蒸汽，而不存在汽化过程。水的临界压力 $p_c=22.129\text{MPa}$，临界温度 $t_c=374.15℃$，临界比体积 $v_c=0.00326\text{m}^3/\text{kg}$。

可以看到，在 $p\text{-}v$ 图和 $T\text{-}s$ 图上，饱和水线与干饱和蒸汽线都将图面划分为三个区域：饱和水线以左为过冷水区；干饱和蒸汽线右上方为过热蒸汽区；两线之间为汽水两相共存的湿蒸汽区。在汽化区（即湿蒸汽区），汽化过程随压力的提高而缩短。当提高到临界压力 p_c 时，汽化过程线缩成一点，即临界点 C。

三、水蒸气图表及应用

水蒸气图表是工程上进行水蒸气热力分析与计算所必不可少的工具，下面给出一般常用的图表。

1. 水蒸气表

水蒸气表有饱和水与干饱和蒸汽表、未饱和水与过热蒸汽表两种。其中饱和水与干饱和蒸汽表按压力或按温度为序又分为两种编排形式表，分别为附录中的附表Ⅰ和附表Ⅱ。两种形式表均给出了不同压力 p 或不同温度 t 下的饱和水和干饱和蒸汽的有关状态参数，并给出了汽化潜热 r。附表Ⅲ为未饱和水与过热蒸汽表，给出了未饱和水及过热蒸汽在不同压力和温度下的其他有关状态参数。

在使用水蒸气表时还应注意以下几点：一是表中未列出的中间状态，可采用内插法求取其相应的参数；二是表中均未给出热力学能的数值，但可按 $u=h-pv$ 关系求得；三是对于湿蒸汽的有关参数，应按下式确定，即

$$\left.\begin{array}{ll}比体积 & v_x=(1-x)v'+xv'' \\ 焓 & h_x=(1-x)h'+xh''=h'+xr \\ 熵 & s_x=(1-x)s'+xs'' \end{array}\right\} \tag{2-1}$$

式中的干度值 x 是预先给定的；饱和水与干饱和蒸汽的诸参数值，可根据给定的压力（或温度）从附录中的附表Ⅰ（或附表Ⅱ）中查取。

2. 水蒸气图

（1）T-s 图：水蒸气的 T-s 图如图 2-2（b）所示，它用于分析蒸汽的热力过程较为直观。图上每条过程线下的面积都代表了 1kg 工质在此过程中所吸收（或放出）的热量。如 p_1 压力下的定压过程线 Ⅰ⁰-Ⅰ′-Ⅰ″-Ⅰ，其中 Ⅰ⁰-Ⅰ′ 预热过程线下的面积代表了 1kg 水从 0℃的过冷水定压加热成为饱和水所需的热量，称为预热热；Ⅰ′-Ⅰ″汽化过程线下的面积表示将 1kg 的饱和水定压汽化成干饱和蒸汽所需的热量，称为汽化潜热；Ⅰ″-Ⅰ 过热过程线下的面积表示将 1kg 的干饱和蒸汽定压加热成为某一过热度下过热蒸汽所需的热量，称为过热热。上述三项热量之和即为将此 1kg 的过冷水加热成为过热蒸汽所需的热量，由整个过程线下的面积表示。

（2）h-s 图：水蒸气的 h-s 图是以焓 h 为纵坐标、熵 s 为横坐标，根据水蒸气表中的数据绘制而成的平面曲线图，其简图如图 2-3 所示。图中的曲线 AC 和 BC 同样表示了水的饱和水线和干饱和蒸汽线，两线的交点，即临界点 C 已不在正上方，而是稍偏向左下处。

h-s 图中主要有定压线群和定温线群，在湿蒸汽区还有定干度线群。由于湿蒸汽的压力和温度不是彼此独立的，故湿蒸汽区的定压线和定温线是一条重合的斜直线，直至 BC 线开始两者分开。在 BC 线上方的过热蒸汽区，分开后的定压线向右上方倾斜，定温线则是向右平缓地伸展。另外，在图上还有定容线群，在实用的 h-s 图上一般用红色或绿色线画出，以免混淆。

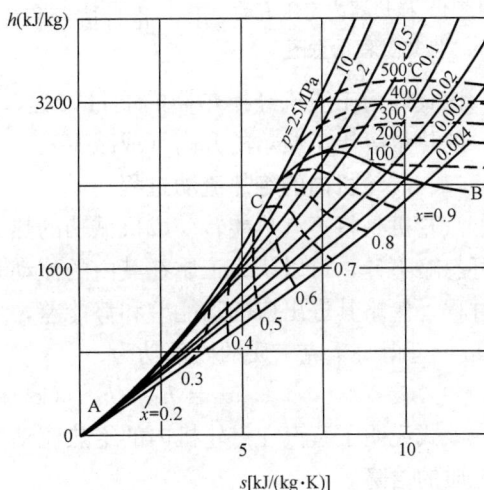

图 2-3　水蒸气的焓熵图简图

工程上干度值很低的湿蒸汽线很少用到，因此在实用的 h-s 图中，仅取 $h=1600$kJ/kg、$s=5$kJ/(kg·K) 开始的右上方部分。

由于焓差很容易在 h-s 图的纵坐标中查取，故 h-s 图是水蒸气的定压吸热量和绝热膨胀

做功量等的重要计算工具。

【例 2-1】 某锅炉生产的水蒸气，其绝对压力为 16MPa、温度为 550℃，试分别用水蒸气表和 h-s 图确定该水蒸气的 h、s、v 等及过热度。

解 （1）用水蒸气表求解：据 $p=16$MPa 查附表Ⅰ，得其饱和温度 $t_s=347.32$℃，因 $t=550$℃较 t_s 高，故可确定该蒸汽为过热蒸汽，其过热度 $D=550-347.32=202.68$（℃）。

根据 $p=16$MPa 和 $t=550$℃查附表Ⅲ，得到该过热蒸汽的诸参数为：$h=3438.0$kJ/kg；$s=6.4816$kJ/(kg·K)；$v=0.02132$m³/kg。

（2）用 h-s 图求解：从实用 h-s 图上找到 16MPa 的定压线与 550℃定温线的交点，该点即该过热蒸汽的状态点，查取其纵、横坐标及定容线得到：

$$h = 3438\text{kJ/kg}; s = 6.48\text{kJ/(kg·K)}; v = 0.0215\text{m}^3/\text{kg}$$

第二节　水蒸气的典型热力过程

水蒸气是火力发电厂中热变功所采用的工质。水蒸气在火电厂各热力设备中所经历的过程是一循环流动过程，它包括以下几个典型热力过程。

一、换热器内的定压流动过程

换热器是工质与热源进行热量交换的热力设备，如锅炉、凝汽器及回热加热器等都属于换热器。水在这些换热器内的流动换热，若不考虑流动阻力，则均为定压流动换热过程。

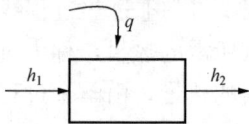

图 2-4　换热器内定压流动换热过程示意图

工质流经上述换热器时，只和外界有热交换，而无功交换，且其进出口的宏观动能差和势能差可以忽略，示意图如图 2-4 所示，此时按照稳定流动能量方程式（1-11）得到

$$q = h_2 - h_1 \quad \text{(kJ/kg)} \tag{2-2}$$

该式即为工质流经换热器的能量方程，它说明，每千克工质在换热器内所吸收（或放出）的热量等于工质焓的升高（或减少）。

二、汽轮机内的绝热流动过程

汽轮机是将蒸汽热能转变成机械功的热力设备。一般，汽轮机汽缸壁的保温良好，其散热可忽略不计，可以认为工质在其内的流动是与外界无热交换的绝热流动过程，忽略其进出口的动能差和势能差，示意图如图 2-5 所示，按式（1-11）可得每千克工质的内部功为

$$w_i = h_1 - h_2 \quad \text{(kJ/kg)} \tag{2-3}$$

该式说明了蒸汽在汽轮机内的绝热流动过程中，对外所做的内功等于工质的焓降。

另外，式（2-3）也适用于水泵等压缩耗功设备，但式中的 w_i 为外界所消耗的压缩功，以 w_P 表示，此功转变为工质的焓升，即 $w_P=h_2-h_1$。

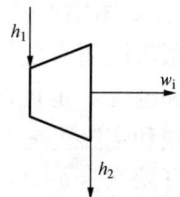

图 2-5　汽轮机内绝热流动换热过程示意图

三、通过喷管的绝热流动

在火电厂中应用较多的喷管，是一种使流体速度得以提高的热力设备。工质流经喷管时，压力和焓值降低，速度提高。由于工质流经喷管的时间极短，故可认为工质在喷管内的流动是不对外散热的绝热流动过程，且工质在流动中不对外做功。忽略喷管进出口的势能

差，按式（1-11）可得喷管的能量方程式为

$$\frac{1}{2}(c_2^2 - c_1^2) = h_1 - h_2 \tag{2-4}$$

式中 c_1、c_2——喷管进、出口截面上的工质流速。

式（2-4）表明，工质在喷管中绝热流动时，其焓值降低转变为动能增加，即将工质的热能转变为汽流的动能。由式（2-4）得其出口流速为

$$c_2 = \sqrt{2(h_1 - h_2) + c_1^2}$$

当 $c_1 \ll c_2$ 时，c_1^2 可略去不计。另外，式中焓 h 的单位为 J/kg，但习惯上焓的单位采用 kJ/kg，将此两方面因素考虑进去，则上式变为

$$c_2 = \sqrt{2000(h_1 - h_2)} = 44.72\sqrt{h_1 - h_2} \quad (\text{m/s}) \tag{2-5}$$

特别指出，式（2-5）对任何工质在喷管内的绝热流动都是适用的。

考虑工质在喷管内的流动为稳定流动，按前述稳定流动的概念，通过喷管各个截面上的质量流量是相等的。一般取喷管出口截面 S_2 上的参数来计算通过喷管的质量流量，即

$$q_m = \frac{S_2 c_2}{v_2} \quad (\text{kg/s}) \tag{2-6}$$

喷管按其外形可分为渐缩喷管和缩放喷管两种。图 2-6 示出了这两种喷管的基本类型，同时示出了工质流经喷管时的压力和速度变化。可见，工质流过喷管时，其流速 c 随压力 p 的降低而升高。当流速达到声速 a 时所对应的截面上的压力称为临界压力，用 p_c 表示。对于渐缩喷管，其出口截面上压力降至 $p > p_c$ 或 $p = p_c$ 时，相应流速增大到亚声速或声速，即 $c_2 \leq a$；而缩放喷管（亦称拉伐尔喷管）的出口截面上的流速为超声速，压力相应低于临界压力，即 $c_2 > a$，$p_2 < p_c$。缩放喷管存在一个喉部截面，该截面上流速达到声速，压力降至临界压力。以此截面为界，工质在其前部为亚声速流动，后部则为超声速流动，故缩放喷管出口截面上的流速 $c_2 > a$，而压力 $p_2 < p_c$。

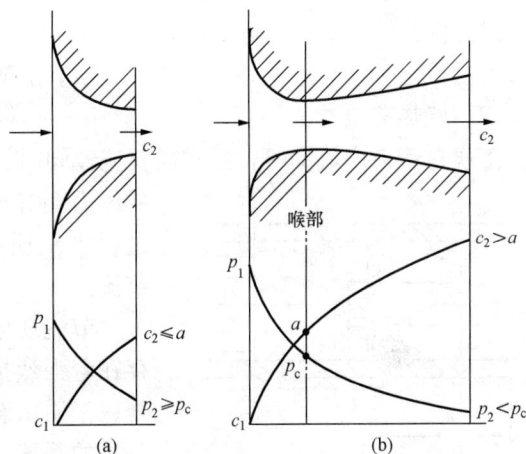

图 2-6 喷管的两种基本类型
(a) 渐缩喷管；(b) 缩放喷管

喷管之所以具有这两种形状，取决于工质的绝热稳定流动机理。研究理想气体的稳定、绝热流动发现，随着气体压力的降低，其流速和比体积无疑均增大，但两者增大的速率并不相同，且与压力降低的程度有关。当气体的压力降低到临界压力 p_c 之前，比体积的增长率 $\frac{\mathrm{d}v}{v}$ 小于速度增长率 $\frac{\mathrm{d}c}{c}$，即比体积变化小于速度变化，故气体的流动截面是渐缩的；当气体的压力降低到 p_c 以下时，比体积的增长率 $\frac{\mathrm{d}v}{v}$ 大于速度增长率 $\frac{\mathrm{d}c}{c}$，气体的流动截面是渐扩的。为适合工质的这一流动规律，应使喷管的形状与工质的流动形状相符，以减少流动中的摩擦、涡流等损失，因此喷管也就具有上述两种类型。

对两种喷管的选择，应根据喷管出口截面以外的背压（即出口处的环境压力）p_b 与喷管进口压力 p_1 的比值来决定。当 $\dfrac{p_b}{p_1}$ 大于临界压力比 $\beta_c\left(\beta_c=\dfrac{p_c}{p_1}\right)$，也即 $p_b > p_c$ 时，应选用渐缩喷管，其出口截面上可获得亚声速流速；当 $\dfrac{p_b}{p_1}$ 等于 β_c，也即 $p_b = p_c$ 时，也应选用渐缩喷管，其出口截面上可获得等于声速的流速；当 $\dfrac{p_b}{p_1}$ 小于 β_c，即 $p_b < p_c$ 时，应选用拉伐尔喷管，在其出口截面上可获得超声速流速。

上述临界压力比 β_c 是临界压力 p_c 与喷管进口压力 p_1 的比值。数学推导证明，此值完全取决于工质的性质，即

$$\beta_c = \frac{p_c}{p_1} = \left(\frac{2}{\kappa+1}\right)^{\frac{\kappa}{\kappa-1}} \tag{2-7}$$

此式虽然是以理想气体作为工质推得的，但也适用于水蒸气，仅是式中的等熵指数 κ 纯属经验数据。据上式可得到几种常用工质的 β_c 如下：

$$\left.\begin{array}{lll}\text{双原子理想气体} & \kappa=1.4, & \beta_c=0.528 \\ \text{过热蒸汽} & \kappa=1.3, & \beta_c=0.546 \\ \text{湿蒸汽} & \kappa=1.035+0.1x, & \beta_c \text{随干度 } x \text{ 而定}\end{array}\right\} \tag{2-8}$$

四、绝热节流

工质在管道内流动时，经常需要流经阀门、孔板等设备。阀门、孔板处的局部阻力使工质压力明显降低的现象称为节流。因节流进行得很快，过程中工质来不及对外散热，故一般认为节流是绝热节流。

节流现象如图 2-7 所示。由于节流时缩口处工质内部存在着强烈扰动，其状态极不平衡，为此取距缩口稍远处、工质状态趋于稳定的两截面 1—1、2—2 作为热力学分析的系统边界面。在该系统内，工质与外界无热交换，且不对外做功；工质的流速在两个边界面上差别不大，按式（1-11）可得

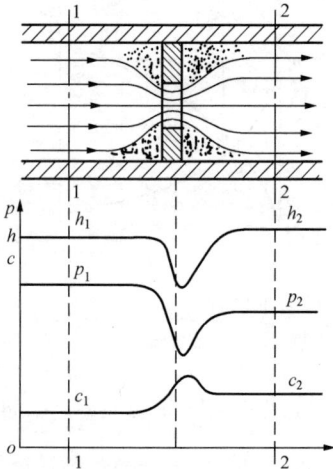

图 2-7   通过孔板时的绝热节流

$$h_2 = h_1 \tag{2-9}$$

此式仅说明了节流前后稳定界面上的焓相等，但节流不是等焓过程。这是因为在缩口附近，存在着强烈的扰动、摩擦等，工质的部分动能转变成摩擦热并被工质吸收，造成了焓的变化；另外缩口附近工质流速的剧烈变化也造成了焓的变化，使得节流过程不是等焓过程。图的下部示出了节流时压力、速度及焓的变化情况。

节流前后的焓虽然相等，但节流后工质的做功能力随其压力降低、熵增大而降低了。换言之，节流后热能数量虽未改变，但其品位降低了。图 2-8 示出了水蒸气节流后的做功能力变化。因过程有典型的不可逆性，水蒸气的节流过程在图上用水平线 1-2 表示。图中表明，水蒸气节流后，其压力和温度降低、熵增大，最终导致做功能力降低，即汽轮机的背压

p_b 一定时，工质在汽轮机内的理想焓降由节流前的 (h_1-h_{1b}) 减小到节流后的 (h_2-h_{2b})。

节流虽然造成能量损失，但工程上离不开节流。如火电厂中为了控制流量，各类阀门是必不可少的，只能是尽量减少或避免流过阀门时的节流损失。另外，利用节流可以测定流体的流量，或用于其他目的。

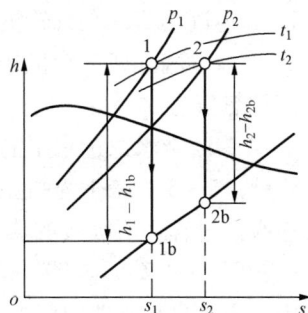

图 2-8　水蒸气节流后的
做功能力变化

【例 2-2】 若汽轮机某级喷管的进口压力为 13MPa、温度为 500℃，喷管出口处的压力为 12MPa，试计算该级喷管出口的蒸汽流速，并问应选用何种型式的喷管。

解　利用水蒸气表求解。按 $p_1=13$MPa，$t_1=500$℃查附表Ⅲ得 $h_1=3336$kJ/kg，$s_1=6.4408$kJ/(kg·K)；蒸汽在喷管内的流动可认为是可逆绝热（定熵）流动过程，即 $s_2=s_1$；按 $s_2=6.4408$kJ/(kg·K) 和 $p_2=12$MPa 查附表Ⅲ得 $h_2=3312.7$kJ/kg。

由式（2-5）得喷管的出口流速为

$$c_2=44.72\sqrt{h_1-h_2}=44.72\sqrt{3336-3312.7}=215.9(\text{m/s})$$

过热水蒸气的 $\beta_c=0.546$，依题意

$$\frac{p_b}{p_1}=\frac{12}{13}=0.923>\beta_c=0.546$$

故应选择渐缩喷管，其出口流速 c_2 低于声速。

第三节　水蒸气动力循环

以水蒸气为工质的动力循环，有最基本的朗肯循环，还有在其基础上加以改进而得到的再热、回热、热电联产等循环。下面从基本循环——朗肯循环入手，分别研究这些循环。

一、朗肯循环

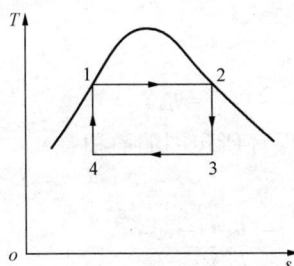

图 2-9　水蒸气卡诺循环

朗肯循环是在水蒸气欲实现却又难以实现卡诺循环的基础上提出的。图 2-9 所示为设想采用水蒸气的卡诺循环。由图可见，卡诺循环只能应用于饱和蒸汽（2 点所示）在汽轮机中膨胀做功，这时循环所能利用的温差将受限于临界温度（上限）和环境温度（下限），因此理论上的循环效率并不高；另外，蒸汽的膨胀做功（2-3 过程）均在湿蒸汽区，膨胀终点（3 点）的湿度太大，对汽轮机的安全很不利；再者，工质向冷源放热终了的状态仍为湿蒸汽状态（4 点），由于湿蒸汽的比体积，尤其在低压下要比水的比体积大几千倍，因此，需用很大的压缩机，且两相压缩技术上也难以实现。鉴于上述，水蒸气的卡诺循环是难以实现的，但在其设想基础上加以改进，就得到了朗肯循环。

1. 朗肯循环的构成

朗肯循环的 T-s 图及其设备连接系统如图 2-10 所示。朗肯循环是由以下四个过程构成的：

1→2 为过热蒸汽在汽轮机内的可逆绝热膨胀做功过程，所做的功为 $w_t = h_1 - h_2$；

2→3 为乏汽（即汽轮机排汽）向凝汽器（冷源）的可逆定压（p_2）放热的完全凝结过程，其放热量为 $q_2 = h_2 - h_3$；

3→4 为凝结水通过水泵的可逆绝热压缩过程，所消耗的功为 $w_P = h_4 - h_3$；

4→5、5→6、6→1 为高压（p_1）水在锅炉内经定压预热、汽化、过热而成为过热蒸汽的可逆吸热过程，所吸收的热量为 $q_1 = h_1 - h_4$。

比较图 2-10（a）与图 2-9 不难看到，朗肯循环与水蒸气卡诺循环的不同之处是：水在锅炉内的吸热过程是非定温的；汽轮机进口处的蒸汽是过热蒸汽，而不是干饱和蒸汽；乏汽的凝结是完全的，而不是在两相区。因此朗肯循环克服了卡诺循环所遇到的困难。

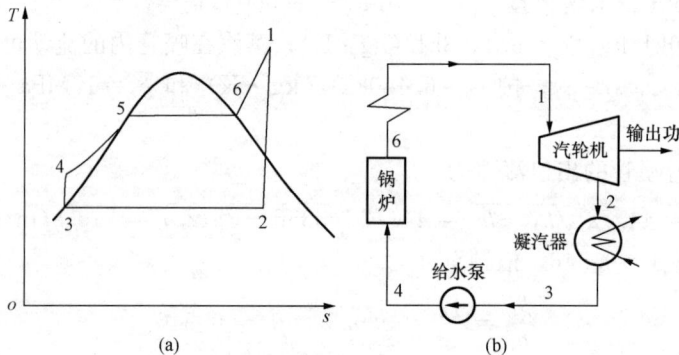

图 2-10 朗肯循环
（a）T-s 图；（b）设备连接系统

2. 朗肯循环的热效率

不难理解，1kg 工质按照朗肯循环工作，每循环一次向外输出的净功（循环功）w_0 应为汽轮机输出功 w_t 与水泵耗功 w_P 之差，或为从热源的吸热量 q_1 与向冷源的放热量 q_2 之差，即

$$w_0 = w_t - w_P = (h_1 - h_2) - (h_4 - h_3)$$

或 $$w_0 = q_1 - q_2 = (h_1 - h_4) - (h_2 - h_3) = (h_1 - h_2) - (h_4 - h_3)$$

可见，两种计算形式的 w_0 是一致的。w_0 从数量上即为 T-s 图上循环所包围的面积。

按照定义，朗肯循环的热效率为

$$\eta_T = \frac{w_0}{q_1} = \frac{q_1 - q_2}{q_1} = \frac{(h_1 - h_2) - (h_4 - h_3)}{h_1 - h_4} = \frac{(h_1 - h_2) - w_P}{(h_1 - h_3) - w_P} \tag{2-10}$$

事实上，水泵耗功的比例甚小，如 p_1 高达 17MPa 时，w_P 仅占 w_t 的 1.5% 左右。因此分析中，水泵耗功一般可略去不计，此时式（2-10）变为

$$\eta_T = \frac{h_1 - h_2}{h_1 - h_3} = \frac{h_1 - h_2}{h_1 - h_2'} \tag{2-11}$$

式中的 h_3 为凝汽器压力 p_2 下的饱和水焓，故用 h_2' 代之，其值可从附表 I 查出；其他的焓值可利用 h-s 图或水蒸气表，按第二章第二节中的办法确定。

3. 蒸汽初终参数对循环效率的影响

由式（2-11）可知，循环热效率 η_T 仅取决于 h_1、h_2、h_2' 的大小。又进一步分析可知，

h_1 是汽轮机的进汽焓，其值取决于蒸汽的初压 p_1 和初温 t_1；h_2、h_2' 分别是排汽压力 p_2 下的排汽焓和饱和水焓，显然取决于终压 p_2 的高低。因此 η_T 最终是蒸汽的初压 p_1、初温 t_1 及终压 p_2 的函数。下面分别分析它们对 η_T 的影响。

在相同的初温 t_1 及终压 p_2 下，提高蒸汽初压 p_1，可明显提高汽化吸热过程的饱和温度 t_s，由此可提高工质在锅炉内的平均吸热温度 $\overline{T_1}$，从而使 η_T 提高。但提高 p_1 会造成蒸汽膨胀终点干度 x 的急速下降。当 x 低于某一限度时，汽轮机的工况将变坏，故初压 p_1 的提高受到排汽干度 x 的限制，通常使 x 值不低于 0.88。若在提高 p_1 的同时，提高初温 t_1 可以部分消除不利影响，因此提高 p_1 时，总是相应提高 t_1。

在相同的初压 p_1 及终压 p_2 下，提高蒸汽的初温 t_1 也使循环的平均吸热温度 $\overline{T_1}$ 增高，η_T 随之增大。但效果不如提高 p_1 显著，因此提高 t_1 的真正价值还在于使汽轮机的排汽干度 x 增大，这也就是 p_1 提高时 t_1 也随之提高的主要原因。但提高初温 t_1 受金属材料耐热性能的限制，工程上的蒸汽初温一般限制在 $550℃$ 左右。

在相同的初压 p_1 及初温 t_1 下，降低蒸汽的终压 p_2 可以使工质向冷源的放热温度 T_2 降低，从而使 η_T 提高。但因 T_2 为 p_2 相对应的饱和温度 T_{s2}，而 T_2 最终也不能低于凝汽器的冷却水温（环境温度），故 p_2 的降低受到了环境温度的限制。若冷却水温为 $33℃$，则终压（或称背压）p_2 为 $5kPa$ 左右。对于同一设备，冬、夏季的冷却水温不同，p_2 也将随之变化。

【例 2-3】　某高压机组按朗肯循环方式运行，汽轮机的进汽参数为 $p_1=10MPa$、$t_1=540℃$，排汽压力 $p_2=5kPa$，求循环热效率。

解　由 $h\text{-}s$ 图上找到 $p_1=10MPa$ 定压线与 $t_1=540℃$ 定温线的交点，查其纵坐标得 $h_1=3476kJ/kg$；然后从该点做定熵线与 $p_2=5kPa$ 的定压线相交，其交点即为膨胀终点，查得 $h_2=2052kJ/kg$；再按 p_2 从附表 I 中查得 $h_2'=137.77kJ/kg$，$v_2'=0.001m^3/kg$。按式（2-11）可得循环热效率为

$$\eta_T=\frac{h_1-h_2}{h_1-h_2'}=\frac{3476-2052}{3476-137.77}=42.66(\%)$$

若计及水泵耗功，其耗功可按下式近似得

$$w_P=(p_1-p_2)v_2'=(10-0.005)\times10^3\times0.001=10(kJ/kg)$$

按式（2-10）计算循环热效率为

$$\eta_T=\frac{(h_1-h_2)-w_P}{(h_1-h_2')-w_P}=\frac{(3476-2052)-10}{(3476-137.77)-10}=42.49(\%)$$

可见，水泵耗功对 η_T 的影响很小，故分析时一般略去不计。

二、再热循环

所谓再热循环是在朗肯循环的基础上，将做过部分功的蒸汽从汽轮机的某一中间位置（一般为高压缸排汽）抽出来，通过管道送回锅炉内的再热器，使之再加热到与过热器出口过热蒸汽相同或稍高的温度，然后返回到汽轮机的中、低压缸继续膨胀做功，直至达到终压 p_2。再热循环在 $T\text{-}s$ 图上的表示及其设备连接系统分别如图 2-11 所示。

从 $T\text{-}s$ 图上可见，当采用较高的初压 p_1 而不采用再热时，蒸汽沿 $1{\rightarrow}b$ 膨胀，膨胀到背压 p_2 时的终态点为 d。当采用再热时，蒸汽沿 $b{\rightarrow}a$ 再热至 t_1，然后再从 a 点膨胀至终态点 2。显然 2 点的干度比 d 点高得多，使汽轮机末级叶片的蒸汽湿度大为降低，这样就避免了

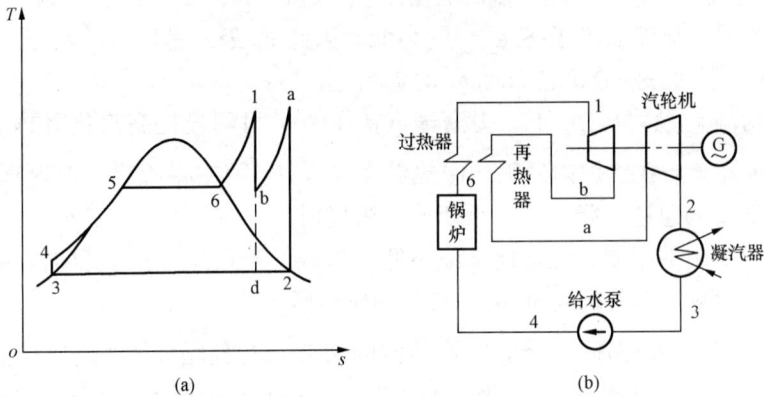

图 2-11 再热循环

(a) T-s 图；(b) 设备连接系统

由于提高 p_1 所带来的膨胀终点蒸汽干度急速下降的弊病。这就是采用再热循环时的最初目的。

再热循环的最初目的虽然不是为了提高循环热效率，但如果再热压力 p_b 选择得当（p_b 一般为新汽压力 p_1 的 $20\%\sim30\%$），同样可以提高循环热效率。再热循环热效率计算如下：工质从锅炉中的吸热量 $q_1 = (h_1-h_2') + (h_a-h_b)$；向凝汽器的放热量 $q_2 = h_2-h_2'$；若忽略水泵耗功，循环功即为汽轮机输出功，此功 $w_0 = (h_1-h_b) + (h_a-h_2)$。

再热循环的热效率为

$$\eta_{TR} = \frac{w_0}{q_1} = \frac{(h_1-h_b)+(h_a-h_2)}{(h_1-h_2')+(h_a-h_b)} \tag{2-12}$$

采用再热除了有利于提高初压和直接提高循环热效率外，再热还使汽轮机末级通流部分蒸汽湿度减小，从而使汽轮机的相对内效率提高。另外，采用再热后，因每千克蒸汽的做功量增加，汽轮机的汽耗量明显减少，循环设备尺寸则可减小，这都是再热循环的优点。但是采用再热，需要在锅炉烟道中增加再热器，在汽轮机和锅炉之间增设往返蒸汽管道、阀门等，这使得机组投资增大、运行管理复杂。但由于综合经济性较高，故 13.7MPa 以上的火电机组均采用一次中间再热。

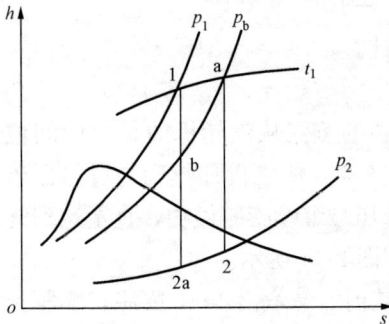

图 2-12 [例 2-4] 插图

【例 2-4】 水蒸气动力循环过程中，汽轮机的进汽压力 $p_1 = 16$MPa、温度 $t_1 = 540$℃、乏汽压力 $p_2 = 4$kPa。若按基本朗肯循环运行，终压 p_2 下的排汽焓 $h_{2a} = 1970$kJ/kg、干度 $x_{2a} = 0.76$；若采用一次再热循环，再热压力 $p_b = 3$MPa，再热后的蒸汽温度与 t_1 相同。试比较两种循环方式下的热效率及乏汽干度。

解 利用 h-s 图可求得各状态点的参数，具体方法如图 2-12 所示，查得各点的参数为 $h_1 = 3410$kJ/kg，$h_b = 2940$kJ/kg，$h_a = 3545$kJ/kg，$h_2 = 2215$kJ/kg，$x_2 = 0.88$；并由附表Ⅰ查得 $h_2' = 121.41$kJ/kg。

将有关数据代入式（2-11）得到基本朗肯循环的热效率为

$$\eta_T = \frac{h_1 - h_{2a}}{h_1 - h_2'} = \frac{3410 - 1970}{3410 - 121.41} = 43.79(\%)$$

按式（2-12）可得再热循环的热效率为

$$\eta_{TR} = \frac{(h_1 - h_b) + (h_a - h_2)}{(h_1 - h_2') + (h_a - h_b)} = \frac{(3410 - 2940) + (3545 - 2215)}{(3410 - 121.41) + (3545 - 2940)} = 46.23(\%)$$

上述两结果进行比较，说明采用再热循环后，热效率提高 $\Delta\eta = 46.23\% - 43.79\% = 2.44\%$；干度提高 $\Delta x = 0.12$。

三、回热循环

朗肯循环在采取了提高初参数、降低终参数以及再热等措施后，其热效率还是远低于同温限间（即 T_1、T_2 之间）的理想卡诺循环，其根本原因在于朗肯循环的整个吸热过程是非定温过程，尤其是水的预热阶段，吸热温度远低于吸热过程的最高温度，造成循环的平均吸热温度 $\overline{T_1}$ 远低于最高吸热温度 T_1，致使热效率很低。为了消除或减少水在预热阶段吸热温度过低的不利影响，提出了回热循环。

回热循环也是在基本朗肯循环基础上，从汽轮机的某些中间部位抽出一部分做过功的蒸汽，送入回热加热器中用来加热凝汽器来的凝结水，使锅炉的入口水温提高。由于锅炉中水的预热起点温度提高，工质在锅炉内的平均吸热温度 $\overline{T_1}$ 将提高，故可使循环热效率提高。

上述如从汽轮机内抽出一股蒸汽来加热锅炉给水，称为一级回热。回热可具有任意多级。从理论上讲，当回热具有无穷多级时，其热效率趋于卡诺循环。但由于技术上无法实现无穷多级，且随着级数的增加，热效率增加的幅度将随之减小，而循环系统的设备投资等费用却随之增加，故实际上只采用有限的几级回热，一般超高压以上的机组采用 $7\sim9$ 级回热。下面以两级回热为例说明回热循环的构成原理及其循环热效率的计算。

两级回热循环设备连接系统及 $T\text{-}s$ 图如图 2-13 所示。

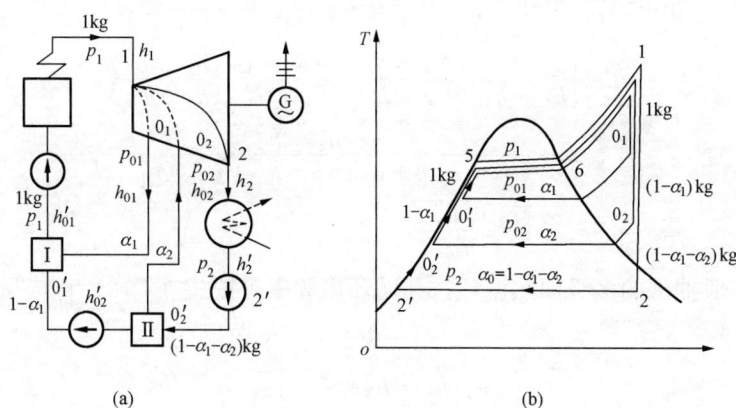

图 2-13　两级回热循环
(a) 设备连接系统；(b) $T\text{-}s$ 图

为分析方便起见，对该两级回热循环，可以想象成将进入汽轮机的 1kg 蒸汽分成了互不干扰的三股蒸汽，各为 α_1 kg、α_2 kg 和 $(1-\alpha_1-\alpha_2)$ kg。三股蒸汽都从状态 1 开始膨胀做功，其中 $\alpha_1$kg 和 $\alpha_2$kg 蒸汽先后膨胀到 p_{01} 和 p_{02} 压力被抽出，送到相应的回热加热器放热后分别达到状态 $0_1'$ 和 $0_2'$。余下的 $(1-\alpha_1-\alpha_2)$ kg 蒸汽继续在汽轮机内膨胀做功，直到排汽状态 2，被引入凝汽器凝结放热，达到状态 $2'$。此 $(1-\alpha_1-\alpha_2)$ kg 的蒸汽凝结水经水泵加压达到 p_{02} 送到 Ⅱ 号加热器，在其内接收 $\alpha_2$kg 抽汽的凝结放热，达到状态 $0_2'(p_{02}、h_{02}')$，并与 $\alpha_2$kg 抽汽放热后的凝结水汇合成 $(1-\alpha_1)$ kg 状态为 $0_2'$ 的水。此 $(1-\alpha_1)$ kg 的水被水泵加压达到 p_{01} 送到 Ⅰ 号加热器，在其中接收 $\alpha_1$kg 抽汽的凝结放热，达到状态 $0_1'(p_{01}、h_{01}')$，并与 α_1 抽汽的凝结水汇合成 1kg $0_1'$ 状态的水。最后此 1kg 的水从 $0_1'$ 状态经水泵加压达到 p_1 送入锅炉，去接受外热源的加热而又成为 1kg 的过热蒸汽，完成一个循环。如此周而复始，连续运行。

如果不是两级回热，而是采用 7 级或 8 级等多级回热循环，其原理是一样的，只是多出相应的抽汽及回热加热器等设备。

上述的 α_1、α_2 等实际上是各级抽汽量占汽轮机进汽量的比例，称为抽汽份额。α_1、α_2 可通过各级加热器的热平衡确定，具体方法见［例 2-5］。抽汽份额确定之后，便可按下述计算循环效率。

忽略水泵耗功，汽轮机的内功就是循环功，它等于各股蒸汽做功之和，即

$$w_0 = \alpha_1(h_1-h_{01}) + \alpha_2(h_1-h_{02}) + \alpha_0(h_1-h_2)$$

式中　α_0——凝汽份额，$\alpha_0 = 1-\alpha_1-\alpha_2$。

凝汽器中的放热量为

$$q_2 = \alpha_0(h_2-h_2')$$

锅炉中的吸热量为

$$q_1 = w_0 + q_2 = \alpha_1(h_1-h_{01}) + \alpha_2(h_1-h_{02}) + \alpha_0(h_1-h_2')$$

或　　　　　　　　　　　$$q_1 = h_1-h_{01}'$$

按定义，两级回热循环的循环热效率为

$$\eta_{\text{TRG}} = \frac{w_0}{q_1} = 1 - \frac{q_2}{q_1}$$

$$= \frac{\alpha_1(h_1-h_{01}) + \alpha_2(h_1-h_{02}) + \alpha_0(h_1-h_2)}{\alpha_1(h_1-h_{01}) + \alpha_2(h_1-h_{02}) + \alpha_0(h_1-h_2')}$$

$$= 1 - \frac{\alpha_0(h_2-h_2')}{\alpha_1(h_1-h_{01}) + \alpha_2(h_1-h_{02}) + \alpha_0(h_1-h_2')}$$

或　　　　　　$$\eta_{\text{TRG}} = 1 - \frac{\alpha_0(h_2-h_2')}{h_1-h_{01}'} \tag{2-13}$$

对于具有 n 股抽汽的多级回热循环，其循环热效率可按式（2-13）直接写出，即

$$\eta_{\text{TRG}} = 1 - \frac{\alpha_0(h_2-h_2')}{\alpha_0(h_1-h_2') + \sum_{j=1}^{n} \alpha_j(h_1-h_{0j})} \tag{2-14}$$

此式中 $\alpha_0 = 1 - \sum_{j=1}^{n} \alpha_j$，其中 α_j 为第 j 股抽汽份额。

采用回热的目的，是通过使给水在锅炉中吸热起点温度的提高来提高循环热效率。那么，采用抽汽回热后，循环热效率是否提高了呢？由下面的定性分析可得出结论。

如图 2-13（b）所示，具有两级抽汽的回热循环，可以看成是由 α_1、α_2、α_0 三股蒸汽所

形成的三个循环叠加而成的，前两个循环都不向凝汽器（冷源）放热，将其做功后的余热均用来加热给水，故从热量利用角度看，其理论上的热效率为 1。而 α_0 这股凝汽流是按基本朗肯循环工作的，其热效率即为朗肯循环热效率。由此三个循环叠加后的两级回热循环热效率，必然高于初、终参数相同的基本朗肯循环。显然，回热级数越多，其循环热效率提高得也就越多。这样实际上采用的 7～9 级多级回热循环的热效率，必然高于上述的两级回热循环的热效率

【例 2-5】 设有两级抽汽回热循环，汽轮机的进汽参数为 $p_1 = 3\text{MPa}$，$t_1 = 450℃$；排汽压力为 $p_2 = 5\text{kPa}$；汽轮机的抽汽压力分别为 $p_{01} = 0.3\text{MPa}$ 和 $p_{02} = 0.12\text{MPa}$。试求：（1）抽汽份额 α_1 和 α_2；（2）每千克蒸汽在汽轮机中所做的内功；（3）循环热效率；（4）与基本朗肯循环相比较，热效率的提高值。

解 采用同图 2-13 相同的符号。从 h-s 图中找到 $p_1 = 3\text{MPa}$ 定压线与 $t_1 = 450℃$ 定温线的交点，即状态点 1；从此点做定熵线（即可逆绝热）先后与 $p_{01} = 0.3\text{MPa}$、$p_{02} = 0.12\text{MPa}$ 和 $p_2 = 5\text{kPa}$ 定压线相交，查得各交点的纵坐标为

$$h_1 = 3345\text{kJ/kg}; \quad h_{01} = 2760\text{kJ/kg}; \quad h_{02} = 2600\text{kJ/kg}; \quad h_2 = 2160\text{kJ/kg}$$

再由 p_{01}、p_{02} 及 p_2 查附表 I，得到各压力下的饱和水焓为

$$h'_{01} = 561.4\text{kJ/kg}; \quad h'_{02} = 434.95\text{kJ/kg}; \quad h'_2 = 137.77\text{kJ/kg}$$

（1）求 α_1、α_2。按热力学第一定律，并考虑为稳定流动，列出 I 号加热器的热平衡式为

$$1 \times h'_{01} = \alpha_1 h_{01} + (1 - \alpha_1) h'_{02}$$

此式也符合式（2-2），只是表示方法不同而已。由此得到

$$\alpha_1 = \frac{h'_{01} - h'_{02}}{h_{01} - h'_{02}} = \frac{561.4 - 434.95}{2760 - 434.95} = 0.0544$$

同理，列出 II 号加热器的热平衡式为

$$(1 - \alpha_1) h'_{02} = \alpha_2 h_{02} + (1 - \alpha_1 - \alpha_2) h'_2$$

由此解出

$$\alpha_2 = \frac{(1 - \alpha_1)(h'_{02} - h'_2)}{h_{02} - h'_2} = \frac{(1 - 0.0544)(434.95 - 137.77)}{2600 - 137.77} = 0.1141$$

可见，抽汽份额 α_1、α_2 是确定的，不能随意增大。对于其他多级回热循环，其各级抽汽份额同样也由热平衡关系来制约。

（2）每千克蒸汽的内功为

$$\begin{aligned}
w_t &= \alpha_1(h_1 - h_{01}) + \alpha_2(h_1 - h_{02}) + (1 - \alpha_1 - \alpha_2)(h_1 - h_2) \\
&= 0.0544(3345 - 2760) + 0.1141(3345 - 2600) + 0.8315(3345 - 2160) \\
&= 1102.2(\text{kJ/kg})
\end{aligned}$$

（3）按式（2-14）得循环热效率为

$$\eta_{\text{TRG}} = \frac{w_t}{q_1} = \frac{w_t}{h_1 - h'_{01}} = \frac{1102.2}{3345 - 561.4} = 39.59(\%)$$

（4）简单朗肯循环的热效率为

$$\eta_T = \frac{h_1 - h_2}{h_1 - h'_2} = \frac{3345 - 2160}{3345 - 137.77} = 36.95(\%)$$

该两级回热循环热效率的绝对提高值为

$$\Delta\eta = \eta_{TRG} - \eta_{T} = 39.59\% - 36.95\% = 2.64(\%)$$

四、热电联产循环

无论是简单的朗肯循环，还是在其基础上发展而成的再热或回热循环，都属于蒸汽动力循环，即通过水的吸热、膨胀做功、低温放热和压缩等过程所组成的循环，获得机械功并进而获得电能。而在电能产生的过程中，50%以上的蒸汽低温热量要通过凝汽器冷却水散失到环境中，按照热力学第二定律，这一损失是不可避免的。

生活、生产中对电的需求是无处不在的，而实际中利用也很广泛的还有另一种能量——热能。如在采暖、生活热水、生产中的蒸煮、洗涤、动力等都离不开热能供应，并且这些热能的需要对载热介质的参数要求相对于动力循环中的蒸汽初参数要低得多。一方面是对热能供应的普遍需要，另一方面则是动力循环中不可避免的热损失。如果将两者结合起来，就可以避免发电的冷源损失，并能满足热能供应的需要，这就提出了热电联产循环。所谓热电联产循环就是将电能生产和热能生产联合成一体，既供热又供电，所供热能是已做功发电的汽轮机排汽所携带的热能。

图 2-14 给出了热电联产循环的系统和 T-s 图。事实上，热电联产循环的本质仍然是蒸汽动力循环，只不过是汽轮机排汽的压力要比纯蒸汽动力循环的高得多（通常为 $0.5 \sim 1 MPa$），以满足热用户对载热介质参数的要求。

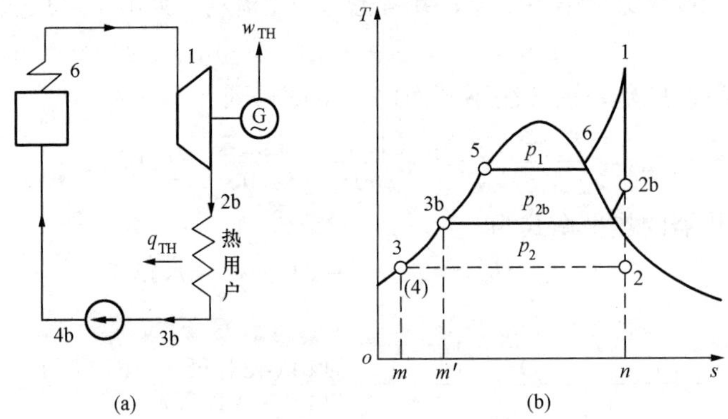

图 2-14　热电联产循环
(a) 设备连接系统；(b) T-s 图

图中的 1-2-3-5-6-1 是简单的朗肯循环，而 1-2b-3b-5-6-1 则是热电联产循环。可见在蒸汽吸热量 q_1 完全相同的情况下，热电联产循环的做功（发电）量要比纯动力循环的小。若以 w_0、w_{TH} 分别表示朗肯循环做功和热电联产循环做功，则两个循环的热效率分别是

$$\eta_{T} = \frac{w_0}{q_1}; \quad \eta_{TH} = \frac{w_{TH}}{q_1} \tag{2-15}$$

由于 $w_{TH} < w_0$，所以 $\eta_{TH} < \eta_{T}$。也就是说，仅从生产电能角度来说，热电联产的热利用率不如朗肯循环。但热电联产循环的收益除了这部分做功之外，还有将相对于朗肯循环少做的功和朗肯循环的冷源损失（被冷却水带走的乏汽热量）全部送到热用户利用了。所以从热能有效利用的角度看，热电联产的收益还应该用另一个指标——热量有效利用系数 K 来表征，

显然

$$K = \frac{w_{TH} + q_{TH}}{q_1}$$ (2-16)

式中　q_{TH}——由热用户利用的循环放热量。

由于 $(w_{TH} + q_{TH}) \gg w_0$，所以热电联产循环的热量有效利用程度比纯动力循环要高得多，这正是热电联产循环的意义之所在。

K 值在理论上等于 1，实际上由于存在各种损失，实际的 K 值可能在 0.7 左右。

生产实际中以热电联产循环方式工作的汽轮机是背压式汽轮机；按热电联产循环与纯动力循环叠加方式工作的汽轮机就是抽汽供热式汽轮机。

本 章 小 结

一、水蒸气的定压形成过程是由预热、汽化和过热三个阶段组成的。随着压力的提高，汽化阶段缩短。当达到或超过临界压力时，汽化阶段不存在，即水加热至临界温度时，水直接全部变为蒸汽。

二、水蒸气的热力计算通常采用水蒸气表和 h-s 图进行。

三、水蒸气的典型热力过程有定压流动、绝热膨胀和压缩、绝热节流等，它们均是水蒸气动力循环的基础。

四、水蒸气动力循环有朗肯循环、再热循环、回热循环和热电联产循环。在这些循环中，朗肯循环是最基本的蒸汽动力循环，其他循环实际上是对朗肯循环的改进。

思 考 题

1. 水蒸气的定压形成过程包括哪几个过程？其 T-s 图上过程线下的面积表示了什么？在其汽化阶段，工质温度、焓、熵等是否变化？

2. 何谓水的临界点？其临界压力、温度分别是多少？当水的压力等于或超过临界压力时，水蒸气的定压形成过程有什么不同？

3. 定性绘出水蒸气的 h-s 图，并分析定压线、定温线的变化趋势。根据初参数（p_1、t_1）和终压 p_2 在 h-s 图上画出水蒸气在汽轮机中的可逆绝热膨胀过程。

4. 工质在锅炉中的吸热量和在汽轮机中的做功量如何计算？

5. 喷管的作用是什么？如何根据压力比的大小选择喷管？为什么？

6. 何谓绝热节流？工质经过绝热节流后的效果是什么？

7. 何谓蒸汽动力循环？为什么蒸汽动力循环不采用卡诺循环而采用朗肯循环？朗肯循环是由哪几个过程组成的？它们分别在什么设备中完成？请在 T-s 图上熟练地画出朗肯循环。

8. 中间再热循环及回热循环与简单朗肯循环相比较，有哪些区别？再热和回热的主要作用分别是什么？

9. 热电联产循环的主要意义是什么？为什么热电联产循环必须同时用两个指标来描述其热经济性？

习　　题

1. 泵只能对液态水进行加压。如果锅炉给水温度为 264℃，水泵入口水的压力至少要大于多少兆帕？当给水泵出口压力为 17MPa 时，水处于什么状态？水在 17MPa 定压力下，送入锅炉受热面定压加热，当水温上升 70℃ 时，水处于什么状态？当水中产生 20% 蒸汽时，处于什么状态？温度是多少？继续定压加热到什么状态时温度才开始上升？当温度达到 545℃ 时，处于什么状态？具有多大的过热度？

2. 某电站锅炉参数如下，高压锅炉是：锅炉出口过热蒸汽压力 $p_1 = 10$MPa，温度 $t_1 = 540℃$，给水温度 $t_2 = 220℃$；亚临界压力锅炉是：$p_1 = 17$MPa，$t_1 = 540℃$，$t_2 = 260℃$。按定压加热，分别将炉内加热过程定性地描绘在 $T\text{-}s$ 图上，并比较其预热热、汽化潜热和过热热因 p_1 不同所造成的变化趋势。

3. 某锅炉过热器的进口蒸汽压力 $p_1 = 14$MPa，$x = 0.98$，求此时的蒸汽温度、比体积、比热力学能、比焓、比熵等参数；如果蒸汽在过热器内定压加热到出口温度 540℃，求其加热量。

4. 如在汽轮机的某级中，蒸汽以 $p_1 = 0.5$MPa，$t_1 = 230℃$ 进入喷管，喷管的背压 $p_b = 0.4$MPa，蒸汽流量为 25t/h，试问应选择何种型式的喷管？并计算喷管出口的流速 c_2 和喷管出口截面积 S_2。

5. 锅炉给水泵直接用小汽轮机带动。若小汽轮机的进汽参数 $p_1 = 2$MPa，$t_1 = 400℃$，排汽压力 $p_2 = 5$kPa，试求小汽轮机对给水泵提供的内功 w_P。为实现功率调节，在小汽轮机入口加装控制阀，当节流使其进汽压力降低 $\Delta p = 0.5$MPa，而排汽压力 p_2 不变时，试计算蒸汽因节流所造成的做功能力损失。

6. 某蒸汽动力循环为基本朗肯循环，蒸汽初温为 540℃，膨胀终点压力为 0.004MPa，试求蒸汽初压分别为 10MPa 和 14MPa 时的循环热效率。

7. 若基本朗肯循环的初参数 $p_1 = 13.5$MPa，$t_1 = 550℃$，凝汽器压力 $p_2 = 5$kPa，不计水泵功。试求：(1) 该循环的 w_0、q_1、x、η_T；(2) 如果工质在汽轮机内膨胀到 3.5MPa 时，再去加热到 550℃，此再热循环的 w_0、q_1、x、η_{TR}；(3) 比较两种循环方式下的热效率和乏汽干度。

8. 设有两级抽汽回热循环，其参数 $p_1 = 10$MPa，$t_1 = 540℃$，凝汽器压力 $p_2 = 5$kPa，汽轮机第一级、第二级抽汽压力分别为 $p_{01} = 0.4$MPa 和 $p_{02} = 0.21$MPa。试求该两级回热循环的汽轮机内功和循环热效率。

第三章　热传递的基本原理

【摘要】　热量传递的基本方式有导热、对流换热和辐射换热。一般情况下的传热过程均是这几种方式的综合效果。本章依次介绍了各种传热方式，并对换热器的有关问题及传热的强化和削弱作简要介绍。

　　学好本章内容将为学习锅炉等换热器打下良好基础。

第一节　导　　热

一、导热的基本概念

当物体内部或相互接触的物体间存在温度差时，热量从高温处传到低温处的过程称为导热或热传导。在导热发生时，物体内部或物体间并无物质的宏观相对位移，其热量的传递是依靠物体（或物质）内部微粒的热运动来实现的。从微观角度来看，气体、液体、导电固体和非导电固体的导热机理是有所不同的。如气体是通过其处于杂乱无章运动中的分子间的碰撞，进行能量的交换而实现导热的。固体的导热则主要是通过材料晶格的热振动波以及自由电子的迁移来实现的。在常温下，纯金属的自由电子所起的作用要比晶格的热振动波大得多。对于非金属则主要通过晶格的热振动波进行热量的传递。液体的导热机理介于固体和气体之间。

如上所述，导热是物体内部温度不同（即存在温差）所引起的一种热量传递过程。而物体内的温度分布一般是时间（τ）和空间坐标（x，y，z）的函数，即

$$t = f(x,y,z,\tau)$$

此式所描述的物体内在某一瞬间的温度分布总体，称为温度场。如果物体内各点的温度不随时间而变，则称为稳态温度场。如电厂中的锅炉、汽轮机等各种热力设备，它们在正常工况稳定运行时的温度分布即为稳态温度场。若物体内的温度分布随时间变化，则为非稳态温度场，如在启动、停机工况下，锅炉、汽轮机等设备内的温度分布就属于这类温度场。我们仅讨论最简单的一维稳态温度场，即物体内的温度分布仅在一个方向上有变化，且不随时间而变的情况。这种情况可以在稳定运行下的电厂各热力设备中经常遇到，如锅炉炉墙导热可近似视为沿炉墙厚度方向上的一维稳态导热。

在有温差存在的物体内，若将其温度相同的点连接起来，则会形成一个等温面。等温面可以是曲面、平面或封闭的圆环面。等温面上各点的温度均相等，只有穿过等温面时才会有温度改变。将等温面法线方向上的温度变化率称为温度梯度，用 $\dfrac{\mathrm{d}t}{\mathrm{d}x}$ 表示。温度梯度是一个向量，其正方向指向温度升高的方向。温度梯度的大小表明了物体内温度变化的强烈程度，进而表明了导热体内热流量的大小，其间的定量关系是由傅立叶定律给出的。

二、傅立叶定律及热导率

傅立叶定律以微分形式给出了导热体内热流量与温度梯度的关系，即

$$q = -\lambda \frac{\mathrm{d}t}{\mathrm{d}x} \quad (\mathrm{W/m^2}) \tag{3-1}$$

式中　q——单位时间内通过导热体单位面积上的热量，又称为热流密度，$\mathrm{W/m^2}$；

　　　λ——比例系数，又称为热导率（导热系数），$\mathrm{W/(m \cdot ℃)}$。

傅立叶定律用文字描述为单位时间内通过导热体单位面积上的导热量，在数值上与该面积上的温度梯度成正比，而方向与其相反。

对于热流密度相同的给定面积 S 上的导热，傅立叶定律的表达式为

$$Q = Sq = -\lambda S \frac{\mathrm{d}t}{\mathrm{d}x} \quad (\mathrm{W}) \tag{3-2}$$

热导率的大小反映了物体导热能力的大小，是一个很重要的热物性参数，由式（3-1）可得其定义式为

$$\lambda = q \Big/ \left(-\frac{\mathrm{d}t}{\mathrm{d}x} \right) \quad [\mathrm{W/(m \cdot ℃)}] \tag{3-3}$$

可见 λ 在数值上等于温度梯度为 1 时，单位时间、单位面积的导热量。各种物质的热导率均是由专门试验测定的，水和空气的热导率列于附表Ⅳ、附表Ⅴ中。

热导率的大小取决于物质的种类和温度。一般而言，在固、液、气三种相态中，固体的热导率最大，气体的最小，液体的介于两者之间，这是由它们不同的导热机理所决定的。气体的 λ 值在 $0.006 \sim 0.6\mathrm{W/(m \cdot ℃)}$ 范围，液态金属除外的液体 λ 值在 $0.1 \sim 0.7\mathrm{W/(m \cdot ℃)}$ 范围。固体的范围比较宽，金属材料中纯金属的 λ 值最大，如银在 20℃时的 λ 值为 $427\mathrm{W/(m \cdot ℃)}$；纯金属掺入杂质变成合金后，其 λ 值将有所下降；非金属材料的 λ 值均小于金属材料，如玻璃的 λ 值在 20℃ 时为 $1.28\mathrm{W/(m \cdot ℃)}$；非金属材料中 λ 值小于 $0.23\mathrm{W/(m \cdot ℃)}$ 的材料，称为隔热材料或保温材料，如石棉、珍珠岩制品等。另外，热导率除了与物质种类有关外，还主要与温度有关，因此在给出热导率时，均要指明物质所处的温度。

三、一维稳态导热计算

1. 大平壁导热

所谓大平壁，是指其高度和宽度远大于其厚度，这样平壁的端部散热所造成的温差可略去不计，当平壁两侧壁温保持均匀恒定时，就可认为导热是仅沿壁厚方向的一维稳态导热。工程上，如果平壁厚度小于高度及宽度的 $\frac{1}{10}$，则可视为大平壁导热，忽略端部散热的误差小于 1%。对于如图 3-1 所示壁厚为 δ、热导率 λ 为常数、两侧壁温分别为 t_{w1} 和 t_{w2} 且保持温度均匀恒定的大平壁，按傅立叶定律，通过平壁的热量为

$$Q = -\lambda S \frac{\mathrm{d}t}{\mathrm{d}x}$$

对此式分离变量，并在 $x=0$，$t=t_{w1}$ 和 $x=\delta$，$t=t_{w2}$ 的边界条件下定积分得到

$$t_{w2} - t_{w1} = -\frac{Q}{\lambda S} \delta$$

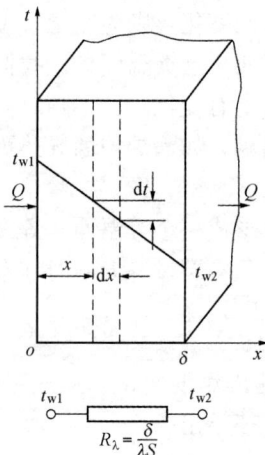

图 3-1　单层平壁导热

可见温度分布与壁厚呈直线关系，如图 3-1 所示。由此得到通过面积为 S 的大平壁的导热量为

$$Q = \frac{\lambda S(t_{w1} - t_{w2})}{\delta} = \frac{t_{w1} - t_{w2}}{\delta/(\lambda S)} = \frac{\Delta t}{R_\lambda} \quad (\text{W}) \tag{3-4}$$

通过大平壁的热流密度为

$$q = \frac{Q}{S} = \frac{t_{w1} - t_{w2}}{\delta/\lambda} = \frac{\Delta t}{r_\lambda} \quad (\text{W/m}^2) \tag{3-5}$$

由式（3-4）和式（3-5）可知，通过平壁的热流量与温度差 Δt（又称温压）成正比，与热阻 R_λ（或 r_λ）成反比。

可以看到，式（3-4）和式（3-5）与欧姆定律的形式相似。事实上，热量传递与电量转移有类似之处。正因为如此，许多较为复杂的导热，乃至其他形式的热传递，都可以借助电路串、并联的知识求解。

在工程上，会遇到由不同热导率的材料紧密贴合而成的多层平壁导热问题。图 3-2 所示可认为是电厂锅炉原采用的轻型敷管炉墙，其内层是耐高温材料（δ_1、λ_1），中间一层是保温材料（δ_2、λ_2），最外层为密封涂面（δ_3、λ_3），三层材料紧密贴合在一起，通过此炉墙的导热属于多层平壁导热。该平壁的两侧表面温度 t_{w1}、t_{w4} 是可测的，中间接触面上的温度为 t_{w2}、t_{w3}，温度分布为一折线。考虑为稳态导热，平壁温度不随时间而变，通过各层的热量 Q 为一常量，由式（3-4）可得各层的热阻为

$$R_{\lambda 1} = \frac{\delta_1}{\lambda_1 S} = \frac{t_{w1} - t_{w2}}{Q}$$

$$R_{\lambda 2} = \frac{\delta_2}{\lambda_2 S} = \frac{t_{w2} - t_{w3}}{Q}$$

$$R_{\lambda 3} = \frac{\delta_3}{\lambda_3 S} = \frac{t_{w3} - t_{w4}}{Q}$$

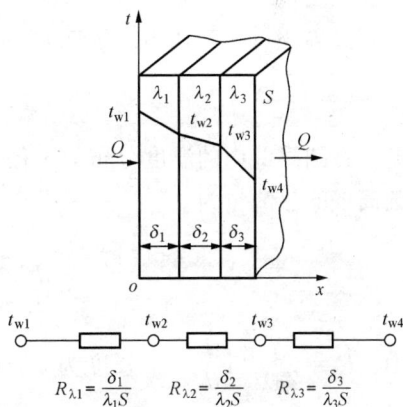

图 3-2 多层平壁导热

该多层平壁的总热阻必为上述各层分热阻之和，其导热示意见图 3-2。将以上三式相加后可得到总热阻，并进而求得导热量为

$$Q = \frac{t_{w1} - t_{w4}}{R_{\lambda 1} + R_{\lambda 2} + R_{\lambda 3}} = \frac{t_{w1} - t_{w4}}{\delta_1/(\lambda_1 S) + \delta_2/(\lambda_2 S) + \delta_3/(\lambda_3 S)} \quad (\text{W}) \tag{3-6}$$

式（3-6）说明，通过多层平壁的热量与总温压成正比，与总热阻成反比。

通过多层平壁的热流密度，即单位面积上的热流量，可按 $q = \frac{Q}{S}$ 得到，即

$$q = \frac{t_{w1} - t_{w4}}{\delta_1/\lambda_1 + \delta_2/\lambda_2 + \delta_3/\lambda_3} \quad (\text{W/m}^2) \tag{3-7}$$

在求出导热量 Q 或热流密度 q 之后，可按每层的导热量公式计算接触面上的温度 t_{w2} 和 t_{w3}。

对于两层或三层以上的多层平壁，其导热问题可同样按上述方法求解。

2. 长圆筒壁导热

火电厂中的绝大多数换热器及各种管道均为圆筒壁结构，如锅炉受热面、凝汽器等，这主要是因为圆管具有制造简便、受力均匀和节省材料等特点。

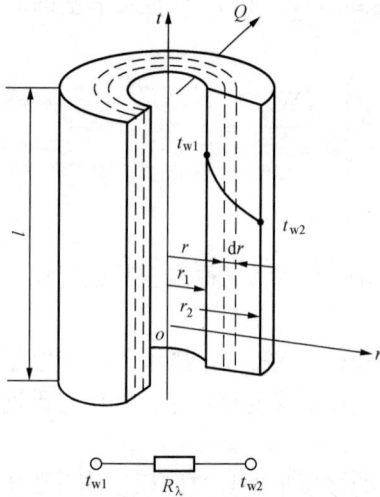

图 3-3　单层圆筒壁导热

现考察一长度为 l、内外直径分别为 d_1 和 d_2、热导率 λ 为常数的长圆筒壁，其内外表面温度分别为 t_{w1} 和 t_{w2}，且维持均匀恒定，如图 3-3 所示。当圆筒壁很长时，可以忽略轴向端部的散热，且因内、外壁温均匀恒定，温度只沿径向变化，故可采用柱坐标，认为是一维稳态导热。工程上，只要管外径小于管长的 $\dfrac{1}{10}$，就可以按长圆筒壁处理。对于图 3-3 所示的单层圆筒壁，通过半径为 r、厚度为 dr 的微元圆筒壁的导热量，按傅立叶定律得

$$Q = -\lambda S \frac{dt}{dr}$$

式中　S——半径 r 微元圆筒壁的表面积。

将 $S = 2\pi r l$ 代入得到

$$Q = -2\pi\lambda l r \frac{dt}{dr}$$

对此式分离变量，并在边界条件 $r = r_1$、$t = t_{w1}$ 和 $r = r_2$、$t = t_{w2}$ 内定积分得

$$t_{w1} - t_{w2} = \frac{Q}{2\pi\lambda l}\ln\frac{r_2}{r_1} = \frac{Q}{2\pi\lambda l}\ln\frac{d_2}{d_1}$$

可见，在圆筒壁内的温度分布与半径呈对数关系，在图上为一对数曲线。由此得到通过单层长圆筒壁的热流量为

$$Q = \frac{2\pi\lambda l(t_{w1} - t_{w2})}{\ln\dfrac{d_2}{d_1}} = \frac{t_{w1} - t_{w2}}{\dfrac{1}{2\pi\lambda l}\ln\dfrac{d_2}{d_1}} = \frac{t_{w1} - t_{w2}}{R_\lambda}\quad\text{(W)} \tag{3-8}$$

式中　$R_\lambda = \dfrac{1}{2\pi\lambda l}\ln\dfrac{d_2}{d_1}$——长度为 l 的单层圆筒壁的导热热阻。

当 $t_{w1} < t_{w2}$ 时，按式（3-8）得出的热流量 Q 为负值，说明热流量的方向是由外壁流向内壁。

对于圆筒壁，通常是计算每米管长上的热流量，用 q_1 表示，则

$$q_1 = \frac{Q}{l} = \frac{t_{w1} - t_{w2}}{\dfrac{1}{2\pi\lambda}\ln\dfrac{d_2}{d_1}} \tag{3-9}$$

$$= \frac{t_{w1} - t_{w2}}{r_\lambda}\quad\text{(W/m)}$$

式中　$r_\lambda = \dfrac{1}{2\pi\lambda}\ln\dfrac{d_2}{d_1}$——单位管长上单层圆筒壁的导热热阻。

对于由多层不同材料紧密贴合构成的多层圆筒壁，如图 3-4 所示，采用与多层平壁相同的方法，也就是用总温压除以总热阻的方法，就可得其热流量，即

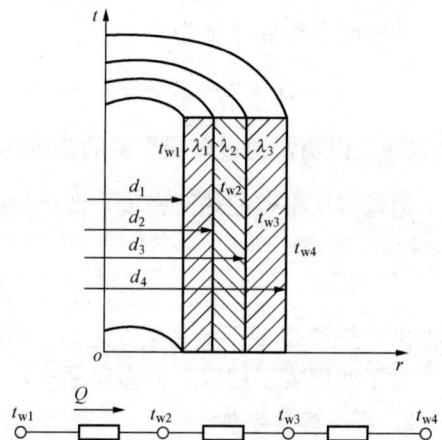

图 3-4　多层圆筒壁导热

$$Q = \frac{t_{w1} - t_{w4}}{R_{\lambda 1} + R_{\lambda 2} + R_{\lambda 3}}$$

$$= \frac{t_{w1} - t_{w4}}{\frac{1}{2\pi\lambda_1 l}\ln\frac{d_2}{d_1} + \frac{1}{2\pi\lambda_2 l}\ln\frac{d_3}{d_2} + \frac{1}{2\pi\lambda_3 l}\ln\frac{d_4}{d_3}} \quad (W) \qquad (3-10)$$

单位管长上的导热量相应为

$$q_l = \frac{Q}{l} = \frac{t_{w1} - t_{w4}}{\frac{1}{2\pi\lambda_1}\ln\frac{d_2}{d_1} + \frac{1}{2\pi\lambda_2}\ln\frac{d_3}{d_2} + \frac{1}{2\pi\lambda_3}\ln\frac{d_4}{d_3}} \quad (W/m) \qquad (3-11)$$

接触面上的温度仍然按每层的导热量计算式确定。

【例 3-1】 某电厂蒸汽管道，其内径 150mm、壁厚 $\delta_1 = 4.5mm$，钢管热导率 $\lambda_1 = 52W/(m\cdot℃)$；管道外侧敷有两层保温材料，第一层壁厚 $\delta_2 = 5mm$，$\lambda_2 = 0.12 W/(m\cdot℃)$，第二层壁厚 $\delta_3 = 80mm$，$\lambda_3 = 0.1W/(m\cdot℃)$；管道的内、外壁温分别为 170℃和30℃。试计算单位管长的散热量和接触面上的温度。

解 (1) 按式 (3-11) 得

$$q_l = \frac{t_{w1} - t_{w4}}{\frac{1}{2\pi}\left(\frac{1}{\lambda_1}\ln\frac{d_2}{d_1} + \frac{1}{\lambda_2}\ln\frac{d_3}{d_2} + \frac{1}{\lambda_3}\ln\frac{d_4}{d_3}\right)}$$

$$= \frac{170 - 30}{\frac{1}{2\pi}\left[\frac{1}{52}\ln\frac{150+4.5\times2}{150} + \frac{1}{0.12}\ln\frac{150+(4.5+5)\times2}{150+4.5\times2} + \frac{1}{0.1}\ln\frac{150+(4.5+5+80)\times2}{150+(4.5+5)\times2}\right]}$$

$$= 122.60(W/m)$$

(2) 计算 t_{w2} 和 t_{w3}：按式 (3-9) 对第一层列出

$$q_l = \frac{t_{w1} - t_{w2}}{\frac{1}{2\pi\lambda_1}\ln\frac{d_2}{d_1}}$$

由此得到

$$t_{w2} = t_{w1} - \frac{1}{2\pi\lambda_1}\ln\frac{d_2}{d_1}q_l$$

$$= 170 - \frac{1}{2\pi\times52}\ln\frac{150+4.5\times2}{150}\times122.60 = 169.48(℃)$$

同理，
$$t_{w3} = t_{w2} - \frac{1}{2\pi\lambda_2}\ln\frac{d_3}{d_2}q_l$$

$$= 169.48 - \frac{1}{2\pi\times0.12}\ln\frac{150+(4.5+5)\times2}{150+4.5\times2}\times122.60 = 160.6(℃)$$

第二节 对 流 换 热

一、对流换热的概念及其类型

当温度不同的各部分流体之间产生宏观的相对运动时，各部分流体因相互掺混所引起的热量传递过程，称为热对流。流动着的流体与其相接触的固体壁面之间的热量传递过程，称为对流换热。对流换热时，流体内部各部分流体之间存在着热对流，并同时伴随有热传导，这是因为微观粒子的热运动总是存在的；在靠近固体壁面处，因流体的黏性力作用，紧贴壁面薄层流体的流速为零，该薄层流体与壁面之间只能通过导热方式进行热量交换。因此，对流换热是热对流和热传导综合作用的结果。

与固体壁面相接触流体的流动，如果是在风机或泵等所提供的外力推动下形成的，称为强制对流换热；如果是由于流体内部各部分之间密度不同所引起的，则称为自然对流换热。对流换热往往是由原来静止的流体受到固体壁的加热，其温度升高、密度变小而产生向上的浮升力作用的结果。如水在省煤器管内、空气在空气预热器内的流动换热均为强制对流换热，而锅炉、汽轮机等热力设备的外表面对环境的散热则为自然对流换热。

另外，被壁面加热或冷却的流体未发生相变时，称为单相介质的对流换热；否则称为有相变的对流换热，如蒸汽凝结或液体沸腾等。

二、对流换热的主要影响因素

1. 流动的起因

对于按流体流动起因分类的强制对流和自然对流这两种换热过程，由于流体流动的动力不同，故两者的流速不同，流体被扰动的程度不同，其换热效果也相差很大。如一块烧红的铁板放在风机下冷却，要比在静止的空气中冷却迅速得多，前者属于强制对流换热，后者属于自然对流换热，显然强制对流换热的效果要明显好于自然对流换热。

2. 流体的流态

流体的流动状态有层流和紊流两种。流体处于何种流态，决定于其惯性力与黏性力的对比情况。当流速较小时，流体的黏性力起主导作用，使紧贴壁面的极薄层流体滞止、流速为零；越往内层，黏性力的影响渐小，流速渐大，直至流速等于主流速度（平壁上流动）或轴心速度（管内流动），此时各流层以不同速度沿主流方向流动，各流层之间互不干扰，这种流动状态即为层流。层流时壁面与流体的换热，主要是流体内部各流层间的导热，以及壁面处的纯导热。

当流体的流速渐大时，各流层的脉动加强；流速高达一定程度时，惯性力起主导作用，使各流层的脉动变成流体微团的扰动，导致流体微团在相邻流层间的相互掺混，这种流动状态称为紊流（或湍流）。紊流时，由于流体微团的相互掺混作用，各流层的流速趋于均匀分布。但在靠近壁面处的薄层内，流速仍有很大的变化，直至壁面处流速为零。具有较大速度变化的这一薄层称为紊流流动的层流边界层或层流底层。紊流时的换热主要是流体内部的热对流和层流底层的导热。显然，热对流传递热量的能力远大于导热。尽管在层流底层仍为导热，但与整个层流状态相比，层流底层要薄得多，故紊流时的换热过程要比层流强烈得多。图 3-5 示出了管内流动时流体的两种流态及其横截面上的流速分布。

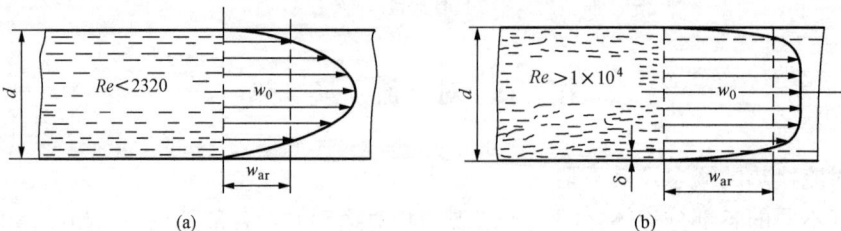

图 3-5　流体在管内流动时的流态及其流速分布
(a) 层流；(b) 紊流

流体的流态是层流还是紊流，是以一个无因次综合量——雷诺数的大小进行判断的。管内流动时，雷诺数 Re 的表达式为

$$Re = \frac{\rho \omega d}{\mu} = \frac{\omega d}{\nu} \tag{3-12}$$

式中　ω——管内截面上流体的平均流速，m/s；

　　　d——管道内径，m；

　　　ρ——流体密度，kg/m³；

　　　μ——流体的动力黏度，Pa·s；

　　　ν——流体的运动黏度，m²/s，$\nu = \frac{\mu}{\rho}$。

对于管内流动，雷诺通过实验指出：当 $Re < 2320$ 时为稳定层流；$Re > 1 \times 10^4$ 时为旺盛紊流；$2320 < Re < 1 \times 10^4$ 时则为流态不确定的过渡阶段。

3. 流体的物理性质

与对流换热有影响的流体热物理性质参数有热导率 λ、动力黏度 μ、比定压热容 c_p、密度 ρ 以及体积膨胀系数 α_v 等。λ 越大时，层流底层中的导热热阻越小，对流换热过程也就越强烈。动力黏度 μ 反映了流体黏性力的大小，而黏性力将会影响流态的形成和层流底层的厚度，从而影响对流换热的效果。密度 ρ 与比定压热容 c_p 越大的流体，在其与固体接触面上以对流方式迁移的热量也越多。体积膨胀系数 α_v 主要影响自然对流换热时浮升力的大小。

流体热物理性质参数对对流换热的影响可整理成两个无因次综合量来表示，即普朗特数

$$Pr = \frac{\mu c_p}{\lambda} \tag{3-13}$$

格拉晓夫数

$$Gr = \frac{g \alpha_V d^3 \Delta t}{\nu^2} \tag{3-14}$$

式中　μ——流体的动力黏度，Pa·s；

　　　c_p——流体的比定压热容，J/(kg·K)；

　　　λ——流体的热导率（导热系数），W/(m·℃)；

　　　g——重力加速度，m/s²；

　　　α_V——流体的体积膨胀系数，1/℃；

　　　d——管道内径，m；

　　　Δt——固体壁面与流体间的温差，℃；

　　　ν——流体的运动黏度，m²/s。

有关于空气和水的热物理性质参数已在附表Ⅳ和附表Ⅴ中列出。

4. 几何因素的影响

几何因素的影响是指壁面几何形状、大小，流体与固体热接触的相对位置等对对流换热的影响。如流体在平板上流动与在管内流动时的换热不同；在管内流动与外掠单管或管束时的换热也不同。同是外掠管束时，一般认为横掠管束的换热效果要好于纵掠管束。

5. 流体有无相变

在流体没有相变时，对流换热中的热量交换是由于流体显热的变化而实现的，而在有相变的换热过程中（如沸腾或凝结），流体相变热（潜热）的释放或吸收常常起主要作用，因

而换热规律与无相变时不同。

三、对流换热量的计算

无论何种形式的对流换热，都是以如下的牛顿冷却公式来计算对流换热量 Q，即

$$Q = \alpha S(t_w - t_f) = \frac{t_w - t_f}{\dfrac{1}{\alpha S}} \quad (\text{W}) \tag{3-15}$$

式中　S——固体壁的换热表面积，m^2；

　　t_w、t_f——壁面温度和流体温度，℃。

$(t_w - t_f)$ 称为换热温差，约定取正值。对于管内流动换热，由于其换热温差沿管长变化，故工程上计算一般采用管子进出口换热温差的算术平均值。

α 为比例系数，称为对流换热表面传热系数或表面传热系数 $[\text{W}/(\text{m}^2 \cdot ℃)]$。$\alpha$ 的大小表明了对流换热的强度（即效果）。另外式（3-15）也写成了欧姆定律的形式，$\dfrac{1}{\alpha S}$ 称为全壁面的放热热阻。

可见，形式简单的牛顿冷却公式并未反映出前述诸多因素的影响，但可以认为它将影响对流换热的所有因素都归并到表面传热系数 α 中了。

因此，求解对流换热问题就变成了如何根据具体情况求解表面传热系数 α 的问题。确定表面传热系数的方法，目前仍然主要是实验方法。下面简要地介绍如何利用实验成果来确定表面传热系数。

通常是将对流换热的诸多影响因素综合成几个无量纲准则数。对流换热所涉及的无量纲准则数，除了前面给出的反映流态的雷诺数、反映流体物理性质的普朗特数和反映自然对流时浮升力影响的格拉晓夫数之外，还有包含了表面传热系数的努塞尔数 Nu，即

$$Nu = \frac{\alpha d}{\lambda} \tag{3-16}$$

式中　α——表面传热系数，$\text{W}/(\text{m}^2 \cdot ℃)$；

　　d——管道内径，m；

　　λ——流体的热导率（导热系数），$\text{W}/(\text{m} \cdot ℃)$。

针对各种对流换热过程，通过实验已整理出很多无量纲准则数之间的函数关系式（简称实验关联式），供人们选用。

对于光滑长管（$l/d > 50$）内的强制对流换热，推荐选用以下实验关联式，即紊流（$Re > 1 \times 10^4$）时：

$$Nu_f = 0.021 Re_f^{0.8} Pr_f^{0.43} \left(\frac{Pr_f}{Pr_w}\right)^{0.25} \tag{3-17}$$

层流（$Re < 2200$）时：

$$Nu_f = 0.15 Re_f^{0.33} Pr_f^{0.43} Gr_f^{0.1} \left(\frac{Pr_f}{Pr_w}\right)^{0.25} \tag{3-18}$$

以上两式仅适用于 $Pr_f = 0.6 \sim 120$ 的情况。式中的脚标"f"表示各准则采用流体平均温度 t_f（即管子进、出口温度的算术平均值）作为定性温度；脚标"w"表示该准则采用壁面温度 t_w 为定性温度。所谓定性温度，即为确定（或查取）准则数中所含物理量的温度。

关联式各准则数中的几何尺寸称为定形尺度。不同的对流换热场合，定形尺度的采用也

不相同。对于圆管内流动，采用管内径作为定形尺度；对于非圆管内流动，采用当量直径 d_e，$d_e = \dfrac{4S}{U}$（m），其中 S 为通道的横截面积（m^2），U 为被流体所润湿的周长（m）。

应注意到，在强制对流换热时，因流体自身温度的不均匀性，自然对流的作用也同时存在。但在旺盛紊流状况下，自然对流的影响极其微弱而被忽略，仅在层流时影响较大，故式（3-18）中多出了 Gr 准则数。

在众多的实验关联式中［式（3-17）和式（3-18）仅为其中的两个特例］，选用了适合的关联式后，就可利用已定准则数 Re、Pr 和 Gr 等来求解待定准则数 Nu（因它含有待定的表面传热系数 α，故称为待定准则数），然后再根据式（3-16）确定 α，进而求解对流换热问题。

四、流体有相变时的对流换热

上述均指单相流体的对流换热。在火电厂中，不仅经常遇到单相流体的对流换热，而且会遇到液体受热沸腾和蒸汽遇冷凝结等有相变时的对流换热，如液态水在锅炉水冷壁管中受热变成蒸汽及汽轮机的乏汽在凝汽器内受到冷却变成凝结水的过程等。

沸腾换热是在固体壁面的温度超过与之相接触的液体饱和温度时发生的。在开始阶段，液体的整体温度还低于其饱和温度，只有紧靠壁面处的液态水处于微过热状态，壁面的某些点（称为汽化核心点）上开始产生数量较少的汽泡，继而汽泡脱离壁面进入液体淹灭，对液体形成扰动，形成液体和壁面间的对流换热，这种换热状态称为过冷沸腾（或局部沸腾）。随着壁温的提高，壁面上的汽化核心点增多，汽泡的生成速度增大，汽泡跃离进入液体对其扰动增强，表面传热系数增大，液体温度也随之升高。当液体的整体温度达到饱和温度时，其换热状态称为饱和沸腾（或整体沸腾）。达到饱和沸腾时，汽泡跃离壁面后不再被淹灭，而是到达液面进入蒸汽空间。在锅炉水冷壁管中，许多小汽泡集聚成大汽泡或汽柱在管子中心处，随液体一起向上流动。

在饱和沸腾阶段，当壁面上汽泡的生成速度大于其脱离速度时，在壁面上将会积聚大量的汽泡，从而形成一层汽膜，这时的换热状态称为膜态沸腾；如果还未形成汽膜，仍然保留有一个个的汽化核心点，则称为核态沸腾。膜态沸腾时，液体与固体壁进行换热必须要通过热阻远比水的热阻大的汽膜，使表面传热系数 α 急剧下降，导致壁面超温烧毁。因此，工程上应力求避免这种危险的换热状态，使沸腾换热保持在核态沸腾阶段。

凝结换热是在壁面温度低于与之接触的蒸汽压力下的饱和温度时才会发生。由于凝结液润湿壁面的能力不同，蒸汽凝结可形成膜状凝结和珠状凝结。当蒸汽凝结成液体时，因其对壁面的浸润特性，在壁面上形成一层完整的液膜向下滑落，这种凝结称为膜状凝结。当蒸汽凝结成液体在壁面上形成许多液滴，而不形成连续的液膜，这种凝结称为珠状凝结。

膜状凝结时，液膜的存在使得蒸汽对壁面的放热必须通过液膜的导热才能完成，由此形成了凝结放热的主要热阻，而表面传热系数随液膜加厚急剧下降。显然，欲减小膜状凝结时的热阻，应尽量使液膜变薄。为此，电厂中的凝汽器结构多为管束且横向错列布置等，并使乏汽与凝结水的流动方向相同，以使液膜变薄。珠状凝结时蒸汽可以与壁面直接接触，部分蒸汽在固体壁面上凝结成小液珠，部分蒸汽在小液珠表面凝结，使液珠变大，大的液珠在重力的作用下，向下滚动，并吞没沿途液珠，所以珠状凝结时热阻比膜状凝结时小得多。

影响凝结换热效果的另一重要因素，是蒸汽中不凝结气体的存在。如电厂的凝汽器在低于环境压力下运行，在内外压力差的作用下，不凝结的空气就会漏入并集聚在液膜表面上，成为换热过程的附加热阻，使凝结表面传热系数大为降低。实验表明，水蒸气中含有 1% 的空气，会使表面传热系数 α 下降 60%。因此凝汽器运行时，除尽量保持其严密性外，还设有抽气系统，及时将漏入的空气抽出，以保证凝结换热效果。

【例 3-2】 某换热器中，水以 $\omega=1.2\text{m/s}$ 的流速流过内径 $d=8\text{mm}$、长度 $l>50d$ 的光滑圆管，管壁温度 $t_\text{w}=90℃$，水的进口、出口温度分别为 $20℃$ 和 $40℃$，试求对流换热表面传热系数和单位管长上的对流换热量。

解 依题意，定性温度 $t_\text{f}=\dfrac{1}{2}（20+40）=30℃$，据此查附表 V 得 $\lambda_\text{f}=61.8\times10^{-2}$ W/(m·℃)，$\nu_\text{f}=\dfrac{\alpha d}{\lambda}=0.805\times10^{-6}\text{m}^2/\text{s}$，$Pr_\text{f}=5.42$，据 $t_\text{w}=90℃$ 查得 $Pr_\text{w}=1.95$。

首先计算 Re_f 以确定流态：

$$Re_\text{f}=\frac{\omega d}{\nu_\text{f}}=\frac{1.2\times8\times10^{-3}}{0.805\times10^{-6}}=1.1925\times10^4>1\times10^4$$

可见属于旺盛紊流，且 $l/d>50$，故选用式（3-17）计算 Nu_f，其他条件如 Pr 也在本式范围。联立求解式（3-17）和 $Nu_\text{f}=\dfrac{\alpha d}{\lambda}$，得到所求的表面传热系数为

$$\alpha=0.021\frac{\lambda}{d}Re_\text{f}^{0.8}Pr_\text{f}^{0.43}\left(\frac{Pr_\text{f}}{Pr_w}\right)^{0.25}$$

$$=0.021\times\frac{61.8\times10^{-2}}{8\times10^{-3}}\times(1.1925\times10^4)^{0.8}\times5.42^{0.43}\times\left(\frac{5.42}{1.95}\right)^{0.25}$$

$$=7905[\text{W/(m}^2\cdot℃)]$$

单位管长上的对流换热量按式（3-15）得

$$q_\text{l}=\frac{Q}{l}=\alpha\pi d(t_\text{w}-t_\text{f})$$

$$=7905\times3.14\times8\times10^{-3}\times(90-30)$$

$$=11914.4(\text{W/m})$$

第三节　辐　射　换　热

一、热辐射的基本概念

辐射是指物体通过发射电磁波向外传递能量的现象。物体会因各种原因发出辐射能。由于热的原因，物体的热力学能转化成电磁波的能量而进行的辐射过程称为热辐射。一般，热辐射电磁波的波长在 $0.1\sim1000\mu\text{m}$ 之间。

只要温度高于绝对零度，物体就会不断地将其热能转变为辐射能向外发射，因此自然界的物体都具有辐射能力。物体在向外发射热辐射能的同时，又要接收周围物体投射到它表面上的热辐射能，并将其转变为热能而吸收。这种物体之间通过热辐射方式交换热量的过程称为辐射换热。在辐射换热时，高温物体的辐射多于吸收使其温度降低；低温物体的吸收多于辐射使其温度升高；当两物体温度相同时，虽然辐射换热仍在进行，但换热量为零，处于热动平衡状态。

现在研究外界热辐射的能量投射到某一物体表面上的情况。如图 3-6 所示，单位时间内投射到物体单位表面积上的总能量，称为投射辐射 E_e，其中一部分被物体吸收，称为吸收辐射 E_a；一部分被物体反射出去，称为反射辐射 E_r；其余部分则穿透过物体，称为透射辐射 E_d。按能量守恒定律得

$$E_a + E_r + E_d = E_e$$

以总能量 E_e 通除全式，并分别由 A、R、D 表示各项比值，则得

$$A + R + D = 1 \qquad (3-19)$$

A、R、D 分别称为物体的吸收率、反射率和透射率。

图 3-6　物体对投射辐射的
吸收、反射和透射

实际上，当热辐射能投射到固体和液体表面上时，在进入表面后极短的距离内就被吸收完毕。对金属导体，这一距离只有微米的数量级；对于非导体也仅为 $1000\mu m$ 左右。因此，对于固体和液体，其 $D=0$，于是有 $A+R=1$，这说明了善于反射的固体和液体一定不善于吸收；反之亦然。气体对于投射的辐射能几乎不能反射，即气体的 $R=0$，于是气体的 $A+D=1$。显然吸收能力大的气体，其穿透能力就差。

$A=1$ 表明落到物体表面上的辐射能被物体全部吸收，这种物体称为黑体；对于 $R=1$ 和 $D=1$ 的物体，则分别称为白体和透热体。白体呈现漫反射，当呈现镜面反射时称为镜体。这些极限情况在自然界很难见到，但有些物体如黑丝绒、炭黑、雪等，因吸收能力很强，其吸收率均接近于 1，而被近似地认为是黑体；某些气体如氧气、氮气和空气等对称的双原子气体及单原子气体，在工程上常见的温度范围内，因其吸收能力很微弱而被认为是透热体；大多数工程材料的抛光表面接近于镜体，粗糙表面接近于白体。

黑体不仅吸收能力最大，且与同温度的物体相比，其辐射能力也最大。因此，黑体在热辐射的分析中占有特殊的重要位置。对一切实际物体热辐射的研究，均是采用从理想物体——黑体入手，然后再加以修正的方法。

二、热辐射的基本定律

1. 斯忒藩—玻耳兹曼定律

在辐射换热的计算中，确定物体的辐射力是至关重要的。辐射力是指物体在单位时间内、单位表面积上向外发射的全部波长的热辐射能。斯忒藩—玻耳兹曼定律指出：黑体的辐射力 E_0 与其热力学温度 T 的四次方成正比，即

$$E_0 = C_0 \left(\frac{T}{100} \right)^4 \quad (\text{W/m}^2) \qquad (3-20)$$

式中　C_0——黑体辐射系数，$C_0 = 5.6697\text{W/(m}^2 \cdot \text{K}^4)$。

任何实际物体的辐射力 E 均小于同温度下的黑体辐射力 E_0，其比值称为实际物体的黑度，即 $\varepsilon = \dfrac{E}{E_0}$。黑度 ε 值的大小表明了实际物体的辐射能力接近于黑体的程度。已知黑度 ε 后，实际物体的辐射力为

$$E = \varepsilon E_0 = \varepsilon C_0 \left(\frac{T}{100} \right)^4 \quad (\text{W/m}^2) \qquad (3-21)$$

实际物体的黑度 ε 值介于 0 至 1 之间，它与物体的种类、表面状况及温度有关。ε 是一

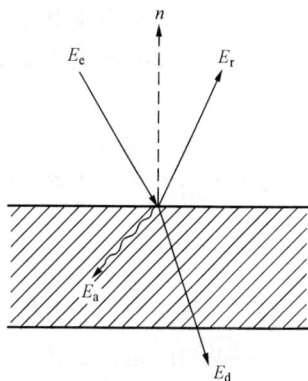

试验值，可在有关表册中查到。一般来说，ε 值大的物体不一定是黑颜色的；磨光的金属表面 ε 值较小；越粗糙的金属表面，ε 值就越大；非金属材料的 ε 值都很大，在 $0.8\sim0.97$ 之间。

2. 基尔霍夫定律

该定律指出：在热平衡的条件下，实际物体的吸收率在数值上恒等于同温度下该物体的黑度，即

$$A = \varepsilon \tag{3-22}$$

它表明了物体的辐射能力越强，其吸收能力也就越强。

值得说明的是，虽然 $A=\varepsilon$ 是在热平衡的条件下得到的，但对于工程上的大多数材料，在其常见的热辐射范围内，可不受此条件限制而直接引用 $A=\varepsilon$ 这一结论。

三、实际物体间的辐射换热计算

为了简化实际物体间辐射换热的研究，需要引入有效辐射的概念。前文已提出了投射辐射 E_e、吸收辐射 E_a、反射辐射 E_r 等概念，它们均表明了物体在单位时间内、单位表面积上的某种辐射能力。物体在单位时间内、单位表面积上向外发射的辐射能即辐射力 E，称为本身辐射。本身辐射 E 和反射辐射 E_r 的总和，称为物体的有效辐射 E_{ef}。各种辐射之间的关系示于图 3-7。

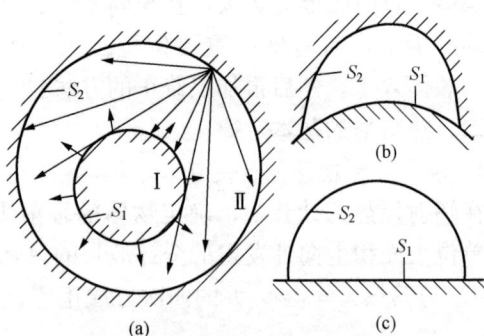

研究如图 3-8 所示的两实际物体表面构成封闭系统时的辐射换热，其特点是凸面（或平面）物体Ⅰ被凹面物体Ⅱ包围。这样物体Ⅰ单位时间发出的总有效辐射 Q_{ef1} 全部落在物体Ⅱ的表面上，而物体Ⅱ单位时间发出的总有效辐射 Q_{ef2} 中，仅有一部分 φQ_{ef2}（设其份额为 φ）投射到物体Ⅰ的表面上，其余部分 $(1-\varphi)Q_{ef2}$ 又投射到物体Ⅱ本身表面上。考虑稳态情况，两表面间的总辐射换热量为

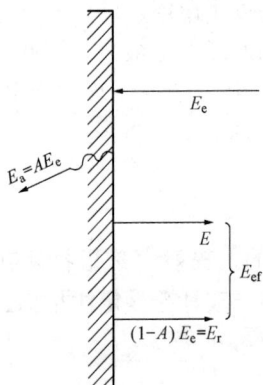

图 3-7　各种辐射之间的关系图　　图 3-8　两物体构成封闭系统时的辐射换热

$$Q_{1,2} = Q_{ef1} - \varphi Q_{ef2} \tag{a}$$

根据有效辐射的概念，式中的 Q_{ef1} 和 Q_{ef2} 分别为

$$Q_{ef1} = E_1 S_1 + (1-A_1)\varphi Q_{ef2} \tag{b}$$

$$Q_{ef2} = E_2 S_2 + (1-A_2)Q_{ef1} + (1-A_2)(1-\varphi)Q_{ef2} \tag{c}$$

联立式（b）、式（c）解出 Q_{ef1} 和 Q_{ef2}，与 $E_1 = \varepsilon_1 C_0 \left(\frac{T_1}{100}\right)^4$、$E_2 = \varepsilon_2 C_0 \left(\frac{T_2}{100}\right)^4$ 以及 $A_1 = \varepsilon_1$、$A_2 = \varepsilon_2$，一并代入（a），最后整理得到

$$Q_{1,2} = \frac{C_0}{\frac{1}{\varepsilon_1} - \varphi + \frac{1}{\varepsilon_2}\varphi}\left[S_1\left(\frac{T_1}{100}\right)^4 - \varphi S_2\left(\frac{T_2}{100}\right)^4 \right] \tag{d}$$

当该辐射换热系统达到平衡时，$T_1 = T_2$，应有 $Q_{1,2} = 0$，由式（d）不难解得 $\varphi = \dfrac{S_1}{S_2}$。这样，两实际物体（空腔内包非凹物体）构成封闭系统时的辐射换热量的计算式为

$$Q_{1,2} = \frac{5.6697 S_1}{\frac{1}{\varepsilon_1} + \frac{S_1}{S_2}\left(\frac{1}{\varepsilon_2} - 1\right)}\left[\left(\frac{T_1}{100}\right)^4 - \left(\frac{T_2}{100}\right)^4 \right]$$

$$= 5.6697 \varepsilon_s S_1\left[\left(\frac{T_1}{100}\right)^4 - \left(\frac{T_2}{100}\right)^4 \right] (\text{W}) \tag{3-23}$$

式中　$\varepsilon_s = \dfrac{1}{\dfrac{1}{\varepsilon_1} + \dfrac{S_1}{S_2}\left(\dfrac{1}{\varepsilon_2} - 1\right)}$ 称为该系统的黑度。

当两换热表面积相差较小，即 $\dfrac{S_1}{S_2} \approx 1$ 时，可以看成是两个无限大平行平壁所构成的辐射换热系统，其辐射换热量 $Q_{1,2}$ 的计算将因 $\dfrac{S_1}{S_2} = 1$ 而得到简化。

当非凹物体 I 的表面积 S_1 远小于 S_2，即 $\dfrac{S_1}{S_2} \approx 0$ 时，式（3-23）可以大为简化，即

$$Q_{1,2} = 5.6697 \varepsilon_1 S_1\left[\left(\frac{T_1}{100}\right)^4 - \left(\frac{T_2}{100}\right)^4 \right] (\text{W}) \tag{3-24}$$

式（3-24）的应用因不需知道凹面物体 II 除温度 T_2 以外的情况（如 S_2、ε_2 等）而具有实际意义。如埋设在地沟中的高温管道辐射散热、气体管道辐射散热及气体管道中热电偶的测温误差计算均为此式的应用实例。

【例 3-3】　用热电偶测定管道中气流温度，如图 3-9 所示。热电偶的指示值 $t_1 = 170\,℃$，管壁温度 $t_2 = 90\,℃$，气流与热电偶热接点的表面传热系数 $\alpha = 50\,\text{W}/(\text{m}^2 \cdot ℃)$，接点表面黑度 $\varepsilon_1 = 0.6$。试确定气流的真实温度及测温误差。

解　设气流的真实温度为 t_f，测温时，同时存在着热电偶与烟气的对流换热及与管壁的辐射换热，正是后者造成了测温误差。热电偶以对流方式从气体得到的热量是

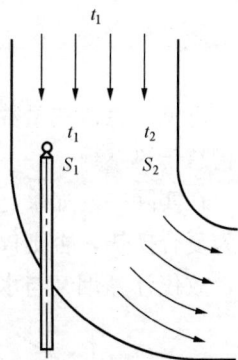

图 3-9　[例 3-3] 的插图

$$Q = \alpha S_1 (t_f - t_1)$$

热电偶以辐射方式向管壁散发的热量，因 $S_1 \ll S_2$ 而采用式（3-24）确定，即

$$Q = 5.6697 \varepsilon_1 S_1\left[\left(\frac{T_1}{100}\right)^4 - \left(\frac{T_2}{100}\right)^4 \right]$$

式中，T_1 和 T_2 分别为热电偶和管壁的热力学温度。

当热电偶的指示值稳定不变时，两种形式的换热量必然相等，即

$$\alpha S_1 (t_f - t_1) = 5.6697 \varepsilon_1 S_1\left[\left(\frac{T_1}{100}\right)^4 - \left(\frac{T_2}{100}\right)^4 \right]$$

由此解得气流的真实温度为

$$t_f = t_1 + \frac{5.6697 \times 0.6}{50} \times (4.43^4 - 3.63^4) = 184.4(℃)$$

热电偶的测温误差为

$$\Delta t = t_f - t_1 = 184.4 - 170 = 14.4(℃)$$

第四节　传热过程与换热器

一、传热过程的分析与计算

1. 传热过程及复合换热

热量从温度较高的流体经过固体壁传递给另一侧温度较低流体的过程，称为总传热过程，简称传热过程。工程中大多数设备的热传递过程都属于这种情况，如锅炉中水冷壁、省煤器和空气预热器的传递，蒸汽轮机装置的表面式冷凝器、内燃机散热器的传热，以及热力设备和管道的散热。在传热过程中，往往是几种基本传热方式同时存在，即除固体内部的导热外，还同时存在着固体与流体的对流换热和辐射换热。这种固体壁面同时存在对流和辐射换热的过程称为复合换热。复合换热时，壁面的总换热量 Q 应为对流换热量 Q_c 和辐射换热量 Q_r（Q_r 写成 Q_c 的表达形式）之和，即

$$Q = (\alpha_c + \alpha_r)S(t_w - t_f) = \alpha S(t_w - t_f)(W) \tag{3-25}$$

该式中，α 称为总传热系数，它等于对流传热系数 α_c 与辐射传热系数 α_r 之和。α_r 可由下式确定：

$$\alpha_r = \frac{C_0 \varepsilon_s \left[\left(\dfrac{T_w}{100} \right)^4 - \left(\dfrac{T_f}{100} \right)^4 \right]}{(t_w - t_f)} \tag{3-26}$$

可见，总传热系数 α 表明了壁面的总换热能力，如不注明，下文传热计算中给出的 α 值均指总传热系数。

在实际中，如果与固体壁面接触的是气体，并且两种方式换热量的数量级相当时，才考虑为复合换热，否则仅计算其起主导作用的换热量。如在锅炉炉膛内，烟气温度很高而流速低，故仅计算烟气与水冷壁之间的辐射换热量而忽略其对流换热，水冷壁也因此被称为辐射受热面。

2. 传热过程计算

传热过程中所传递的热量，通常表示成

$$Q = KS\Delta t \ (W) \tag{3-27}$$

式中　S——传热面积，m^2；

Δt——传热温差，即冷、热流体的平均温差，其计算见后文式（3-35），℃；

K——传热系数，其值反映了传热过程的强烈程度，$W/(m^2 \cdot ℃)$。

从下面的分析中将会看到，不同的传热过程，其传热系数的表达式是不同的。

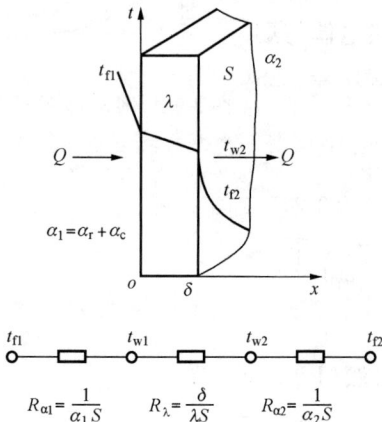

图 3-10　通过单层平壁的传热过程

通过单层平壁的一维稳态传热过程如图 3-10 所

示，该过程由三个传热环节组成，即热流体到壁面的换热、固体壁的导热、壁面与冷流体的对流换热，按照热路（类似电路）的概念，不难得到该传热过程的热流量为

$$Q = \frac{t_{f1} - t_{f2}}{\dfrac{1}{\alpha_1 S} + \dfrac{\delta}{\lambda S} + \dfrac{1}{\alpha_2 S}} \text{（W）} \qquad (3\text{-}28)$$

该传热过程的热流密度为

$$q = \frac{t_{f1} - t_{f2}}{\dfrac{1}{\alpha_1} + \dfrac{\delta}{\lambda} + \dfrac{1}{\alpha_2}} \qquad (3\text{-}29)$$

将式（3-28）与式（3-27）相比较，可得到单层平壁的传热系数为

$$K = \frac{1}{\dfrac{1}{\alpha_1} + \dfrac{\delta}{\lambda} + \dfrac{1}{\alpha_2}}$$

$$= \frac{1}{r_0} \quad [\text{W/(m}^2 \cdot \text{℃)}] \qquad (3\text{-}30)$$

式中：$r_0 = \dfrac{1}{\alpha_1} + \dfrac{\delta}{\lambda} + \dfrac{1}{\alpha_2}$ 称为单层平壁单位传热面积上的热阻，它与传热系数 K 互为倒数。

显然，通过 n 层平壁传热系数为

$$K = \frac{1}{\dfrac{1}{\alpha_1} + \sum_{j=1}^{n} \dfrac{\delta_j}{\lambda_j} + \dfrac{1}{\alpha_2}} \quad [\text{W/(m}^2 \cdot \text{℃)}] \qquad (3\text{-}31)$$

通过单层圆筒壁的一维稳态传热过程如图 3-11 所示，按图下部所示的热路图，可直接得到该传热过程的热流量为

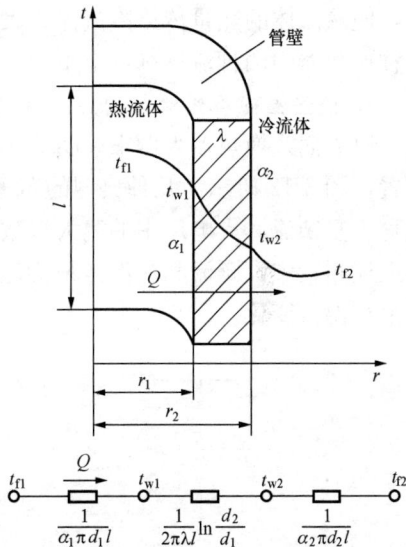

图 3-11　通过圆筒壁的传热过程
$d_1 = 2r_1$；$d_2 = 2r_2$

$$Q = \frac{t_{f1} - t_{f2}}{\dfrac{1}{\alpha_1 \pi d_1 l} + \dfrac{1}{2\pi\lambda l}\ln\dfrac{d_2}{d_1} + \dfrac{1}{\alpha_2 \pi d_2 l}} = K_l l(t_{f1} - t_{f2}) \quad \text{（W）} \qquad (3\text{-}32)$$

其中

$$K_l = \frac{1}{\dfrac{1}{\alpha_1 \pi d_1} + \dfrac{1}{2\pi\lambda}\ln\dfrac{d_2}{d_1} + \dfrac{1}{\alpha_2 \pi d_2}} \quad [\text{W/(m}^2 \cdot \text{℃)}] \qquad (3\text{-}33)$$

K_l 称为单层圆筒壁的传热系数，它与圆筒壁单位管长上的传热热阻 $r_l = \dfrac{1}{\alpha_1 \pi d_1} + \dfrac{1}{2\pi\lambda}\ln\dfrac{d_2}{d_1} + \dfrac{1}{\alpha_2 \pi d_2}$ 互为倒数。

式（3-32）中的 l 为管长（m），单位管长上单层圆筒壁的传热量为

$$q_l = K_l(t_{f1} - t_{f2}) \quad \text{（W/m）} \qquad (3\text{-}34)$$

二、换热器

1. 换热器的类型

换热器是实现冷热流体热量交换的设备。按其工作原理，火电厂中的换热器一般可分为混合式、表面式和再生式三类。在混合式换热器中，冷、热流体通过直接接触混合来完成热

量交换。如火电厂中的锅炉喷水减温器、给水除氧器等属于混合式换热器。混合式换热器具有换热效率高、设备简单等优点，但因两种流体混合，其应用受到限制。

在表面式换热器中，冷、热流体被固体壁隔开，借助于固体壁，热流体的热量传给冷流体，故又称为间壁式换热器。这类换热器在火电厂应用非常广泛，如锅炉中的各汽水受热面、回热加热系统中的各级加热器等均为表面式换热器。由于表面式换热器中的两种流体不混合，所以在工程上得到最广泛的应用。

在再生式（又称回热式、蓄热式）换热器中，冷热流体先后交替地流过同一换热壁面，热流体流过时将固体壁加热，冷流体流过时则使固体壁冷却，这样借助壁面的蓄、放热过程，使热流体的热量传给冷流体。大型锅炉中采用的回转式空气预热器即为这类换热器。在这种换热器中两种流体基本上不混合。

2. 换热器内冷热流体的相对流向

以表面式换热器为例来说明冷热流体的相对流向。两种流体的相对流向可根据需要任意布置，图 3-12 所示为几种典型的布置方式，其中（a）为顺流；（b）为逆流；其余几种布置统称为复杂流。火电厂中的绝大多数换热器，如锅炉过热器、再热器等，多为复杂流布置。在上述布置中，顺流和逆流是最为基本的流动方式，图 3-13 示出了这两种布置的冷、热流体沿程温度变化。

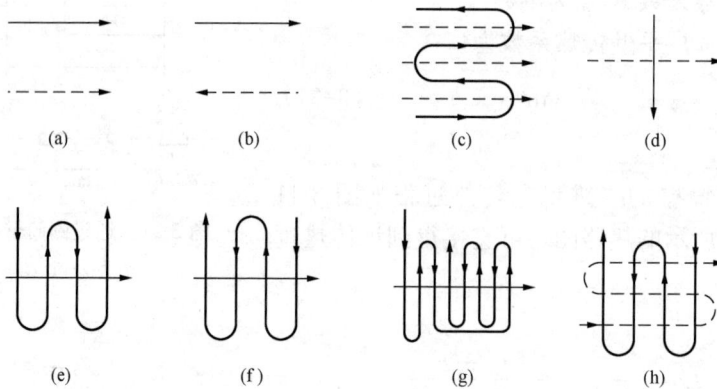

图 3-12　流体在换热器内的相对流向

（a）顺流；（b）逆流；（c）平行混合流；（d）一次交叉流；（e）顺流交叉流；
（f）逆流交叉流；（g）、（h）混合流交叉流

由图 3-13 可见，无论哪种布置方式，其热、冷流体的温差均是沿程变化的，故式（3-27）中的传热温差 Δt 应是整个换热器内热、冷流体的平均沿程温差，记为 Δt_{m}，称为传热平均温差。顺流或逆流布置时的传热平均温差采用下式计算：

$$\Delta t_{\mathrm{m}} = \frac{\Delta t_{\max} - \Delta t_{\min}}{\ln(\Delta t_{\max}/\Delta t_{\min})} \quad (℃) \tag{3-35}$$

上式称为对数平均温差。当 $\Delta t_{\max}/\Delta t_{\min} \leqslant 1.7$ 时，可用算术平均温差 $\Delta t_{\mathrm{m}} = \frac{1}{2}(\Delta t_{\max} + \Delta t_{\min})$ 来代替。

计算表明，在其他换热条件相同时，逆流时的传热平均温差较顺流时为大。另外，比较图 3-13（a）和（b）可看到，顺流布置时冷流体的终温 t_2'' 必然低于热流体的终温 t_1''；逆流

布置时，冷流体的终温 t_2'' 则不受此限制，完全有可能超过热流体的终温 t_1''。因此，在条件相同时，逆流较顺流可以获得较好的传热效果。但同时也应看到，逆流布置时因两种流体的最高温度集中在换热器的同一端面上，容易造成该端面的金属壁过热超温而导致毁坏；顺流时则不会出现这种情况。

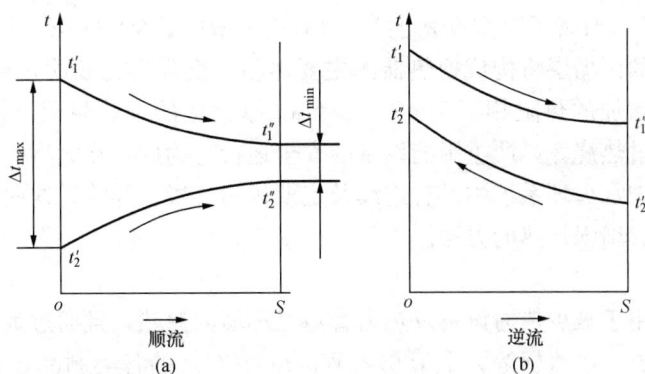

图 3-13　流体在换热器内的沿程温度变化
（a）顺流；（b）逆流

考虑到逆流传热效果好、顺流运行安全的不同特点，在实际中，一般在热流体的高温区采用顺流布置，而在热流体温度较低的区域采用逆流布置或接近于逆流的混合流布置。如锅炉水平烟道及尾部烟道内各受热面的布置就突出了这一布置原则。这样可在保证设备安全的前提下，尽量增强传热效果。

三、传热的强化和削弱

在有热量传递过程的各个技术领域中，常常需要强化热传递过程以缩小设备的尺寸、提高热效率，或使受热元件得到有效的冷却、保证设备安全运行，但也经常有需要削弱热量传递过程以减少热损失的情形。这就是传热学中两类命题：传热强化和传热削弱。按照热量传递过程的三种基本方式的影响因素及可操作的范围，热传递过程的强化主要集中在对流换热与辐射换热的领域，其中对流换热尤为活跃，而热传递过程的削弱则主要通过控制导热过程来进行。

1. 强化传热

强化传热即为根据传热学的基本原理设法增强传热过程的传热效果，其目的在于使一定的换热设备获得较大的传热量，或在一定的传热量要求下使所需的传热面积最小，设备成本最低。

由传热方程式（3-27）可知，增大传热系数 K 或增大传热温差 Δt 以及传热面积 S，均可使传热量 Q 增大，达到强化传热的目的。

增大传热系数 K 就是降低传热过程的总热阻。在设备强度及投资要求的前提下，降低总热阻 r_0（或 r_l）一般是从降低壁面两侧的换热热阻着手，且当 α_1 和 α_2 相差较大时，提高其中较小的 α 值更能得到使 r_0 下降的明显效果。

增大 α 值的办法很多，如尽量提高流体流速以减薄边界层，或采用内螺纹管、扰流子等措施来增加流体的扰动以破坏边界层等，从而使 α 值提高。

增大传热温差 Δt，不是随意改变壁面两侧流体的平均温度，而是通过改变受热面的布置方式，如在安全允许的前提下，尽量采用逆流布置或接近于逆流的混合流布置来达到使 Δt_m 增大、传热强化之目的。

采用小直径管束或在壁面上加肋（即伸展体）可以在金属耗量不变或增加不多的情况下，使换热面积 S 大为增加，从而达到强化传热的效果。如锅炉水冷壁，由原来的光管密排改为鳍片管膜式结构后，不仅改善了炉膛的密封性，且有效地增加了换热面积，强化了传热。

另外，壁面上的污垢层将构成换热器的主要热阻。实际运行表明，壁面上每积聚 1mm 厚的水垢或飞灰，增加的热阻相当于 $40\sim800$mm 厚钢板的导热热阻。污垢不仅使传热削弱，还会造成管壁过热烧坏，严重影响设备的安全运行。为此，在大型锅炉的各受热面上都设有吹灰装置；锅炉水循环系统中设有连续及定期排污装置，等等。这些都是运行中用以清除污垢、减小热阻、增强传热的方法。

2. 削弱传热

削弱传热一般用于减少热力设备及热力管道对环境的散热，且通过敷设隔热层的办法来实现。石棉、珍珠岩、矿渣棉等 λ 小于 0.23W/$(m^2 \cdot ℃)$ 的各类制品，是电厂中广泛采用的隔热保温材料。

对于平壁，根据式（3-31）可知，敷设隔热层必然使传热热阻增大，且随隔热层的加厚，散热损失 Q 随 K 减小而减小。但是对于单层圆筒壁，外壁敷设一层隔热层后，从其传热热阻的表达式

$$R_0 = \frac{1}{\alpha_1 \pi d_1 l} + \frac{1}{2\pi\lambda_1 l}\ln\frac{d_2}{d_1} + \frac{1}{2\pi\lambda_2 l}\ln\frac{d_0}{d_2} + \frac{1}{\alpha_2 \pi d_0 l} \tag{3-36}$$

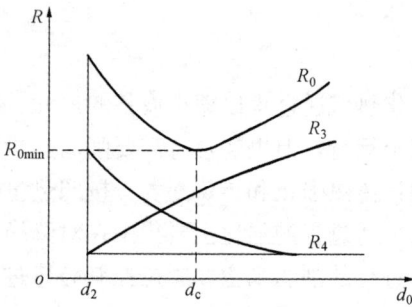

图 3-14 临界热绝缘直径

可知，当隔热层的外径 d_0 增大时，由于分热阻中导热热阻 $R_3 = \frac{1}{2\pi\lambda_2 l}\ln\frac{d_0}{d_2}$ 与对流热阻 $R_4 = \frac{1}{\alpha_2 \pi d_0 l}$ 的变化反向，故总热阻 R_0 随 d_0 的变化不直观。为便于分析，将总热阻 R_0 与其分热阻间的变化关系示于图 3-14 中，总热阻 R_0 最小（即 R_{0min}）时所对应的隔热层外径 d_0 称为圆筒壁的临界热绝缘直径，以 d_c 示之。从图上可以看出，当小直径细管敷设隔热层后，其外径 d_0 在小于 d_c 时，随着 d_0 的增大（即隔热层的加厚）不仅不能起到隔热保温的作用，反而使总热阻 R_0 下降、散热量增大；当 d_0 等于 d_c 时，散热量达到最大；只有当隔热层的外径 d_0 大于 d_c 时，随着 d_0 的增大，总热阻 R_0 才会随之增大，散热量随之减小，隔热层才能起到隔热保温的作用。因此，临界热绝缘直径 d_c 是工程上应用的一个重要概念。d_c 可通过求总热阻 R_0 对 d_0 的一阶导数并令其为零的办法求得，其值为

$$d_c = \frac{2\lambda_2}{\alpha_2} \quad (m) \tag{3-37}$$

式中　λ_2——隔热层的热导率；

α_2——隔热层外表面与环境空气的表面传热系数。

工程上的热力管道，其光管外径 d_2 已远大于 d_c，故敷设隔热层后必然能够减少对环境的散热。对于输电线路，为使其在良好的电绝缘下同时具有较强的散热能力，应使其绝缘表

皮的直径小于或接近于 d_c。

【例3-4】 某电厂锅炉省煤器管规格为 $\phi36\text{mm}\times3\text{mm}$，热导率 $\lambda=35\text{W}/(\text{m}\cdot{}^{\circ}\text{C})$；管内侧水的平均温度 $t_{f1}=280{}^{\circ}\text{C}$，表面传热系数 $\alpha_1=5800\text{W}/(\text{m}^2\cdot{}^{\circ}\text{C})$；管外烟气的平均温度 $t_{f2}=550{}^{\circ}\text{C}$，烟气与管外壁的表面传热系数 $\alpha_2=47\text{W}/(\text{m}^2\cdot{}^{\circ}\text{C})$。试求省煤器管单位管长上的传热量。若运行中管外壁结有2mm厚的灰垢层，灰垢的热导率 $\lambda'=0.09\text{W}/(\text{m}\cdot{}^{\circ}\text{C})$，问传热量的变化有多大？且如何强化传热？

解 （1）根据式（3-33）可算得省煤器管的传热系数，即

$$K_l=\frac{1}{\frac{1}{\alpha\pi d_1}+\frac{1}{2\pi\lambda}\ln\frac{d_2}{d_1}+\frac{1}{\alpha_2\pi d_2}}$$

$$=\frac{1}{\frac{1}{5800\pi(36-3\times2)\times10^{-3}}+\frac{1}{2\times\pi\times35}\ln\frac{36}{(36-3\times2)}+\frac{1}{47\pi\times36\times10^{-3}}}$$

$$=5.24[\text{W}/(\text{m}^2\cdot{}^{\circ}\text{C})]$$

据式（3-34）算得单位管长的传热量为

$$q_l=K_l(t_{f2}-t_{f1})=5.24\times(550-280)=1414.80(\text{W/m})$$

（2）管外结垢后，相当于两层圆筒壁的传热，根据热路的概念，其传热系数为

$$K_l'=1\Big/\Big(\frac{1}{\alpha_1\pi d_1}+\frac{1}{2\pi\lambda}\ln\frac{d_2}{d_1}+\frac{1}{2\pi\lambda'}\ln\frac{d_3}{d_2}+\frac{1}{\alpha_2\pi d_3}\Big)$$

$$=1\Big/\Big(\frac{1}{5800\pi\times30\times10^{-3}}+\frac{1}{2\pi\times35}\ln\frac{36}{30}+\frac{1}{2\pi\times0.09}\ln\frac{40}{36}+\frac{1}{47\pi\times40\times10^{-3}}\Big)$$

$$=2.79[\text{W}/(\text{m}^2\cdot{}^{\circ}\text{C})]$$

单位管长的传热量为

$$q_l'=K_l'(t_{f2}-t_{f1})=2.79\times(550-280)=753.30(\text{W/m})$$

结垢使传热量的变化为

$$\Delta q_l=q_l-q_l'=1414.8-753.30=661.50(\text{W/m})$$

即结2mm的灰垢会使传热量降低近1/2，因此强化传热的首要措施应是及时清除灰垢层。

本 章 小 结

一、导热服从于导热的基本定律——傅立叶定律。热导率（导热系数）反映了物质导热能力的大小。

在导热分析计算中，热阻的概念是很重要的。掌握了不同物体的导热热阻，也就能计算这些物体的热流量。

二、对流换热量按牛顿冷却定律计算，但式中的表面传热系数难以确定，要考虑到诸多因素的影响。表面传热系数的计算步骤是，首先选择实验关联式；确定 Nu 准则；根据 Nu 定义式，求解表面传热系数 α。

三、辐射换热与导热、对流换热的主要不同之处是，换热时物体（或物质）之间不接触。斯忒藩—玻耳兹曼定律解决了黑体辐射力的计算。黑度的概念建立后，便可计算实际物体的辐射力。基尔霍夫定律解决了实际物体吸收率的计算。在求得实际物体的辐射力和吸收

率之后，就可以计算构成封闭系统时两物体间的辐射换热量。

思 考 题

1. 傅立叶定律说明了什么问题？其数学表达式是怎样的？

2. 何谓热导率？其单位是什么？一般物质（或材料）热导率的数量级如何？

3. 多层圆筒壁的导热热阻如何计算？每米管长的导热量及接触面上的温度如何计算？

4. 牛顿冷却定律解决了什么问题？表面传热系数的单位与热导率有什么不同？

5. 影响对流换热的主要因素有哪些？

6. 何谓雷诺数？如何判断流体的流态？

7. 管内强制对流换热与哪些准则有关？各准则说明了什么？它们的数学表达式如何？

8. 何谓定性温度和定形尺度？对于管内对流换热，它们如何确定？

9. 吸收率、反射率和透射率的含义是什么？黑体的吸收率如何？实际物体的吸收率与黑度之间有什么样的关系？

10. 何谓斯忒藩－玻耳兹曼定律？

11. 物体的本身辐射、投射辐射、吸收辐射及有效辐射的含义是什么？其间的关系如何？

12. 何谓传热过程？通过两层圆筒壁的传热过程包括哪几个环节？其传热热阻如何计算？

13. 强化传热与削弱传热的措施有哪些？

14. 何谓临界热绝缘直径？工程上如何应用这一概念？

习 题

1. 直径很大的某锅炉汽包，其钢板厚度 $\delta_1 = 140\text{mm}$，热导率 $\lambda_1 = 50\text{W}/(\text{m}\cdot{}^\circ\text{C})$。若钢板内表面上黏附有 $\delta_2 = 2\text{mm}$、$\lambda_2 = 2\text{W}/(\text{m}\cdot{}^\circ\text{C})$ 的水垢层，钢板外表面的温度 $t_{w1} = 240{}^\circ\text{C}$，水垢层内表面温度 $t_{w3} = 300{}^\circ\text{C}$。试按多层平壁导热近似地求取通过汽包壁的热流密度 q 及中间界面上的温度 t_{w2}？

2. 锅炉过热器铬钼合金钢管的管径为 $\phi51\text{mm}\times7\text{mm}$，热导率 $\lambda_1 = 32.6\text{W}/(\text{m}\cdot{}^\circ\text{C})$，内、外壁温分别为 $560{}^\circ\text{C}$ 和 $580{}^\circ\text{C}$，试求：（1）清洁状况下每米管长的热流量；（2）管外壁积灰垢 1mm，灰垢热导率 $\lambda_2 = 0.06\text{W}/(\text{m}\cdot{}^\circ\text{C})$，其他条件不变时，每米管长的导热量；（3）如何强化传热？

3. 省煤器蛇形管件由 $\phi45\text{mm}\times6\text{mm}$ 钢管共 94×3 根并联组成，每小时向汽包提供 $290{}^\circ\text{C}$ 的给水 900t/h。若省煤器进水温度为 $260{}^\circ\text{C}$，省煤器管内壁平均温度 $t_w = 300{}^\circ\text{C}$，试求水侧的表面传热系数及单位管长上的换热量。

4. 锅炉炉膛内火焰的平均温度约为 $1600{}^\circ\text{C}$，试求炉墙上的看火孔打开时，从孔（单位面积）向外辐射的功率是多大？

5. 有一外径为 200mm 的热水裸管，管道外壁温度 $t_1 = 180{}^\circ\text{C}$，黑度 $\varepsilon_1 = 0.8$，置于

0.4m×0.4m 的正方形地沟中，地沟内表面温度 $t_2=32℃$，黑度 $\varepsilon_2=0.93$。求水管单位管长的辐射热损失。

6. 汽轮机抽汽管道 $\phi80mm×3mm$，热导率 $\lambda_1=53.7W/(m\cdot℃)$；管外敷设有厚度为 40mm 的水泥珍珠岩保温层，其热导率 $\lambda_2=0.075W/(m\cdot℃)$；管内蒸汽平均温度 $t_{f1}=150℃$，与内壁的表面传热系数 $\alpha_1=116W/(m^2\cdot℃)$；管外环境温度 $t_{f2}=20℃$，保温层与环境的表面传热系数 $\alpha_2=7.6W/(m^2\cdot℃)$，求每米管长的散热损失。

第四章　流体力学基本知识

【摘要】　本章主要介绍了流体流动的基本方程，即连续性方程和伯努利方程，以及流体在流动过程的阻力损失，即沿程阻力损失和局部阻力损失。

第一节　流体力学基本概念

流体是液体和气体的总称。流体力学是研究静止流体的力学规律和运动流体的能量转化及能量损失规律的一门学科。

在火力发电厂中，不但有很多热力设备的工作与流体力学有着密切关系，而且在这些设备和管路上还有不少压力计、流量计、测速表等测量仪器，也是根据水力学原理制成的。因此，要学好锅炉汽轮机等章节课程，必须掌握流体力学的基本知识。

流体的静止与运动规律不仅受到外部条件的制约，同时也与流体自身的物理性质有关。因此下面我们首先介绍一下流体的基本物理性质，其中包括：流体的流动性、惯性、压缩性、膨胀性和黏滞性。

一、流体的流动性

流体的流动性是流体的基本特性。它是在流体自身重力或外力作用下产生的，也是流体容易通过管道输送的原因。流体之所以有这样的特性，是由构成它的分子决定的，液体和气体分子间的引力同固体分子间的引力相比都是很小的，这是流体在力作用下容易产生流动的根本原因。液体分子间的引力比气体大，其分子间隙小，排列紧密，在压力变化不十分大的情况下，体积基本保持不变，所以液体称为不可压缩流体；气体则不然，分子间间隙大而且松散，在压力变化不大的情况下，体积就有明显的变化，所以气体称为可压缩流体。本章讲述的是不可压缩流体。

二、流体的质量与惯性

物体的质量是指物体所含物质的多少，物体所含物质越多，其质量越大。所含物质越少，其质量也就越小。物体的质量与惯性有一定的关系：物体质量越大，惯性越大；物体质量越小，则惯性也越小。物体受力后运动状态要发生变化，改变物体运动状态的难易程度说明物体惯性的大小，物体受力后容易改变运动状态，说明它惯性小，反之，惯性就大。

力是使物体运动状态改变的原因，即产生加速度的原因。对一定质量的物体，对它施加的作用力越大，则产生的加速度也越大；当加速度一定时，质量越大，则所需的作用力也越大。作用力、质量与加速度的关系如下：

$$F = ma \tag{4-1}$$

式中　F——作用力，N；

m——物体的质量，kg；

a——物体的加速度，m/s²。

加速度的含义是，一个运动的物体每秒钟内产生的速度变化量。比如一个运动物体每秒速度的增加量为 5m，则加速度 $a=5m/s^2$；若每秒的速度的减少量为 5m，则加速度 $a=-5m/s^2$，单位为米每平方秒。

作用力的单位为牛顿（N），它的定义是使 1kg 质量的物体产生 $1m/s^2$ 加速度的力，即 $1N=1kg \cdot m/s^2$。

物体质量的大小取决于物体所含物质的多少，其所含的物质量是不因物体所处的位置不同而改变的，所以物体的质量在任何地方都是一个恒定值。而物体的重量则不然，物体的重量是地球对它的吸引力。这个引力不仅与物体的质量有关，还与物体所处的位置有关。同一物体，距地心越远，则物体所受引力越小，重量也越轻；物体距地心越近，其引力就越大，物体就越重。

物体受地心引力，使落体产生一个加速度，物体所受引力越大，所产生的加速度也越大。物体的重力（重量）、质量与加速度的关系与式（4-1）相似，是它的一个特例，即

$$G = mg \tag{4-2}$$

式中　G——物体的重量，N；

　　　m——物体的质量，kg；

　　　g——物体的重力加速度，m/s^2。

流体和其他物体一样，同样具有质量和惯性。在流体力学中常常用到单位体积流体所具有的重量和质量的概念。

均匀液体单位体积的质量称密度，用符号 ρ 表示

$$\rho = \frac{m}{V} \tag{4-3}$$

式中　ρ——流体的密度，kg/m^3；

　　　m——流体的质量，kg；

　　　V——流体占有的体积，m^3。

在压力一定时，流体的密度随温度的增加而减小；在温度一定时，流体的密度随压力的增加而增加。

三、流体的压缩性与膨胀性

流体体积的大小随它所受压力的变化而变化。作用在流体上的压力增加，流体体积将缩小，这称流体的压缩性。流体的压缩性是用流体的压缩系数来表示的，它表示在流体温度不变时，每增加单位压力，单位流体体积的缩小量，即

$$k_p = \frac{-\dfrac{\Delta V}{V}}{\Delta p} \tag{4-4}$$

式中　k_p——流体压缩系数，1/Pa；

　　　$\dfrac{\Delta V}{V}$——单位体积的缩小量；

　　　Δp——压力增加量，Pa。

流体的体积还随温度变化而变化，当温度升高时，则体积膨胀，称为流体的膨胀性。流体的膨胀性用流体的膨胀系数表示，它表示流体压力不变时，温度每增加 1℃，单位体积的增加量，即

$$\alpha_V = \frac{\dfrac{\Delta V}{V}}{\Delta t} \tag{4-5}$$

式中　α_V——流体膨胀系数，1/K；

$\dfrac{\Delta V}{V}$——单位体积的膨胀量；

Δt——温度增加量，K。

液体的膨胀系数和压缩系数一般都很小。水的压缩系数为万分之零点五左右，其膨胀系数在 100℃ 以下时，也很少超过万分之七。其他液体也有类似属性。当液体所受压力和温度变化不大时，所引起的液体体积变化量很小，故液体称不可压缩流体。

四、流体的黏滞性

我们取两块大小相等的玻璃板，中间夹一层薄油层，将下一块玻璃板固定，然后拖动上一块玻璃板，我们会感到比较费力；如果将两块玻璃板中间换上一层水，然后以相同速度拖动上一块玻璃板，则感到费力较小，这说明油的黏性比水的黏性大。对同一种液体来说，拖动上一块玻璃板的速度越大，所需的力也越大。

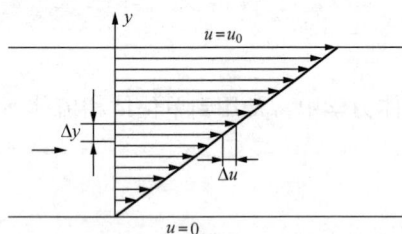

图 4-1　流体流速分布图

现就图 4-1 表述的流体层内部的运动情况如下：将上下玻璃板间的流体层分成极多的微层，当上玻璃板以 u_0 速度向前运动时，紧挨着上玻璃板的流体微层，由于黏附作用使这一流体微层与上玻璃板以同样的速度运动，而紧挨着下玻璃板的流体微层则与下玻璃板一样，速度为零。显然流体各微层间存在着相对运动，并在层间产生内摩擦力。流体运动时，流体间产生内摩擦力的性质叫流体的黏滞性。

内摩擦力具有阻止运动的性质，是流体运动时产生能量损失的原因。

由实验得出内摩擦力的公式如下：

$$F = \mu A \frac{\Delta u}{\Delta y} \tag{4-6}$$

式中　F——内摩擦力，N；

μ——动力黏滞系数，Pa·s；

A——流层间接触面积，m²；

$\dfrac{\Delta u}{\Delta y}$——垂直于运动方向的速度梯度，1/s。

气体的黏滞性系数，随温度的升高而升高；液体的黏滞性系数则随温度升高而降低。在电厂设备运行中，不同的设备对流体黏性要求不同，这要根据具体情况而定。比如锅炉燃烧重油时，为了降低油的黏滞性，便于管路输送，输油前要在储油罐内预先加热至一定温度；在入炉前，为保证燃油的雾化质量，在油罐至锅炉的输油管路上装设油加热器，使油进一步升温。相反，对一些转动设备的轴承润滑，则要求油具有一定的黏滞性，以保证油膜的形成。所以，润滑油一般要求油温不超过 60℃，如果油温太高，黏滞性太小，妨碍油膜的形成，使轴与轴承之间产生直接摩擦，导致烧瓦事故。

在工程计算中，常采用运动黏滞系数，它的定义是动力黏滞系数 μ 与其密度 ρ 的比值。

$$\nu = \frac{\mu}{\rho} \tag{4-7}$$

式中　ν——运动黏滞系数，m²/s。

运动黏滞系数 ν 的大小与流体的种类和温度有关，见表 4-1。

表 4-1 水与空气在标准压力下的运动黏滞系数

温度 t(℃)	水		空气 $\nu \times 10^6$(m²/s)
	ρ(kg/m³)	$\nu \times 10^6$(m²/s)	
0	999.87	1.79	13.70
10	999.73	1.31	14.70
20	998.23	1.01	15.70
30	995.67	0.81	16.60
40	992.24	0.66	17.60
50	988.07	0.55	18.60
60	983.24	0.48	19.60
70	977.81	0.42	20.45
80	971.83	0.37	21.70
90	965.34	0.33	22.90
100	958.38	0.30	23.78

第二节　流体静力学

一、流体静压力

如图 4-2 所示，在水坝的侧壁面上，任取一面积 A，在此面积上作用着垂直力 F，则作用在此单位面积的力称平均静压力，即

$$\bar{p} = \frac{F}{A} \quad (\text{N/m}^2) \tag{4-8}$$

若把此面积 A 无限地缩小，且趋向 o 点，那么在此无限小面积上的平均静压力，就是无限小面积上的真实静压力，称此压力为点静压力。

$$p_0 = \lim_{A \to 0} \frac{F}{A} \quad (\text{N/m}^2)$$

流体静压力具有如下特性：

第一个特性：流体静压力总是垂直并指向作用面的。这一特性可以通过演示实验得到证实，如图 4-3 所示。我们取一个乒乓球，在球面的不同方位开些小孔，再将球与注射器内充满水，将球与注射器如图连接起来，推动注射器柱塞，我们会发现球面上的水柱射向四面八方，其水柱皆与球的壁面相垂直。

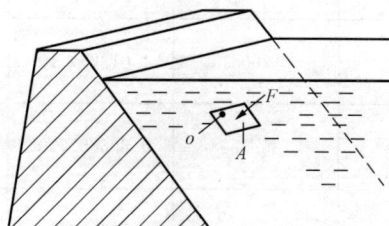

图 4-2　流体静压力

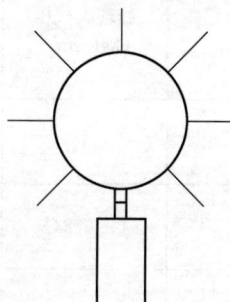

图 4-3　静压力特性

第二个特性：流体内任一点的各个方向的流体静压力均相等。

二、流体静力学基本方程式

静力学基本方程式是计算流体内任一点静压力的计算式。

自然界或工程实际中经常遇到的是，作用在流体上的力是只有重力的情况。如图 4-4 所示，有一方柱形盛有液体的桶，其横截面积为 A，液面作用着压力 p_0，桶底向上作用着压力 p，液柱高为 h，液体密度为 ρ，则由桶底向上的作用力等于液面上的作用力与液柱重量之和，即

$$pA = p_0 A + \rho g h A$$

上式除以面积 A

$$p = p_0 + \rho g h \tag{4-9}$$

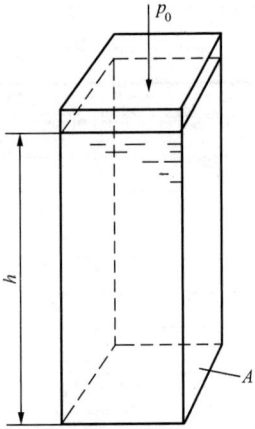

图 4-4　液柱压力

式中　p_0——作用在液面上的压力，N/m^2；

p——液深为 h 处的静压力，N/m^2；

g——重力加速度，m/s^2；

h——液体深度，m；

ρ——液体的密度，kg/m^3。

式（4-9）称水静力学基本方程式。所求液体内任一点的压力等于液面上的压力 p_0 加上液体密度、重力加速度、液柱高三者的乘积。在特定的情况下，p_0 与 ρ 是个常数，这时液体的静压力只与深度 h 成正比，即 h 越大，静压力也越大。

在国际单位制中的压力单位为牛顿每平方米（N/m^2），用符号 Pa 表示，称"帕"。它的定义是：1N 的力均匀分布在 $1m^2$ 面积上所形成的压力。

过去常用的压力单位还有工程大气压和物理大气压。

工程大气压：1kg 的力均匀分布在 $1cm^2$ 面积上形成的压力。

物理大气压（标准大气压）：在纬度 45°海平面上常年平均气压规定为物理大气压，其值为 760mm 水银柱所产生的压力。几种压力换算见表 4-2。

锅炉上常用的压力单位为兆帕（MPa），其含义是兆帕或百万帕。工程上常把一工程大气压近似写成 0.098MPa，由此我们可把任一工程大气压换算成以 MPa 为单位的压力。根据需要，也可以 1000Pa 为单位，写成 kPa。

表 4-2　　　　　压 力 换 算 表

数值 单位名称	物理大气压 （kgf/cm²）	工程大气压 （kgf/cm²）	毫米汞柱 （mmHg）	帕（Pa）	毫米水柱 （mmH₂O）
1 物理大气压 （kgf/cm²）	1	1.0332	760	1.01325×10^5	0.0336×10^4
1 工程大气压 （kgf/cm²）	0.967841	1	735.559	9.80665×10^4	1×10^4
1 毫米汞柱 （mmHg）	0.00132	0.00136	1	133.3224	13.6

续表

数　值 单位名称	物理大气压 （kgf/cm²）	工程大气压 （kgf/cm²）	毫米汞柱 （mmHg）	帕（Pa）	毫米水柱 （mmH₂O）
1 帕（Pa）	0.987×10^{-5}	1.0197×10^{-5}	75×10^{-4}	1	0.102
1 毫米水柱 （mmH₂O）	9.6749×10^{-5}	10×10^{-4}	0.0736	9.81	1

【例 4-1】 如图 4-5（a）所示，有一水管道，管道上有一压力表，表的指示压力 $p_0 = 196.14 \text{kPa}$，压力表距管子中心处距离为 1m，求管中心处静压力 p_b 为若干。

解 此题的所求点压力 p_b 加在已知点压力 p_0 之下，这一点与静力学基本方程的情况完全相同，故把已知数直接代入方程即可。水的密度 $\rho = 1000 \text{kg/m}^3$，则

$$p_b = p_0 + \rho g h$$
$$= 196.14 + \frac{1000 \times 9.807 \times 1}{1000}$$
$$= 205.95 (\text{kPa})$$

图 4-5　测管道压力

【例 4-2】 如图 4-5（b）所示，当表的指示压力 $p_0 = 215.754 \text{kPa}$ 时，表距管子中心线仍为 1m，求管子中心的静压力 p_b。

解 此题所求点静压力在已知点之上，所求点压力比已知压力小 $\rho g h$。

$$p_b = p_0 - \rho g h$$
$$= 215.754 - \frac{1000 \times 9.807 \times 1}{1000}$$
$$= 205.95 (\text{kPa})$$

根据上述例题可以得出以下结论：当所求点在已知点之下时，则所求点压力等于已知点压力加上由液柱所引起的压力；当所求点的压力在已知点之上时，则所求点压力等于已知点的压力减去由液柱引起的压力。

三、绝对压力与表压力

容器内介质压力有的高于大气压力，有的低于大气压力。介质压力高于大气压的称正压，低于大气压的称负压。火力发电厂中处于正压下工作的设备有：锅炉汽包、蒸汽管路、给水管路等；处于负压下工作的设备有：负压燃烧炉膛、吸风机前烟道及制粉系统等。

压力按压力基准不同分为绝对压力与表压力。绝对压力是指容器内完全没有压力时作为压力起点算起的压力，记为 p_j；而表压力是以大气压力为起点算起的压力，记为 p_b。所以表压力是指高于或低于大气压力的压力。前者数值为正，后者数值为负。负压有时称真空，如凝汽器真空。

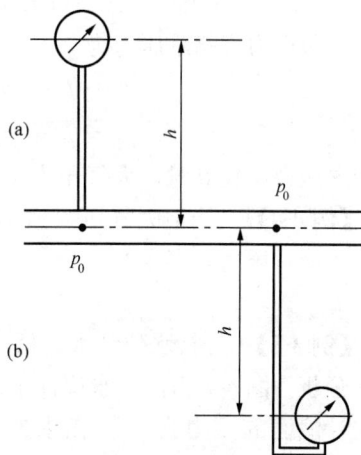

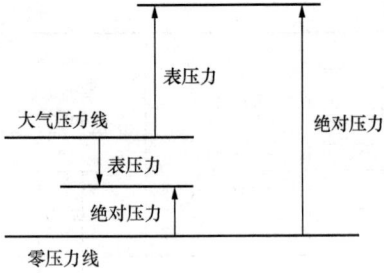

图 4-6　绝对压力与表压力关系

上述的压力关系是：绝对压力 p_j 等于大气压力 p_a 与表压力 p_b 之和，即

$$p_j = p_a + p_b \qquad (4\text{-}10)$$

绝对压力、表压力的含义与它们的关系可由图4-6得到理解。

【例 4-3】　1 个工程大气压等于 0.098MPa，试问汽包压力为 39 绝对大气压等于多少兆帕，其汽包上压力表指示压力为多少兆帕？

解　39 绝对大气压的兆帕值为

39×0.098＝3.822（MPa）

汽包压力表指示压力为

$$p_j = p_a + p_b$$

$$p_b = p_j - p_a = 3.822 - 0.098 = 3.724(\text{MPa})$$

当所求压力比较高时，大气压力 p_a 取 0.098MPa，即取一个工程大气压。

【例 4-4】　当地大气压力为 750mmHg，若凝汽器真空（负压）为 730mmHg，试问凝汽器的绝对压力是多少？

解　　　　$p_j = p_a + p_b = 750 + (-730) = 20(\text{mmHg})$

【例 4-5】　分析水位计水位低于汽包水位的原因。

分析　图 4-7 为汽包水位计示意图。作用在汽包与水位计液面的压力为 p_0。在水连通管上取断面1—1，水位处于稳定的情况下，从断面左侧来自汽包液柱产生的压力等于断面右侧来自水位计液柱产生的压力，故有

$$p_0 + \rho_2 g h_2 = p_0 + \rho_1 g h_1$$

$$\rho_2 h_2 = \rho_1 h_1$$

$$\frac{\rho_2}{\rho_1} = \frac{h_1}{h_2}$$

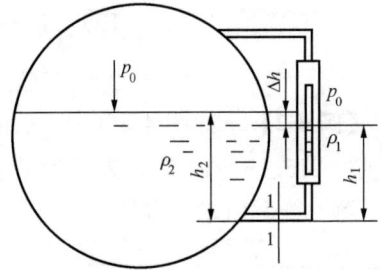

图 4-7　水位计

上式说明，在液面作用压力相同的情况下，液体密度与液柱高成反比。由于水位计及连通管散热较强，水位计内的水温比汽包内的水温低，水位计中水的密度比汽包中水的密度大，故水位计的液位高度小于汽包中的液位高度。

四、液柱式压力计

测量压力的仪器，叫压力计。压力计的种类较多，其中一类叫液柱式压力计，即利用液柱高度的大小表示压力。用它来测量较低的正压、压差及负压。常用的有测压管和差压计等。

液柱式压力计是由液柱高度测量压力数值的。它的构造简单，使用方便，测量准确度高。按结构形式的不同，液柱式压力计分为单管压力计、多管压力计、差压计和倾斜式微压计。

1. 单管压力计

单管压力计如图 4-8 所示，玻璃管 B 的上端与大气相通，下边与宽容器 A 相连，被测

介质用连接管由宽容器上方引入。根据测压管中液面升高来测定流体中的静压力。测量前宽容器 A 的液面为 0—0，测量压力时，容器 A 的液面下降 h_1，而测压管中液面上升了 h_2，形成液面高差 $h=h_1+h_2$。液柱 h 引起的压力才是被测压力的真正值。为了读数的方便，我们可以认定 $h=h_2$。

被测压力为

$$p = \rho g h_2$$

为使 h_1 尽量小，就必须使宽容器的水平截面积尽可能地大。通常，宽容器的截面积要比所有测量管的截面积大 500 倍。

【例 4-6】　有一锅炉的二次风压读数 $h=80\text{mmH}_2\text{O}$，试求二次风压是多少帕。

解　二次风压（参看图 4-8）

$$\begin{aligned}
p &= \rho g h \\
&= 1000 \times 9.807 \times 0.08 \\
&= 784.56 (\text{Pa})
\end{aligned}$$

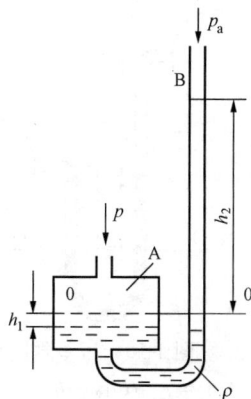

图 4-8　单管压力计

2. 多管压力计

由于工作上常需要同时测量几个点的压力，因此出现了多管压力计。这种压力计用于测量锅炉的烟道、风道、制粉系统等管道上的压力。多管压力计见图 4-9。测量正压的多管压力计的宽容器装在仪表背面的上部，标尺刻度的零点在上方，刻度值自上而下加大；测负压的多管压力计的宽容器装在仪表背面的下部，标尺刻度零点在下方，刻度值自下而上加大。另外还有一根玻璃管通大气，用以校对仪表的零点。由于测量的需要，也出现了同时能测正、负压的多管压力计。

以水为测量介质的测压管，一般不超 10kPa，这样的测压管在使用上已感到不便。为解决这个问题，测量介质常采用密度较大的液体——水银。

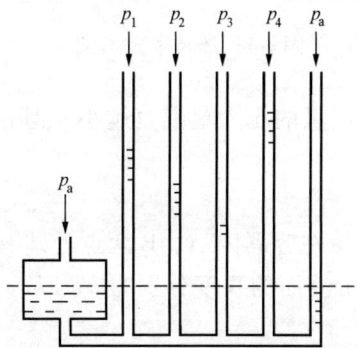

图 4-9　多管压力计

3. 差压计

差压计又称比压计，是用来测量两点压力差的仪器。

图 4-10 为一水银差压计，求 1、2 两点间的气体压差。取 0—0 为 U 形管的等压面。U 形管水银面以上的管子为气体所充满，由于气体密度很小，可以忽略由于气柱引起的很小压力 $\rho g h_1$、$\rho g h_2$，在 0—0 等压面上列平衡方程

$$p_1 = p_2 + \rho_m g h_3$$
$$p_1 - p_2 = \rho_m g h_3$$
$$\Delta p = \rho_m g h_3 \tag{4-11}$$

若被测介质为水，且 h_1、h_2 段管子为水所充满，则两点间的压力差为

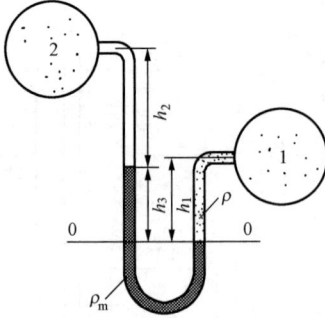

图 4-10　压差测量

$$p_1 + \rho_w gh_1 = p_2 + \rho_w gh_2 + \rho_m gh_3$$

$$\Delta p = p_1 - p_2$$

$$= \rho_w g(h_2 - h_1) + \rho_m gh_3 \qquad (4\text{-}12)$$

【例 4-7】　　如图 4-10 所示，被测介质为水，水银柱液面以上的管子被水所充满，$h_1 = 1\mathrm{m}$，$h_2 = 2\mathrm{m}$，$h_3 = 150\mathrm{mm}$，求 1、2 两点间压差。

解　已知水的密度 $\rho_w = 1000\mathrm{kg/m^3}$，水银密度 $\rho_m = 13600\mathrm{kg/m^3}$，$h = 150\mathrm{mm} = 0.15\mathrm{m}$ 代入式（4-12）得

$$\Delta p = \rho_w g(h_2 - h_1) + \rho_m gh_3$$

$$= 1000 \times 9.81 \times (2-1) + 13600 \times 9.81 \times 0.15$$

$$= 9810 + 20012.4$$

$$= 29822.4 \ (\mathrm{Pa})$$

4. 倾斜式微压计

当测量的压力很小时，由于在竖直的玻璃管中液面高度变化很小，给读数造成困难，使测量误差增大。为了提高测量的精确度，可采用倾斜式微压计，如图 4-11 所示。当单管压力计的玻璃管倾斜角度为 α 时，倾斜管中液面高度由 h 变为 L

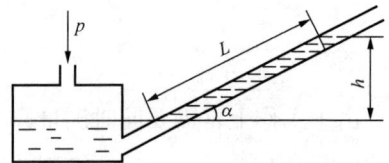

图 4-11　倾斜式微压计

$$L = \frac{h}{\sin\alpha}$$

由上式得知，L 比 h 扩大了 $\dfrac{1}{\sin\alpha}$ 倍。由此可见，在相同的压力下，α 值越小，L 值越大，测量精度也高，其所测量的压力范围也越小。但 α 过小会使管内液面拉长，造成读数不准，故一般 $\alpha \geqslant 15^\circ$。

5. 静止液体的能头

图 4-12 为一个盛有液体的密闭容器，其基准面为 0—0，在容器内 A、B 两点处装有两根测压管，A、B 两点距自由液面的高度分别为 h_A、h_B，距 0—0 面分别为 Z_A、Z_B。

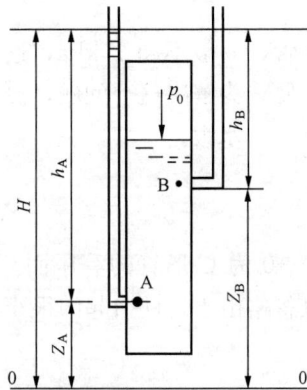

图 4-12　静止液体的能头

从物理学中知道，质量为 $G\mathrm{kg}$ 的液体，从基准面 0—0 升高 Z，液体对 0—0 面具有位能为 GZ，则单位质量液体的位能为 $GZ/G = Z$。所以 Z 是单位质量液体对基准面的位能，它的单位是 m，也就是用液柱高度（能头）来表示能量的大小，因此 Z 称位置能头。图中 A、B 两点的位置能头分别为 Z_A、Z_B。

图中 h_A 是测压管中液柱高，它的物理意义说明：A 点的液体在压力 p_A 的作用下，沿玻璃测压管上升至 h_A 高度为止，即 $h_A = \dfrac{p_A}{\rho g}$，$h_A$ 称测压管高度，把 $\dfrac{p_A}{\rho g}$ 称压力能头。

由图可知，任一点的位置能头与压力能头之和为一常数 H，即

$$Z_A + h_A = Z_B + h_B$$

$$Z_A + \frac{p_A}{\rho g} = Z_B + \frac{p_B}{\rho g}$$

$$Z + \frac{p}{\rho g} = 常数 \tag{4-13}$$

上式说明，容器内任一点的压力能头与位置能头随点的位置不同而不同，但这两个能头的和却是一个常数。由于两个能头的和为常数，所以液体内任一点位置发生变化时能头的和都是一个常数。由于两个能头的和为常数，所以液体内任一点位置变化时，其位置能头增加若干米，则压力能头就减少若干米；反之，点的位置能头减少若干米，则压力能头就增加若干米。

【例 4-8】 有一盛水容器，如图 4-13 所示，由于压强较高，装一复式 U 形水银测压计。已知各液面高程为 ▽1=1.5m，▽2=0.2m，▽3=1.2m，▽4=0.4m，▽5=2.1m。试确定容器液面的表压力 p_0（水银密度 ρ_m=13600 kg/m³，水的密度 ρ_w=1000kg/m³）。

解 如图 4-13 所示，选取等压面：1—1、2—2、3—3、4—4。已知 1—1 面上作用着大气压力 p_a，忽略 U 形管中气体密度，利用上述位置能头与压力能头转换的结论，通过等压面联系，从 1—1 面开始，可直接推写出容器液面的表压力。

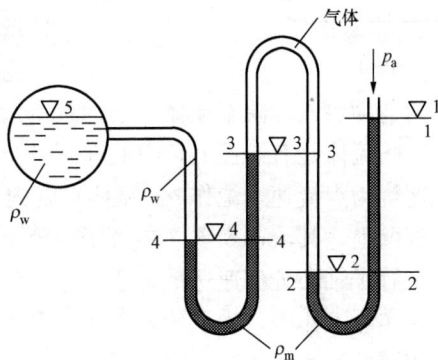

图 4-13 复式 U 形水银测压计

$p_0 = \rho_m g(▽1-▽2) + \rho_m g(▽3-▽4) - \rho_w g(▽5-▽4)$

$=13600 \times 9.807 \times (1.5-0.2) + 13600 \times 9.807 \times (1.2-0.4) - 1000 \times 9.807 \times (2.1-0.4)$

$=173387 + 106700 - 16671$

$=263416$（Pa）

$=263.416$（kPa）

第三节　流体动力学

一、几个基本概念

1. 理想流体与实际流体

实际流体是客观存在的流体与气体的总称。上面讲到了实际流体的各种物理性质，其中流动性与黏滞性是区别于固体的显著特性。

理想流体是一种假想流体，它与实际流体的区别是没有黏性。显然，引入理想流体的目的是简化研究对象，便于研究问题。我们首先研究理想流体的运动规律，当得到它的规律后，再把实际流体黏性考虑进去加以修正，就可以得出实际流体的运动规律。这种修正通常是由实验得来的。所以，理想流体的引入对研究和认识流体的运动规律有着重要的意义。

2. 流量

单位时间内，通过与管内液流方向相垂直的断面的液体数量，称为流量。若其数量用体积表示，称为体积流量，用符号 q_V 表示，单位为立方米每秒（m³/s）；若其数量用质量表示，称为质量流量，用符号 q_m 表示，单位为千克每秒（kg/s）。

3. 流体的运动要素与平均流速

流体运动时，流体中每一点的压力 p 和流速 u，反映了流体各点的运动情况。因此，压力和流速是流体运动的基本要素。

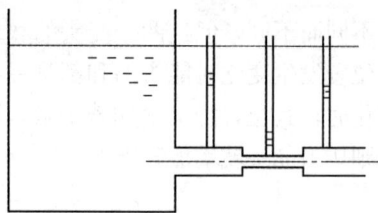

图 4-14 速度与压力关系

如图 4-14 所示，一根粗细不均的排水管，在粗细不同的管段上装上测压管。当液体静止时，测压管指示高度相同，这时完全符合静力学基本规律。但在容器内水位不变的条件下，水由排出管向外流出时，其测压管高度发生变化，粗处的侧压管水柱高，而细处测压管水柱低。这说明管子中心线处的压力流速都不一样，压力是粗处大，细处小，而流速是粗处小，细处大。这说明流体的运动要素反映了流体运动的基本情况。

实际流体是有黏性的，因此在圆管半径上不同点的流速是不一样的。对流体某一点来说的流速称为点流速，记作 u。流体在管内点流速的变化规律是这样的：紧挨着管壁的流体黏附在管壁上，其流速为零，在管子半径上的各点随流体远离管壁而接近轴心时，流速不断增加，至管子轴心处流速达最大值 u_{max}。点流速的变化范围为 $0 \leqslant u \leqslant u_{max}$。

在实际工作中，为了计算方便常引用平均流速的概念。流体在流过横断面时，其各点都具有相同的流速，在这个流速下，所流过的流量与同一断面各点以实际流速流动时所流过的流量相当，这个流速称平均流速，记为 c，单位为米每秒（m/s）。体积流量 q_V 等于平均流速 c 与管子横断面 A 之积。

$$q_V = cA \quad (\text{m}^3/\text{s}) \tag{4-14}$$

质量流量等于流体密度 ρ、平均流速 c 与管子断面积 A 之连乘积，即

$$q_m = \rho c A \quad (\text{kg/s}) \tag{4-15}$$

4. 稳定流与非稳定流

如图 4-15 所示，有一盛水容器，装有进水管与出水管，在管上装有阀门 A、B。打开阀门 A、B，使流入容器的水量等于流出容器的水量，即容器内水面高度不变时，则管道中任意点 1、2、3 的压力和速度都不随时间变化而变化，但改变点的空间位置时，它们的压力和流速也跟着改变。这种流体中任一点的压力和流速不随时间变化而只随空间位置的不同而变化的流动称稳定流动。

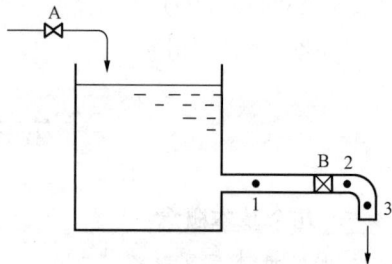

图 4-15 稳定流与非稳定流

如果把阀门 A 关小，则流入容器的水量小于从容器流出的水量，容器内水位逐步下降，点 1、2、3 处的压力和流速都将减小。我们把流体中各点的压力和流速随时间而变化的流动称不稳定流动。

二、连续性方程

连续性方程是研究管道横断面与流体流速的关系。如图 4-16 所示，一根管径不等的管道。1—1 和 2—2 断面面积分别为 A_1 和 A_2，相应断面的平均流速分别为 c_1、c_2。在任一时间里，流过断面 1—1 的流体质量流量 $q_{1m} = c_1 A_1 \rho_1$，流经断面 2—2 的流体质量流量 $q_{2m} = c_2 A_2 \rho_2$。根据物质不灭原理和流体的不可压缩性，通过 1—1 断面流体质量流量 q_{1m} 与通过断

面 2—2 的流体质量流量 q_{2m} 相等，即

$$q_{1m} = q_{2m}$$
$$c_1 A_1 \rho_1 = c_2 A_2 \rho_2$$

对于不可压缩性的流体，$\rho_1 = \rho_2$，则上式变为

$$c_1 A_1 = c_2 A_2$$
$$\frac{c_1}{c_2} = \frac{A_2}{A_1} \tag{4-16}$$

上式为不可压缩流体的连续性方程式，它说明流体的平均流速与管子横断面面积成反比。

【**例 4-9**】　图 4-17 为一锥形管，已知 $d_1 = 200\text{mm}$，$d_2 = 100\text{mm}$，$c_1 = 0.8\text{m/s}$，求 c_2 和每小时的体积流量 q_V 各多少？

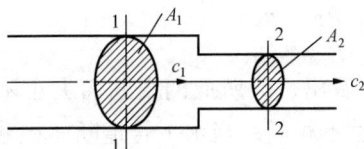

图 4-16　流体的连续流动　　　　图 4-17　锥形管内流动示意图

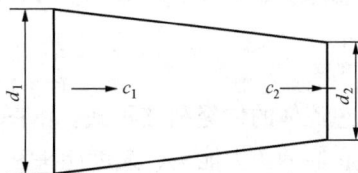

解　根据连续性方程

$$\frac{c_1}{c_2} = \frac{A_2}{A_1}$$

$$c_2 = c_1 \frac{A_1}{A_2} = c_1 \left(\frac{d_1}{d_2}\right)^2 = 0.8 \left(\frac{200}{100}\right)^2 = 3.2 (\text{m/s})$$

$$q_V = c_1 A_1 \times 3600 = 0.8 \times \frac{\pi}{4} d_1^2 \times 3600$$
$$= 0.8 \times 0.785 \times 0.2 \times 0.2 \times 3600$$
$$= 90.432 (\text{m}^3/\text{h})$$

三、能量方程

能量方程也称伯努利方程，是流体动力学的基本方程式。它给出稳定流动流体内任一点的流速、压力和位置高度之间的关系，并可解决大量的实际问题。

为了研究问题方便，我们首先介绍理想流体的伯努利方程，然后再介绍实际流体的伯努利方程。所谓理想流体是指没有黏性的流体，因而流动时也不产生能量损失的流体。

1. 理想流体的伯努利方程

在流体静力学里已经讲过压力能头和位置能头的概念，下面讲速度能头的概念。所谓速度能头，是指单位重力作用下流体所具有的动能。对于理想流体，任意管断面上的各点流速都是相同的，所以若流体的质量为 m（重量为 G），通过某断面的流速为 u，它的动能为 $\frac{1}{2}mu^2$，则单位重力作用下物体所具有的动能为

$$\frac{\frac{1}{2}mu^2}{G} = \frac{\frac{1}{2}mu^2}{mg} = \frac{u^2}{2g}$$

在某一管路中，流体处于稳定流动状态。我们取任一断面都具有三种能量，即位置能

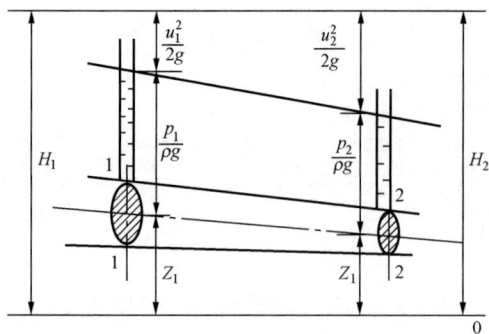

图 4-18 理想流体的伯努利方程

头、压力能头和速度能头。那么，它和另外一个断面三种能量有什么关系呢?

现在我们来看图 4-18，在一条管路上取 1—1、2—2 两个断面。1—1 断面的总能头 $H_1=Z_1+\dfrac{p_1}{\rho g}+\dfrac{u_1^2}{2g}$，断面 2—2 液流的总能头 $H_2=Z_2+\dfrac{p_2}{\rho g}+\dfrac{u_2^2}{2g}$。液流在管道流动过程中，它不对外做功，又不从外面吸收能量，本身也不产生能量损失，根据能量守恒原理，这两个断面的总能头是恒等的，即 $H_1=H_2$，则

$$Z_1+\frac{p_1}{\rho g}+\frac{u_1^2}{2g}=Z_2+\frac{p_2}{\rho g}+\frac{u_2^2}{2g} \tag{4-17}$$

上式就是理想流体的伯努利方程式。由图 4-18 可以看出，因所取两个断面大小不同，位置高度不等，它们的压力能头、速度能头和位置能头也不相同。当水平管道断面积减小时，该断面的速度能头就要增加，压力能头就会相应地减少；反之，当管道断面积增加时，该断面的速度能头就会减少，而压力能头要相应地增大。不管这三种能头如何转化，但其总和却是一个常数。

2. 实际流体的伯努利方程

理想流体在管子任一断面处各点的流速 u 都是相同的，而实际流体由于有黏性，在断面上各点的流速是不同的。在研究实际管路问题时，我们总是取用平均流速。那么某断面的平均流速的速度能头与该断面上各点的速度能头的算术平均值是怎样的关系呢?这里我们直接给出它们的关系，即

$$\frac{c^2}{2g}<\left(\frac{u_1^2}{2g}+\frac{u_2^2}{2g}+\frac{u_3^2}{2g}+\cdots+\frac{u_n^2}{2g}\right)\frac{1}{n}$$

为使上式相等，必须在 $\dfrac{c^2}{2g}$ 前乘以大于 1 的修正系数 α。这样我们就可以把任一断面的实际流体各点的速度能头的算术平均值，用平均流速的速度能头来表示，即

$$\alpha\frac{c^2}{2g}=\left(\frac{u_1^2}{2g}+\frac{u_2^2}{2g}+\frac{u_3^2}{2g}+\cdots+\frac{u_n^2}{2g}\right)\frac{1}{n}$$

式中 α——动能修正系数。

由于实际流体有黏性，所以流体从 1—1 流到 2—2 断面过程中，产生能头损失 h_{1-2}，则实际流体的伯努利方程为

$$Z_1+\frac{p_1}{\rho g}+\frac{\alpha_1 c_1^2}{2g}=Z_2+\frac{p_2}{\rho g}+\frac{\alpha_2 c_2^2}{2g}+h_{1-2} \tag{4-18}$$

动能修正系数 α 值的大小，取决于断面分布的不均匀性，流速越是分布不均匀则 α 越大。当流体做层流运动时，$\alpha=2$；做紊流运动时，$\alpha=1.05\sim1.1$。工程中大多数液流处于紊流运动状态，为简化计算，取 $\alpha=1$，这时能量方程为

$$Z_1+\frac{p_1}{\rho g}+\frac{c_1^2}{2g}=Z_2+\frac{p_2}{\rho g}+\frac{c_2^2}{2g}+h_{1-2} \tag{4-19}$$

式中　Z——位置能头（水头），m；

　　$\dfrac{p}{\rho g}$——压力能头（水头），又称静压头，m；

　　$\dfrac{c^2}{2g}$——速度能头（水头），又称动压头，m；

　　h_{1-2}——损失能头（水头），m。

实际伯努利方程各能量的变化规律见图 4-19。

这是一个非常重要的能量方程式，它是用来解决不可压缩流体、没有惯性力参加的稳定流问题。对于气体，当温度、压力变化不大，密度变化很小时，也可以使用这个能量方程式。

在使用能量方程式时要注意以下几个问题：

（1）采用同一压力基准，即采用表压力或绝对压力，单位要统一。

（2）所选取的横断面要位于等径直管段部分，不能选在管子突然变粗（细）、转弯等部位，以避免惯性力产生，至于两断面间是否有惯性力产生不予考虑。

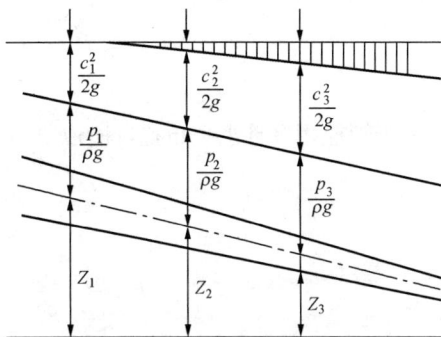

图 4-19　实际流体的伯努利方程

（3）所选基准应以简化方程为原则。对水平管段，选取的基准面要经过管子中心线；对非水平管段，所选基准面应通过较低断面的中心点。

式（4-19）两边乘以 ρg 得

$$\rho g Z_1 + p_1 + \frac{\rho c_1^2}{2} = \rho g Z_2 + p_2 + \frac{\rho c_2^2}{2} + \rho g h_{1-2} \qquad (4\text{-}20)$$

式中　p_1、p_2——断面 1—1、断面 2—2 的流体静压力；

　　$\dfrac{\rho c_1^2}{2}$、$\dfrac{\rho c_2^2}{2}$——断面 1—1、断面 2—2 的流体动压力；

　　$\rho g h_{1-2}$——两断面间流体的压力损失。

管道通常是等直径的，因而流体流动过程中速度能头是不变的，其能量方程变为

$$Z_1 + \frac{p_1}{\rho g} = Z_2 + \frac{p_2}{\rho g} + h_{1-2} \qquad (4\text{-}21)$$

这时断面 2—2 比断面 1—1 位置能头增加（减少）多少米，则压力能头就减少（增加）多少米，这一点与静力学完全相同。损失能头 h_{1-2} 是多少米，则断面 2—2 的压力能头 $\dfrac{p_2}{\rho g}$ 也减少多少米，由此可知从断面 1—1 至断面 2—2 位置能头的增加和损失的能头都消耗了压力能头，掌握这一规律，一些简单问题就可以心算了。

对一等直径水平管有 $Z_1 = Z_2$，$d_1 = d_2$，其能量方程可简化为

$$\frac{p_1}{\rho g} = \frac{p_2}{\rho g} + h_{1-2}$$

$$\frac{p_1}{\rho g} - \frac{p_2}{\rho g} = h_{1-2} \qquad (4\text{-}22)$$

或
$$p_1 - p_2 = \rho g h_{1-2}$$

等直径水平管段上两断面间的压力能头差或压力差分别等于两断面间的损失能头或压力损失。

【例 4-10】　有一水泵出口压力能头为 15m，水沿水平等直径管输送到 300m 处排出，供浇地用，试问压力损失能头若干？

解　列伯努利方程
$$Z_1 + \frac{p_1}{\rho g} + \frac{c_1^2}{2g} = Z_2 + \frac{p_2}{\rho g} + \frac{c_2^2}{2g} + h_{1-2}$$

由于管径相等且水平布置，所以 $\frac{c_1^2}{2g} = \frac{c_2^2}{2g}$，$Z_1 = Z_2$，又取用表压力，故 $\frac{p_2}{\rho g} = 0$，则方程为

$$\frac{p_1}{\rho g} = \frac{p_2}{\rho g} + h_{1-2}$$

$$h_{1-2} = \frac{p_1}{\rho g} - \frac{p_2}{\rho g} = 15 - 0 = 15(\text{m})$$

如果我们利用等直径水平管段的两断面间损失能头等于这两断面间压力能头差的结论即可直接得出上式的结果。

【例 4-11】　若〔例 4-10〕管长不变，且保持同样流速向山坡上供水浇灌果树，其水的出口与泵的出口高差为 75m，问水泵的出口压力能头应为多高？见图 4-20。

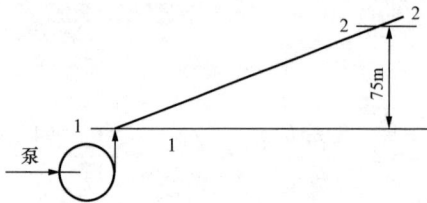

图 4-20　〔例 4-11〕图

解　列伯努利方程
$$Z_1 + \frac{p_1}{\rho g} = Z_2 + \frac{p_2}{\rho g} + h_{1-2}$$

$$\frac{p_1}{\rho g} = Z_2 - Z_1 + \frac{p_2}{\rho g} + h_{1-2}$$

$$= 75 + 0 + 15$$

$$= 90(\text{m})$$

如果我们物理概念清楚，对这一等管径题也可直接得出结果。即泵的出口压力能头一方面供给水升高 75m，另一方面供给水的损失能头。故泵的出口压力能头应为 75+15=90（m）。

【例 4-12】　有一水箱，水深 1.5m，箱底部有一长 2m 的放水管。水箱水位保持不变，管内作稳定流动，试求管子出口流速和 1 点的压力能头，略去水阻力。详细尺寸如图 4-21 所示。

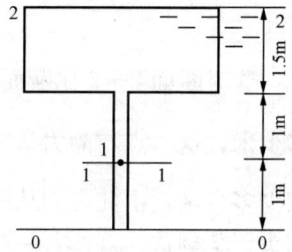

图 4-21　〔例 4-12〕图

解　列 2—2 和 0—0 断面方程，求 $\frac{c_0^2}{2g}$。

$$Z_2 + \frac{p_2}{\rho g} + \frac{c_2^2}{2g} = Z_0 + \frac{p_0}{\rho g} + \frac{c_0^2}{2g} + h_{2-0}$$

取表压力，$h_{2-0} = 0$，则

$$3.5 + 0 + 0 = 0 + 0 + \frac{c_0^2}{2g} + 0$$

$$\frac{c_0^2}{2g} = 3.5$$

$$c_0 = \sqrt{2g \times 3.5} = \sqrt{2 \times 9.81 \times 3.5} = 8.28(\text{m/s})$$

列 2—2 和 1—1 断面方程，且 $h_{2-0}=0$，则

$$Z_2 + \frac{p_2}{\rho g} + \frac{c_2^2}{2g} = Z_1 + \frac{p_1}{\rho g} + \frac{c_1^2}{2g} + h_{2-1}$$

$$3.5 + 0 + 0 = 1 + \frac{p_1}{\rho g} + 3.5 + 0$$

$$\frac{p_1}{\rho g} = -1$$

所以 1 点的压力能头为 −1m。

3. 虹吸

如图 4-22 所示，将高位容器装满水，再将 U
形管充满水，并用手堵住短管侧管口，放入高位
容器的水中，放开手后水自动从高位容器 A 流入
低位容器 B。这种水越过高位容器液面而流向低
位容器的现象称虹吸。

下面分析一下产生虹吸流动的水流动力。取
高位液面 1—1，低位液面 0—0 为基准面。

列方程

$$Z_1 + \frac{p_1}{\rho g} + \frac{c_1^2}{2g} = Z_0 + \frac{p_0}{\rho g} + \frac{c_0^2}{2g} + h_{1-0}$$

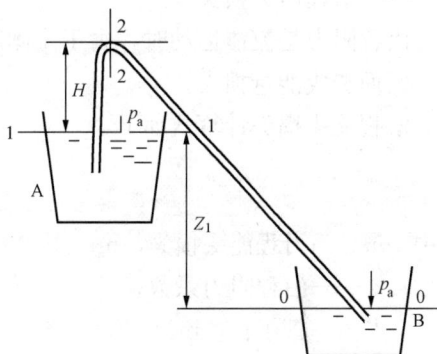

图 4-22 虹吸

两个液面作用着大气压力，按表压力 $\frac{p_1}{\rho g} = \frac{p_0}{\rho g} = 0$，液面速度 $c_1 = c_0 \approx 0$，$Z_0 = 0$，则上式
变为

$$Z_1 = h_{1-0} \tag{4-23}$$

上式说明，液位差总是等于虹吸管的损失能头，位差是产生虹吸流动的动力。同时也表
明没有位差就没有虹吸流动，没有虹吸流动也就不可能产生损失能头；位差越大，虹吸流动
越快，虹吸管的损失能头也越大。

下面我们进一步研究虹吸管顶点距吸水面的高度——虹吸高度与哪些因素有关。为此我
们选取虹吸管的最高断面 2—2，并以吸水液面 1—1 为基准面，列伯努利方程

$$\frac{p_a}{\rho g} = \frac{p_2}{\rho g} + \frac{c_2^2}{2g} + H + h_{1-2}$$

式中 h_{1-2} 为两断面间虹吸管的损失能头，那么虹吸高度

$$H = \frac{p_a - p_2}{\rho g} - \frac{c_2^2}{2g} - h_{1-2} \tag{4-24}$$

虹吸高度 H 的大小取决于虹吸管最高断面处的压力 p_2、流速 c_2 和吸水面与最高断面之
间的阻力损失。在理想情况下，虹吸管内 2—2 断面达到绝对真空，即 $p_2 = 0$，又当流体达
到最高断面 2—2 时 c_2 为零，$h_{1-2} = 0$，这时上式变为

$$H = \frac{p_a}{\rho g} = 10.33(\text{m}) \tag{4-25}$$

显然这是一个最大的理想高度，实际上由于流体在一定温度下具有一定的饱和汽压，管
路又有各种阻力损失及流速不能为零，所以虹吸高度一般只有 6～7m。

第四节　管 流 损 失 和 水 击

电厂的机炉车间，布置着纵横交错的各种管道，里面流动着汽、水、风、油等。这些流体在管道中流动，总要产生能量损失，它导致流体随管道流程的增长不断产生压力下降，特别是流经弯头、阀门、缩孔等管道附件之后，压力下降得尤为显著。这种压力下降称为流体管道阻力损失。通常把管道产生的阻力损失分为两部分：沿程阻力损失和局部阻力损失。

一、沿程阻力损失

沿程阻力是流体运动时，由于流体质点与管壁、流体质点之间存在着相对运动而产生摩擦，因而造成能量损失。

沿程能头损失计算式如下：

$$h_f = \lambda \frac{L}{d} \frac{c^2}{2g} \tag{4-26}$$

式中　h_f——沿程能头损失，m；

　　　λ——沿程阻力系数；

　　　L——管子长，m；

　　　d——管子直径，m；

　　　c——平均流速，m/s；

　　　g——重力加速度，m/s²。

1. 流体沿程阻力的影响因素

（1）流体运动状态：流体运动状态是表明流体质点运动特性的。流体的不同运动状态有不同的运动特性。流体的运动状态有两种：层流运动状态和紊流运动状态。

层流运动，是指流体运动时，流体质点只沿管子做轴向运动。紊流运动，是指流体运动时，流体质点不仅沿管子做轴向运动，同时还做横向运动。

为了分析和计算上的需要，我们需要掌握判定流体运动状态的方法。通过大量的实验得出判定流体运动状态的计算式如下：

$$Re = \frac{cd\rho}{\mu} = \frac{cd}{\dfrac{\mu}{p}} = \frac{cd}{\nu} \tag{4-27}$$

式中　Re——雷诺数；

　　　ν——流体运动黏滞系数；

　　　c——流体的平均流速。

Re 是一个无量纲量，$Re<2320$ 时，为层流运动；$Re>10^4$ 时，为旺盛紊流运动；$2320<Re<10^4$ 时，则为流态不确定的过渡阶段。

（2）管子粗糙度：任何管子，由于材料、加工及腐蚀等因素的影响，管子壁面总是凹凸不平的。管壁的平均突出高度 Δ 称为管壁的绝对粗糙度。电厂汽水管道的绝对粗糙度见表 4-3。绝对粗糙度 Δ 与管径 d 之比，称为相对粗糙度；管径 d 与绝对粗糙度 Δ 之比，称为相对光滑度。显然，相对光滑度越高，管子内壁面越光滑。管内流体做紊流运动时，靠近管壁很薄的一层流体处于层流运动状态。这一层流体，称为层流边界层。如果层流边界层的厚

度 δ 大于绝对粗糙度 Δ，则管壁粗糙度不影响流动阻力损失，这种管子称为光滑管，如图 4-23（b）所示；若层流边界层 δ 小于壁面的绝对粗糙度 Δ 时，管壁的突出部分伸入到紊流中，流体流过突出部分之后形成旋涡，造成额外的能量损失，所以流动阻力与管子粗糙度有关，这种管子称为粗糙管，如图 4-23（c）所示。层流边界层的厚度 δ 是随流速的增大而变薄。当管子为光滑管时，随流速的提高 δ 变小，使 $\delta<\Delta$ 时，光滑管就变成了粗糙管；反之，粗糙管也可以变成光滑管。

表 4-3　　　电厂汽水管道的绝对粗糙度

管道的工作条件	绝对粗糙度（mm）
正常条件下工作的无缝钢管	0.2
正常条件下工作的焊接钢管	0.3
在腐蚀程度较高条件下工作的管道（排汽管、疏水管和软化水管等）	0.6

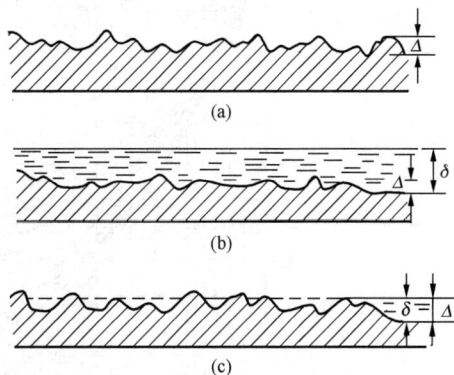

图 4-23　粗糙度、光滑管、粗糙管

（3）其他因素：由式（4-26）可知，流体的阻力与管路长度成正比，与管径成反比。此外，流体阻力还受流体黏性的影响，当流体黏性增加时，流体阻力增大。例如，电厂输送燃油时，为使燃油黏度不致太高、压力损失太大，将燃油输送前加热至一定温度，否则燃油输送会变得困难，甚至成为不可能。

2. 沿程阻力系数的确定

（1）流体处于层流运动状态时，λ 由公式确定：

$$\lambda = \frac{64}{Re} \tag{4-28}$$

（2）流体处于紊流运动状态时，沿程阻力系数由莫迪图（图 4-24）来确定。其左侧纵坐标是阻力系数，右侧纵坐标是相对光滑度 $\dfrac{d}{\Delta}$，横坐标是雷诺数 Re，它分以下几个区域：

1）光滑区：这时 λ 只与雷诺数 Re 有关，而与相对光滑度 $\dfrac{d}{\Delta}$ 无关。因为这时层流边层 δ 大于绝对粗糙度 Δ，即绝对粗糙度完全被层流边层所淹没。

2）过渡区：随着 Re 的增加，层流边层 δ 逐渐变薄，当 δ 开始小于 Δ 时，粗糙度对阻力系数开始产生影响，所以 λ 随雷诺数和相对光滑度的数值而变化，即 $\lambda = f\left(Re, \dfrac{d}{\Delta}\right)$。$Re$ 继续增大，δ 继续变薄，以致最后绝对粗糙度 Δ 完全暴露在紊流中，这时 λ 值完全取决于相对光滑度，流动也就进入了阻力平方区。对于某一光滑度 λ 在过渡区里随 Re 的增加产生明显的下降。

3）阻力平方区：对任何光滑度管子的阻力系数 λ 都不随 Re 的变化而变化。在此区域，λ 只是相对光滑度的函数，即不管 Re 如何变化，每个光滑度的管子只对应一个 λ 值。所以，这个区域的线都是平行横轴的直线。

（3）确定沿程阻力系数 λ 的步骤：

1）首先计算雷诺数数值。

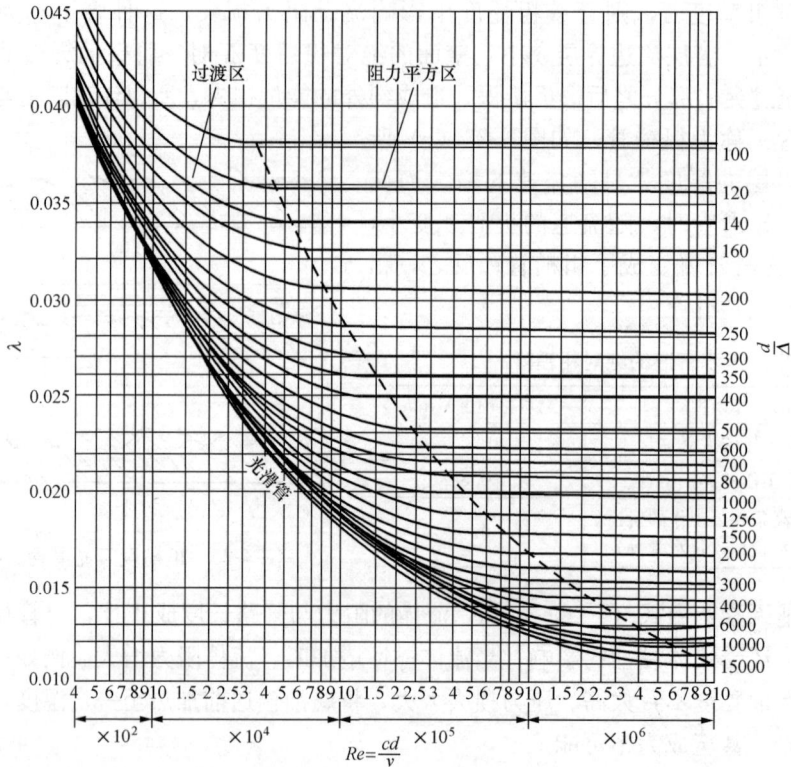

图 4-24 莫迪图

2）当 $Re<2320$ 时，为层流运动状态，用 $\dfrac{64}{Re}$ 计算 λ 值；当 $Re>10^4$ 时，为紊流运动状态，还要根据题的已知条件求出相对光滑度 $\dfrac{d}{\Delta}$ 的数值。

3）根据 Re 与 $\dfrac{d}{\Delta}$ 的数值在莫迪图上找出相应的交点，然后由此点向左作横轴平行线交于 λ 轴，即可得 λ 值。

【例 4-13】 有一无缝钢管，管径为 $\phi25mm\times2mm$，长 50m，水温为 20℃，水速 $c=0.1m/s$，求沿程阻力损失。若流速 $c=1.5m/s$，水温 100℃，求沿程阻力损失是多少？

解 查表 4-1 水在 20℃时的运动黏滞系数 $\nu=1.01\times10^{-6}$（m^2/s）

$$Re=\frac{cd}{\nu}=\frac{0.1\times(25-2\times2)\times10^{-3}}{10\times10^{-6}}=2079$$

$Re<2320$，所以为层流状态。

$$\lambda=\frac{64}{Re}=\frac{64}{2079}=0.0308$$

沿程能头损失 $h=\lambda\dfrac{L_1}{d}\dfrac{c^2}{2g}=0.0308\times\dfrac{50}{0.021}\times\dfrac{0.1^2}{2\times9.81}$

$$=0.0372（m）$$

水温为 100℃时的运动黏滞系数，查表 4-1 得 $\nu=0.30\times10^{-6}$（m^2/s），$c=1.5$（m/s）

$$Re = \frac{cd}{\nu} = \frac{1.5 \times 0.021}{0.3 \times 10^{-6}} = 105000 \quad 为紊流$$

查表 4-3，无缝钢管 $\Delta = 0.2$，则 $\dfrac{d}{\Delta} = \dfrac{21}{0.2} = 105$。由 $\dfrac{d}{\Delta} = 105$ 和 $Re = 105000$ 查莫迪图得 $\lambda = 0.037$，则沿程能头损失

$$h_f = \lambda \frac{L}{d} \frac{c^2}{2g}$$

$$= 0.037 \times \frac{50}{0.021} \times \frac{1.5^2}{2 \times 9.81} = 10.1(\text{m})$$

二、局部阻力损失

当流体流经管路附件，出现突然扩大或收缩时，形成涡流，产生较强烈的撞击和掺混，造成的能量损失称为局部阻力损失。显然它与形成局部阻力损失的附件形状有关。

局部能头损失计算式为

$$h_j = \xi \frac{c^2}{2g} \tag{4-29}$$

式中　h_j——局部能头损失，m；

　　　ξ——局部阻力系数；

　　　c——平均流速，m/s。

局部阻力系数是一个无量纲量，此系数的值与管件构造的特点和在流体中形成涡流程度有关。通常由实验的方法获得，并可在专门的手册中查到。如果在某一管路，有两种以上的局部阻力则总局部阻力系数等于各局部阻力系数之和。

流体流过某一管路时，其总阻力等于沿程阻力与局部阻力之和。

$$h = h_f + h_j \tag{4-30}$$

【例 4-14】 有一台离心泵，在吸水管上装有弯头一个，止回阀及进水网一个，设离心泵的吸水量 $q_V = 0.016 \text{m}^3/\text{s}$，吸水管道的直径 $d = 0.15\text{m}$，管长 $L = 10\text{m}$，试求吸水管的总能头损失。

已知弯头的局部阻力系数 $\xi_1 = 0.2$，止回阀及进水网的局部阻力系数 $\xi_2 = 6.0$，沿程阻力系数 $\lambda = 0.02$。

解　$c = \dfrac{q_V}{A} = \dfrac{q_V}{\dfrac{\pi d^2}{4}} = \dfrac{0.016}{\dfrac{3.14 \times (0.15)^2}{4}} = 0.91 \ (\text{m/s})$

局部能头损失：

$$h_j = (\xi_1 + \xi_2) \frac{c^2}{2g} = (0.2 + 6.0) \frac{0.91^2}{2 \times 9.81} = 0.263(\text{m 水柱})$$

沿程能头损失：

$$h_f = \lambda \frac{L}{d} \frac{c^2}{2g} = 0.02 \times \frac{10}{0.15} \times \frac{0.91^2}{2 \times 9.81} = 0.057(\text{m})$$

总能头损失：

$$h = h_j + h_f = 0.263 + 0.057 = 0.32(\text{m})$$

三、水击现象

流体在压力管道中流动时，由于阀门的突然关闭、开启或水泵突然停止而造成管道中水压力反复急剧地变化并迅速衰减的现象，称为水击。

在管道上，由于阀门迅速关闭或水泵突然停止而引起水流速度迅速减小、压力急剧升高的现象，称为正水击。正水击所产生的压力可达正常工作压力的几十倍至几百倍。水击的破坏作用在下述的情况下容易发生：水泵的排出管爬升高度较大、管道长、排水压力不大，因而管道强度不高的情况下，当遇到断电，泵突然停止时，容易产生严重水击。当泵突然停转时，大量的排水管道中的水，因受重力和压力的作用而产生急剧的倒流现象，使泵前的止回阀瞬间关闭，因而在排出管道中产生过高的压力，严重时就会导致管道爆裂。

管道上的阀门，由于迅速开大，流速急剧增大，使管道中压力急剧下降而产生的水击称为负水击。负水击也可以引起管路的振动，产生一定的不良影响。

为预防水击的危害，保证设备安全运行，可采取以下措施：延长阀门的开闭时间；尽可能缩短管道长度；在管道上装设安全阀或空气室；避免断电事故的发生等。

本 章 小 结

一、流体的基本物理性质主要包括流动性、压缩性与膨胀性、黏滞性。

二、流体静力学基本知识主要包括液体表压力、流体静力学基本方程、绝对压力与表压力、各种液柱式压力计以及静止流体的能头。

三、水动力学基本知识主要包括流体流动连续性方程和能量方程。

四、流体管道流动阻力损失有沿程阻力损失和局部阻力损失，它们是水力计算的基础。

思 考 题

1. 流体的压缩性与膨胀性有什么关系？
2. 什么是流体的黏滞性？其主要影响因素是什么？
3. 流体静压力的两个主要特性是什么？
4. 绝对压力与表压力的相互关系？
5. 液柱式压力计的测量原理是什么？
6. 理想流体和实际流体伯努利方程的区别是什么？
7. 沿程阻力损失和局部阻力损失的主要影响因素各有哪些？
8. 引起水击的主要原因是什么？防止产生水击可采用哪些措施？

习 题

1. 一平板距离另一固定平板 0.5mm，两板间充满流体，上板在每平方米上有 2N 的力作用下以 0.25m/s 的速度移动，求流体的黏度。

2. 如图 4-25 所示，U 形管压差计与容器 A 连接，已知 $h_1=0.25\mathrm{m}$，$h_2=1.61\mathrm{m}$，$h_3=1\mathrm{m}$。求容器 A 中水的绝对压强和真空。

3. 如图 4-26 所示，在盛有油和水的圆柱形容器的盖上加载荷 $F=5788\mathrm{N}$，已知 $h_1=30\mathrm{cm}$，$h_2=50\mathrm{cm}$，$d=0.4\mathrm{m}$，油的密度 $\rho_{oi}=800\mathrm{kg/m^3}$，求 U 形管中水银柱的高度差 H。

4. 有一水泵出口压力能头为 20m，水沿水平等直径管输送到 500m 处排出，供一水池蓄水，请问压力损失能头有多少？

5. 有一无缝钢管，管径为 $\phi40\mathrm{mm}\times3\mathrm{mm}$，长 100m，水温为 30℃，水速为 $c=0.2\mathrm{m/s}$，求沿程阻力损失。若流速 $c=2\mathrm{m/s}$，水温为 100℃，求此时沿程阻力损失。

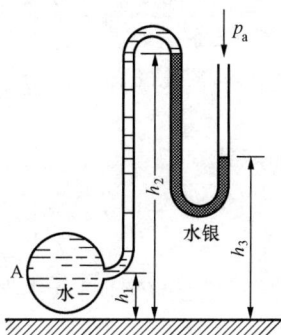

图 4-25 习题 2 图

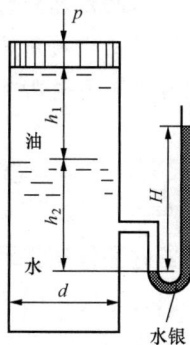

图 4-26 习题 3 图

第五章 锅 炉 设 备

【摘要】 锅炉设备是火力发电厂的两大热力设备之一。其作用有两个：一是使燃料高效率燃烧；二是加热给水，生产出一定数量和质量的蒸汽。

因此，本章的内容划为两条线。沿着燃烧这条主线，介绍了燃料的成分及特性指标；煤粉特性及制粉系统；燃料燃烧和燃烧器；辅助设备，如送、引风机，除尘器和脱硫设备等。沿着加热这条主线，介绍了锅炉的汽水系统及各受热面等内容。

第一节 电厂锅炉概述

一、锅炉设备的整体布置及工作过程

锅炉设备是火力发电厂的主要热力设备，其作用是使燃料通过燃烧将其化学能转变为热能，并以热能加热工质以生产具有一定温度和压力的蒸汽。

锅炉设备是锅炉本体设备及其辅助设备的总称。

锅炉本体设备主要由燃烧设备、蒸发设备、对流受热面、锅炉墙体构成的烟道和钢架构件等组成。锅炉的燃烧设备包括燃烧室、燃烧器和点火装置。蒸发设备主要由汽包、下降管和水冷壁等组成。对流受热面是指布置在锅炉对流烟道内的过热器、省煤器和空气预热器。

锅炉的辅助设备主要包括：通风设备、给水设备、燃料运输设备、制粉设备、除尘设备、除灰设备、锅炉辅件等，如给水泵、送风机、引风机、磨煤机、除尘器、烟囱、灰渣泵、安全门、水位计等，都属于锅炉的辅助设备。

图 5-1 所示为配 300MW 机组的 1025t/h 锅炉本体布置总图。该锅炉是东方锅炉厂根据 CE 技术设计制造的亚临界压力锅炉，采用四角切圆燃烧、自然循环、摆动式燃烧器调温方式。炉膛的宽、深、高分别为 13335mm、12829mm、54300mm，燃用西山贫煤和洗中煤的混煤。在炉膛四角布置 4 只摆动式直流燃烧器，燃烧器有 6 层一次风喷口，4 层油喷口，6 层二次风喷口，气流射出喷口后，在炉膛中央形成 $\phi700mm$ 和 $\phi1000mm$ 的两个切圆。

炉膛四壁由膜式水冷壁组成，水冷壁管由内螺纹管和光管组成，662 根管子分为 24 组，前后墙和两侧墙各布置 6 组，与 6 根大直径下降管连接，形成 6 个独立的循环回路。

锅炉的顶棚、水平烟道的两侧墙、尾部竖井烟道都由过热器管包覆。

在炉膛上部的前墙和部分两侧墙水冷壁的向火面上紧贴壁式再热器，前墙布置 239 根，两侧墙各布置 122 根，节距 50.8mm，切角处不布置。

炉膛上部空间悬吊着大屏过热器和后屏过热器，大屏过热器采用大节距布置，相邻两片屏的间距为 2743.2mm，纵向节距为 61mm，沿炉宽布置 4 片。为了减小热偏差，每片屏分 4 个小屏，14 管圈并绕。后屏过热器的横向节距为 685.8mm，纵向节距为 64mm，13 圈并绕，沿炉宽布置 19 片。

折焰角上部的水平烟道中布置中温再热器，管子横向节距为 457.2mm，纵向节距为

70mm，14管圈并绕，沿炉宽布置29片。

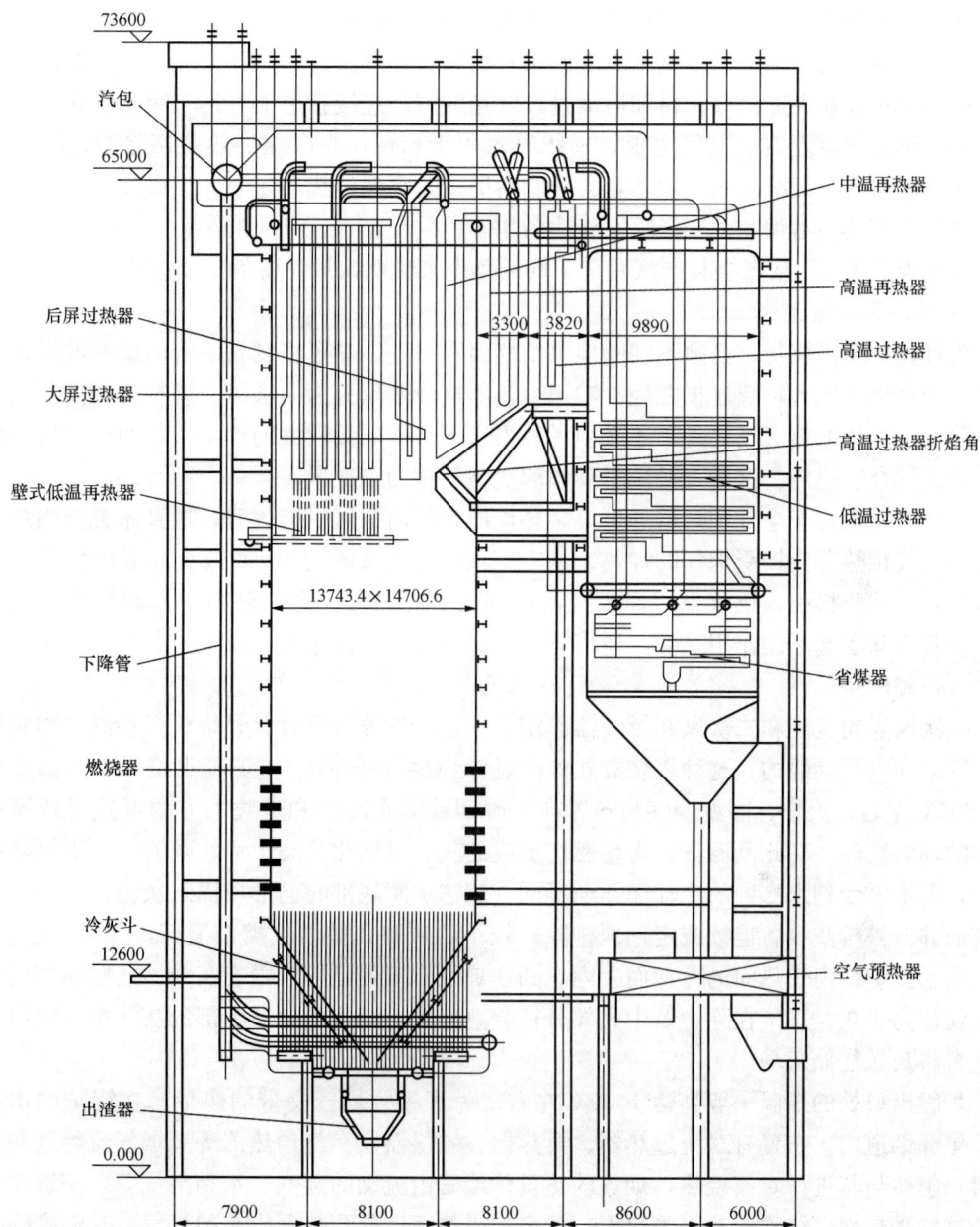

图 5-1　采用四角燃烧的 DG-1025/182 型自然循环锅炉总图

高温再热器布置在中温再热器之后的水平烟道中，其横向节距为 228.6mm，纵向节距 120mm，共 64 片，7 管圈并绕。

高温过热器位于水平烟道的末端，共 84 片，横向节距为 171.45mm，纵向节距为 102mm，3 管圈并绕。

锅炉的尾部竖井烟道中布置低温过热器，沿炉宽布置 112 排，由三个水平管组和一个垂直管组组成，横向节距为 130mm，纵向节距为 114mm，5 管圈并绕。

省煤器布置在低温过热器之后，横向排数为 92 排，顺列布置，横向节距为 128mm，纵向节距为 102mm，3 管圈并绕。

锅炉配置两台三分仓空气预热器，转子直径 10320mm。

过热汽温的调节采用三级喷水减温。第一级布置在低温过热器和大屏过热器的连接管道上，第二级布置在大屏出口联箱和后屏进口联箱的左右连接管道上，第三级布置在后屏出口联箱和高温过热器左右连接管道上。一级喷水用于粗调，当高压加热器切除时，喷水量剧增，此时应增大一级减温水量，防止大屏和后屏以及高温过热器超温。三级喷水作为微调和调节过热汽温的左右偏差。二级喷水作为备用。

下面参照图 5-1 从燃烧和产汽两个不同的角度来说明锅炉设备的工作过程。

1. 煤、风、烟系统

为维持炉膛内燃烧，必须不间断地供给燃料和空气。热风将制粉系统所磨制的煤粉，经炉壁上的燃烧器输入炉膛着火燃烧。输送煤粉的这股热风称为一次风。燃料燃烧需要大量空气，除输送煤粉的热空气之外，还必须另外再送入一股数量较大的热空气，通过燃烧器使两者在炉内混合、燃烧。这股直接用于助燃的热空气称为二次风。

热空气均来自于空气预热器的出口。环境冷空气由送风机吸入后，送到布置于锅炉尾部烟道的空气预热器内接受烟气的加热。从空气预热器出来的约 300℃ 或更高温度的热空气分成两路：一路直接引入燃烧器，作为二次风进入炉膛助燃；另一路则引入制粉系统的磨煤机，在其内除了起干燥作用之外，还将磨制的细煤粉吹起输送出磨煤机，并作为一次风将煤粉送入炉膛燃烧。

一次风煤粉气流和二次风在燃烧器作用下，进入炉膛混合着火燃烧。气粉混合物是悬浮在炉膛空间进行燃烧的，这种燃烧方式称为悬浮燃烧（或室燃）。炉膛火焰中心的温度可高达 1600℃ 左右，火焰、高温烟气与布置在炉膛四壁的水冷壁和炉膛上方的屏式过热器进行强烈的辐射换热。在此高温下，煤粉燃烧形成的灰分呈熔化状态，大块灰渣在向下沉降的过程中，因不断受到水冷壁的冷却而逐渐凝固，到达炉膛底部时已形成固态灰渣，经冷灰斗落入灰渣井，被排渣设备连续或定期地排除；较小的灰渣则被烟气携带上行，在上行过程中，也因不断受炉膛内受热面的冷却而凝固，到达炉膛出口处已形成固态灰粒。这些随烟气流动的灰粒称为飞灰。飞灰在除尘器中大部分被分离出来，落入除尘器下部的灰斗中，然后由除灰装置将灰送往储灰场。

炉膛出口处的烟温一般高达 1100℃ 左右。为了吸收烟气携带的热量，在锅炉的水平烟道及尾部烟道内，布置有对流过热器、再热器、省煤器及空气预热器等。烟气流经这些受热面时，主要与其进行对流换热，烟气的热量传给管内流动的蒸汽、水和空气等。布置在烟道里的这些受热面，统称为对流受热面。从最末受热面空气预热器出来的烟气，其温度降低到 110~130℃，已失去热量利用的价值，通过除尘器除掉其绝大部分的飞灰后，经引风机送入烟囱，排入大气。

2. 汽水系统

锅炉给水借助给水泵加压后经高压加热器送入尾部烟道的省煤器，给水（属过冷水）在省煤器内被加热为（或接近于）饱和水后，经导管引入布置在炉顶的汽包。汽包中的水沿着炉墙外的下降管下行至水冷壁下联箱，通过下联箱分配给并列的水冷壁管子中。水在水冷壁管中吸收燃烧室中高温火焰和烟气的辐射热，一部分水汽化为蒸汽，在水冷壁管内成为蒸汽和水的混合物向上流动，汽水混合物沿水冷壁管上升并通过导管引入汽包，其流动动力源于水冷壁管内介质（为汽水混合物）的密度小于下降管管内介质（为饱和水）的密度。引入汽包的汽水混合物被汽水分离器分离，分离出的水与省煤器来水再次通过下降管、下联箱进入水冷壁管中继续吸热，如此循环。分离出的饱和蒸汽从汽包的顶部引入过热器系统，在过热器内被加热到规定的温度后，经主蒸汽管道送入汽轮机的高压缸膨胀做功，其排汽引回到锅炉再热器系统，再次加热到一定的温度后又返回到汽轮机的中、低压缸继续膨胀做功。

二、锅炉设备的特性指标

锅炉设备的生产能力、产品规范及运行效益通常用下列特性指标表明。

1. 锅炉容量

锅炉的容量用蒸发量表示，一般是指锅炉在额定蒸汽参数（温度、压力）、额定给水温度和使用设计燃料时，每小时的最大连续蒸发量。常用符号 D_e 表示，单位为吨/小时（符号 t/h）。习惯上，电厂锅炉容量也用与之配套的汽轮发电机组的电功率来表示，如 300MW 锅炉。

2. 蒸汽参数

锅炉的蒸汽参数是指锅炉出口处的蒸汽压力和温度。锅炉设计时所规定的蒸汽压力和温度称为额定蒸汽压力（MPa）和额定蒸汽温度（℃）。对于具有再热器的锅炉，蒸汽参数中还应包括再热蒸汽的压力（MPa）和温度（℃）。

3. 给水温度

给水温度指锅炉在额定工况下，省煤器入口处的水温（℃）。

4. 锅炉效率

锅炉效率指锅炉生产蒸汽的吸热量占锅炉输入燃料热量的百分比，用 η_b 表示。锅炉效率 η_b 的大小表明了燃烧热量的有效利用程度。

锅炉型号可在某种程度上反映出锅炉的生产能力和产品规范等，如 DG-1025/177-2 表示"东方锅炉厂生产的、最大连续蒸发量 1025t/h、过热器出口蒸汽压力 177at（17.3MPa）、第二次改型的锅炉"。

三、锅炉的分类

电厂锅炉的分类方法很多，常见的几种主要分类方法如下：

（1）按其所用的燃料分类，电厂锅炉可分为燃煤炉、燃油炉和燃气炉等。我国电厂锅炉中，燃油炉和燃气炉较少，主要是燃煤炉，这是由我国的能源政策所决定的。

（2）按锅炉容量分类，随着时代和技术进步，锅炉机组容量以大、中、小的排序和分类在不断演变，目前 300MW 以上的机组配置的锅炉为大容量锅炉。

（3）按蒸汽压力分类，电站锅炉可分为低压锅炉（$p < 2.45$MPa）、中压锅炉（$p \approx 2.94 \sim 4.90$MPa）、高压锅炉（$p \approx 7.8 \sim 10.8$MPa）、超高压锅炉（$p \approx 11.8 \sim 14.7$MPa）、亚临界压力锅炉（$p \approx 15.7 \sim 19.6$MPa）、超临界压力锅炉（$p > 22.2$MPa）及超超临界压力锅炉（$p > 27$MPa）。表 5-1 列出了我国高压以上的几种常规电厂锅炉型式。

表 5-1 　　　　　　　　　　常见电厂的锅炉分类

锅炉类别	压力（MPa）	温度（℃）	锅炉容量（t/h）	发电机组额定功率（MW）
高压锅炉	9.8	510 540	220，230 410	50 100

续表

锅炉类别	压力（MPa）	温度（℃）	锅炉容量（t/h）	发电机组额定功率（MW）
超高压锅炉	13.7	555/555 540/540	400 670	125 200
亚临界压力锅炉	18.3	540/540	1025	300
超临界压力锅炉	25.3	543/569	1968	600

（4）按水冷壁内工质的流动动力分类，可分为自然循环锅炉、强制循环锅炉和直流锅炉。如果水冷壁内工质的流动是由下降管与水冷壁内介质的密度差造成的，则为自然循环锅炉；如果是在水泵的压头作用下流动，则为强制循环锅炉。直流锅炉是强制循环锅炉的一种，超临界压力锅炉必须采用直流锅炉，这是因为介质密度差为零的缘故。

（5）燃煤炉按其燃烧方式不同可分为煤粉炉（四角燃烧、对冲燃烧、W 形火焰燃烧）、层燃炉、旋风炉和流化床锅炉。室燃炉按其排渣方式不同又分为固态排渣炉和液态排渣炉，前者在我国电厂更为常见。

（6）同时具有送风机和引风机的锅炉，其炉膛和烟道内呈微小负压，称为平衡通风负压锅炉，这是我国电厂锅炉普遍采用的通风布置方式。仅具有较强通风能力送风机的锅炉，其炉膛和烟道内的压力稍大于环境压力，称为微正压锅炉。

第二节　燃料的成分及特性

燃料按其物态，可分为固态、液态和气态燃料。我国的能源政策是，尽量不烧油和天然气，尽量不使用工艺燃料，电力工业以烧煤为主。因此我国电厂锅炉最普遍使用的是固态燃料——煤。

一、煤的元素分析成分

全面测定煤中所含化学成分的分析叫元素分析。煤的化学构成很复杂，其化学元素可达三十几种。分析测定时，一般将煤中固态不可燃物质都归为灰分。这样，对燃烧有影响的成分包括：碳（C）、氢（H）、氧（O）、氮（N）、硫（S）、灰分（A）、水分（M），各化学元素成分用质量百分数表示，即

$$C + H + O + N + S + A + M = 100\%$$

煤的组成成分中，只有碳、氢、硫是可燃成分。煤中碳的含量一般最高，可为 45%～90%。煤在地下埋藏年代越久，其含碳量越高，如无烟煤的地下年代最久，其含碳量可高达90%。氢是煤中发热量最高的元素，但煤中的氢含量很低，仅为 2%～6%。煤的地下年代越久，其含氢量越低。煤中的硫虽然也是可燃成分，但属于有害成分。硫的燃烧产物 SO_2 及 SO_3 气体与烟气中的水蒸气化合成的硫酸蒸气，不仅会引起锅炉低温烟道内受热面的腐蚀，而且随烟气排放后还会造成对环境的污染。煤中硫的含量一般为 0.5%～2%，有的煤种甚至达到 3%～5%或更高。当超过 1.5%时，规定必须采取措施进行脱硫。

氧和氮是煤中的不可燃成分，但游离氧可以助燃。氧的含量范围很宽，一般地下年代越久，煤的含氧量越低。氮的含量约为 0.5%～2.5%，氮虽不参与燃烧，但随烟气排放出的氧化氮（NO_x）同硫一样也会造成对环境的污染。因此电厂锅炉的设计中，都设法（如降低

燃烧温度、采用分级燃烧、采用循环流化床燃烧方式等）来降低 NO_x 的生成量。

煤在完全燃烧后形成的固态残余物即为灰分。灰分不仅阻碍煤中可燃成分与氧气的接触，影响可燃质的燃尽，而且会造成受热面的磨损、积灰、结渣和腐蚀等。灰分排入大气后还会污染环境。煤的灰分含量一般为 10%～50%。一般称灰分和水分高的煤为劣质煤。

煤中的水分包括外部水分和内部水分两种。外部水分可以通过风吹日晒自然干燥掉。内部水分又称固有水分，利用自然干燥法不能去掉，必须将煤加热到一定的温度后才能除掉。水分除不利于煤的着火燃烧外，水分的汽化、过热还会带走一部分可燃质燃烧放出的热量，使煤的发热量降低；另外，水分还会引起低温受热面的积灰和腐蚀。

二、煤的工业分析成分

在一定的实验室条件下的煤样，分析得出水分、挥发分、固定碳和灰分这四种成分的质量百分数的过程，称为工业分析。

取一定质量的煤样，置于干燥箱内，保持 145±5℃，烘至其质量不再变化时为止（一般约 1～2h），试样所失去的质量，即为水分。

挥发分是煤在加热过程中有机质分解而析出的气体物质。它主要是由各种碳氢化合物、氢、一氧化碳、硫化氢等可燃气体组成的。另外还有少量的氧、二氧化碳、氮等不可燃气体。

随着碳化程度不同，挥发分的析出温度以及挥发分的含量也不同。由于挥发分燃点低，易于着火燃烧，对锅炉工作影响较大，其含量常作为煤的分类的重要依据。

煤在失去水分和挥发分后剩余部分即为焦炭，它包括固定碳和灰分。将焦炭放在 815±10℃下灼烧，直到质量不再变化时，这时焦炭失去的质量即为固定碳；而剩余部分的质量即为灰分。

挥发分（用 V 表示，干燥无灰基用 V_{daf} 表示）不是以现成的状态存在于煤中，而是在煤的加热过程中，煤中有机质分解析出的气体物质，主要由 CO、H_2、H_2S、甲烷及其他碳氢化合物等可燃气体组成，也含有少量的 O_2、CO_2、N_2 等不可燃气体。

煤在加热过程中相继失去水分和挥发分之后就成为焦炭，它包括固定碳和灰分。

三、煤的成分基准及其换算

由于煤中灰分及水分含量容易受到外界条件的影响而发生变化，所以单位质量的煤中其他可燃物质的质量百分数也会随之而变化。即使是同一种煤，也会出现上述情况。因此，需要根据煤存在的条件或根据需要而规定的"成分组合"作为基准，才能正确地反映煤的性质。常用下列四种基准。

1. 收到基

以收到状态的煤为基准计算煤中全部成分的组合称为收到基，其中包括全部水分，收到基以下角标 ar 表示。

$$C_{ar} + H_{ar} + O_{ar} + N_{ar} + S_{ar} + A_{ar} + M_{ar} = 100\% \tag{5-1}$$

2. 空气干燥基

煤样在实验室规定的温度下自然干燥失去外部水分后，其余的成分组合便是空气干燥基，并以下角标 ad 表示。

$$C_{ad} + H_{ad} + O_{ad} + N_{ad} + S_{ad} + A_{ad} + M_{ad} = 100\% \tag{5-2}$$

3. 干燥基

以假想无水状态煤为基准，以下角标 d 表示。由于已不受水分的影响，灰分含量百分数相比较稳定，可用于比较两种煤的含灰量。

$$C_d + H_d + O_d + N_d + S_d + A_d = 100\%　　　　　　　(5-3)$$

4. 干燥无灰基

以假想无水、无灰状态的煤为基准，以下角标 daf 表示。由于不受水分、灰分影响，常用于比较两种煤中的碳、氢、氧、氮、硫成分含量的多少。

$$C_{daf} + H_{daf} + O_{daf} + N_{daf} + S_{daf} = 100\%　　　　　　　(5-4)$$

四种基准同样也可以用于煤的工业分析，元素分析成分和工业分析成分的关系如图 5-2 所示。

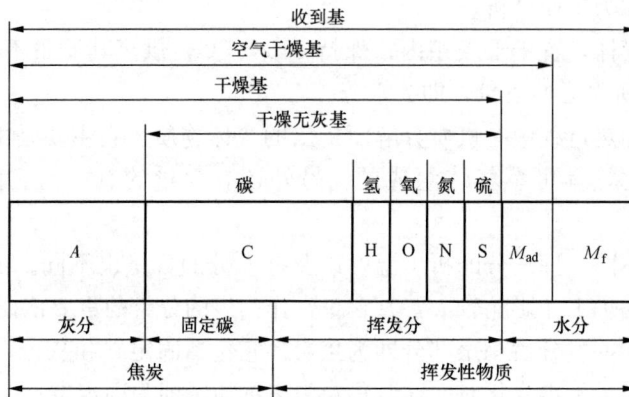

图 5-2　煤的成分及成分基准划分

M_f—外部水分；M_{ad}—内部水分

对同一种煤，各基准间可进行换算，其换算系数 K 如表 5-2 所示，换算公式为

$$x = Kx_0　　　　　　　(5-5)$$

表 5-2　　　　　　　　　　　　不同基准的换算系数 K

K（$x_0 \backslash x$）	收到基（ar）	空气干燥基（ad）	干燥基（d）	干燥无灰基（daf）
收到基（ar）	1	$\dfrac{100-M_{ad}}{100-M_{ar}}$	$\dfrac{100}{100-M_{ar}}$	$\dfrac{100}{100-M_{ar}-A_{ar}}$
空气干燥基（ad）	$\dfrac{100-M_{ar}}{100-M_{ad}}$	1	$\dfrac{100}{100-M_{ad}}$	$\dfrac{100}{100-M_{ad}-A_{ad}}$
干燥基（d）	$\dfrac{100-M_{ar}}{100}$	$\dfrac{100-M_{ad}}{100}$	1	$\dfrac{100}{100-A_d}$
干燥无灰基（daf）	$\dfrac{100-M_{ar}-A_{ar}}{100}$	$\dfrac{100-M_{ad}-A_{ad}}{100}$	$\dfrac{100-A_d}{100}$	1

表 5-2 中换算系数 K 不仅可以用于各基准间百分数的换算，也可以用于各基准的发热

量之间的换算。但是，不能用于水分间的换算。水分之间换算可用下式：

$$M_{ar} = M_f + M_{ad}\frac{100 - M_f}{100} \tag{5-6}$$

式中　M_f——外部水分，%。

四、煤的主要特性指标

1. 发热量

燃料的发热量是指每千克收到基燃料完全燃烧时所放出的热量，单位 kJ/kg。燃料发热量又分为定压高位发热量（$Q_{ar,gr,p}$）和定压低位发热量（$Q_{ar,net,p}$）两种，其差别在于后者扣除了燃料燃烧后所产生的水蒸气凝结放出的汽化潜热。鉴于锅炉所排放烟气中的水蒸气未能凝结放出其汽化潜热，实际能被锅炉所利用的只是煤的低位发热量，故我国锅炉技术中均采用 $Q_{ar,net,p}$ 作为锅炉热力计算的依据。

由于各种煤的发热量差异很大，为便于比较不同锅炉燃用不同煤种时的效益，规定 $Q_{ar,net,p} = 29308$kJ/kg（7000kcal/kg）的煤为标准煤。任何锅炉煤耗量 B 均可折算为标准煤煤耗量 B_n，即

$$B_n = BQ_{ar,net,p}/29308(t/h) \tag{5-7}$$

2. 挥发分

挥发分是燃料燃烧的重要特性指标。由于挥发分的燃点低，易于着火燃烧，故干燥无灰基挥发分 V_{daf} 含量是衡量煤是否好烧的依据。一般地下年代越久的煤，其 V_{daf} 越少，因此挥发分可作为电厂燃煤分类的重要依据。根据煤中 V_{daf} 的含量，燃煤大致可分为无烟煤（$V_{daf} < 10\%$）、贫煤（$V_{daf} = 10\% \sim 20\%$）、烟煤（$V_{daf} = 20\% \sim 40\%$）、褐煤（$V_{daf} > 40\%$）和泥煤（$V_{daf} > 70\%$）等种类。褐煤和泥煤的 V_{daf} 较高，但灰分含量高，发热量较低。贫煤和烟煤的挥发分及发热量都较高，是锅炉中使用的最好燃煤。

3. 灰熔点

煤的灰熔融特性是用煤灰由固态转化为液态时的三个特征温度来表示的。这三个温度即如图 5-3 所示的灰锥加热时的灰锥变形温度 DT、软化温度 ST 和液化温度 FT。ST 代表煤的灰熔点。各种煤的灰熔点一般在 1100～1600℃之间。实践表明，当煤的 ST>1350℃时，锅炉内结渣的可能性不大，否则锅炉的炉膛

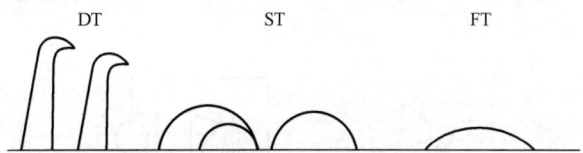

图 5-3　煤的灰熔融特性温度

出口温度必须控制在 ST 以下约 50～100℃，以避免烟道内过热器和再热器等的结渣。

第三节　煤粉及其制备系统

一、煤粉的特性

供锅炉燃用的煤粉，一般是 1～300μm 范围内的颗粒混合物。如此之细的干燥煤粉，具有吸附大量空气的能力而具有流动性。因此，电厂制粉系统均是借助管道采用空气输送煤粉的。

当系统设备或管道中积存的煤粉与空气中的氧长期接触时，就会发热而温度升高。温度

升高会加速煤粉中易燃物挥发分 V_{daf} 的析出，从而可能引起煤粉的自燃和爆燃。爆燃所产生的强大压力波，会引发系统内连续爆燃的恶性事故。为此，制粉系统的煤粉管道应具有一定的倾斜角，且使管内气粉混合物的流速保持在 $16\sim30\text{m/s}$，以防止煤粉沉积；并在系统的各处装设一定数量的防爆门，以防止爆燃事故的扩大。

煤粉的粗细程度用煤粉细度表示，煤粉细度是衡量煤粉质量的一个重要指标。煤粉细度一般用具有标准筛孔尺寸的筛子通过筛分来测定。取一定数量的煤粉样放入某一尺寸的筛子上进行筛分，当有 a（g）煤粉留在筛面上，b（g）煤粉通过筛孔落下，则筛子上剩余的煤粉的质量占原煤粉样总质量的百分数即为煤粉细度：

$$R_x = \frac{a}{a+b} \times 100\% \tag{5-8}$$

上式中角标 x 表示筛子的编号或筛孔的尺寸。通常是将煤粉试样在 70 号标准筛子（筛孔的内边长为 $90\mu m$）上的剩余量占总量的百分数称为煤粉细度，以 R_{90} 表示。R_{90} 值越大，表明煤粉越粗。煤粉越粗，磨煤机的出力越大、电耗越低、磨煤机部件的磨损相对越小、磨煤的经济性越高。但煤粉越粗，则越不利于其在炉膛内的燃烧，不完全燃烧热损失越大。综合制粉和燃烧两个方面的经济性，应存在着一个最佳的煤粉细度范围，此范围对应制粉和燃烧总损耗最小时的煤粉细度。

二、制粉系统

燃煤锅炉必须配备制粉系统。按照对锅炉供粉方式的不同，制粉系统可分为直吹式和中间储仓式两大类。直吹式制粉系统是指煤在磨煤机中磨成合格的煤粉后，被直接吹入炉膛燃烧。这样，直吹式制粉系统的制粉量应随时适应锅炉负荷的变化。中间储仓式制粉系统则是将磨制的合格煤粉先储存于煤粉仓中，然后再根据锅炉负荷的需要，将煤粉仓的煤粉经给粉机送入炉膛燃烧。

配有中速磨煤机的直吹式制粉系统，可以按照风机对磨煤机所造成的压力不同，分为直吹式的正压和负压系统两种，如图 5-4 所示。

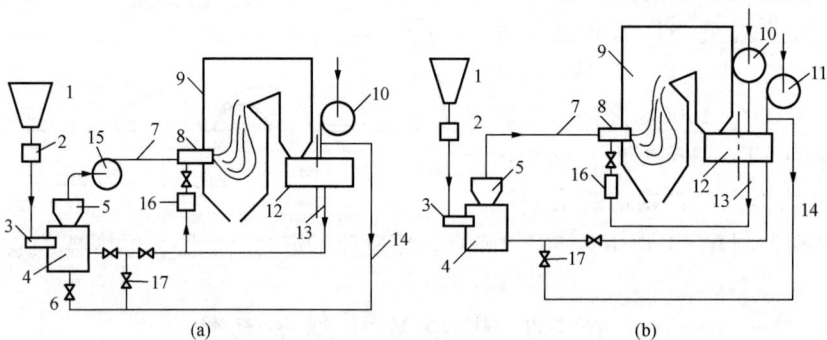

图 5-4　中速磨直吹式制粉系统
(a) 负压系统；(b) 正压系统
1—原煤斗；2—自动磅秤；3—给煤机；4—中速磨；5—煤粉分离器；6—磨煤机密封冷风门；
7—一次风管；8—燃烧器；9—锅炉；10—送风机；11—一次风机；12—空气预热器；
13—热风管道；14—冷风管道；15—排粉机；16—二次风箱；17—冷风门

图 5-4（a）所示的直吹式制粉系统中，进入磨煤机的一次风和送入炉膛助燃的二次风均

来自两分仓回转式空气预热器 12 出口的热风管道 13，一次风在排粉风机 15 的作用下，将磨制的合格煤粉经燃烧器 8 吹入炉膛燃烧。在该系统中，排粉机 15 置于磨煤机的出口端，造成磨煤机在负压下工作，故称此系统为热一次风机负压直吹式制粉系统。

图 5-4（b）所示的直吹式制粉系统，其一次风、二次风分别由冷一次风机 11（通过的介质为冷空气，故称冷一次风机）和送风机 10 由环境吸入，经三分仓回转式空气预热器 12 加热到不同的温度后，送往磨煤机 4 和燃烧器 8。此冷一次风机造成磨煤机在正压下工作，故称此系统为冷一次风机正压直吹式制粉系统。进入磨煤机的一次热风除了干燥煤粉外，还将磨制成的合格煤粉经燃烧器送入炉膛燃烧。

上述两种直吹式制粉系统在电厂中均有应用，但在 300MW 以上的机组中，图 5-4（b）所示的系统更为常见。

与直吹式制粉系统相比，中间储仓式制粉系统增加了独立的粗粉分离器、细粉分离器、煤粉仓、给粉机等设备。配有钢球磨（即滚筒式钢球磨煤机）的中间储仓式制粉系统，按对锅炉供粉所用介质的不同，可分为干燥介质送粉和热风送粉系统，如图 5-5 所示。

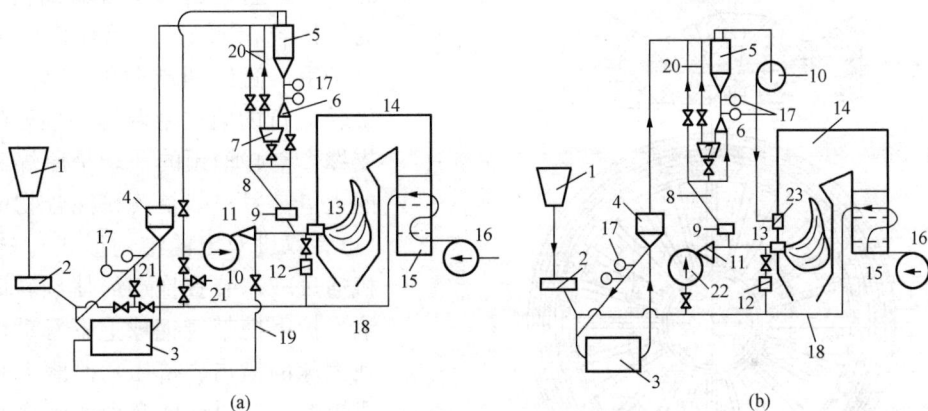

图 5-5 中间储仓式制粉系统

（a）干燥剂送粉；（b）热风送粉

1—原煤仓；2—给煤机；3—球磨机；4—粗粉分离器；5—细粉分离器；6—切换挡板；7—螺旋输粉机；8—煤粉仓；
9—给粉机；10—排粉机；11——次风箱；12—二次风箱；13—燃烧器；14—锅炉；15—空气预热器；16—送风机；
17—锁气器；18—热风管道；19—再循环风管；20—吸潮管；21—冷风门；22—一次风机；23—三次风喷口

在图 5-5（a）所示系统中，细粉分离器分离出的气流在排粉风机（兼作一次风机）压头的作用下，作为一次风将煤粉仓的煤粉送至燃烧器，故称为中间储仓式干燥剂（或乏气）送粉系统。如果输送煤粉的一次风不是采用磨煤的干燥气流，而是采用来自空气预热器出口热风道的热风，则系统称为中间储仓式热风送粉系统，如图 5-5（b）所示。在这种热风送粉系统中，细粉分离器分离出的气流，一般还含有约 10% 的煤粉，故需将这股气流送入炉膛上部，使煤粉得以燃烧。这股气流称为三次风。

总之，直吹式制粉系统结构简单、布置紧凑、占地少、初投资小和运行电耗低，但对磨煤机的可靠性要求较高。直吹式制粉系统一般配备中速磨，只适宜磨制如烟煤、褐煤等易磨的煤种。中间储仓式制粉系统结构庞大、复杂、占地面积大、初投资大，且一般配用电耗高、噪声大的低速滚筒式钢球磨。钢球磨对煤种的适应范围广，可以磨制任何难磨的煤种。

该类系统还可采用热风送粉，有助于锅炉稳定燃烧，由于有煤粉仓的储备作用，不但保证了锅炉运行的可靠性，还提高了制粉系统运行的经济性等。

三、制粉设备

磨煤机是制粉系统中的主要设备，按其转速高低，磨煤机可分为低速磨（15～25r/min）、中速磨（50～300r/min）和高速磨（750～1500r/min）三种。

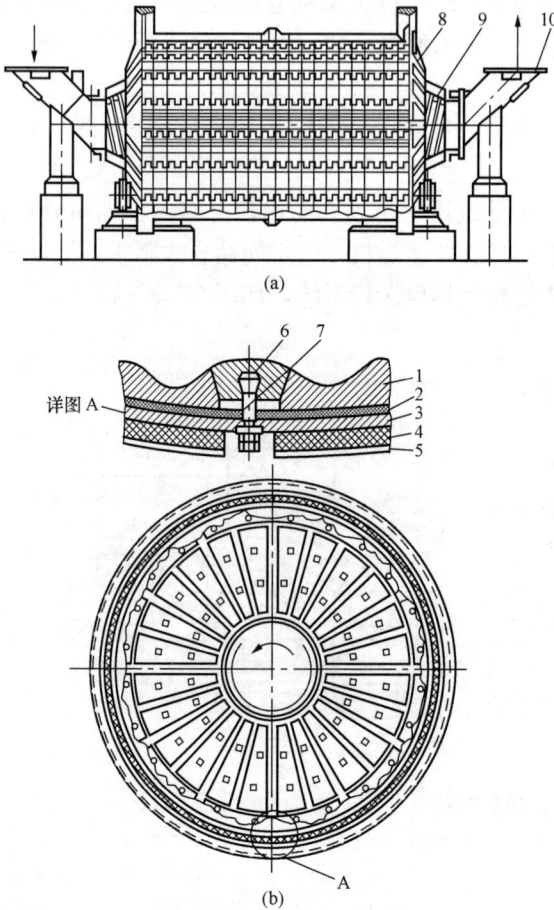

图 5-6　球磨机剖面图
(a) 纵剖面；(b) 横剖面
1—波浪形的护板；2—绝热石棉垫层；3—筒身；4—隔音毛毡层；5—钢板外壳；6—压紧用的楔形块；7—螺栓；8—封头；9—空心轴颈；10—连接短管

1. 低速磨

钢球磨煤机的结构如图 5-6 所示。

在我国 200MW 以下燃煤机组中，应用最多的是属于低速磨的滚筒式钢球磨煤机（简称钢球磨、球磨机等），其主体是一直径为 2～4m、长为 3～10m 的钢制圆柱形大转筒，筒内装有很多直径为 25～60mm 的钢球，钢球总质量可达 40～70t，钢球所占空间约为筒体容积的 1/4。筒体内壁镶有锰钢护甲，筒体两端收缩成空心轴颈，旋转运行的筒体由两端轴颈处的轴承支撑。空心轴颈的一端是原煤和热风的入口；另一端是气粉混合物的出口（也有双进双出的结构形式）。当电动机通过减速装置拖动筒体旋转时，波浪形护甲携带着钢球上下翻动，原煤在钢球的撞击、挤压、研磨下被磨制成煤粉。筒内钢球磨损逐渐变小会造成磨煤机出力下降，故需经常补充新钢球，并定时停机换掉不合格的小钢球。

筒体内风速的大小直接影响煤粉细度和磨煤机出力，一般使风速保持在 1～3m/s。球磨机适宜在满负荷下运行，在低负荷下工作是很不经济的。因为空载电耗占满载电耗的 80% 以上，故一般适用于中间储仓式制粉系统。球磨机的主要缺点是本体庞大笨重、耗电量大和噪声大，以及长期停机后筒体内积粉严重、易引起自燃。

2. 中速磨

常用中速磨有 E 型滚球磨、RP 型碗式磨（其改进型式为 HP 型锥辊磨）、MPS 型滚轮磨等。E 型磨在我国中小机组中的应用时间较长，制造及运行方面较为成熟，但单机出力较小，不适用于大机组。在 300MW 及以上的大机组中普遍采用 RP 型、HP 型及 MPS 型中速磨。

RP 型碗式磨如图 5-7 所示，其磨煤部件是碗状的下磨盘和均布于盘上的三个从动圆台状磨辊。下磨盘由电动机带动旋转，原煤从上部中心管落到磨盘中央，在磨盘离心力的作用下进入磨辊与磨盘间的工作面，经磨辊的碾压而成煤粉。磨盘转动的离心力使磨成的煤粉运动到磨盘周缘的风环处。经风环进入磨煤机的热风与从磨盘周缘溢出的煤粉相遇，边干燥边携带煤粉上升（也同时干燥下落的原煤）进入上面的粗粉分离器。合格的煤粉经多出口装置进入炉膛燃烧，分离出的不合格粗粉在重力的作用下返回到磨盘再磨。难以磨碎的石子煤及石块等由于密度大，热风难以阻止其下落，落入风环室底部由刮板扫出。

RP 型碗式磨的磨辊与下磨盘之间留有约 5mm 的间隙，以使磨煤部件间不直接接触，因而运行平稳、震动小、噪声低、能耗低。

HP 型磨是 RP 型磨的改进型式，其工作原理类同，只是在结构上采用三个大直径圆台状磨辊，其

图 5-7 RP 型碗式中速磨
1—碗形磨盘；2—辊子；3—粗粉分离器；
4—气粉混合物出口；5—压紧弹簧；
6—热空气进口；7—驱动轴

材质较耐磨，并采用堆焊工艺，可延长其使用寿命；采用单独的齿轮减速箱作为传动装置，可以从磨煤机底部拖出，使得检修方便；采用旋转叶轮风环装置，使热风在磨煤机内分配均匀，既可提高煤粉在分离器内的分离效果，又使热风风压损失减小；改磨辊液压加载装置为外置式弹簧加载装置，使磨煤机故障率减小。图 5-8 所示为 HP 型碗式中速磨煤机。

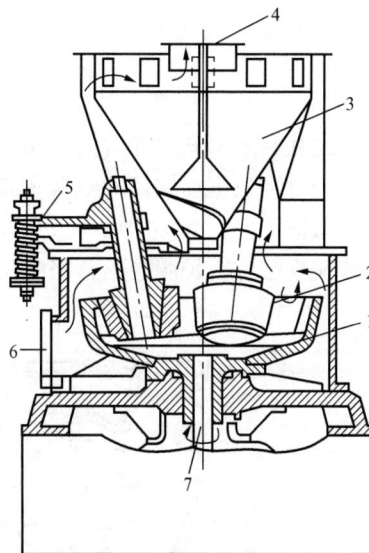

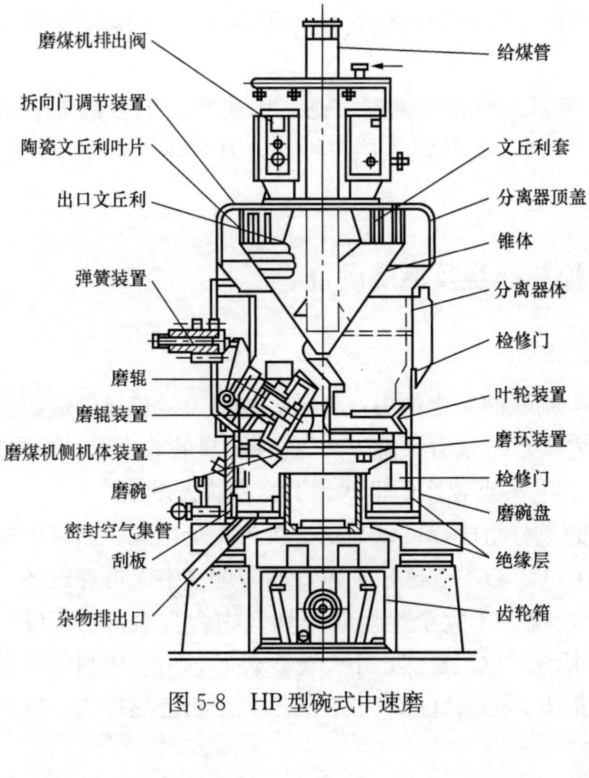

MPS 磨也是碗式磨，由三个相隔 120°的从动滚轮在下磨盘上转动来将原煤磨制成煤粉。MPS 磨的磨辊（为滚轮）直径比其他型式磨大，物料的碾碎条件好。因此，这种磨的出力大、能耗小，对煤种的适应性较广。

与低速球磨机相比较，中速磨具有结构紧凑、金属耗量小、噪声低、运行电耗低，启停迅速、调节灵活的特点，并能剔除煤中的石块等，因此适用于直吹式制粉系统。但中速磨的磨煤部件磨损较大，对煤中的杂物敏感，易引起振动。另外其干燥作用也较弱，故中速磨只适用于磨制水

图 5-8 HP 型碗式中速磨

左侧标注（从上到下）：
磨煤机排出阀
拆向门调节装置
陶瓷文丘利叶片
出口文丘利
弹簧装置
磨辊
磨辊装置
磨煤机侧机体装置
磨碗
密封空气集管
刮板
杂物排出口

右侧标注（从上到下）：
给煤管
文丘利套
分离器顶盖
锥体
分离器体
检修门
叶轮装置
磨环装置
检修门
磨碗盘
绝缘层
齿轮箱

分小且易磨的煤种。

3. 高速磨

高速磨一般指风扇磨，其结构与风机类似，如图 5-9 所示，主要由叶轮、蜗壳、轴等组成。叶轮上装有 8～12 片冲击板（相当于风机叶片），叶板及蜗壳内壁护甲均为锰钢等耐磨材料制造。当电动机带动轴使叶轮随之高速旋转时，随同热风一起进入的原煤被叶板击碎，抛到护甲上再次被击碎。磨碎的煤粉被热风携带上升到磨煤机出口处的粗粉分离器，分离出的合格煤粉由气流携带送入炉膛，不合格的粗粉返回重磨。

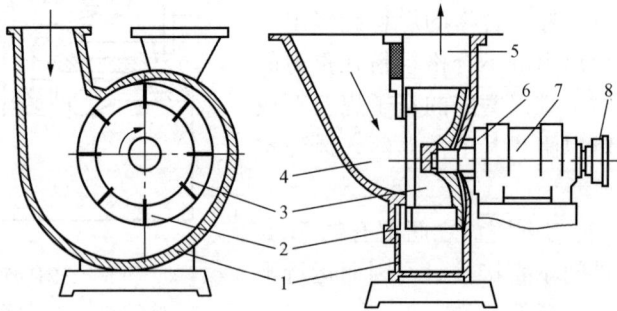

图 5-9　风扇磨煤机

1—外壳；2—冲击板；3—叶轮；4—风、煤进口；5—煤粉空气混合物出口（接粗粉分离器）；
6—轴；7—轴承箱；8—联轴节（接电动机）

风扇磨除了用作磨煤外，还兼有通风机的作用，使得采用风扇磨的制粉系统得以简化。并且由于通风强烈，大部分煤处于悬浮状态，干燥作用较强，适宜磨制水分大的煤种。但由于磨煤部件叶板及护甲磨损严重，故风扇磨仅适用于磨制高水分褐煤及软质烟煤等易磨的煤种。

制粉系统中，除磨煤机外，还有给煤机、粗粉分离器（高、中速磨与该分离器合为一体）、细粉分离器、给粉机、排粉风机、一次风机及锁气器等设备，其具体结构限于篇幅不再介绍。

第四节　煤粉燃烧及燃烧设备

一、煤粉气流的燃烧过程

所谓燃烧是指燃料中的可燃成分发生剧烈的氧化作用，并同时放出大量热量的过程。燃料开始发生剧烈氧化时的最低温度称为着火点（或着火温度）。各种燃料的着火点是不同的，一般挥发分 V_{daf} 越低的煤（如无烟煤），其着火点越高，也就越不容易着火燃烧。

根据燃料燃烧产物——烟气和灰渣的成分组成，可以判别是否为完全燃烧。当煤中的可燃成分碳、氢、硫在燃烧后全部生成了 CO_2、H_2O、SO_2 气体，亦即烟气中无可燃气体，以及灰渣中无固态可燃成分时，称为完全燃烧。不完全燃烧时，烟气中会含有部分 CO、H_2 等可燃气体，以及灰渣中含有未燃尽的可燃颗粒。显然，不完全燃烧时，由于燃料的化学能未全部转变为热能释放出来，故造成热损失。如何既减少燃料的不完全燃烧热损失，提高燃料的有效利用程度，又减少烟气中的 SO_2、NO_x 等有害气体的含量，降低环境污染，正是现代燃烧技术所要解决的问题。

煤粉悬浮燃烧仍是当今普遍采用的燃烧技术，因此这里以煤粉悬浮燃烧为例来说明燃烧方面的一些规律。煤粉气流在炉内的燃烧过程大致可以分为如下三个阶段。

1. 预热阶段

煤粉气流在喷入炉内约 $200\sim300$mm 的行程内并不着火燃烧，这是煤粉进入炉内着火前的准备阶段。在此阶段内，煤粉吸热，主要吸收烟气的对流热和火焰的辐射热。随着煤粉温度的提高，其水分蒸发，挥发分析出进而形成焦炭。当达到着火点时，开始起焰着火。将煤粉加热到着火点时所需要的热量称为着火热或预热热。显然，煤粉性质不同、一次风量及风温不同时，其着火热也不同。为了使煤粉迅速着火，应力求减小着火热和提高着火区附近的炉膛温度。前者是尽量减小一次风量及提高一次风温，后者一般是尽量减少送入炉内的总空气量等。

2. 燃烧阶段

当煤粉气流温度升高至着火点时，首先是挥发分着火燃烧，所放出的热量直接加热焦炭，使焦炭也迅速着火燃烧，这是一个强烈的放热阶段。在此阶段内，一次风量应满足挥发分燃烧的需要，而二次风量则用于满足焦炭燃烧所需要的空气。因此二次风必须及时送入并与煤粉气流强烈混合，以促进焦炭的迅速完全燃烧。

3. 燃尽阶段

燃烧阶段未燃尽而又被部分灰分所覆盖的少量焦炭，在这一阶段内继续燃烧，直至最后形成灰渣。由于炉膛内受热面的吸热，未燃尽的煤粉颗粒在流动过程中温度逐渐降低，燃烧速度变慢，这样就要求炉膛容积及炉膛形状的设计合理。近年来，为了抑制 NO_x 的生成量，开始采用分级燃烧技术，并且为了防止炉膛结渣，国内外电厂锅炉都有适当增大炉膛容积的趋势，显然这将有利于煤粉的燃尽。在炉膛容积一定时，炉膛的形状可以为瘦长形或矮粗形。瘦长形的炉膛火焰充满程度好，煤粉在炉膛内的停留时间长，有利于燃尽，但易引起喷燃器出口气流冲刷对面炉墙，造成水冷壁结渣。对于矮粗形炉膛，煤粉在炉内的停留时间短，未等燃尽就被带出了炉膛。

二、过量空气系数

燃料在炉膛内燃烧所需的氧气是由作为一次风、二次风的热空气提供的。1kg 收到基燃料完全燃烧而又无剩余氧存在时，所需要的空气量称为理论空气量，以 V_0 表示。V_0 可通过不同煤种可燃成分的化学反应方程式计算得到。

在实际的燃烧过程中，空气和燃料不可能混合得绝对均匀。如果按理论空气量提供氧气，必然会有一部分燃料的可燃成分无机会与氧气进行反应，而不能达到完全燃烧。为此，实际送入炉膛的空气量要大于其理论空气量，使反应在有多余氧的情况下进行。实际空气量 V_r（标准状态下 m^3/kg）与理论空气量 V_0（标准状态下 m^3/kg）的比值称为过量空气系数，以 α 表示，即

$$\alpha = V_r/V_0 \tag{5-9}$$

当 α 值确定后，可通过此式确定实际空气量 V_r。

α 值的大小反映了空气与燃料的配比情况。α 过大时，会因送入的空气量过多而造成炉温降低，影响煤粉的着火燃烧，并且造成烟气容积增大，排烟热损失增大；α 过小时，又会

因空气不足而造成不完全燃烧热损失。使锅炉总损失最小时的 α 值称为最佳过量空气系数。对于煤粉炉，炉膛出口处的过量空气系数一般控制在 $1.15\sim1.25$ 范围为宜。

以炉膛出口处的过量空气系数作为锅炉运行的控制参量，是因为燃料的燃烧过程在正常情况下是在炉膛出口处结束的。满足燃料燃烧所需氧气量之外的剩余氧气量，必然存在于烟气之中。因而随着 α 的变化，燃烧产物烟气中的容积含氧量 V_{O_2} 也会发生变化，故目前电厂一般是通过仪表测量烟气中含氧量的大小，以监督运行中的炉膛出口处的过量空气系数，使其控制在最佳范围内。

三、分级燃烧的概念

当代环境保护愈来愈受到重视。因此，被控制的锅炉排放污染物不再仅仅是粉尘，有害气体的排放也受到了严格限制。锅炉中随烟气排放的有害气体主要是 NO 和 SO_2，其中 NO 在大气中被进一步氧化成 NO_2。通常将 NO、NO_2 及其他氮氧化物统称为 NO_x。大气中的 NO_x 和 SO_2 会产生温室效应、破坏臭氧层、形成酸雨等，这些对人体和动、植物的生长及生态环境都会带来不良影响。

SO_2 是燃料中可燃成分硫的燃烧产物，其生成量与燃料的含硫量有关。烟气中的 SO_2 可以通过加脱硫剂（循环流化床锅炉加脱硫剂）或脱硫装置（室燃炉采用尾部烟道加脱硫装置）在排放前被除掉。而 NO 的生成量除与燃料本身含氮量有关外，还与燃烧时的炉温及加入的空气量有关。降低 NO 的排放主要从降低它的生成入手。采用分级燃烧就可以降低 NO 的生成。分级燃烧即为分段送入空气，在燃料开始着火燃烧时，先送入较少的空气量，即使 $\alpha<1$；其余空气则在初始燃烧区以外（如燃烧器上部）送入，以保证总风量。这样，一方面由于初始燃烧区内氧气不足，从而减少 NO 的生成量；另一方面由于燃烧过程的减弱，炉膛燃烧的温度水平适当降低，也能抑制 NO 的生成。

四、煤粉燃烧器

燃烧器（或喷燃器）的作用是，将所需燃用的煤粉气流和热风，即一、二次风及三次风（当采用热风送粉时）送入炉膛，并且使一、二次风适时良好地混合，保证燃料迅速着火、燃烧及燃尽，使火焰充满整个炉膛。同时将燃烧时生成的有害气体，如 NO 等控制在最低水平，并防止在炉膛内产生严重结渣或高温腐蚀等。

煤粉燃烧器的型式很多，按其出口气流流态可分为旋流式和直流式两大类。旋流式（也称圆形）燃烧器一般分多层（$2\sim4$ 层），布置在炉膛的前墙或前、后墙上，其出口的一、二次风或单独二次风呈不同程度的旋转，可造成燃烧器出口处的热烟气回流，从而使煤粉气流得到迅速加热，满足稳定着火的需要。

图 5-10 为采用较多的轴向可调叶片旋流式燃烧器，其一次风经一次风管入口处的一次风挡板后喷入炉膛。一次风管内装有点火用的中心心管，借助于中心心管出口端的扩流锥，使一次风煤粉气流扩散。二次风经二次风叶轮后，由于叶片的引导作用而产生旋转，其旋转强度可通过调整叶轮的轴向位置进行调节。当拉杆将叶轮拉出（外移时），叶轮的外围与燃烧器外壳之间会形成一个环形间隙，使一部分二次风直流通过，并在叶轮后面与流经叶轮的旋流二次风混合，混合后的二次风旋流强度降低；当拉杆将叶轮推到最底部位置时，环形间隙消失，全部二次风都通过叶轮，其旋流强度最大。不同的旋流强度下，一、二次风的混合就不一样，从而可适应不同煤种迅速着火燃烧的需要。

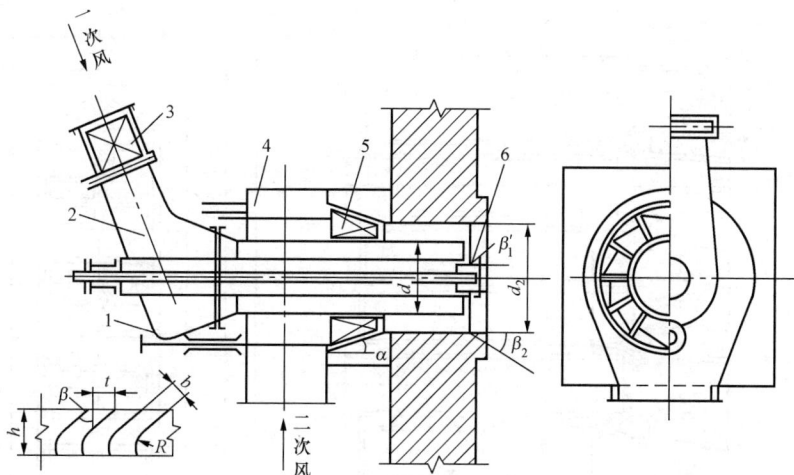

图 5-10 轴向可调叶片旋流式燃烧器

1—拉杆；2——次风管；3——次风舌形挡板；4—二次风筒；5—二次风叶轮；6—喷油嘴

近年来，在某些 300MW 以上的大型机组中采用了新型旋流式燃烧器，如双调风燃烧器、旋流分级燃烧器及浓淡（DM）型燃烧器等。前两种可保证不同燃烧阶段供风及时，使送风量减少，具有分级燃烧的效果，可以减少 NO 的生成。DM 型燃烧器前有分离器，能将一次风分成煤粉浓度不同的浓煤粉气流和淡煤粉气流，以减小浓煤粉气流的着火热，有利于提高着火速度。

在电厂锅炉中广泛应用的直流缝隙式燃烧器，其结构是由一组或两组具有一定形状的喷口构成。根据煤种的不同，一、二次风喷口可以采用相间布置或其他布置形式。图 5-11 为一组一、二次风喷口相间的直流式燃烧器。

直流式燃烧器的一、二次风均以直流方式喷入炉膛。因直流式燃烧器一般布置在炉膛的四角，可使四股气流中心线相切于炉膛中心的一个（或两个）某一直径的假想切圆，使得总气流在炉膛内旋转，形成旋转火矩，故称为四角布置切圆燃烧。图 5-12 给出了某 1025t/h 锅炉的直流式燃烧器及其切圆情况。因炉膛中心切圆火矩的旋转，以及四角气流携带高温烟气吹向邻角气流根部等的共同作用，一、二次风及热烟气混合强烈，形成有利的加热着火、燃烧及燃尽条件。

由于煤粉的着火特性远比油差，因此煤粉燃烧器配有一定数量的油枪，在低负荷及燃烧不稳或点火时使用。旋流式燃烧器的油枪设在蜗壳中央，直流式燃烧器的油枪则在两层煤粉喷口之间的二次风喷口内。

目前，四角切圆燃烧锅炉点火方式分两种，一种是由高能点火器点燃油枪，再由油枪点燃煤粉，称为二级点火；另一种是用电火花点火器点燃容量小的轻油枪，再用它来点燃容量大的主油枪，主油枪将炉膛加热后方可投入煤粉，故称为三级点火。

五、结渣现象

在固态排渣煤粉炉中，火焰中心温度高达 1600℃ 左右，燃料燃烧的灰分呈熔化状态。在正常情况下，由于水冷壁吸热，随烟气流动的液态灰渣在遇到受热面之前，就因冷却而凝固下来，沉积在受热面上时只形成疏松的灰层，运行中可通过吹灰器很容易地将其清除掉。

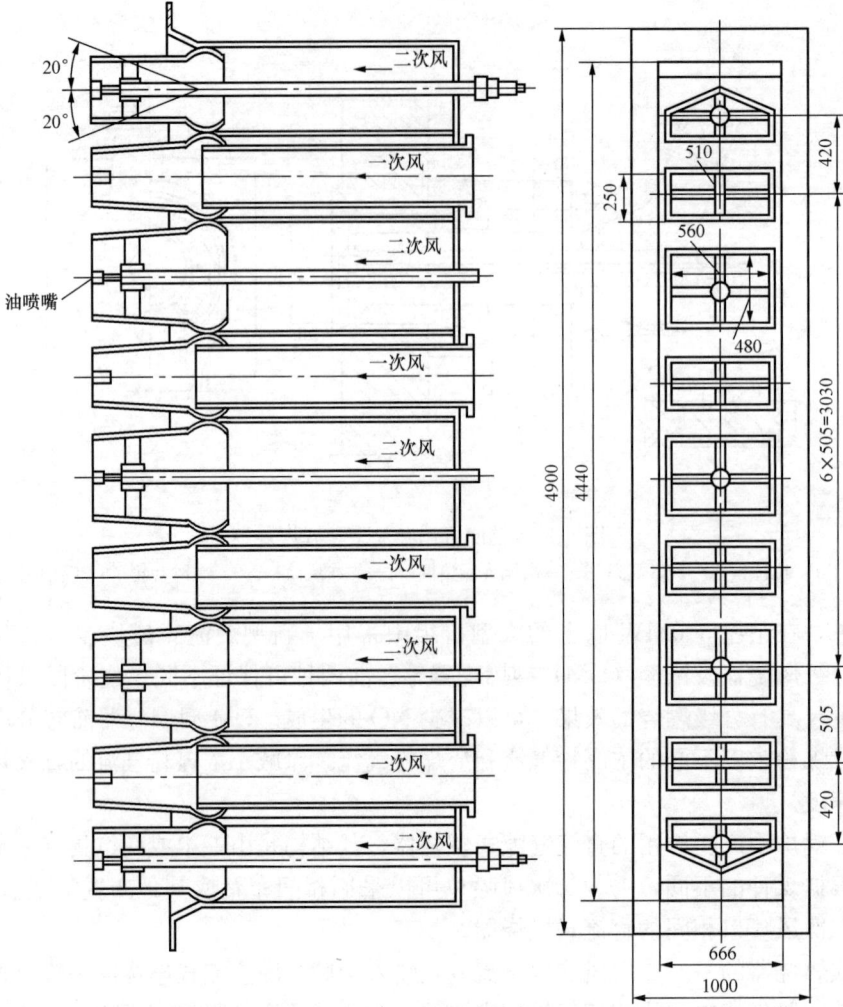

图 5-11　直流式燃烧器

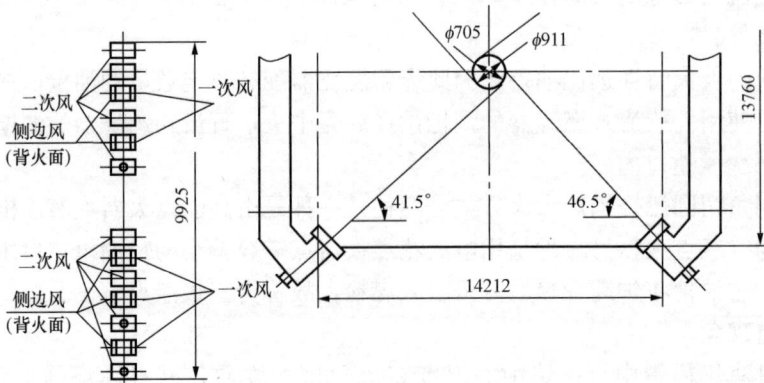

图 5-12　某 1025t/h 锅炉直流燃烧器及其切圆燃烧

　　如果由于某种原因，烟气中的渣粒以液态或半软化状态黏附在受热面上，并形成紧密的灰渣层，则称为结渣或结焦。结渣通常发生在炉膛内或炉膛出口附近的受热面上。由于渣层表面较管壁粗糙并呈熔化状态，烟气中的渣粒更易黏附上去，所以结渣具有自动加剧的特点。

　　受热面结渣后，灰渣层因导热热阻极大，其吸热量下降，影响锅炉的出力。对于某些煤种，结渣还会引起受热面的高温腐蚀，造成受热面损害。另外，炉膛上部的大渣块一旦落下，可能砸坏冷灰斗等。

　　影响结渣的因素很多，如燃煤的灰分特性、炉膛结构、燃烧器的类型和锅炉运行情况等。

第五节　锅 炉 受 热 面

　　燃料在炉膛内燃烧，其火焰和烟气的热量不断通过中间界面（管排或管簇）来吸收并传给水、蒸汽和空气。这些中间界面就称为锅炉受热面。

　　锅炉受热面一般有省煤器、水冷壁、过热器和再热器，用以相应完成给水的预热、蒸发、过热和再热的任务。除了上述汽水系统受热面之外，还有加热空气的受热面，即空气预热器，下面分别介绍。

一、水冷壁和水循环

　　水冷壁是锅炉的蒸发受热面。构成水冷壁的管子紧贴在炉膛四面墙的内壁上，直接接受火焰和烟气的辐射热。管内流动的饱和水受热后沸腾，部分生成饱和蒸汽。由于管内流动的工质温度是饱和温度，比火焰温度低得多，所以炉墙受到有效的冷却而免于烧毁，故称水冷壁。

　　按照促使水冷壁管内工质流动的动力不同，电厂锅炉可以分为自然循环锅炉、控制循环锅炉和直流锅炉。

1. 自然循环锅炉的水冷壁

　　自然循环锅炉的水循环回路如图 5-13 所示，它是由布置在炉顶的汽包、炉外不受热的下降管和炉内受热的上升管（即水冷壁管）共同组成的汽水流动封闭通道，用以完成锅水的蒸发任务。

　　在水循环回路中，由于进入水冷壁的水受热变为汽水混合物，其密度小于下降管内饱和水的密度，因而在下联箱两侧产生压力差，在此压力差（即密度差）的作用下，上升管的汽水混合物向上流动并进入汽包，在汽包内通过汽水分离装置分离出来的饱和蒸汽引出到过热器，而分离出的水与省煤器来的给水混合后，又经下降管进入水冷壁重复上述循环。这种利用工质密度差所产生的推动力，使水及汽水混合物在水循环回路中不断流动，称为自然水循环，这种锅炉称为自然循环锅炉。

　　在实际锅炉中，一般并联有多个水循环回路，每一回路均由多根并列布置的上升水冷壁管和一根大直径下降管组成。

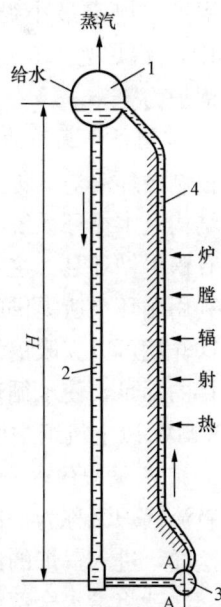

图 5-13　简单自然循环回路
1—汽包；2—下降管；
3—下联箱；4—上升管

自然水循环的推动力又称运动压头，因是由下降管和上升管内的工质密度差产生的，故数值上应等于两者的密度差与循环回路高度的乘积。这一运动压头正好用于克服下降管、上升管等循环回路中的流动阻力，维持水循环的安全进行。显然，当工质的密度差和回路高度H越大时，循环的运动压头就越大，循环也就越安全。工质的密度差在锅炉压力一定时，取决于上升管内的含汽率。当上升管受热越强，含汽率越高时，其密度差越大，运动压头越大，循环也就越安全可靠。随着锅炉压力的提高，饱和水与汽的密度差是减小的，达到临界压力时，密度差为零。因此只有在临界压力以下一定数值（一般为 17MPa 以下）的锅炉可以采用自然循环，对于接近于临界压力或超过临界压力的锅炉，只能采用控制循环锅炉或直流锅炉。

水循环回路是否安全可靠的评价指标是循环流速和循环倍率。循环流速是指上升管入口处水的流速，它反映了管内流动的水将生成的蒸汽泡及炉水中的污垢带走的能力。循环倍率则为上升管进口处水的总流量与上升管的产汽量之比值，它反映了产生 1kg 的蒸汽需要有多少千克水进入水循环系统进行循环。不难理解，在炉内热负荷一定时，上升管外壁温的高低主要决定于管内的对流换热表面传热系数 α_2。当循环流速越大时，α_2 就越大，工质对管壁的冷却效果就越好，在循环倍率合适的情况下，管壁温度仅比工质的饱和温度稍高，管子不会过热超温，水循环安全可靠。

但是，回路中仅有足够的流速不足以说明水循环安全可靠，因为当上升管内的含汽量过多，即循环倍率过小时，管内壁上可能没有连续的水膜覆盖，这时蒸汽对管壁的表面传热系数 α_2 远比水的小，故对管壁的冷却效果差，从而可能导致超温爆管。为此，在水循环回路中，除了维持足够大的循环流速外，还要保持一定的循环倍率，使水冷壁管始终受到连续水膜的冷却，这样才能保证水冷壁长期安全可靠地运行。对于超高压（13.7MPa）以上的自然循环锅炉，规定最小循环流速大于 1m/s，一般超高压锅炉为 1～1.5m/s，亚临界压力（17MPa）锅炉为 1.5～2.5m/s，规定循环倍率不小于 2.5，一般超高压锅炉 5～8，亚临界压力锅炉为 4～6。

2. 控制循环锅炉的水冷壁

控制循环锅炉又称为多次强制循环锅炉。它是在自然循环锅炉的基础上发展而来的，因此其结构及水循环系统与自然循环锅炉相类似，仅是在水循环回路中（即下联箱的入口前）加装有锅水循环泵。这种锅炉的水循环系统中，除了汽水密度差所产生的运动压头之外，主要是利用循环泵所提供的运动压头来克服回路中的流动阻力，维持水及汽水混合物的循环流动。这样就可以克服锅炉压力接近于临界压力时，饱和水与汽的密度差减小、自然水循环难以维持的不足，使水循环的可靠性大大增加。控制循环锅炉一般用于亚临界压力锅炉较多，是 300MW 以上机组中所配锅炉的主要型式。

3. 直流锅炉的水冷壁

直流锅炉又称为一次强制循环锅炉。与前两种炉型相比，它最明显的结构特点是没有汽包。这样，进入锅炉的给水在给水泵压头的作用下，强制顺序地流过省煤器、水冷壁、过热器，一次就将给水全部变为过热蒸汽。因此可以认为直流锅炉的循环倍率为 1。

直流锅炉一般多在亚临界压力及以上时采用。

直流锅炉除无汽包外，其蒸发受热面水冷壁的布置形式是多样化的。按照水冷壁的布置形式不同，国内常见的直流锅炉水冷壁主要有 UP 型（通用压力型）和螺旋管圈型等。

UP型锅炉的水冷壁如图5-14所示，水冷壁有些类似于自然循环锅炉，只是在高度方向上使工质进行两次混合，以消除宽度方向上的受热偏差。UP型水冷壁使水同时通过四面墙上的所有水冷壁管屏，一次垂直上升，全部变为蒸汽。

图5-15所示为螺旋管圈型水冷壁超临界压力直流锅炉简图。不难看出，螺旋管圈的盘绕圈数与上升角度及炉膛高度有关，且圈数太多会增大流动阻力。对于大型锅炉，一般推荐为1.5~2.5圈。改变螺旋上升角度，可以改变管带的管数，这样，管数及管径的选用就可以不受炉膛周界尺寸的限制，而只考虑保证管内有足够大的质量流速。

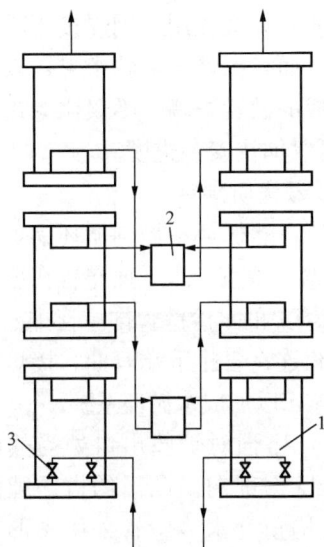
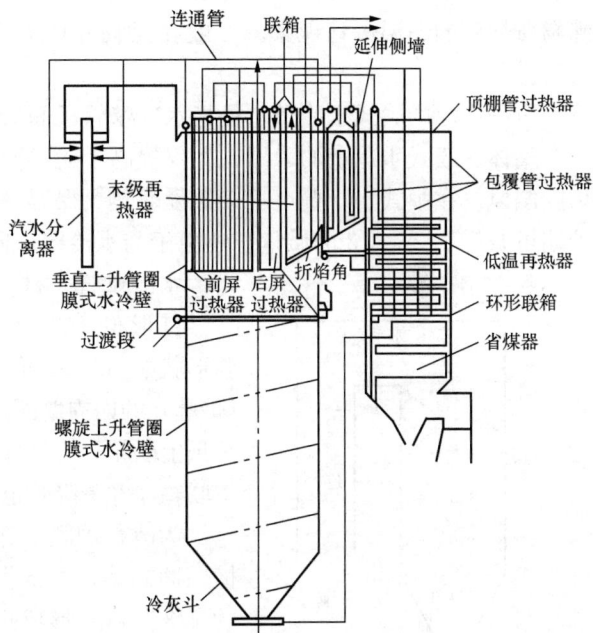

图5-14　UP型水冷壁
1—膜式水冷壁；2—混合器；3—调节阀

图5-15　螺旋管圈型水冷壁超临界压力直流锅炉简图

与UP型相比，螺旋管圈型水冷壁的最大特点是无中间联箱，金属消耗减少，以及可以保证在管径较大的情况下有足够大的质量流速，而管径较小的水冷壁管对安全可靠性不利。

与汽包锅炉相比，直流锅炉由于无汽包及不用或少用下降管，故汽水系统简化，金属消耗量小、造价低；并且由于不存在厚壁容器汽包的温差限制，锅炉的启、停及变负荷的速度加快。但直流锅炉也正是由于无汽包而不能进行炉水排污和蒸汽净化等，因而对给水的品质要求更高；给水一次流过各受热面，给水泵消耗功率大；运行中需要更高的操作技术和自动控制水平。

4. 三种炉型水冷壁的特点

对于自然循环锅炉，为了减少其水循环回路的流动阻力，提高水循环的可靠性，除了采用大直径集中下降管外，膜式水冷壁的管径也要比其他炉型为大，一般采用ϕ60mm规格的管子。

控制循环锅炉的循环倍率较低，并且有炉水循环泵克服循环回路中的流动阻力，故水冷壁的管径较小，一般约为 $\phi51mm$，相应节约了钢材。

直流锅炉的循环倍率为 1，即水冷壁进口处的水流量等于其出口处的蒸汽量。为保证循环可靠、水冷壁管中应保持足够大的工质流速。因而对于一次垂直上升的 UP 型水冷壁直流锅炉，其管径必须取很小才能满足流速的要求，如国产 1025t/h 亚临界压力 UP 型水冷壁锅炉，其水冷壁管径为 $\phi22mm$。螺旋管圈型水冷壁直流锅炉鉴于其布置特点，水冷壁管径较 UP 型的大。管径较小可节省钢材，但管径过小会带来制造和运行上的很多困难。

三种炉型的水冷壁除管径不同外，都不同程度地采用内螺纹管和膜式水冷壁。内螺纹管虽然制造成本高，但可以使管内工质产生强烈的扰动，破坏贴壁汽膜的形成，从而避免膜态沸腾所导致的超温爆管现象。一般在亚临界压力 1000t/h 及以上的大型锅炉中才采用内螺纹管。

应用广泛的膜式水冷壁，是指水冷壁管子间通过管本身鳍片焊接或用扁钢焊接所联成的一个整体。膜式水冷壁的采用，不仅提高了受热面的吸热量，而且保证了炉膛密封，减少了炉膛漏风。在膜式水冷壁上直接敷设耐热、保温等材料所形成的敷管炉墙，不仅比老式锅炉炉墙可减轻 $1/2\sim1/3$ 的质量，还由于与水冷壁一同悬吊，可以加快安装进度。

水冷壁管子材料一般为 20 号优质碳钢。

Π 形布置的汽包锅炉（包括自然循环和控制循环锅炉）炉膛形状如图 5-16 所示，其水冷壁管垂直于水平面布置在燃烧室（炉膛）的四周壁面，形成四面墙上的水冷壁管排。管排上端接炉顶上联箱，再经导管与汽包相连；管排下端弯曲、接炉墙外下联箱，经下降管也与汽包相连，以形成水循环系统。

为改善炉膛上部烟气流动，增强对炉膛出口处受热面的横向冲刷等，通常将后墙水冷壁上部向内凸出约占炉膛深度的 1/3 左右，形成折焰角。折焰角处水冷壁管采用叉形管结构，使大部分工质从受热强烈的管 I 通过，其余从管 II 流过。叉形管结构可以增强后墙水冷壁的刚性。

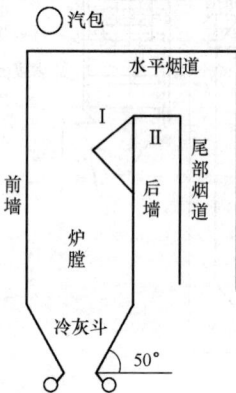

图 5-16　Π 形锅炉的炉膛形状

在炉膛底部，使前、后墙水冷壁管排向内弯曲，形成倾斜的冷灰斗，以使下落的固态渣块从此处排出。为使灰渣顺利下落，冷灰斗底部倾角应大于 50°。

5. 汽包

汽包也称锅筒，是自然循环锅炉和控制循环锅炉蒸发设备中的重要部件。汽包是一布置在炉顶不受热的厚壁筒体容器。大型锅炉的汽包，通常内直径为 1.7m 左右，长度与炉膛宽度基本相同。

汽包的作用主要是：与下降管、水冷壁等构成水循环系统；接受省煤器来的给水，并向过热器输送饱和蒸汽；由于汽包内储存有一定数量的饱和水及汽，具有一定的蓄热能力，故可适应负荷的骤然变化，有利于锅炉的运行调节；通过汽包内部几十个汽水分离旋风筒，进行汽水混和物的分离；利用省煤器来的给水清洗蒸汽，降低蒸汽的含盐量，以输出洁净的饱和蒸汽。此外，汽包中还有连续排污装置，以降低炉水中的含盐量。

二、过热器

过热器是锅炉的过热受热面，其作用是将汽包引出的饱和蒸汽加热成为具有一定过热度的过热蒸汽。过热器按与烟气的换热方式不同，可以分为如下三种。

1. 对流式过热器

对流式过热器是由许多根并列的蛇形管与进、出口联箱焊接而成的，或做成多片管屏（管屏类似于图 5-18 所示）组合在一起，大型锅炉多采用后者。对流过热器一般通过其联箱悬挂在水平烟道或布置在尾部竖井入口处，主要以对流换热方式吸收烟气的热量，故称为对流式过热器。对流式过热器按管内蒸汽与管外烟气的相对流向又可分为顺流、逆流和混合流等几种布置方式。如第三章第四节中所述，在烟温较高区域一般采用顺流布置，以避免管壁温度过高；在烟温较低区域则采用逆流布置，以获得较好的传热效果。图 5-17 所示为先逆流、后顺流的混合流布置的对流式过热器。

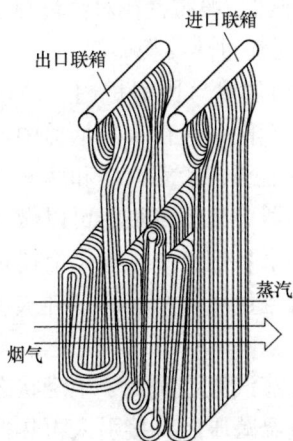

图 5-17 蛇形管对流式过热器

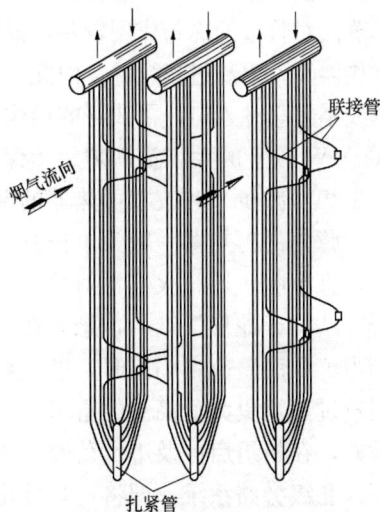

图 5-18 屏式过热器

2. 半辐射式过热器

半辐射式过热器是指布置在炉膛出口处折焰角上方的管屏式过热器。屏式过热器的许多片管屏沿炉膛宽度方向均匀布置，相邻管屏间一般留有 500～1500mm 的间隔，以形成畅通的烟气通道，如图 5-18 所示。每片管屏由若干根并联管子绕制并与联箱相焊接而成，联箱中间隔开，以形成进口、出口联箱。布置在炉膛出口处的管屏群，一方面吸收炉膛火焰的辐射热；另一方面吸收烟气通过时的对流热，故称为半辐射式过热器。

3. 辐射式过热器

布置在炉膛内直接吸收炉膛火焰辐射热的过热器，称为辐射式过热器。现代大型锅炉的辐射过热器通常包括两种型式：一种型式是做成多片管屏（与半辐射式过热器类似），悬挂在炉膛上方空间，称为前屏（或称大屏、分隔屏等，而上述半辐射式过热器相应称为后屏）；另一种型式是在炉顶平铺一层直管，称为顶棚管过热器。顶棚管过热器所吸收的热量并不多，主要作用是在其上面敷设耐火、保温材料，以形成封闭的轻型炉顶。

另外，在封闭水平烟道及尾部竖井的炉墙内壁面上，通常也布置一层垂直管排，其内有蒸汽流过，称它们为包覆管过热器。包覆管过热器主要是便于形成敷管炉墙，提高烟道密封性能等。

由于过热器布置在烟温较高区域，且管内流过的工质温度高，故过热器材料一般为价格昂贵的优质耐热合金钢。工作条件差的过热器管，如炉膛内管屏外圈管子受到的火焰辐射最为强烈，必须采用更高级的合金钢材。

三、再热器

再热器属于锅炉的再热受热面，其作用是将汽轮机高压缸的排汽重新加热，使其温度和新蒸汽（即过热器出口的蒸汽，又称一次蒸汽）相同或有稍高的温度。流经再热器的再热蒸汽（又称二次蒸汽）流量约为一次蒸汽的80%。

与过热器相比，由于再热器中流过的是低压过热蒸汽（其压力约为一次蒸汽压力的20%～25%），故对管壁的冷却效果较差。此外，再热器中工质的流速也较过热器低，这是因为流速高时，阻力损失增大而使再热蒸汽的压力降增大，使机组的热经济性降低。这两方面的原因导致再热蒸汽对管壁的冷却作用较差，说明在管外烟温及管内工质温度相同时，再热器管壁温度要比过热器高，更易过热超温。因此，中小型锅炉的再热器一般布置在对流过热器之后的水平烟道中或尾部竖井入口，再热器的结构与图5-17所示的对流过热器相类似。

300MW以上的大容量锅炉，为保持一定的炉膛出口温度（因锅炉内工质压力高时，蒸发吸热量相对减少）和改善再热器的调温特性，再热器不仅布置在水平烟道中，还布置在炉膛内。炉膛内的再热器一般为单排管，垂直密排在炉膛上部、紧靠前墙和两侧墙水冷壁的向火面上，直接吸收炉膛火焰辐射热，称为壁式辐射再热器。其他再热器可以做成与过热器类似的管屏结构或蛇形管结构，悬挂在后屏过热器后面的水平烟道中。鉴于上述再热器的传热特点，当工质温度范围相同时，壁式再热器及布置于对流过热器之前的管屏式再热器，就必须采用较过热器更为耐高温的管材。

另外，在机组启停及甩负荷时，为避免再热器中无蒸汽流过而处于干烧状态，机组中均设有Ⅰ、Ⅱ级旁路系统，即将过热器出口的蒸汽经过减温减压后直接引入再热器，而再热器出口的蒸汽再经减温减压后排入凝汽器，以达到保护再热器的目的。

四、省煤器

省煤器是锅炉汽水系统的预热受热面，送入锅炉的给水先经省煤器加热成为其压力下的饱和水后，再进入汽包到水循环系统。高参数、大容量锅炉均采用非沸腾式省煤器，即其出口水温低于给水压力下的饱和温度。

锅炉尾部烟道中布置省煤器，在于降低排烟温度、节省燃料、提高锅炉效率。由于提高了汽包的进水温度，可减小给水与汽包之间的温差，降低汽包的热应力。

省煤器管材一般为20号碳钢。省煤器结构是由 $\phi32mm\sim\phi51mm$（外径）的多排蛇形管与进出口联箱焊接而成的，如图5-19所示。一般使蛇形管平行于后墙，水平布置在尾部竖井中。

大型锅炉省煤器一般由水平蛇形管和垂直悬吊管两部分组成，布置在尾部竖井低温过热器下方。给水从省煤器下部的进口联箱引入，经过若干排水平蛇形管加热后引入数个中间联箱；由中间联箱各引出一排外径约为60mm的多根垂直悬吊管，上行穿出顶棚，进入省煤器出口联箱，再由数根引出管送入汽包。垂直悬吊管束不仅是省煤器受热面的组成部分，还用来承受省煤器本身的质量以及作为低温过热器的吊挂管。

另外，在锅炉的启停过程中，需要采用间断供水。当停止供水时，省煤器中的水不流动，会导致管子过热超温。为此，在省煤器入口联箱和后墙水冷壁下联箱之间连接有一根不受热的管子，称为省煤器再循环管。当停止供水时，打开再循环管的阀门，使省煤器内的水

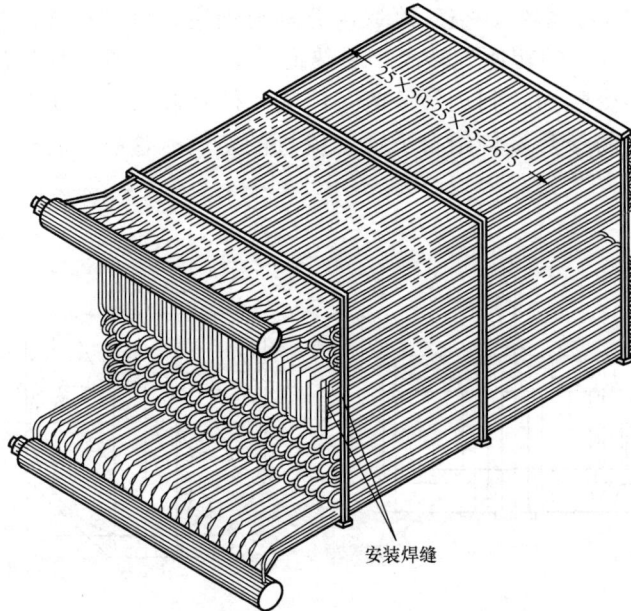

图 5-19 省煤器结构示意图

在工质密度差或循环泵的推力作用下形成临时回路内的循环，达到保护省煤器的目的。

五、空气预热器

空气预热器布置在省煤器后的尾部烟道中，是利用低温烟气加热燃烧所需空气的一种热交换器。所加热的空气一部分用于直接助燃，一部分用于干燥和输送煤粉。空气预热器的设置，不仅降低了锅炉的排烟温度，提高了锅炉效率，而且由于炉内助燃空气和煤粉气流温度的提高，增强了燃烧稳定性，强化了燃烧和传热。因此空气预热器已成为锅炉不可缺少的受热面。

空气预热器按传热方式不同，可分为管式和回转式两种。管式空气预热器常用于 200MW 以下的中小型锅炉。这种表面式热交换器的基本结构是由多根规格约为 $\phi51mm \times 1.5mm$ 的碳钢管与上下管板焊接组成的管箱，如图 5-20 所示，烟气从管内自上而下流过，空气则于管外横向穿过。

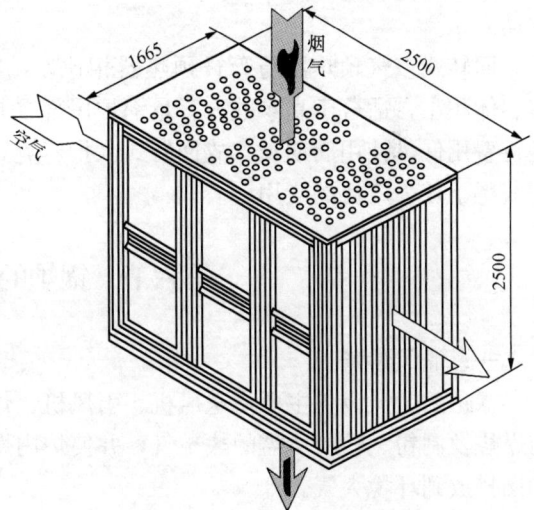

图 5-20 管式空气预热器的组成管箱

属于再生式热交换器的回转式空气预热器，又分为受热面回转式和风罩回转式两种。受热面回转式（又称容克式）空气预热器的结构如图 5-21 所示，其受热面装于可转动的圆筒形转子中，即转子分隔成许多扇形仓格，每个仓格内充满了既间隔又紧密排列的波形金属薄板传热元件。转子顶部和底部被上、下连接板分隔成上下对应的烟气流通区、空气流通区和密封区等。烟气、空气流通区分别与烟道、风道相连。当电动机经传动装置带动转子以 $2\sim4r/min$ 的转速旋转时，受热面就会不断地通过烟气流通区和空气流通区。当每一扇形仓格受热面转到烟气区时，传热元件吸收自上而下流过的烟气热量；当再转到空气区时，又将该热量传给自下而上流过的空气。这样，转子每转一周，就完成一个热交换过程。

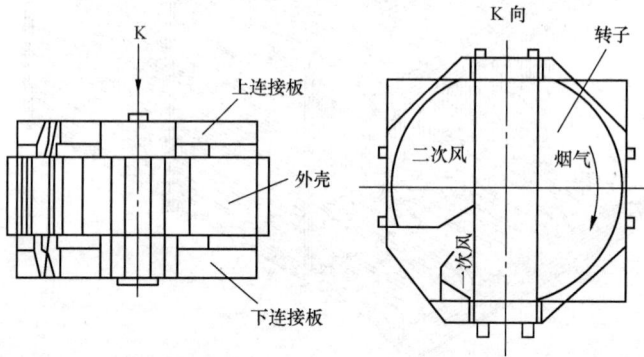

图 5-21　三分仓容克式空气预热器

容克式空气预热器按烟气、空气的通道数目又分为两分仓式和三分仓式。两分仓空气预热器仅有烟气和空气两个通道。而三分仓则是在两分仓的基础上，将空气通道分为风压及风温均不同的一、二次风两个通道。选择哪种型式，取决于制粉系统的设计。

风罩回转式空气预热器的结构原理与容克式相类似，只是将笨重的受热面转动改为风罩转动。

回转式空气预热器与管式预热器相比，结构及制造工艺复杂，且漏风大；但其结构紧凑、体积小，适合于高参数大容量锅炉尾部受热面的布置要求，而且耐磨损、低温腐蚀轻、运行费用低、使用周期长，故回转式（指容克式）空气预热器在 300MW 以上的大型机组锅炉获得了较为广泛的应用。

第六节　锅炉的主要辅助设备

一、通风设备

锅炉的通风设备主要指送风机、引风机、烟囱及其连接风道、烟道等。其作用是供给炉内燃烧及制粉、输粉所需的热空气，并使炉内燃烧产生的烟气流经各受热面、除尘器后通过烟囱排放到环境大气。

普遍采用平衡通风方式的燃煤锅炉，利用送风机克服从空气预热器至燃烧器整个风程上的阻力，将空气送入炉膛，并保证二次风的合理风速；利用布置在除尘器和烟囱之间烟道上的引风机，以抽吸方式克服从炉膛至水平烟道、尾部竖井至除尘器等整个烟程上的阻力，将烟气经烟囱排向大气。运行中合理调节送、引风机的风压，使炉内维持 $29\sim49Pa$ 的微小负压，以避免热烟气外漏。

烟囱是利用外界冷空气与设备内热烟气的密度差所产生的抽吸力进行自然通风的设备，但其主要作用是将除过尘的烟气排放到约 200m 的高度，使有害物质在高空远扬稀释，以满足环保要求。

电厂中采用的送、引风机分为离心式和轴流式两种类型。离心式风机的构造如图 5-22 所示，主要由叶轮和外壳组成。叶轮上装有叶片，叶轮转动时，气体在离心力的作用下被甩向叶片的外缘，即蜗壳内，并产生一定的压力。汇集起来的气体在该压力差的作用下切向流出蜗壳。在叶轮旋转、气体甩向外缘的同时，叶轮中部则形成一个低压区，在内外压力差的作用下源源不断地吸入气体。

轴流式风机的构造如图 5-23 所示，其工作原理与离心式类似，所不同的仅是使轴向吸入的气体，增压后又轴向流出。

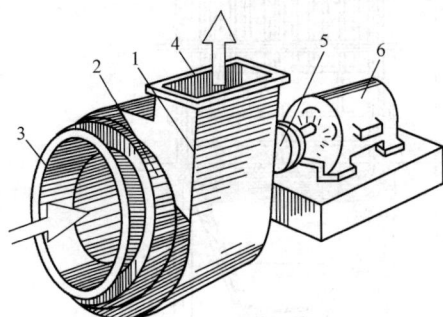

图 5-22 离心式风机构造示意
1—外壳；2—叶轮；3—入口连接管；
4—出口连接管；5—联轴器；6—电动机

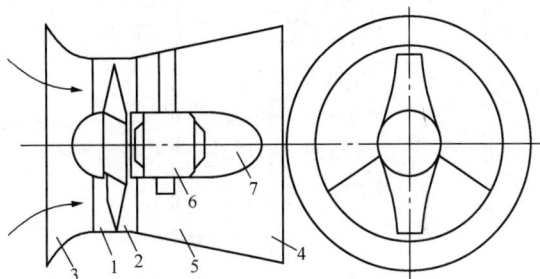

图 5-23 轴流式风机构造示意
1—圆筒形外壳；2—叶轮；3—集流器；4—出风口；
5—扩压器；6—电动机；7—整流罩

结构简单、体积庞大、造价较低的离心式风机在我国电厂中广泛使用；结构紧凑、体积较小的轴流式风机，由于在低负荷下效率远高于前者，故在 300MW 以上的大机组中的应用有后来居上的趋势。

二、除尘设备

除尘设备是指除尘器及其连接烟道等。除尘器按工作原理可分为机械除尘器和静电除尘器两大类。机械除尘器按惯性原理工作，即利用烟气旋转时的离心力、转向时的惯性力等，使质量较大的灰粒从烟气中分离出来。按其是否耗水，机械除尘器又分为湿式和干式两种。国内中小机组中应用较广的离心式水膜除尘器属于湿式机械除尘器，其除尘效率在 90% 左右。

随着对环境保护和引风机减轻磨损要求的提高，具有更高除尘效率（可达 99% 以上）的静电除尘器已在大机组中得到普遍应用。图 5-24 和图 5-25 分别为静电除尘器的工作原理图和结构图。在静电除尘器中垂直安装着许多板（或片）状的电极板，称为集尘极（正极）。在板与板的间隔中央绷紧着多条称为放电极（负极）的耐腐蚀芒刺状金属线。将放电极与数万伏或十几万伏的高压直流电源相接时，两极间便产生不均匀电场。在接近具有极小表面积的放电极区域内，场强极大的电场产生电晕放电，使此区域内的烟气发生电离，产生大量的离子和电子。负离子和电子在向正极（集尘极）运动的过程中，与流过的烟气中的灰粒相碰撞，使灰粒带有负电荷，灰粒集聚到集尘极板上并达到一定厚度时，通过振打装置振击集尘极板，使灰粒落入下面的出灰斗中。

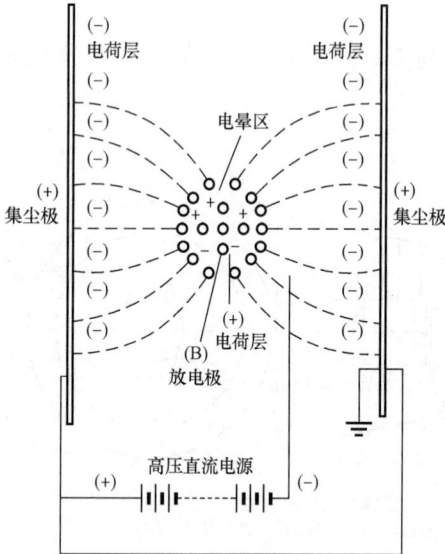

图 5-24　静电除尘器原理

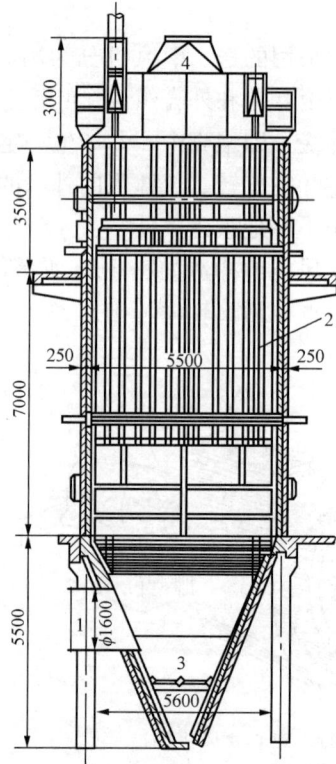

图 5-25　静电除尘器结构

1—烟气入口；2—电极组；3—出灰斗；4—烟气出口

显然，电场内烟气流动分配的均匀性越好，除尘效果就越好，因此进口烟箱处装有改善烟气流动均匀性的导流板。另外，除尘效果还将随集尘极板的高度增加、极板距及烟速减小而提高。流过静电除尘器的烟速一般为 1.5m/s 左右。由于烟速较低，故其流动阻力小、磨损轻。

实际中的静电除尘器一般采用图 5-25 所示的结构，即进行多室串联。不难理解，串联的电场数越多，除尘效率越高，但造价也相应提高。总之，静电除尘器的体积庞大、初投资大、运行维护复杂。但因其除尘效率高、运行费用低、且系干式运行，不污染水源、煤灰可以利用等，故将会得到更广泛的应用。

三、脱硫设备

根据硫分在燃烧前后的脱出时间，脱硫技术可分为燃烧前脱硫、燃烧中脱硫及燃烧后脱硫（烟气脱硫 FGD）。

燃烧前脱硫技术由于工艺简单，投资少，操作成本低，应用广泛，但其不能脱除有机硫，对黄铁矿硫的脱除率也只是在 50％左右。燃烧中脱硫技术随着循环流化床技术的发展也得到了大量的应用。燃烧后脱硫技术即烟气脱硫 FGD 是世界上大规模商业化的脱硫方法，是控制酸雨和二氧化硫污染最为有效和主要的技术手段。

在众多的烟气脱硫工艺中，燃煤电厂的烟气脱硫技术以石灰石-石膏湿法工艺为主流，具有发展历史长、技术成熟、运行经验丰富、石灰石来源丰富、石膏可综合利用、商业化程度最高、可靠性较高等特点。到目前为止，我国已经投运和在建的火电厂烟气脱硫装置，尤其是 300MW 以上火电机组配套安装的脱硫装置大多采用石灰石湿法烟气脱硫，成为我国火电厂烟气脱硫的主流装置。

典型的石灰石湿法烟气脱硫工艺流程如图 5-26 所示，它主要包括：烟气系统（烟气挡板、烟气再热器、增压风机等）、吸收系统（吸收塔、循环泵、氧化风机、除雾器等）、吸收剂制备系统（石灰石储仓、磨石机、石灰石浆液罐、浆液泵等）、石膏脱水及储存系统（石膏浆泵、水力旋流器、真空脱水机等）、废水处理系统及公用系统（工艺水、电、压缩空气等）等。原烟气经增压风机增压后，由回转式气-气热交换器（GGH）将原烟气降温至 90～100℃送至吸收塔下部，进入吸收塔的热烟气经逆向喷淋的循环浆液冷却、洗涤，烟气中的 SO_2 与浆液进行吸收反应，生成亚硫酸氢根（HSO_3^-）。HSO_3^- 被鼓入的空气氧化为硫酸根（SO_4^{2-}），SO_4^{2-} 与浆液中的钙离子（Ca^{2+}）反应生成硫酸钙（$CaSO_4$），$CaSO_4$ 进一步结晶为石膏（$CaSO_4 \cdot H_2O$）。同时烟气中 Cl、F 和灰尘等大多数杂质也在吸收塔中被去除。含有石膏、灰尘和杂质的吸收剂浆液的一部分被排入石膏脱水系统。脱除 SO_2 后的烟气经除雾器去除烟气中的液滴，送回 GGH 升温至高于 80℃后经烟囱排放。

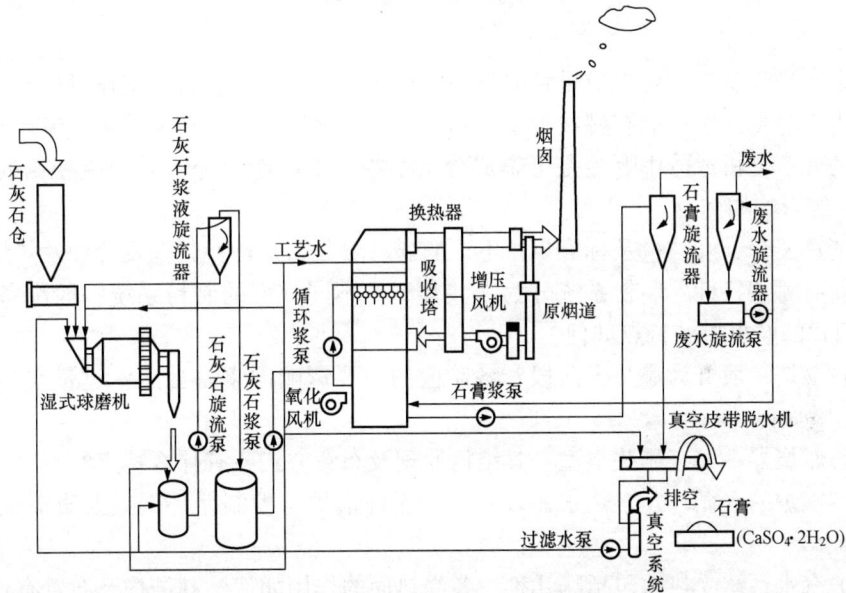

图 5-26　典型的石灰石湿法烟气脱硫装置

该工艺的主要优点是：工艺成熟、运行安全可靠、可用率在 90％以上，适应负荷变化特性好。但系统较为复杂，初投资大，约占电厂总投资的 10％～20％，运行费用高，存在不同程度的设备积垢、堵塞、冰冻、腐蚀和磨损等问题。

为了提高烟气脱硫系统的性能以及运行的可靠性，降低初投资和运行费用，世界各国一直致力于对传统技术的改造升级，或研究更先进的技术，从而不断开发出更先进的 FGD 装置。

本 章 小 结

一、通过燃烧器进入炉膛燃烧的一般有一次风、二次风和三次风。

二、燃料的特性指标主要有挥发分、发热量和灰熔点。煤粉的特性指标除上述之外，还有煤粉细度。

三、制粉系统可分为直吹式和中间储仓式两大类。直吹式制粉系统又分为正压和负压两种。中间储仓式制粉系统分为干燥剂送粉和热风送粉两种系统。

制粉系统中的主要设备磨煤机，可分为低速磨、中速磨和高速磨三类。中速磨又分为RP 型、HP 型、MPS 型和 E 型磨。

四、燃料燃烧分为预热、燃烧和燃尽三个阶段。燃烧器分为旋流式和直流式两种，二者的布置及燃烧方式皆不同。

五、锅炉的水循环系统可分为自然循环、多次强制（控制）循环和一次强制循环（直流）三类，相应的锅炉称为自然循环锅炉、控制循环锅炉和直流锅炉。前两种统称为汽包锅炉。

六、锅炉的受热面有水冷壁、过热器、再热器、省煤器和空气预热器。

七、锅炉的辅助设备一般有送风机、引风机、除尘器、脱硫设备等。

思 考 题

1. 何谓锅炉设备？其各组成设备的作用是什么？简述锅炉设备的工作过程。

2. 国内大容量锅炉一般有哪些类型？超临界压力锅炉为什么只能采用直流锅炉？

3. 煤的元素分析成分中哪些是可燃成分？哪些是不可燃成分？其中硫和氮的氧化物对设备和环境的影响如何？

4. 何谓挥发分、发热量及标准煤？电厂燃煤一般分为几种？其挥发分和发热量如何？

5. 煤粉有哪些特性？制粉系统分为哪些类型？不同类型的制粉系统一般配备哪种磨煤机？不同型式的磨煤机的特点如何？

6. 燃料燃烧一般分为哪几个阶段？各阶段的主要影响因素是什么？过量空气系数对锅炉燃烧的影响如何？

7. 煤粉燃烧器一般有哪些类型？其结构原理及布置方式各有什么特点？

8. 何谓锅炉的水循环及自然水循环？自然循环锅炉与控制循环锅炉及直流锅炉的主要区别是什么？

9. 锅炉汽水系统受热面包括哪几种？各受热面的作用如何？其结构及布置有什么不同？

10. 空气预热器的作用有哪些？布置在锅炉的什么位置？在大容量锅炉中为什么一般采用回转式空气预热器？

11. 国内大型机组采用何种型式的送、引风机、除尘器、脱硫设备？其原因是什么？各自的工作原理是怎样的？

第六章　电　厂　锅　炉　运　行

【摘要】　锅炉运行时，必然存在一个伴随燃料进入锅炉的能量与伴随蒸汽输出锅炉的能量之间的平衡问题，由此可以确定锅炉的热经济性。这就是本章首先介绍的锅炉热平衡问题。

锅炉运行时，其运行参数和蒸汽压力、温度等会随工况变化而变化，造成产品不合格，甚至会影响设备的安全。为此，必须对这些参数进行调节，这是本章的第二部分内容。

最后，主要介绍了汽包锅炉启动和停炉的一般注意事项和方法。

第一节　锅　炉　热　平　衡

一、热平衡的概念

锅炉的作用是使燃料燃烧释放出热量，以此热量加热给水，生产出一定数量和质量的过热蒸汽。实际上，输入锅炉的燃料是不可能达到完全燃烧而放出其全部热量的，所放出的热量也不可能完全被工质吸收，这些未释放和未被吸收的热量，就是锅炉的热损失。

伴随1kg燃料输入锅炉的热量用Q_r表示，在无外热源加热空气的条件下，可以认为Q_r近似等于$Q_{ar,net,p}$。在Q_r中，被工质吸收的热量称为锅炉的有效利用热量，用Q_1表示，其余则是锅炉热损失。

锅炉热损失包括排烟热损失、化学不完全燃烧热损失、机械不完全燃烧热损失、散热损失和灰渣物理热损失，分别以Q_2、Q_3、Q_4、Q_5和Q_6表示。根据热力学第一定律的能量平衡关系，输入锅炉的热量应等于锅炉的有效利用热量与各项热损失之和。这一平衡关系称为锅炉的热平衡，其表达式为

$$Q_r = Q_1 + Q_2 + Q_3 + Q_4 + Q_5 + Q_6 \tag{6-1}$$

式中，各项的单位均为kJ/kg燃料。若上式各项均以Q_r的相对量表示，则成为以百分率形式表示的热平衡方程，即

$$1 = q_1 + q_2 + q_3 + q_4 + q_5 + q_6 \tag{6-2}$$

式（6-1）和式（6-2）称为锅炉机组的热平衡方程。

二、锅炉热效率

所谓锅炉热效率，就是锅炉的有效利用热量占输入锅炉热量的百分数。确定锅炉机组热效率的方法分为正平衡法和反平衡法两种。

1. 正平衡法

正平衡法是指直接确定输入锅炉的热量Q_r和锅炉的有效利用热Q_1，即

$$\eta_b = q_1 = \frac{Q_1}{Q_r} = \frac{Q_1}{Q_{ar,net,p}} = \frac{Q_b}{BQ_{ar,net,p}} \tag{6-3}$$

式中 Q_b——工质每小时在锅炉中的吸热量，kJ/h；

　　B——锅炉每小时的燃料消耗量，kg/h；

　$Q_{ar,net,p}$——燃料的收到基低位发热量，kJ/kg。

由式（6-3）可知，为了确定 Q_1 和 Q_r，需要测定工质的流量、工质的状态参数、燃料消耗量 B、燃煤的收到基低位发热量 $Q_{ar,net}$ 等数据。因而正平衡法要求在比较长的时间内保持工况稳定。即保持锅炉压力、负荷、燃烧状态、锅筒水位等基本不变，这在实际运行中是不容易办到的。另外，对于大型锅炉，燃料消耗量的精确测定也是困难的。加之此法不能确定锅炉的各项热损失。因此，对于大型电站锅炉通常采用反平衡法来确定锅炉机组的热效率。

2. 反平衡法

反平衡法是指通过确定锅炉的各项热损失，然后按下式计算锅炉热效率的方法。

$$\eta_b = 1 - q_2 - q_3 - q_4 - q_5 - q_6 \tag{6-4}$$

在确定各项热损失的过程中，需要测定许多数据，如排烟过量空气系数 α_{py}，排烟温度 θ_{py}，烟气成分 CO、RO_2 和 O_2，炉渣、飞灰和沉降灰中的可燃物含量，煤的元素分析成分和发热量等。反平衡法不但可以确定锅炉的效率，而且可以确定锅炉的各项热损失，因而可以了解锅炉的工作情况并能找出提高锅炉效率的途径。加之反平衡法不要求试验期间严格保持锅炉负荷不变，所以，此法得到了广泛的应用。

三、锅炉热损失

1. 排烟热损失 q_2

排烟热损失是锅炉热损失中最大的一项，大中型锅炉正常运行时的 q_2 约为 $4\% \sim 8\%$，排烟热损失主要取决于排烟温度和排烟容积。排烟温度越高、排烟容积越大，则排烟焓越大，排烟热损失也就越大。通常 θ_{py} 每升高 $15 \sim 20℃$ 会使 q_2 约增加 1%。降低排烟温度可以降低排烟热损失。但降低排烟温度，必须在设计时增加锅炉尾部受热面面积，因而增大了金属耗量和烟气的流动阻力；另外，如果排烟温度过低将会引起尾部受热面的低温腐蚀，特别是在燃用硫分较高的燃料时尤其如此。因此排烟温度也不能降得太低，合理的排烟温度，应通过技术经济比较来确定。近代大型电站锅炉的排烟温度约在 $110 \sim 160℃$ 之间。

影响锅炉排烟温度和排烟容积的因素有：燃料的性质；受热面的积灰、结渣或结垢；炉膛出口的过量空气系数 α_1'' 以及烟道各处的漏风等。当煤中的水分和硫分较高时，为了避免或减轻尾部受热面的低温腐蚀，必须采用较高的排烟温度。水分增大，使排烟容积增大。受热面发生积灰、结渣或结垢时，烟气与受热面的换热量减少，排烟温度就会升高。因此，为了保证锅炉运行的经济性，必须适时吹灰保持受热面的清洁。炉膛出口的过量空气系数 α_1'' 以及烟道各处的漏风增加将增大排烟的容积。

2. 化学不完全燃烧热损失 q_3

锅炉尾部排放的烟气中，还含有 CO、H_2 等可燃气体，这些可燃气体未能燃烧释放出热量就随烟气排出锅炉，从而造成热量损失，此热损失称为化学不完全燃烧热损失（q_3）。煤粉炉的化学不完全燃烧热损失 q_3 一般不超过 0.5%。

影响 q_3 的主要因素有：燃料的挥发分、炉膛过量空气系数、燃烧器结构和布置、炉膛温度和炉内空气动力工况等。

燃料中的挥发分多，炉内可燃气体的量就增多，容易出现不完全燃烧，则 q_3 就比较大；炉膛出口过量空气系数过小，可燃气体因得不到足够的氧气而无法燃尽时，q_3 增大；若炉膛出口过量空气系数过大，又会使炉膛温度降低，而一氧化碳在低于 $800\sim900℃$ 时很难燃烧，此时 q_3 也会增大；炉膛结构及喷燃器布置不合理，使燃料在炉内停留时间过短或炉内空气动力场不好时，q_3 增大。

3. 机械不完全燃烧热损失 q_4

机械不完全燃烧热损失是指部分固体燃料未参与燃烧或未燃尽就随灰渣或飞灰离开炉膛所造成的热量损失（q_4）。q_4 是煤粉锅炉中较大的一项热损失，其值约为 $0.5\%\sim5\%$。

影响 q_4 的主要因素有：燃料性质、燃烧方式、炉膛型式和结构、燃烧器设计和布置、炉膛温度、锅炉负荷、运行水平、燃料在炉内的停留时间和空气的混合情况等。

煤中灰分和水分越少、挥发分含量越多、煤粉越细，则 q_4 越小；在燃料性质相同的条件下，炉膛结构合理（有适当的高度和容积），喷燃器的结构性能好，布置位置适当，使气粉有较好的混合条件和较长的炉内停留时间，则 q_4 较小；炉内过量空气系数适当，炉膛温度较高时，q_4 也较小。锅炉负荷过高将使煤粉来不及在炉内烧透，负荷过低则炉温降低，都将使 q_4 增大。固体未完全燃烧热损失是燃煤锅炉的主要热损失之一，一般仅次于排烟热损失。

通过前面的分析可知：炉膛出口过量空气系数 α_1'' 对 q_2、q_3、q_4 有直接的影响，所以炉膛出口过量空气系数 α_1'' 的选取应该使 $q_2+q_3+q_4$ 之和最小为原则，此时的炉膛出口过量空气系数 α_1'' 称为最佳过量空气系数。

4. 散热损失 q_5

散热损失是指因锅炉炉墙、汽包、联箱、管道等设备的外壁温度高于环境温度而向环境散热所造成的热量损失，其大小与锅炉散热表面积大小、设备的热绝缘情况及环境温度有关，一般随锅炉容量的增大而减小。当容量大于 $900t/h$ 时，q_5 约为 0.2%。

5. 灰渣物理热损失 q_6

燃用固体燃料时，从炉底排出的灰渣温度远远高于环境温度，由此造成热量损失，此热损失称为灰渣物理热损失（q_6），其大小主要与煤的含灰量及排渣方式有关。含灰量越大，q_6 越大。液态排渣炉的排渣温度及排渣量均较高，故其 q_6 远远高于固态排渣炉的。

第二节　锅炉的运行调节

锅炉的运行工况由于受到来自设备内部（如燃烧工况变化）和外部（如汽轮机进汽量变化）的扰动而经常处于变动之中，因而反映锅炉运行工况的参数，如汽压、汽温、汽包水位等也就处于不断变化之中，这些参数的变化直接影响锅炉乃至汽轮机设备的安全经济运行。为此，锅炉都配备有自动控制及调节系统，以实现锅炉燃烧工况、运行参数等的自动调节。

锅炉运行调节的主要任务是：使蒸发量适应外界负荷的需要；保证输出蒸汽的品质（包括蒸汽压力、温度等）；维持正常的汽包水位；维持高效率的燃烧与传热；保证设备长期安全经济运行。调节项目的基本原理和方法分述如下。

一、蒸汽压力的调节

1. 蒸汽压力变化的原因

作为锅炉运行监控主要参数之一的蒸汽压力，是指过热器的出口压力。它的高低直接影响汽轮机设备的安全性和经济性，一般规定其数值与额定值的偏差范围不超过 $\pm0.05\sim$

0.1MPa。为便于理解,分析时可将蒸汽压力作为汽包压力,二者之差是汽包出口至过热器出口联箱之间的流动阻力损失。

影响汽压变化的因素,一是锅炉外部的因素,称为外扰;一是锅炉内部的因素,称为内扰。

外扰主要是指外界负荷的正常增减及事故情况下的大幅度甩负荷。当外界负荷突然增加时,汽轮机调速汽门开大,蒸汽量瞬间增大。如燃料量未能及时增加,再加以锅炉本身的热惯性(即从燃料量变化至锅炉汽压变化需要一定的时间),将使锅炉的蒸发量小于汽轮机的蒸汽流量,汽压就要下降;相反,当外界负荷突减时,汽压就要上升。在外扰的作用下,锅炉汽压与蒸汽流量(发电负荷)的变化方向是相反的。

内扰主要是指炉内燃烧工况的变化,如送入炉内的燃料量、煤粉细度、煤质等发生变化,或出现风粉配合不当现象,如炉膛结渣、漏风等。在外界负荷不变的情况下,汽压的稳定主要取决于炉内燃烧工况的稳定。在内扰的作用下,锅炉汽压与蒸汽流量的变化方向开始时相同,然后又相反。例如,锅炉燃烧率扰动(增加),将引起汽压上升,在调速汽门未改变以前,必然引起蒸汽流量的增大,机组出力增加,调速汽门随之要关小,以维持原有出力,蒸汽流量与汽压则会向相反方向变化;反之亦然。

2. 蒸汽压力调节的一般方法

据上述,蒸汽压力的变化实际上是锅炉蒸发量与外界负荷之间的平衡关系被破坏的结果。负荷变化对于锅炉是客观存在的,因此蒸汽压力的调节就是锅炉蒸发量的调节。由于蒸发量的大小主要取决于燃烧工况,所以蒸汽压力调节实际上就是燃料量与风量的调节。无论何种扰动使蒸汽压力变化,都应改变燃煤量及送风量,同时兼顾汽包水位及蒸汽温度的调节。

蒸汽压力调节的具体方法是:

当蒸汽压力下降时,先与引风机配合,增大送风量,再增大燃料量。燃料量增加时,一方面增加进入运行燃烧器的燃料量,或投入备用燃烧器。另一方面,对于直吹式制粉系统,应增加给煤机的给煤量;对于中间储仓式制粉系统,则应增大各运行给粉机的转速。

当蒸汽压力升高时,应先减少燃料量,再减少送风量,同时相应减少给水量,并兼顾到其他参数的调节。

另外,在汽包及过热器出口的蒸汽联箱上,均设有安全阀,作为调节滞后或调节失灵的安全防范装置。

直流锅炉蒸汽压力的调节方法与上述方法类同,只是由于锅炉没有汽包,因此对调节的灵活性、准确性要求就更加严格。

二、蒸汽温度的调节

(一)蒸汽温度变化的原因

近代锅炉对过热汽温和再热汽温的控制是十分严格的,允许变化范围一般为额定汽温±5℃。汽温过高或过低,以及大幅度的波动都将严重影响锅炉、汽轮机的安全和经济性。

蒸汽温度过高,若超过了设备部件(如过热器管、蒸汽管道、阀门,汽轮机的喷嘴叶片等)的允许工作温度,将使钢材加速蠕变,从而降低设备使用寿命。严重的超温甚至会使管子过热而爆破。过热器、再热器一般由若干级组成。各级管子常使用不同的材料,分别对应一定的最高许用温度。因此为保证金属安全,还应当对各级受热面出口的汽温加以限制。此外，还应考虑平行过热器管的热偏差及汽温两侧偏差，防止局部管子的超温爆漏和汽轮机汽缸两侧的受热不均。

蒸汽温度过低，将会降低热力设备的经济性。对于亚临界、超临界参数机组，过热汽温每降低 10℃，发电煤耗将增加约 1.0g 标准煤/(kW•h)，再热汽温每降低 10℃，发电煤耗将增加约 0.8g 标准煤/(kW•h)。汽温过低，还会使汽轮机最后几级的蒸汽湿度增加，对叶片的侵蚀作用加剧，严重时将会发生水冲击，威胁汽轮机的安全。因此运行中规定，在汽温低到一定数值时，汽轮机就要减负荷甚至紧急停机。

汽温突升或突降会使锅炉各受热面焊口及连接部分产生较大的热应力。还将造成汽轮机的汽缸与转子间的相对位移增加，即胀差增加。严重时甚至可能发生叶轮与隔板的动静摩擦，汽轮机剧烈振动等。

引起蒸汽温度变化的因素来自蒸汽侧和烟气侧。蒸汽侧如锅炉负荷、给水温度的变化；烟气侧如燃料性质和数量、送风量、受热面清洁程度等。

（二）蒸汽温度的调节方法

针对蒸汽温度变化的原因，汽温调节方法也分为两种。

1. 蒸汽侧调节方法

当汽温升高时，蒸汽侧调节的基本方法一般是喷水减温法，即用低温给水（一般为给水泵出口的水）作为冷却水喷入蒸汽，直接吸收蒸汽热量，使其温度降低。承担蒸汽喷水调节任务的设备称为喷水减温器。喷水减温器采用多孔笛形管结构，设计喷水量一般为锅炉额定蒸发量的 3%～5%。大型锅炉采用 1～3 级喷水减温器不等。

蒸汽侧调节的特点是降温调节，即仅能使蒸汽温度降低而不能使其升高，因而过热器的换热面积，通常设计得要大一些，使其吸热能力大于额定需要值。这样，当蒸汽温度降低时，应能使减温水量随之减少；当汽温升高时，则能使减温水量增大，从而获得双向调节汽温的手段，以始终保持锅炉出口的过热蒸汽温度为额定值。减温器投入的负荷范围为70%～100%。

2. 烟气侧调节方法

烟气侧调节的原理是，通过改变掠过过热器和再热器的烟气温度和流量来改变过热蒸汽和再热蒸汽的温度。具体方法如下。

（1）改变火焰中心位置：改变炉膛火焰中心位置（即上移或下移），可以减少或增加炉膛内受热面的吸热量，改变炉膛出口烟温，从而可改变掠过过热器和再热器的烟温，达到调节蒸汽温度的目的。其方法一般是采用改变摆动式燃烧器的喷口角度，或改变多层燃烧器各层的出力。在配 300MW、600MW 机组的锅炉中，普遍采用改变摆动式燃烧器喷口角度的调温方法，喷口角度一般可上下摆动 20°～30°。

（2）改变烟气挡板开度：将锅炉尾部竖井入口段做成并联的两个分隔烟道，一侧烟道布置再热器，另一侧布置过热器（或省煤器）。两侧烟道出口处均装有烟气挡板，改变挡板开度，就可以改变两侧烟道的烟气量比例，以调节再热汽温。

（3）使烟气再循环：这种调节方式是利用再循环风机将省煤器后温度约为 350℃的部分烟气抽出，从炉膛底部或上部再送回炉膛，实现对蒸汽温度的调节。

锅炉低负荷运行时，再循环烟气从炉底冷灰斗处送入。由于"冷烟气"量的增加，炉内辐射吸热量减少，但炉膛出口烟温变化不大，因而对流过热器和再热器的吸热量因烟气流量增加而增大，从而使蒸汽温度提高。高负荷运行时，再循环烟气从炉膛出口处送入，对炉内辐射吸热量影响不大，但造成炉膛出口烟温降低和烟气量增加。由于这些变化对蒸汽温度的影响相反，故对汽温的调节作用较弱，一般用于防止炉膛出口处屏式过热器及高温对流过热器的超温及结渣。

上述调节方法，对过热蒸汽和再热蒸汽温度都具有调节作用，但一般使烟气侧调节服从再热蒸汽的调温要求。

三、汽包水位调节

对于汽包锅炉来说，当水位过高时，汽水分离空间高度减小将造成蒸汽带水，蒸汽品质恶化（蒸汽的机械携带会造成含盐量增加），严重时会出现汽包满水，造成蒸汽大量带水，含盐量过高的蒸汽使过热器严重结垢，导致管壁超温爆管，还会造成主蒸汽管道和汽轮机的水冲击，影响设备的安全和经济运行。

汽包水位过低，可能导致下降管带汽，使水循环的流动压头减小，自然水循环的安全性降低。如果给水中断而锅炉连续运行时，则可能在几十秒内就出现"干锅"。即使给水不中断，但给水量与蒸发量不平衡，仍会在几分钟内发生缺水（或满水）事故。因此，及时调节给水流量，维持汽包的正常水位，是汽包锅炉安全运行非常重要的一项任务。

运行中为了监视汽包水位，便于调节，在锅炉汽包上都装有就地和远传式水位计。

给水调节的任务就是根据负荷的变化及时调节给水流量，使两者相适应。但在调节过程中，必须注意汽包的虚假水位现象。

所谓虚假水位，就是汽包的不真实水位。锅炉负荷变化将引起汽包水位变化，但同时也会引起汽包压力变化，而汽包压力的变化将使水循环系统中蒸汽含量和汽水比体积发生改变，进而影响汽包水位。由于这种影响使汽包水位的变化趋势与锅炉负荷对汽包水位直接影响的变化趋势正好反向，从而出现一个变化后的不真实水位，并且这个不真实水位是调节过渡过程中的产物，一旦达到新的汽水平衡，这种不真实水位便会消失。虚假水位的存在，会误导给水量调节朝着相反的方向进行，为克服这一影响，一般采用三冲量给水自动控制系统，图 6-1 给出了这种控制系统的示例。

所谓三冲量调节，是指该控制系统以蒸汽流量（即锅炉负荷）、给水流量和汽包水位作为信号参量。这种系统不仅综合考虑了蒸汽流量与给水流量平衡的原则，还考虑了汽包水位偏差的大小，既能纠正虚假水位的影响，又能补偿给水流量的扰动。

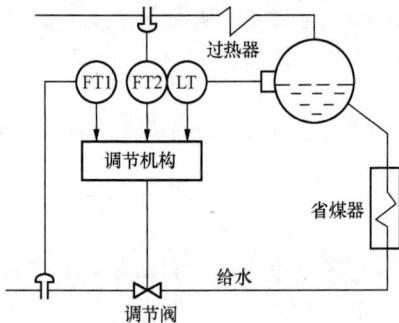

图 6-1　三冲量给水自动控制系统
FT1—给水流量表；FT2—蒸汽流量表；
LT—汽包水位表

四、燃烧调节

锅炉的燃烧调节实质上与上述各调节项目是密切相关的，如蒸汽压力调节也是燃料量的调节，而燃烧工况同样也影响着蒸汽参数和汽包水位。燃烧调节的任务因此归纳为三点：一是使燃烧适应蒸汽负荷和蒸汽参数的要求；二是保证良好的燃烧，以减少不完全燃烧损失；三是对于负压燃烧锅炉，应合理调整送、引风量，以维持炉膛内适当的负压，保证锅炉运行安全。与三项任务相对应，燃烧调节的三个参数分别是燃料量、送风量和引风量。

锅炉燃烧的正常状态具有以下几方面特征：当燃料量、送风量和引风量配合较好时，炉膛内应具有光亮的金黄色火焰，火焰中无明显的星点，火焰中心位于炉膛中部，火焰均匀地充满整个炉膛而不触及四周的水冷壁，烟囱排放出的烟气呈淡灰色。

五、大型锅炉自动控制系统简介

1. 炉膛安全监控系统

炉膛安全监控系统，其英文缩写为 FSSS，它是将燃烧系统控制和炉膛安全保护融为一体的自动控制保护系统。其主要功能有：锅炉点火前及停炉后的炉膛吹扫；点火及主燃料投入合适条件的确定；正常运行时对运行参数及设备状态的监测报警；设备处于危急状况下使主燃料跳闸、锅炉运行停止；特殊情况下紧急减负荷或切断负荷；炉膛火焰监测及燃烧工况判断、首次跳闸原因显示、制粉系统控制、火焰监测孔冷却风机及磨煤机密封风机控制、炉水循环泵控制等。

FSSS 对锅炉的安全保护主要体现在炉膛吹扫和主燃料跳闸。前者可以使锅炉在运行的各个阶段（包括启动和停炉）避免在其任何部位形成煤粉沉积，消除气粉混合物的爆燃条件；后者是，当无论何种原因使设备处于危险状态时，FSSS 将发出主燃料跳闸的指令，切断所有燃料设备和有关辅助设备，使整台机组停止运行，保证设备的安全。

2. 协调控制系统

协调控制系统，可用英文缩写记为 CCS，也称主控系统。它是将锅炉和汽轮机作为一个整体，共同接受电负荷指令的控制，以达到协调动作。而 CCS 的执行系统便是锅炉的 FSSS 和汽轮机的数字电液控制系统（DEH），以及全厂的其他辅助控制系统。

对于单元制机组，负荷的变化将导致主蒸汽压力的变化，而主蒸汽压力的变化又会同时引起燃烧工况（包括燃料量、风量、炉膛负压）的变化和汽包水位及给水流量的变化。CCS 是在 DEH 所提供的电负荷信号下，通过控制 FSSS，使锅炉的主辅设备协调动作，及时、同步地将各调节参数调节到适应于电负荷指令的状态，从而实现对锅炉的保护及机炉的协调控制。

第三节 锅炉启动和停运

一、锅炉启动

锅炉启动可分为冷态启动和热态启动。由于检修或备用等原因，锅炉经过较长时间的停用后，在常温常压下的启动，称为冷态启动。锅炉在短时间内停用、仍保持一定温度和压力下的启动称为热态启动。冷态启动和热态启动的差别仅在于锅炉的备用状态不同，因而热态启动与冷态启动相比，其部分工作可以简化和省略。热态启动实质上可视为冷态启动过程的延续。因此，熟悉了冷态启动的过程，自然就掌握了热态启动。

母管制锅炉的启动是锅炉的单独启动；而单元制锅炉的启动是和汽轮机一起的联合启动。对于母管制锅炉，锅炉的启动时间是指从点火到并汽经过的时间；对于单元机组，是指从点火到机组带到额定负荷或指定负荷所需要的时间。

1. 汽包锅炉的冷态启动

锅炉的启动应严格按照操作规程进行操作，但每台锅炉都有自己的操作规程，下面仅就锅炉启动的若干共性问题作概要介绍。

　　（1）启动前的检查与准备：锅炉启动前，必须按规程规定对主辅设备进行全面检查。当确认设备完好，且具备启动条件时方可启动。检查的主要内容为：炉膛内应无人工作，无结焦，无杂物，喷燃器完好，油枪位置正确，喷燃器口及油枪头无焦渣堵塞，排管或水冷壁管无变形，炉墙完整无裂缝，脚手架全部拆除；尾部受热面及烟道内，应无堵灰、杂物及遗留工具，无工作人员；检查所有炉门、防爆破门和除灰门，应完整、灵活，并全部关闭；所有膨胀指示器应完整并无卡碰和顶撞现象；平台通道和楼梯应完整，无杂物堆积，照明充足；检查所有风门及挡板，开度指示应与实际相符合，连接销子应完整，传动装置动作灵活，检查后将各挡板调整至启动位置；检查转动机械，应无杂物影响转动，联轴器应有安全罩，转动机械及其电动机地脚螺丝无松动，转动部分能用手盘车并无摩擦和碰撞，轴承内油位正常，油质合格，冷却水畅通，无漏油、漏水现象；检查汽水系统，各阀门应完整，动作灵活，方向正确。远方控制机构应灵活，对电动阀门应进行遥控试验，证实其电气和机械部分完整可靠；各阀门应调整至启动位置，如空气门、向空排汽门、给水总门、省煤器再循环门、蒸汽管道上的疏水门等应开启；主给水和旁路给水的隔绝门、给水管和省煤器的放水门、水冷壁下联箱的放水门、连续排污二次门、事故放水二次门等应关闭；水位计、压力表门均应处于投入状态，所有安全门应完好、无影响动作的障碍物；检查锅炉操作盘，操作盘上各电气仪表、热工仪表、信号装置、指示灯、操作开关等应完整好用；制粉系统、除尘器、燃油系统和点火设备，应符合现场有关设备和规程，可以随时启动投入。

　　（2）锅炉上水：启动前，准备工作就绪并确认具备启动条件时，开始冷态向汽包供水。为了控制汽包的热应力，水温一般不高于90℃，并且在整个上水过程中，上水速度不能过快。上水后的汽包水位高度，对自然循环锅炉只需达到水位计的最低可见水位；对于控制循环锅炉，则应接近水位计的顶部。锅炉上水完毕后，应检查汽包水位有无变化。若汽包水位继续上升，则说明进水阀门未关严；若水位下降，则说明有漏泄的地方（如放水门、排污门漏泄或未关），应查明原因并采取措施及时消除。

　　（3）锅炉点火：点火前，应投入所有有关自动调节控制系统。并且启动回转式空气预热器。无论什么型式的锅炉，在点火前必须对炉内进行通风，通风时间应不少于5min。目的是清除炉膛和烟道内可能残存的可燃气体，防止点火时发生爆燃而损坏锅炉设备。方法是先启动引风机，维持炉膛负压50～100Pa，再启动送风机并调整好风压，吹扫一次风管3～5min，待吹扫工作结束后，关小送、引风机调节挡板。并调整有关燃烧器的一、二次风门开度，使其保持在点火所需的位置，准备进行点火。

　　对于采用二级点火方式的锅炉，应先点燃燃油，待炉内达到某一温度时，再点燃煤粉。对于采用三级点火方式的锅炉，应先点燃液化气，再点燃燃油，待炉内达到某一温度时，再点燃煤粉。

　　（4）升温升压过程：锅炉点火后，各部件逐渐受热，炉水温度逐渐升高，产生蒸汽，汽压不断上升。从锅炉点火至主蒸汽压力、温度升至额定值的过程，称为启动升温升压过程。

　　锅炉机组升温升压过程，应根据规程规定的升温升压速度进行。升温升压的速度，在汽轮机冲转前主要决定于锅炉厚壁部件，特别是汽包的温差和热应力的限制。这是因为在汽轮机冲转之前，升温升压过程是锅炉单独进行的，以防炉内温度急剧升高而使受热面温升过快，使金属部件产生较大热应力而损坏。汽轮机冲转之后，蒸汽压力和温度的增长，则主要取决于汽轮机的启动要求。

在整个升温升压过程中，燃烧调节是控制、调节蒸汽压力和温度的最主要手段。旁路系统和减温器作为辅助措施，共同实现对主蒸汽温度和压力的控制，并保护过热器和再热器。启动过程中省煤器的保护措施是开启再循环管。

锅炉的启动过程直至主蒸汽压力、温度达到额定值，汽轮机带满负荷稳定运行时结束。

2. 直流锅炉的启动特点

直流锅炉在点火前，需用除氧水对受热面进行循环清洗，以清除运行期间沉积在受热面上的污垢。另外，根据启动要求，启动前还需在汽水系统建立起一定的启动压力和流量，以使水冷壁在点火后受到充分的冷却。

锅炉启动初期，需开启旁路系统。当通过加强燃烧使机前蒸汽参数达到规定值时，便可对汽轮机供汽，完成冲转、暖机、升速直至带部分负荷。在汽轮机增加负荷的过程中，锅炉的蒸汽参数逐步升高，此时注意适时切除旁路系统，改为纯直流运行，而汽水分离器（启动期间具有汽包的作用）可切除，也可保留。

3. 锅炉的正常启动和紧急启动

锅炉的正常启动是在正常情况下按计划的启动。启动时，充分注意到机组各部件逐步而均匀地加热，不产生较大的热应力。正常启动时，在保证机组设备安全的前提下，应当尽量缩短启动时间，减少启动过程中的工质损失和热量损失。

所谓紧急启动，是指在启动过程中采用多种措施。在保证机组设备安全所允许的热应力情况下，加快升温和升压速度，使机组在短时间内投入运行。紧急启动一般在某台锅炉运行中发生事故被迫停炉或外界负荷剧增时采用。

二、锅炉的停运

1. 锅炉停运的分类

（1）热备用停运和非热备用停运：根据锅炉停运的最终状态，锅炉的停运可分为热备用停运和非热备用停运。热备用停运是指停止向汽轮机供热和锅炉熄火后，关闭锅炉主蒸汽阀和烟气侧的各个门和孔，锅炉进入热备用状态。非热备用停运包括冷备用停运和检修停运。故障停运和计划检修停运包括在检修停运中。冷备用停运的最终状态是彻底冷却后放尽炉水，进行保养，进入冷备用状态。检修停运的最终状态则是冷却后放尽炉水，进行检修。

（2）正常停运和故障停运：根据锅炉停运的原因，可分为正常停运和故障停运。锅炉运行的连续性是有一定限度的。当设备运行一定时间后，为恢复或提高锅炉的运行性能、预防事故的发生，必须停止运行，进行有计划的检修。另外，当外界电负荷减少时，为了整个发电厂运行比较安全经济，经过计划调度，也要求一部分锅炉停止运行，转入备用。这两种情况下的停运为正常停运。无论出于锅炉外部或内部原因发生事故，锅炉不停运将会造成设备损坏或危及运行人员安全，必须停止锅炉的运行，称为事故停运。

（3）额定参数停运和滑参数停运：单元机组在正常停运中，根据停运过程中降负荷时汽轮机前的蒸汽参数，可分为额定参数停运和滑参数停运。所谓额定参数停运，是指在机组停运过程中汽轮机前蒸汽的压力和温度不变或基本不变的停运。如果机组是短期停运，进入热备用状态，可用额定参数停运；因为锅炉熄火时蒸汽的温度和压力很高，有利于下一次启动。所谓滑参数停运，即锅炉、汽轮机联合停运，在整个停炉过程中，按照汽轮机的要求，锅炉的负荷及蒸汽参数不断降低直至锅炉停止运行。

2. 锅炉停运

停炉前应做好有关准备工作，如停止向原煤仓上煤，做好油枪投入的准备工作等。停炉时，通过减小燃料量、送风量、按计划分阶段停用燃烧器等燃烧调整手段，以及相应减少给水量等，使蒸汽参数有计划地平稳下降。

当负荷降到一定程度，如70％以后，为防止燃烧不稳而发生突然熄火和爆燃，应投入油枪，并视汽温情况关闭减温水。当负荷降至10％左右时，则需启动Ⅰ、Ⅱ级旁路系统。

在汽轮机调节汽门关闭后，锅炉便可熄火、停用所有油枪。熄火2～3min后，可停止送风机，但引风机仍继续运行5～10min，以清除炉膛和烟道内的可燃物。直流锅炉的停炉程序与其启动程序相反，有关注意事项与汽包锅炉类同。

第四节　典型国产某600MW超临界压力锅炉设备简介

一、锅炉主要参数（见表6-1）

表 6-1　　　　　　　　　　　　锅 炉 的 主 要 参 数

序号	名　　称	单　位	最大连续负荷（BMCR）	额定负荷（BRL）
1	过热蒸汽流量	t/h	1900	1807.9
2	过热器出口汽压	MPa	25.4	25.3
3	过热器出口汽温	℃	571	571
4	再热蒸汽流量	t/h	1607.6	1525.5
5	再热器进口汽压	MPa	4.71	4.47
6	再热器出口汽压	MPa	4.52	4.29
7	再热器进口汽温	℃	322	316
8	再热器出口汽温	℃	569	569
9	省煤器进口给水温度	℃	284	280

二、整体布置

图6-2是某国产600MW超临界压力直流锅炉示意图。该锅炉为超临界参数变压直流本生型锅炉，一次再热，前后墙对冲燃烧单炉膛，尾部双烟道结构，采用挡板调节再热汽温，固态排渣，全钢构架，全悬吊结构，平衡通风，露天布置。

锅炉的循环系统由启动分离器、储水罐、下降管、下水连接管、水冷壁上升管及汽水连接管等组成。在负荷不小于25％BMCR后，直流运行，一次上升，启动分离器入口具有一定的过热度。采用内置式启动旁路系统，带启动循环泵或不带启动循环泵的简化启动系统。

炉膛水冷壁分上下两部分，下部水冷壁采用全焊接的螺旋上升膜式管屏，螺旋水冷壁管采用了内螺纹管，上部水冷壁采用全焊接的垂直上升膜式管屏。螺旋围绕与上部垂直水冷壁的过渡方式采用中间混合联箱形式。

过热器及再热器受热面的布置采用了辐射-对流型，这种布置方式可确保锅炉在负荷变化范围内达到额定的蒸汽参数，并获得良好的汽温特性。过热器主要由在尾部竖井后烟道内

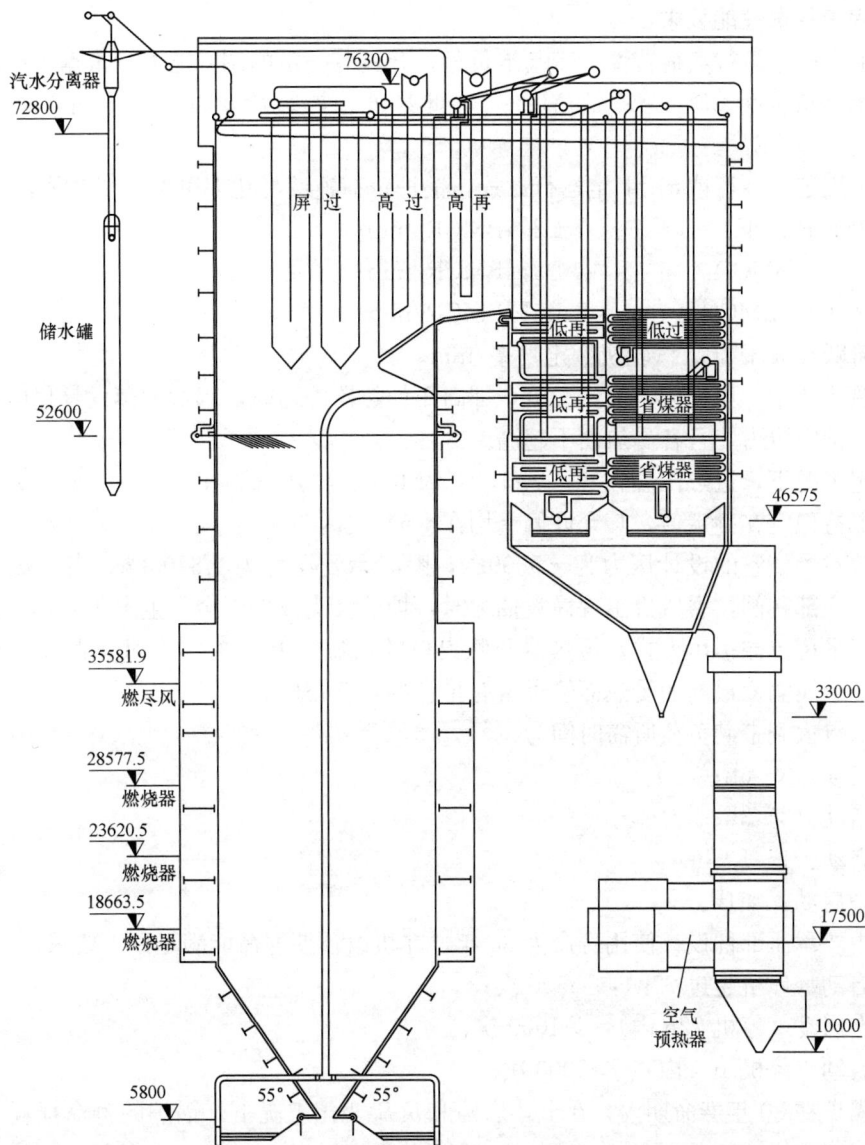

图 6-2 国产某 1900/25.4-Ⅱ1 型锅炉示意图

的水平对流低温过热器、炉膛上部的屏式过热器和末级过热器等组成。过热汽温调节采用二级喷水减温。再热器由位于尾部前烟道的水平对流低温再热器及位于末级过热器后的高温再热器组成。再热汽温通过尾部双烟道平行烟气挡板调节。

省煤器布置在尾部后竖井水平低温过热器的下方。后竖井省煤器、水平低温过热器和水平低温再热器均通过包墙系统引出的吊挂管悬吊到大板梁上。

燃烧器采用前后墙对冲分级燃烧技术。在炉膛前后墙各分 3 层布置低 NO_x 旋流式煤粉燃烧器，每层布置 6 只燃烧器，全炉共设有 36 只燃烧器。在最上层燃烧器的上部布置了燃尽风喷口（OFA）。一般还设有启动油枪和点火油枪，用于启动和维持低负荷燃烧。

三、锅炉基本性能要求

锅炉适应机组运行负荷特性，带基本负荷，并具有一定的调峰能力，根据不同的煤种不投油最低稳燃负荷为 30%～45%BMCR，在此最低稳燃负荷及以上范围内自动化投入率 100%。

锅炉采用定压运行或定-滑-定运行方式，锅炉负荷连续变化率可按以下数值：

30%BMCR 以下：　　　　　　±2%BMCR/min；

30%～50%BMCR：　　　　　　±3%BMCR/min；

50%～100%BMCR：　　　　　±5%BMCR/min；

负荷阶跃：大于 10%汽轮机额定功率/min。

在回热系统中，当任何一级或三级全部高压加热器停运时，锅炉的蒸发量仍能使汽轮发电机组达到额定出力，且各受热面不超温。

在稳定工况下，过热汽温在 35%～100%BMCR、再热汽温在 50%～100%BMCR 负荷范围时，保持稳定在额定值，其允许偏差均在±5℃之内。

锅炉炉膛燃烧室的设计压力为±5800Pa，瞬时承受压力为±8700Pa，当燃烧室突然灭火或送风机全部跳闸，引风机出现最大抽力时，炉墙及支撑件不会产生永久变形。

过热器采用单端引出方式，再热器两侧出口的汽温偏差 10℃。在过热器及再热器系统设计中，对金属温度最高的受热面管子留有足够的安全裕度。

锅炉从点火到带满负荷所需时间为：

冷态启动：5～6h；

温态启动：2～3h；

热态启动：1～1.5h；

极热态启动：<1h。

锅炉主要承压部件设计使用寿命为 30 年。在机组预期寿命能满足以下要求：

冷态启动（停机超过 72h）：>500 次；

温热态启动（停机 72h 内）：>4000 次；

热态启动（停机 10h 内）：>5000 次。

整台锅炉在 30 年寿命期内，在上述启停和负荷变化工况下，锅炉的寿命损耗不超过寿命的 70%。

四、技术特点

整个锅炉的设计及布置具有如下的特点。

(1) 锅炉具有快速启动能力，带基本负荷并参与调峰。

(2) 锅炉启动系统不带循环泵（BCP），运行维护简便，费用低，经济合理。

(3) 启动分离器和储水罐直径较小，壁厚较薄，有利于锅炉频繁启动，变压运行。

(4) 锅炉采用复合变压运行模式，较低负荷时电厂效率也较高。

(5) 较小的炉膛容积热负荷及适宜的炉膛断面热负荷，防止锅炉炉膛结焦，增加煤粉在炉内的停留时间，使煤粉能充分燃烧。

(6) 水冷壁采用下部（包括冷灰斗）螺旋膜式管圈和上部垂直膜式壁结构，螺旋膜式管圈全部采用内螺纹管。

(7) 采用 HT—NR$_3$ 型低 NO_x 旋流式燃烧技术，以减少 NO_x 的排放量。

（8）悬吊式过热器和再热器。过热器及再热器承载支承件布置在烟道外，不受高温烟气气流冲刷。

（9）过热器和再热器穿墙的炉顶密封可适应在过热器和再热器与炉膛炉顶管之间膨胀；具有良好气密性的罩壳可使炉顶烟气泄漏减至最小。

锅炉在运行中，必须对过热器、再热器及厚壁元件提供必要的监视和保护手段，尤其在锅炉启动、停炉阶段，由于此时所处的工作条件差，更需对过热器和再热器进行保护。锅炉采用了汽轮机高、低压二级串联旁路系统，容量约为 30%BMCR。当锅炉启动、停炉或事故（电网事故、汽轮机停机等）时，旁路系统可作为一种保护手段。在汽轮机冲转前与事故停炉时，锅炉仍处于运行状态，蒸汽可通过旁路系统而不通过汽轮机进行循环。这时锅炉产生蒸汽通过过热器后，经过高压旁路减温减压后返回到再热器，再经过再热器通向低压旁路，经过减温减压，最后排入凝汽器。机组采用该旁路系统，可保证再热器在任何工况都有蒸汽通过，可有效地保护再热器系统。

在过热器出口管道上一般装设了两只动力控制泄放阀（PCV 阀），一只安全阀，在高温过热器进口管道上装设了四只安全阀。出口管道 PCV 阀和安全阀的整定压力幅度低于进口管道安全阀的整定压力幅度，因此当锅炉超压引起出口管道 PCV 阀和安全阀启跳时，能确保整个过热器系统中总有足够的蒸汽流过。而出口管道 PCV 阀的整定压力幅度低于过热器出口安全阀，使安全阀免于经常动作而得到保护。在动力控制泄放阀前设置了一个闸阀，以供 PCV 阀检修时隔离用。

再热器进、出口管道上分别设置了 6 只和 2 只弹簧安全阀。再热器出口管道上安全阀的整定压力幅度低于再热器进口管道上的，因此安全阀动作时，再热器中有足够的蒸汽流过，确保再热器得到有效的保护。再热蒸汽温度的监视是通过设置在再热器系统上的热电偶来实现的，管子金属壁温的监视是通过再热器管出口的壁温测点来实现的。

另外，在锅炉启动初期，还通过炉膛出口烟温探针的监控来实行对过热器和再热器的保护。当炉膛出口烟温超温时烟温探针能自动退回，报警烟温为 540℃，退回温度为 580℃。

本 章 小 结

一、锅炉热平衡的目的，在于确定锅炉效率，同时确定对锅炉效率影响较大的热损失项目。

二、锅炉运行时的调节参数一般为蒸汽压力、温度和汽包水位。蒸汽压力的调节实际上归结为对蒸发量的调节，也就是对燃料量和风量进行调节。

蒸汽温度的调节方法，分为烟气侧和蒸汽侧调节两大类。蒸汽侧调节主要采用喷水减温；烟气侧调节方法分三种，即采用摆动式燃烧器、烟气挡板和烟气再循环。喷水减温一般用于过热蒸汽调节，而烟气侧调节则主要服从于再热蒸汽温度调节的需要。

三、锅炉的启动和停运过程，实际上是对其加热或冷却的过程，因此启动和停运的主要注意事项，一方面应是控制厚壁容器，如汽包的温升或温降，以避免热应力过大而损坏设备；另一方面应避免炉膛内可燃物的堆积，以消除爆燃的隐患；同时应注意各种受热面的保护。

思 考 题

1. 何谓锅炉的热平衡及其目的是什么？锅炉中存在哪些热损失？各是如何形成的？

2. 锅炉运行调节的主要任务是什么？

3. 如何进行蒸汽压力的调节？蒸汽压力调节的一般方法是怎样的？

4. 为什么要进行蒸汽温度的调节？其调节方法一般有哪几种？目前大容量锅炉中常采用的汽温调节方法是什么？

5. 汽包水位变化过大会对锅炉运行带来哪些危害？何谓虚假水位？其影响是怎样的？

6. 如何判断炉内燃烧工况是否正常稳定？

7. 锅炉启动和停运的主要操作步骤是什么？

第七章 汽 轮 机 设 备

【摘要】 汽轮机设备是火力发电厂的两大热力设备之一。其作用主要有两个：一是将蒸汽的热能转化为机械功；二是回收工质。

本章内容主要分为三个方面，即汽轮机基本概念和汽轮机的基本结构；汽轮机级内工作过程及其热经济性分析；汽轮机的主要辅助设备。

第一节 汽轮机的一般概念

汽轮机是以水蒸气为工质，将蒸汽的热能转变为机械能的一种高速旋转式原动机。与其他类型的原动机相比，它具有单机功率大、效率高、运转平稳、单位功率制造成本低和使用寿命长等一系列优点，它不仅是现代火电厂和核电厂中所普遍采用的发动机，而且还广泛用于冶金、化工、船运等部门，用其直接拖动各种泵、风机、压缩机和船舶螺旋桨等；在现代火电厂和核电厂中，汽轮机是用来驱动发电机生产电能的，故汽轮机和发电机合称为汽轮发电机组。汽轮机设备是火电厂的三大主要设备之一，汽轮机设备包括汽轮机本体、调节保安及供油系统和辅助设备等。

一、汽轮机的分类

汽轮机的用途广泛，类型繁多，可以从不同的角度对汽轮机进行分类，一般常用的分类方式有以下几种。

1. 按工作原理分类

喷嘴叶栅（或静叶栅）和与其相配的动叶栅组成汽轮机中最基本的工作单元"级"，不同的级顺序串联构成多级汽轮机。蒸汽在级中以不同方式进行能量转换，便形成不同工作原理的汽轮机，即冲动式汽轮机和反动式汽轮机。

（1）冲动式汽轮机：主要由冲动级组成，在级中蒸汽基本上在喷嘴栅（或静叶栅）中膨胀，在动叶栅中只有少量膨胀。

（2）反动式汽轮机：主要由反动级组成，蒸汽在汽轮机的静叶栅和动叶栅中都有相当程度的膨胀。

2. 按热力特性分类

（1）凝汽式汽轮机：进入汽轮机的蒸汽在汽轮机中做功后，排入高度真空状态的凝汽器，凝结成水。

（2）背压式汽轮机：汽轮机的排汽压力高于大气压，排汽直接用于供热，无凝汽器。

（3）调整抽汽式汽轮机：在汽轮机某级后抽出一定压力的部分蒸汽向外供热，其余蒸汽在汽轮机做完功后仍进入凝汽器。由于热用户对供热蒸汽压力有一定要求，需要对抽汽供热压力进行自动调节。根据供热需要，有一次调整抽汽和两次调整抽汽。

（4）抽汽背压式汽轮机：具有调整抽汽的背压式汽轮机。

（5）中间再热式汽轮机：蒸汽在汽轮机内膨胀到某一压力后，被全部抽出送往锅炉的再热器加热，再热后的蒸汽重新返回汽轮机继续膨胀做功。

3. 按主蒸汽参数分类

（1）低压汽轮机：主蒸汽压力小于 1.5MPa。

（2）中压汽轮机：主蒸汽压力为 2~4MPa。

（3）高压汽轮机：主蒸汽压力为 6~10MPa。

（4）超高压汽轮机：主蒸汽压力为 12~14MPa。

（5）亚临界压力汽轮机：主蒸汽压力为 16~18MPa。

（6）超临界压力汽轮机：主蒸汽压力大于 22.2MPa。

此外，还可按蒸汽在汽轮机内的流动方向分为轴流式和辐流式汽轮机；按汽缸数目可分为单缸、双缸和多缸汽轮机；按用途分为电站汽轮机、工业汽轮机、船用汽轮机；按功率大小分为大功率汽轮机和中小功率汽轮机等。

二、国产汽轮机的型号

汽轮机的型号用来表示汽轮机的热力特点、出力及进汽参数规范等。国产汽轮机的型号表示方法是：

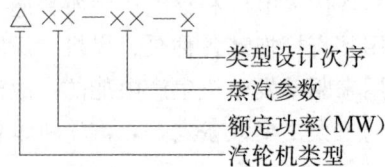

$$\triangle \times\times - \times\times - \times$$

- 类型设计次序
- 蒸汽参数
- 额定功率（MW）
- 汽轮机类型

汽轮机类型按汉语拼音的第一个字母表示，如表 7-1 所示。

表 7-1　　　　　　　　　　　　国产汽轮机类型代号

代号	型式	代号	型式	代号	型式
N	凝汽式	CC	二次调整抽汽式	Y	移动式
B	背压式	CB	抽汽背压式	K	空冷式
C	一次调整抽汽式	H	船用	HN	核电汽轮机

蒸汽参数的表示方法如表 7-2 所示，表内示例中功率的单位为 MW，蒸汽压力的单位为 MPa，蒸汽温度的单位为℃。

表 7-2　　　　　　　　　　　　汽轮机型号中蒸汽参数的表示方法

汽轮机类型	蒸汽参数表示方法	示例
凝汽式	主蒸汽压力/主蒸汽温度	N100—8.83/535
中间再热式	主蒸汽压力/主蒸汽温度/再热蒸汽温度	N300—16.7/538/538
一次调整抽汽式	主蒸汽压力/调节抽汽压力	C50—8.83/0.118
二次调整抽汽式	主蒸汽压力/高压抽汽压力/低压抽汽压力	CC25—8.83/0.98/0.118
背压式	主蒸汽压力/背压	B50—8.83/0.98
抽汽背压式	主蒸汽压力/抽汽压力/背压	CB25—8.83/0.98/0.118

第二节 汽轮机本体主要结构

汽轮机本体可分为固定和转动两大部分，它们分别称为汽轮机的静子和转子。静子主要包括汽缸、喷嘴、隔板、汽封、轴承等；转子主要包括主轴、叶轮、动叶、联轴器等。下面结合国产汽轮机组，对汽轮机本体结构作一简介。

一、汽缸

汽缸是汽轮机的外壳，其作用是将工作蒸汽与大气隔开，内壁支撑喷嘴静叶片、隔板、汽封环等零部件；外部与进汽管、抽汽管、排汽管、疏水管等相接。由于进入汽轮机的工作蒸汽压力逐级降低，容积流量逐级增大，汽轮机的通流面积逐级增大，因此汽缸截面沿轴向由高压到低压随之扩大。另外，由于汽缸承受蒸汽的高温、高压，为了减少汽缸壁的热应力及加快启停速度，特大型汽轮机的汽缸做成分层结构，形成内缸和外缸；为了安装、检修等方便，汽缸一般从水平中分面处分开，形成上缸和下缸、上下缸之间通过法兰用螺接连接；由于大型汽轮机的初参数高、级数多，需要按工作蒸汽压力的高低，将汽缸分成高压缸、中压缸和低压缸。

国产某 300MW 及某 600MW 汽轮机汽缸的具体结构如下。

1. 高压缸

新蒸汽分两路经置于高压缸两侧的一个主汽阀和二或三个调节阀后，进入高压缸调节级的四或六个喷嘴室，并从调节级开始依次流经各压力级绝热膨胀做功。

高压缸均采用双层缸，其目的是，使由一层汽缸承受的巨大压差和温差改为由两层汽缸来承受，使每层汽缸的厚度及法兰厚度大为减薄，相应连接上下缸法兰的螺栓尺寸减小。

图 7-1 和图 7-2 分别为国产某 600MW 汽轮机高、中、低压缸纵剖面图。高压缸的内、外缸均为合金钢铸件，内缸在水平中分面处支撑在外缸上，外缸则通过与下缸铸成一体的前后两个猫爪支撑在前后轴承箱上。

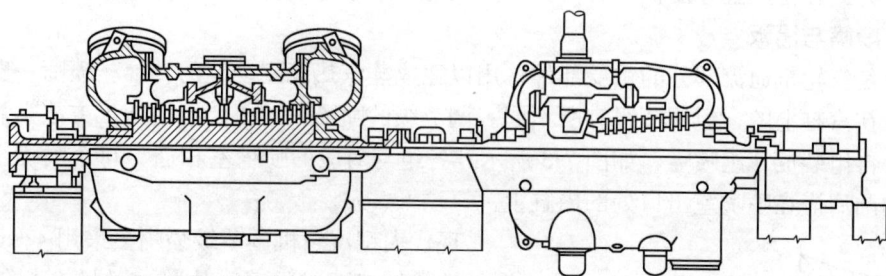

图 7-1 国产某 600MW 汽轮机高、中压缸纵剖面图

2. 中压缸

再热蒸汽经布置于中压缸两侧的再热主汽门和再热调节汽门进入中压缸的进汽室，并逐级流向排汽口。

进入中压缸的蒸汽压力虽不高，但温度却很高。为减少中压缸的热应力，仍采用双层汽缸，内、外缸也均为合金钢铸件。内、外缸的支撑方法与高压缸相同。

3. 低压缸

低压缸全部采用对称分流结构，除了适应低压时容积流量增大的要求外，还可平衡轴向推力。

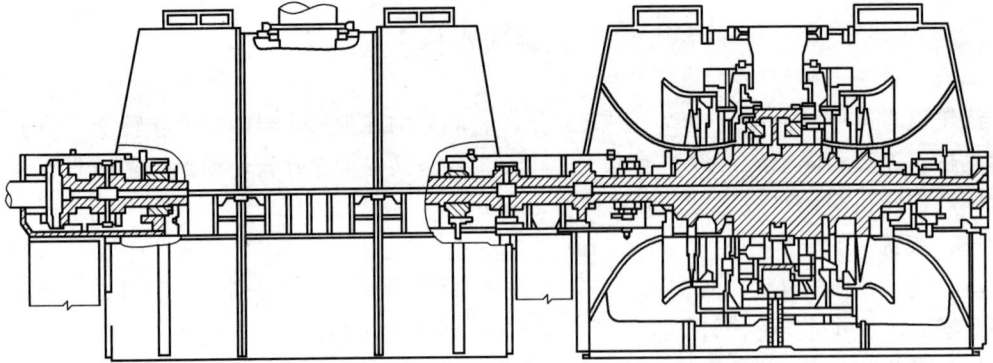

图 7-2 国产某 600MW 汽轮机低压缸纵剖面图

中压缸的排汽经联通管进入低压缸中部，经导向板分左右两路均衡分流进入对称布置的低压缸，逐级做功后通过排汽口进入凝汽器。

低压缸的进汽压力低，容积流量大，使得低压缸（尤其是排汽处）体积庞大。另外，虽然流入低压缸蒸汽的温度不高，但进汽、排汽间的温差大。为改善低压缸的热膨胀，低压缸仍然采用双层或三层结构，使体积较小的内缸承受温度变化，而外缸及庞大的排汽缸均处于低温状态。因温差变小，热膨胀变形小。低压缸的内外缸全部采用钢板焊接而成，其外缸从水平中分面处分成上缸和下缸，上缸在检修时可作为一个整体吊起。

另外，低压缸的正常排汽温度为 34～35℃，但在启动或低负荷（小于 15％额定工况）时，因蒸汽流量过小，不足以将摩擦等损失变成的热量带走，致使排汽温度升高至 80℃以上。排汽温度过高，不仅使排汽缸热膨胀较大，造成固定在排汽缸上的低压缸轴承位置抬升，使轴系中心线改变而引起机组振动，而且还会使凝汽器铜管管口因膨胀过大而损坏，造成泄漏。为此在排汽缸导流板上装有自动投入的喷水减温装置，以降低排汽温度。

二、喷嘴与隔板

喷嘴是汽轮机通流部分的重要部件，用以完成蒸汽热能到动能的转换。喷嘴一般是通过隔板固定在汽缸上的，但调节级有所不同。调节级的喷嘴，过去传统的加工方法是静叶片单个铣制，再组装成几组喷嘴，如图 7-3 所示，各组与对应的喷嘴室相通。每个喷嘴组通过其内外环的凸肩嵌在喷嘴室出口处的内缸上。

图 7-3 调节级喷嘴叶片与喷嘴叶栅

现代大型汽轮机调节级喷嘴多采用 4～6 组，用锻件整体加工而成的喷嘴块排成整圆，相邻两喷嘴块之间只有一个节距为盲孔，使得调节阀全开时基本上为全周进汽。

调节级以外的压力级喷嘴，包括高压缸的其他级、中压缸和低压缸的所有级，均是通过隔板径向和轴向定位。传统的方法如图 7-4 所示。将铣制的静叶栅与隔板内、外环径向焊接在一起，形成隔板体。现代的方法则是将单个铣制的静叶片整圈组装成静叶栅后，再沿内外圆周向焊接成整体，并分成两半，形成上、下隔板体，然后通过静叶持环固定在汽缸上。因静叶片的内外叶冠（即叶根和围带）与叶身型线是整体加工出来的，故汽道尺寸准确、轴向刚度大，运行中不易与转子碰磨。

三、转子和动叶片

汽轮机的转动部分总称为转子。从径向上分，它是由主轴、叶轮、叶片等组成的，从轴向上分，是由高压转子、中压转子和低压转子等组成的，各转子之间一般采用刚性联轴器连接，并通过轴承箱内的推力轴承轴向定位、径向轴承支撑。

按照主轴和其他部件组合方式不同，汽轮机转子可分为套装转子、整锻转子、焊接转子和组合转子四大类。至于一台机组采用何种类型转子，要由转子所处的温度条件及各国的锻冶技术来确定。现代高参数大功率汽轮机，一般采用合金钢整锻转子或轴向分段、整体锻造再组合焊接在一起的转子。

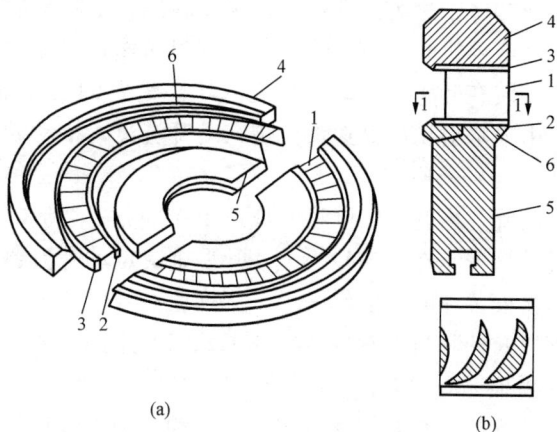

图 7-4　压力级喷嘴、隔板
（a）焊接隔板组合情况；（b）焊接隔板剖面图
1—预制好的喷嘴片；2，3—固定喷嘴片的内外环；
4—隔板轮缘；5—隔板本体；6—焊点

现代高参数大功率汽轮机如 600MW 汽轮机，其转子一般采用整体锻件，也有采用焊接方法将若干较小锻件组焊成大型转子。后者的优点是各锻件尺寸较小，每一个锻件的材料性能容易得到可靠的保证，运行时应力（包括热应力）较小。

图 7-5 为某汽轮机高压转子，其结构构成从进汽端开始，依次为联轴器（节）、推力轴承、转子轴向推力盘、2 号轴颈、高压缸前轴封（包括平衡活塞），然后是调节级动叶片、各压力级动叶片、后轴封、1 号轴颈和联轴器等。左端联轴器与中压缸转子相连接，右端联轴器与短轴相连，短轴上装有主油泵叶轮及危急遮断器。另外，在转子的中心处加工有贯穿全长的中心孔，用于去掉锻压时易在轴心形成的夹杂物和金相疏松部分，同时也便于探伤以检查转子内部的质量。随着锻造技术的提高，有转子不打中心孔的趋势。目前有少数大型机组，如某些进口机组，就有不打中心孔转子。

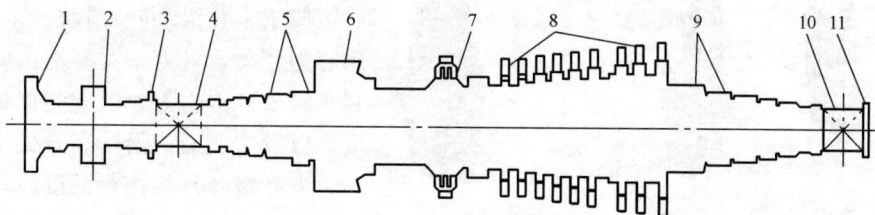

图 7-5　某汽轮机高压转子
1—联轴器；2—推力盘；3—转子轴向位移盘；4—2 号轴颈；5—高压缸前轴封；6 平衡活塞；
7—调节级叶轮；8—压力级动叶；9—高压缸后轴封；10—1 号轴颈；11—联轴器

汽轮机转子按其工作转速是否高于它的临界转速，又可分为刚性转子和柔性转子。所谓临界转速，即为转子自振频率下的汽轮机转速。当转子转速等于临界转速时，就会发生共振，导致转子的强烈振动。因此，汽轮机转子不允许在临界转速附近工作。工作转速小于临界转速的转子称为刚性转子；工作转速大于临界转速的转子称为柔性转子。对于柔性转子，在启动或停机时，应尽快越过其临界转速，以免引起转子的强烈振动。

安装在叶轮上的动叶片是汽轮机重要的工作部件，相邻的两个动叶片构成一个动叶流道。由喷嘴射出的高速汽流进入动叶流道，推动动叶片旋转，进而带动主轴旋转，使蒸汽动能转变为机械功。

动叶片由叶根、叶型（或称工作部分、通流部分）和连接件（围带或拉筋）组成。叶片通过叶根安装在叶轮轮缘上，叶型则决定动叶流道的形状。许许多多的动叶片以同样的间隔和角度安装在叶轮的轮缘上，排列成动叶栅，形成汽轮机的一级动叶流道。为了增强叶片的刚度以及使其自振频率合乎要求，需要用围带或拉筋将一级的动叶片连接起来。由于围带是沿叶栅顶部周向装置的，故还可减少叶顶漏汽。

动叶片是靠叶根连接在转子上的，因此叶根的形状也就决定了其连接的牢固程度。对于大功率汽轮机，其高压级叶片短，所受到的离心力不大，一般采用形状简单的倒 T 形叶根；而对于较长的中、低压级叶片，因受到的离心力较大，则采用形状复杂的其他叶根形式，如菌形叶根、叉型叶根和枞树形叶根等。如国产 300MW 汽轮机、除高压缸压力级动叶片采用倒 T 形叶根周向装配在轮缘凹槽上外，其他级动叶片均采用枞树形叶根轴向装配在轮缘上。

由于蒸汽比体积随其压力的逐渐降低而迅速增大，蒸汽的容积流量也将逐渐增大，因而要求动叶长度也随之逐级增大。这样，就形成了汽轮机前几级叶片很短，末几级叶片很长，通流部分呈渐扩形。如国产 600MW 汽轮机调节级动叶长为 27mm，末级动叶长 900mm。汽轮机末级叶片的尺寸在很大程度上影响全机的结构和经济性。如早期生产的国产 300MW 机组，因长叶片技术尚不过关，只好采用 700mm 的末级叶片。为了保证排汽面积不致过小，相应采用低压缸双缸四排汽结构；改型后的 300MW 汽轮机末级动叶长约 900mm，相应采用低压缸单缸双排汽结构。目前大功率汽轮机中末级动叶的长度超过 1000mm 的已不少见。

鉴于末几级动叶片较长。所受到的离心力较大，且处于湿蒸汽区而不断受到水滴的冲击力等，因此为保证动叶强度，以及造成蒸汽沿叶高各处良好的流动，末几级叶片均按等强度原理设计成变截面扭曲叶片。前面压力较高的各级动叶片较短，所受到的离心力不大，故一般采用等截面直叶片。直叶片和扭曲叶片见图 7-6。

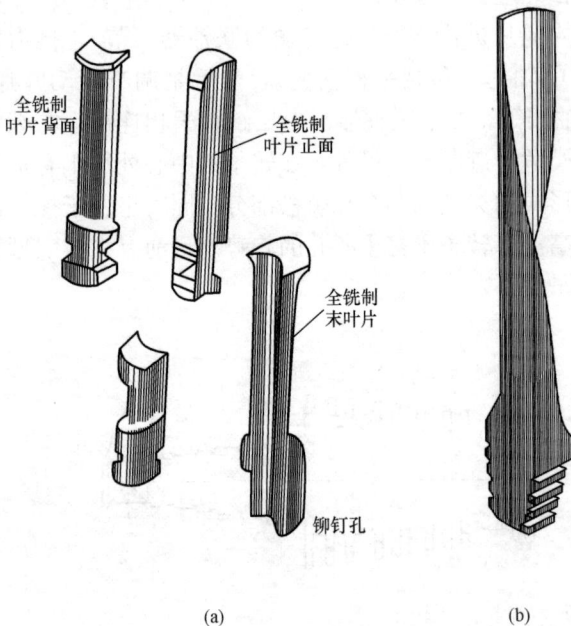

图 7-6　直叶片和扭曲叶片
(a) 倒 T 形叶根等截面直叶片；(b) 枞树形叶根扭曲叶片

四、汽封及轴封系统

为了防止运行中发生碰摩，汽轮机的动、静体之间必须留有间隙。这样，部分蒸汽就会在压力差的作用下从间隙中漏过，造成漏汽损失。为此，在汽轮机的各动、静间隙处，都设有汽封装置,以减少漏汽。装在动叶栅顶部围带处的汽封称为叶顶汽封,装在隔板内圆与主轴间的汽封称为隔板汽封,二者均为级间汽封,以减少级内漏汽。装在各转子两端与汽缸之间的汽封称为轴端汽封,简称轴封。低压缸排汽端轴封用于防止外界空气漏入汽轮机,其他处的轴封则用于防止蒸汽外漏。

汽封的结构通常为梳齿形曲径式(也称迷宫式)汽封,即在汽封环上整体车出或镶嵌上梳齿,梳齿可为平齿或高低齿相间。汽封环周向分成几块,并通过 T 形根部装在静体上。对于高低齿相间的汽封环,在相对应的动体(如主轴)上车出与汽封环高低齿相对应的城墙凸台,动、静体之间的凸台与梳齿一起形成轴向串联的若干环形小汽室,如图 7-7 所示。蒸汽每流经一个小汽室,就经历一次节流,压力便降低些,漏汽的动力就小些。因此,串联的汽封阶数越多,阻汽效果越好。

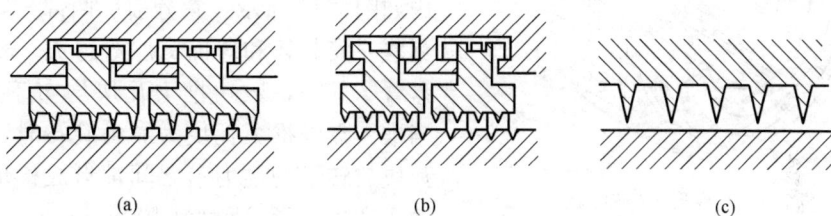

图 7-7 汽封结构

(a) 高低齿汽封;(b) 镶片式汽封;(c) 平齿汽封

为了有效地阻止蒸汽漏出和空气漏入,汽缸两端的轴封一般分成几段,相邻段间为汽室,汽室通过管路与汽封母管及轴封冷却器等设备相连,以形成轴封系统。

五、轴承

汽轮机的轴承有支持轴承和推力轴承两种。支持轴承用于支持转子的质量以及由于转子振动所引起的冲击力等,并固定转子的径向位置,保证转子与静子同心。推力轴承则用于承受转子上的轴向推力,确定转子的轴向位置,以保持通流部分动、静部件间合理的轴向间隙。

由于汽轮机的质量及轴向推力很大,旋转速度又很高,故其轴承不采用滚动轴承而全部采用由油膜润滑的滑动轴承。其工作原理是因转轴轴颈总比轴承轴瓦的内径小,轴颈放入轴瓦中后,两者之间必然形成楔形间隙,如图 7-8 所示。当连续向轴承供给一定压力的润滑油时,轴一经旋转起来,黏附在轴颈上的油层便随之旋转,并带动整个油层旋转,润滑油由楔形间隙的宽口被带向窄口,并积聚在狭窄的楔形间隙中。因油是不可压缩流体,积聚的油产生压力,当油压超过轴径上的载荷时,就会将轴颈抬起。直至楔形间隙中的油压与轴颈载荷平衡时,轴颈中心便处于

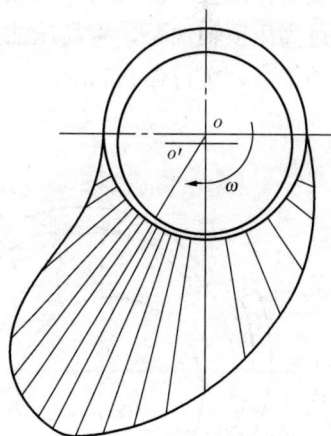

图 7-8 轴与轴瓦间的楔形
间隙及其油压分布

某个稳定位置而不再变化。此时,轴颈与轴瓦完全被油膜隔开,建立起液体摩擦。

汽轮机的支持轴承一般为圆柱形轴承或可倾瓦轴承。轴承体均分为上下两半,润滑油从下轴承的进油口进入,从轴承的两端排出。图 7-9 所示为圆柱形支持轴承,这类轴承一般用于支

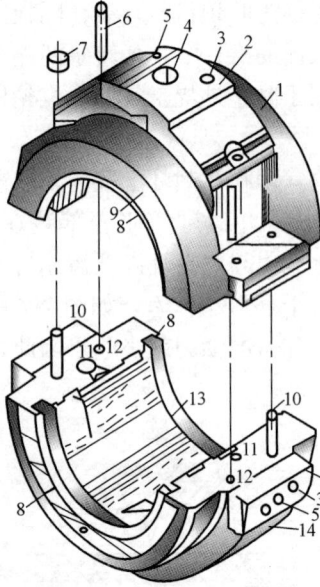

图 7-9　圆柱形支持轴承

1—上轴瓦；2—垫铁；3—螺钉；4—温度计插座孔；
5—垫铁定位销；6—轴瓦定位销；7—螺帽；8—滑挡；
9—油挡螺钉；10—紧固螺栓；11—进油孔；
12—定位销孔；13—乌金面；14—下轴瓦

瓦块上，而不受推力盘与轴承偏心及瓦块厚度不均的影响。

为了避免在低转速时油膜未建立就出现干摩擦损坏轴颈，除了在所有轴承的轴瓦或瓦块工作面上均浇铸有一层软的乌金外，还通过高压顶轴油泵，将高压油送入轴瓦，使轴颈抬高，实行强制润滑。

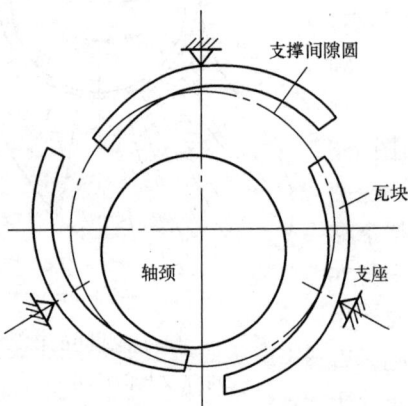

持小型汽轮机或大、中型汽轮机的低压转子。

大型汽轮机的高、中压转子多采用可倾瓦支持轴承，它通常是在轴承壳内圆柱面上装有3～5块能在支点上自由倾斜的弧形瓦块。瓦块在工作时可以随着转速、载荷及轴承温度的不同而自由摆动，如图 7-10 所示。这样不仅在轴颈四周形成多油楔，避免油膜振荡的产生，而且具有减振性能好、承载能力大等优点。

推力轴承多为密切尔式和金斯布里式轴承。密切尔式推力轴承在国产机中应用较广，其结构如图 7-11 所示，它分前后两部分，各由推力瓦块、安装环和球面支座等组成，转子的推力盘置于其间，数块推力瓦块均布于安装环上。当推力盘以推力瓦块为靠山旋转时，每一推力瓦块与转子的推力盘之间都形成楔形间隙，使油压产生，形成润滑油膜。

金斯布里式推力轴承的原理与其类似，只是在推力瓦块的非工作面侧布置有两层调整垫块，调整垫块可自动将负荷平均分配到各推力

图 7-11　密切尔式推力轴承

图 7-10　可倾瓦支持轴承原理图

六、联轴器及盘车装置

联轴器俗称靠背轮，其作用是连接汽轮机的高、中、低压转子，及汽轮机与发电机转子。现代大功率汽轮机的各转子之间，一般采用刚性联轴器连接，即两转子轴端的联轴器法兰直接用螺栓连接。图 7-12 所示为国产 300MW 汽轮机高、中压转子及低压转子的刚性联轴器，联轴器法兰与其转子为整体锻造结构，组成联轴器的两法兰用螺栓刚性连接。

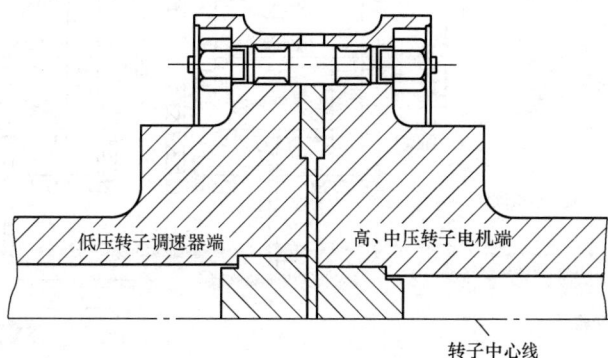

低压转子调速器端　　　　高、中压转子电机端

转子中心线

图 7-12　刚性联轴器

刚性联轴器与常用于连接汽轮机低压转子与发电机转子的半挠性联轴器相比，具有结构简单、轴向尺寸紧凑、传递扭矩大、工作可靠等优点，并能传递轴向推力，使多个转子可共用一个推力轴承，机组结构简化。其缺点是，对被连接转子的同心度要求严格，而且，某个转子振动会造成整个机组转子的振动，使得查明振动原因困难。

在汽轮机启动冲转前，须通过盘车装置使汽轮机转子低速转动起来，以检查汽轮机的动、静部件是否存在碰撞和摩擦，主轴弯曲度是否正常等。汽轮机停机后，机内残存的蒸汽及漏入的空气在机内对流，使上下汽缸间产生温差。为使转子在上下温度不同的汽缸内受热均匀，避免转子冷却不均而产生过大弯曲，也要启动盘车，保持转子的低速转动。

盘车装置一般由电动机、蜗轮蜗杆及减速齿轮组、离合器等部件组成。盘车转速多为每分钟数转至数十转不等。盘车装置可在汽轮机停机后自动投入，并可在冲转过程中转子转速高于盘车转速时自动解列。

七、滑销系统

汽轮机在启动、运行或停机时，汽轮机的动、静部分必然随着温度的变化而发生膨胀或收缩。为了正确引导汽缸部件的热胀冷缩，以保持动、静部件间合理的轴向间隙，保证汽缸和转子中心的一致，汽轮机均需设置合理的滑销系统。

图 7-13 所示为某 600MW 汽轮机的滑销系统。该机组的滑销系统共设有三个固定点（死点），分别位于：低压缸（A）、（B）排汽口和 3 号轴承箱底部的中心线上。以此为基点，低压缸（A）、（B）分别向机头和发电机方向的膨胀不受阻碍，高、中压缸向机头方向的膨胀也不受阻碍。转子的相对膨胀死点，设在高压转子的推力盘处，位于中轴承箱内，并以此为基点，高压转子向机头侧膨胀，中、低压转子向发电机侧膨胀。

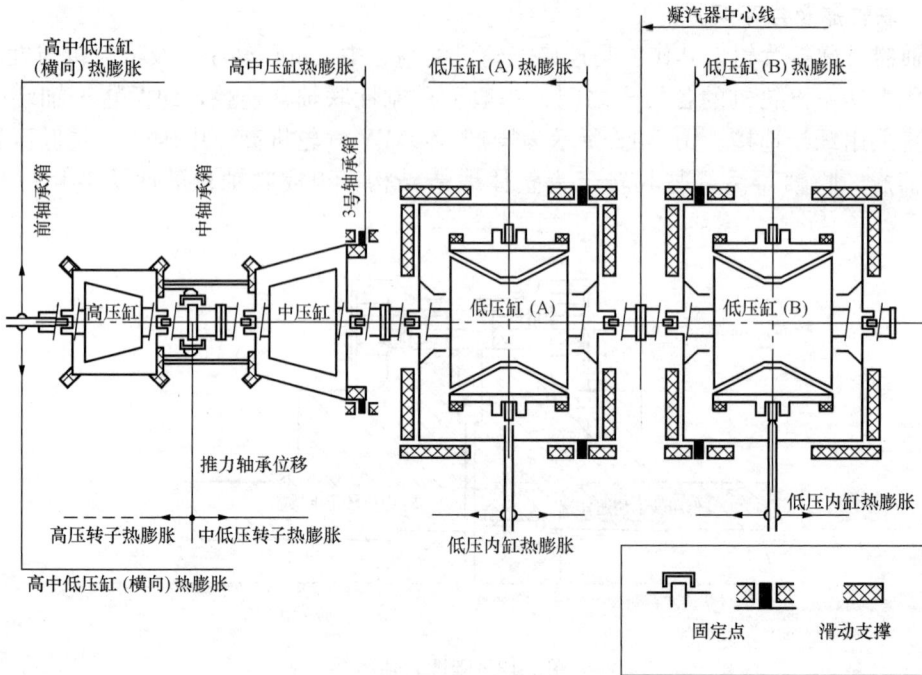

图 7-13　某 600MW 汽轮机的滑销系统

第三节　汽轮机级的工作过程

近代大功率汽轮机都是由若干个级构成的多级汽轮机。由于级的工作过程在一定程度上反映了整个汽轮机的工作过程，所以对汽轮机工作原理的讨论一般总是从汽轮机"级"开始的，这将有助于理解和掌握全机的内在规律性。因此研究汽轮机的工作过程，就是研究级的工作过程，也就是研究蒸汽在喷嘴内和动叶流道内的流动特点和能量转换过程。

一、汽轮机的级及其类型

汽轮机的级由喷嘴叶栅和与它相配合的动叶栅所组成，它是汽轮机做功的基本单元。当具有一定温度和压力的蒸汽通过汽轮机级时，首先在喷嘴叶栅中将蒸汽所具有的热能转变成为动能，然后在动叶栅中将其动能转变为机械能，从而完成汽轮机利用蒸汽热能做功的任务。

蒸汽通过动叶栅时发生了动量变化，对叶栅产生作用力，使动叶栅转动将蒸汽的动能转变为机械能。因此机械能的数量将取决于工作蒸汽的质量流量和速度变化量，质量流量越大，速度变化量越大，蒸汽热能转换为机械能的数量也越大，同时，叶栅受到的作用力也越大。这种作用力一般可分为冲动力和反动力两种形式。当汽流在动叶汽道内不膨胀加速，而只随汽道形状改变其流动方向时，汽流改变流动方向对汽道所产生的离心力，叫作冲动力，这时蒸汽所作的机械功等于它在动叶栅中动能的变化量，这种级叫作冲动级，如图 7-14 所示。

蒸汽在动叶汽道内随汽道改变流动方向的同时仍继续膨胀、加速，即气流不仅改变方向，而且因膨胀使其速度也有较大的增加；加速的汽流流出汽道时，对动叶栅将施加一个与汽流流出方向相反的反作用力，这个作用力叫作反动力。依靠反动力推动的级叫作反动级。

但是一般的情况下，蒸汽在汽道中一方面将其在静叶栅内所获得的动能转换为动叶栅上的机械功，在动叶栅上施加冲动力；另一方而，在动叶栅中继续膨胀，对动叶栅产生一个反作用力。这时动叶栅不仅受到汽流的冲动力，同时也受到汽流的反作用力的作用。所以它是在这两个力的合力作用下，使叶栅旋转而产生机械功的，如图 7-15 所示。

图 7-14　冲动级汽道中蒸汽流动情况
1—喷嘴；2—动叶

为了说明汽轮机某一级中，蒸汽在动叶汽道内膨胀程度的大小，常用级的反动度表示，它等于蒸汽在动叶汽道内膨胀时的理想焓降 Δh_b 和整个级的滞止理想焓降 Δh_t^* 之比。级的理想焓降 Δh_t 是指蒸汽在汽轮机级内按等熵过程膨胀时所具有的焓降，当假想汽流被等熵地滞止到初速等于零的状态参数（称之为滞止参数）时，蒸汽以这个参数为初参数，在级内等熵膨胀所具有的焓降，称为级的滞止理想焓降 Δh_t^*。按此定义，同样有喷嘴和动叶的理想焓降 Δh_n 和 Δh_b 及其滞止理想焓降 Δh_n^* 和 Δh_b^*，如图 7-16 所示。一般级的反动度可用 Ω 表示为

图 7-15　蒸汽在动叶汽道内膨胀时对动叶的作用力

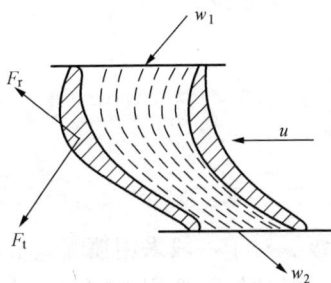

$$\Omega = \frac{\Delta h_b}{\Delta h_t^*} \approx \frac{\Delta h_b}{\Delta h_n^* + \Delta h_b}$$

按照蒸汽在级的动叶内不同的膨胀程度，可对级进行分类。

反动度 $\Omega = 0$ 时，表明级内蒸汽的焓降全部落在喷嘴中，蒸汽在动叶流道内流动仅改变方向而不膨胀加速，动叶所受到的作用力仅为冲动力，这种级称为纯冲动级。

为了提高汽轮机级的效率，使冲动级也具有一定的反动度，通常取 $\Omega = 0.05 \sim 0.35$，级的大部分焓降发生在喷嘴中，只有一小部分降落在动叶流道内。这种级称为带有一定反动度的冲动级，习惯上简称为冲动级。

反动度 $\Omega = 0.5$，表明全级的理想焓降中有一半降落在喷嘴中，另一半降落在动叶流道内，于是动叶在蒸汽所施加的冲动力和反动力的合力作用下周向旋转，做出轮周功，这种级称为反动级。

三种级的压力速度变化示意见图 7-17。

由于蒸汽离开动叶栅时仍具有一定的速度（用 c_2 表示），其动能因不能被本级所利用而造成本级的一项能量损失，称为余速损失。以级的余速损失最小（即能量转换效率最高）所设

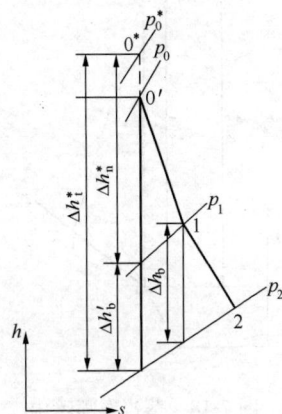

图 7-16　级的热力过程示意图

计的上述三种级中，纯冲动级的做功能力最大，但级效率最差；反动级的级效率高、做功能力较小；冲动级则介于两者之间，兼有做功能力大和级效率高的特点。因此冲动级在国产汽轮机（尤其是中小型机组）中得到了广泛的应用。但在近些年直接引进的设备或引进技术在国内生产的 300MW 以上的大型汽轮机中，则着重于级效率的进一步提高而较多地采用反动级。

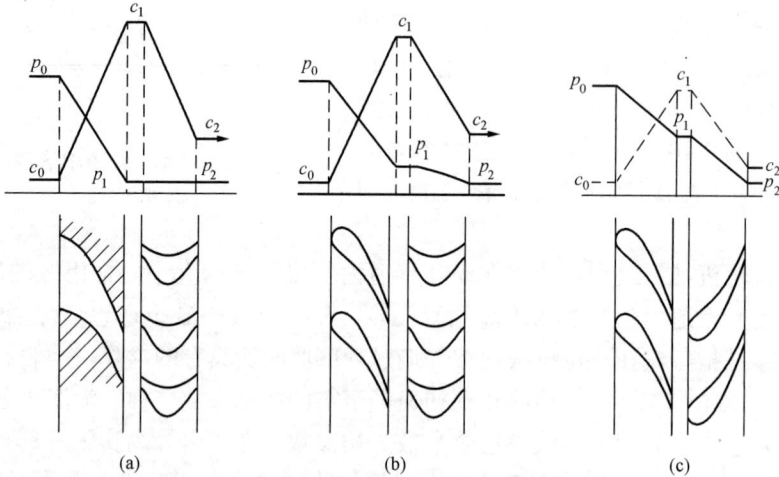

图 7-17　三种级的压力、速度变化示意
（a）纯冲动级；（b）冲动级；（c）反动级

此外，按照工作特点，汽轮机的级还可分为速度级和压力级。对于一般采用喷嘴调节的汽轮机，其第一级即为速度级，它是以利用蒸汽流速为主的级，级的焓降选用得较大，故采用纯冲动级。由于汽轮机第一级的通流面积随负荷而改变，故该级又称为调节级。调节级以后的其他级统称为压力级。压力级是以利用级组中合理分配的压力降或焓降为主的级。压力级可为冲动级也可为反动级。

二、蒸汽在喷嘴内的能量转换

喷嘴的作用是使蒸汽具有的热能部分地转变为动能，并使出口汽流具有一定的方向。因此，如图 7-17 所示，蒸汽在喷嘴内流动时，压力由进口时的 p_0 降至出口时的 p_1，流速则相应由 c_0 增大至 c_1，即将蒸汽的部分热能转变为汽流的动能。若将此蒸汽的绝热膨胀过程表示在焓熵图上，则如图 7-18 所示。

当喷嘴入口的蒸汽参数 p_0、t_0 及初速 c_0 为已知，且蒸汽按理想等熵过程 0-1t 膨胀时，则喷嘴出口汽流的理想速度 c_{1t} 为

$$c_{1t} = \sqrt{2(h_0 - h_{1t}) + c_0^2} = \sqrt{2\Delta h_n + c_0^2}$$
$$= \sqrt{2\Delta h_n^*} \, (\text{m/s}) \tag{7-1}$$

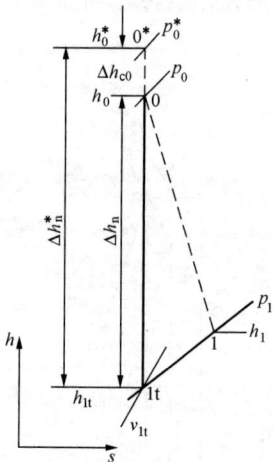

图 7-18　蒸汽在喷嘴内的绝热膨胀过程

因喷嘴内的汽流是具有黏性的实际气体，在流动中会因汽体内部、汽体与喷管壁之间存在摩擦以及汽流内可能出现的涡流与扰动等能量会有所损失，喷嘴汽流实际获得的动能减小，

即喷嘴出口汽流的实际速度 c_1 低于理想速度 c_{1t}。这部分动能损失称为喷嘴损失。工程上一般用速度系数 $\varphi = c_1/c_{1t}$ 来反映喷嘴损失的大小。φ 值系试验数据，其值与喷嘴高度、汽道形状、壁面粗糙度等因素有关，一般为 $0.92 \sim 0.98$。

由于流动过程是绝热的，消耗于损失上的动能转变为热量重又加热于蒸汽本身，使喷嘴出口汽流的实际焓值 h_1 高于理想焓值 h_{1t}。喷嘴内的实际绝热膨胀过程如图中 0-1 虚线表示。考虑了损失后喷嘴出口的实际速度 c_1 为

$$c_1 = \varphi c_{1t} = \varphi \sqrt{2(h_0 - h_{1t}) + c_0^2} = \varphi \sqrt{2\Delta h_n^*} \quad (\text{m/s}) \tag{7-2}$$

喷嘴损失以 δh_n 表示，其值为

$$\delta h_n = \frac{1}{2}(c_{1t}^2 - c_1^2) = h_1 - h_{1t} \quad (\text{J/kg}) \tag{7-3}$$

三、蒸汽在动叶流道内的能量转换

蒸汽以 c_1 速度离开喷嘴射入动叶流道，在其内汽流的动能部分地转变为机械能。因此研究动叶流道（也简称动叶）内的能量转换，就是确定反映动能变化的动叶进、出口汽流速度变化与所做功之间的定量关系。

1. 动叶进、出口速度三角形

在讨论蒸汽在动叶栅中的流动时，应明确喷嘴是固定不动的，而动叶是随叶轮一起旋转的，即动叶有一个圆周速度。由于动叶以圆周速度 u 在旋转，所以从喷嘴中出来、具有速度 c_1 的汽流，是以相对于动叶的速度，即相对速度 w_1 进入动叶流道的。同理，由于动叶以速度 u 在旋转，做功后的汽流也是以相对速度 w_2 离开动叶流道的。动叶圆周速度 u 常以其平均直径 d_m 及转速 n 表示，即

$$u = \pi d_m n/60 \quad (\text{m/s}) \tag{7-4}$$

动叶进、出口处的绝对速度 c_1 及 c_2、相对速度 w_1 及 w_2 与圆周速度 u 之间的向量关系图，称为动叶进、出口速度三角形，如图 7-19 所示。图中的 α_1 和 α_2 分别为绝对速度 c_1 和 c_2 的方向角，α_1 又称为射汽角；β_1 和 β_2 分别为相对速度 w_1 和 w_2 的方向角，又分别称为动叶的进汽角和出汽角。

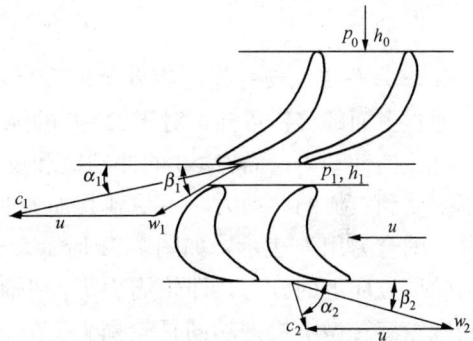

图 7-19　动叶进出口速度三角形

由动叶进口速度三角形可方便地求出相对速度 w_1 及 β_1；利用动叶出口速度三角形可求出绝对速度 c_2 及 α_2。上述是将 c_1 及 α_1、w_2 及 β_2 等作为已知量求出的。

2. 蒸汽在动叶内的流动过程

对于 $\Omega = 0$ 的纯冲动级，蒸汽在弯曲的动叶流道中流动时只改变方向而不膨胀加速。当不考虑流动损失时，动叶出口理想相对速度 w_2 与 w_1 相等。对于 $\Omega > 0$ 的级，蒸汽在动叶流道内流动时，汽流不仅改变方向，而且还膨胀加速，即有焓降发生，使得 $w_2 > w_1$。这时，动叶出口的 w_{2t} 可按照求取喷嘴出口速度 c_{1t} 的方法求得，即

$$w_{2t} = \sqrt{2(h_1 - h_{2t}) + w_1^2} = \sqrt{2\Delta h_b + w_1^2}$$
$$= \sqrt{2\Delta h_b^*} \quad (\text{m/s}) \tag{7-5}$$

式中　$h_1 - h_{2t}$——蒸汽在动叶内的理想焓降，J/kg。

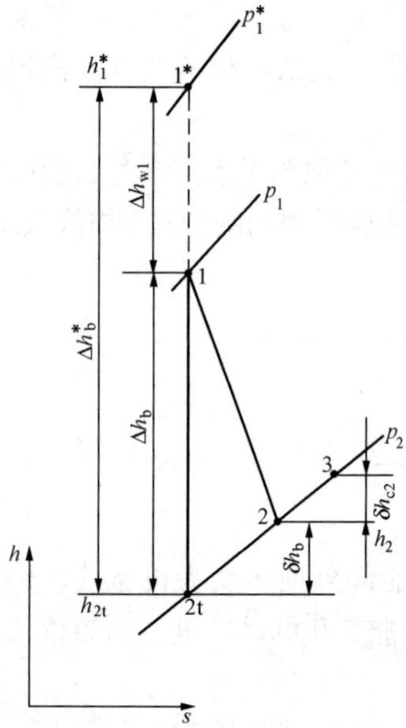

图 7-20　级的热力过程（$\Omega>0$）

$$\Delta h_b^* = \Delta h_b + \frac{1}{2}w_1^2 = \Delta h_b + \Delta h_{w1}$$

蒸汽在动叶内的热力过程在图 7-20 中示出。

实际上，蒸汽在动叶内流动同在喷嘴中一样，也存在着损失，损失的动能转变为摩擦热而被蒸汽吸收，所以动叶出口的实际焓值 h_2 高于理想状况下的出口始值 h_{2t}，实际的相对速度 w_2 小于 w_{2t}。蒸汽在动叶内的这部分动能损失，称为动叶损失。通常用动叶速度系数 $\psi=w_2/w_{2t}$ 来反映动叶损失的大小。ψ 为一经验数据，取值为 0.85～0.95。计及动叶损失后，动叶出口实际相对速度 w_2 的计算式为

$$\begin{aligned} w_2 &= \psi w_{2t} = \psi\sqrt{2(h_1-h_{2t})+w_1^2} \\ &= \psi\sqrt{2\Delta h_b^*} \quad (\text{m/s}) \end{aligned} \tag{7-6}$$

动叶损失以 δh_b 表示，其值为

$$\begin{aligned} \delta h_b &= \frac{1}{2}(w_{2t}^2 - w_2^2) = (1-\psi^2)\Delta h_b^* \\ &= h_2 - h_{2t} \quad (\text{J/kg}) \end{aligned} \tag{7-7}$$

蒸汽在动叶中做功后，以绝对速度 c_2 离开动叶，此时汽流所具有的动能未能在动叶中转变为功，成为本级的余速损失，以 δh_{c2} 表示，即

$$\delta h_{c2} = \frac{1}{2}c_2^2 \quad (\text{J/kg}) \tag{7-8}$$

3. 蒸汽作用在动叶栅上的力和轮周功率

通过上面的分析可知，对于 $\Omega=0$ 的纯冲动级，由于汽流在动叶内不加速，故动叶片只受到汽流的冲动力；而 $\Omega>0$ 的冲动级和反动级，动叶片不仅受到汽流的冲动力，还受到其加速时的反动力，两种力的合力用 F 表示，如图 7-21 所示。合力 F 可分解为轮周方向上的分力，即轮周力 F_u 和轴向分力 F_z，推动叶轮旋转做出机械功的是轮周力 F_u。若通过动叶栅中的蒸汽流量为 G(kg/s) 时，则动叶栅所受到的汽流轮周力为

$$F_u = G(c_1\cos\alpha_1 + c_2\cos\alpha_2) \quad (\text{N}) \tag{7-9}$$

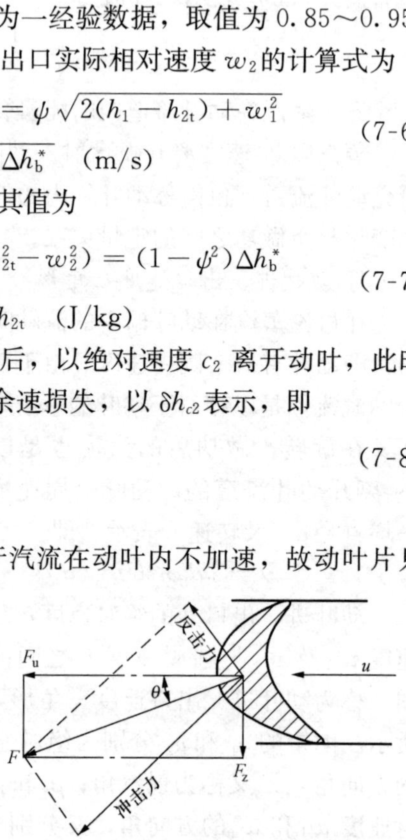

图 7-21　动叶栅受到的轮周力

理论上，此力与圆周速度 u 之乘积即为单位时间内汽流对动叶栅的轮周功，也即轮周功率，用 P_u 表示，即

$$P_u = F_u u = Gu(c_1\cos\alpha_1 + c_2\cos\alpha_2) \quad (\text{W}) \tag{7-10}$$

从另一个角度，即从能量平衡来看，式（7-10）所表示的轮周功率在数值上还应等于级的理想焓降扣除级内的所有损失，即

$$P_u = G(\Delta h_{st} - \sum\delta h) \quad (\text{W}) \tag{7-11}$$

式中　Δh_{st}——级的理想焓降，它等于喷嘴和动叶的理想焓降之和。

可见，级内各种损失越小，蒸汽所做的功就越多，级的热经济性也就越高。

第四节　汽轮机损失、效率和功率

一、汽轮机的内部损失

新蒸汽经主汽阀等进汽机构进入汽轮机后，逐级进行能量转换，最末级乏汽经排汽管导入凝汽器。蒸汽在流经汽轮机的整个过程中，不可避免会有损失，包括各级的级内损失，以及不属于哪个级的损失，即进、排汽机构中的压力损失等，它们统称为汽轮机的内部损失。下面简介这些损失的形成。

1. 级内损失

汽轮机级内除了上节讨论的喷嘴损失 δh_n、动叶损失 δh_b 和余速损失 δh_{c2} 外，还有如下一些损失。

(1) 叶高损失 δh_1：具有黏性的主蒸汽流，流往喷嘴和动叶叶栅时产生喷嘴损失 δh_n 和动叶损失 δh_b。当叶栅高度较小时，在叶栅的顶部和根部因摩擦阻力产生的端部涡流（称为二次流）会重叠、干扰、强化，从而使整个叶栅通道充满涡流，蒸汽流动损失加大。工程上为了方便，把它单独分离出来计算，称为叶高损失 δh_1。

一般来讲，叶高损失发生在容积流量较小的调节级或高压级内。技术上对调节级采用部分进汽方式，或改善高压级的叶片高度 $l > 15\text{mm}$ 时，即可有效降低二次流的影响，从而使叶高损失大大减小。当叶片高度足够高时，可以认为 $\delta h_1 \approx 0$。

(2) 扇形损失 δh_θ：汽轮机叶栅是环形叶栅，其节距与圆周速度均沿叶片高度变化，叶高愈大，变化愈显著。因而叶栅沿叶高各断面的节距、圆周速度和进汽角均偏离最佳值（平均直径处的设计值），所以增加了流动损失。此外在等截面直叶片级的轴向间隙中，还会产生径向流动损失。这些损失统称为扇形损失，它与径高比 $\theta = d_b/l_b$ 的平方成反比。

当 $\theta > 8 \sim 12$ 时，采用等截面直叶片，加工方便，但有扇形损失；当 $\theta < 8 \sim 12$ 时，采用扭叶片，虽加工困难，但避免了扇形损失。

(3) 叶轮摩擦损失 δh_f：叶轮的两侧和外缘充满了具有一定黏性的蒸汽，当叶轮旋转时，紧贴在叶轮两侧面和外缘表面上的蒸汽微团的圆周速度与叶轮表面上相应部分的圆周速度大致相等。而靠近汽缸表面和隔板表面的蒸汽微团的圆周速度，则大约等于零。这样就使叶轮与隔板或叶轮与汽缸壁之间的蒸汽，具有不同的圆周速度。由于蒸汽有黏性，因此形成了蒸汽微团之间及其与叶轮之间的摩擦，克服这种摩擦和带动汽室内蒸汽运动要消耗一部分轮周功。同时，叶轮与隔板的间隙中的蒸汽旋转速度也各不相同，产生的离心力也不同，因而在叶轮两侧的子午面内形成了旋涡区，这种涡流运动除使摩擦阻力增加外，它本身也要消耗一部分轮周功。这些损失统称为摩擦损失。

叶轮摩擦损失与蒸汽比体积、级的流量成反比。因此，汽轮机高压部分各级的叶轮摩擦损失比低压段各级的大。有时低压级由于比体积大，这项损失甚至可以忽略不计。

(4) 漏汽损失 δh_δ：蒸汽在级的喷嘴及动叶中膨胀加速时，级的隔板前后及动叶前后必然存在压力差，一部分蒸汽就会在压力差的作用下沿隔板汽封与主轴之间和动叶顶部与汽缸静体之间的径向间隙漏过，造成做功蒸汽量减少，形成漏汽损失。

(5) 部分进汽损失 δh_e：在蒸汽压力较高、体积流量较小的某些级内，为保证喷嘴有一定的高度，以减少喷嘴损失，喷嘴叶栅就不能像动叶栅那样整圈布置，而是分组布置在部分圆弧段上，这种情况称为部分进汽。一般汽轮机的压力级均采用全周进汽，只有调节级采用部分进汽，不同负荷下部分进汽的程度，是以工作喷嘴所占的弧段长度与整个圆周长的比值，即部分进汽度 e 来表示的。

在部分进汽的级中，只有正对着工作喷嘴的动叶流道内才有工作蒸汽流过。当动叶流道旋转到无工作喷嘴的弧段时，动叶两侧不仅与轴向间隙中的停滞蒸汽产生摩擦，而且这些停滞蒸汽对动叶产生鼓风效应，两者都要消耗一部分有用功。另外，充满停滞蒸汽的动叶流道旋转到下段工作喷嘴弧段时，喷嘴中射出的高速汽流会排斥并加速这些停滞蒸汽，从而消耗汽流的部分动能。上述现象所造成的有用功损失，称为部分进汽损失，以 δh_e 表示。

（6）湿汽损失 δh_x：在处于湿蒸汽区的凝汽式汽轮机的末几级内，部分蒸汽不仅会由于凝结成水使做功量减少，而且高速的蒸汽会由于带动低速的水珠而消耗一部分动能。水珠虽然被高速蒸汽带动加速，但因其速度仍较蒸汽低得多，所以水珠与蒸汽流进入动叶流道时的相对速度和方向不相同，水珠进入动叶时将撞击在进口处的动叶片背弧上，阻止叶轮旋转。湿蒸汽引起的有用功损失，称为湿汽损失，以 δh_x 表示。

应该指出，并不是每一级都同时存在这些损失的。如在全周进汽的级中就没有部分进汽损失；在叶片较长而又不采用扭叶片的级中，才有扇形损失；不在湿汽区里工作的级没有湿汽损失等。

2. 汽轮机进汽机构中的节流损失

新蒸汽引入汽轮机第一级喷嘴前，先要通过主汽阀、调节阀、管道和蒸汽室，通常汽轮机的初参数是指主汽阀前的蒸汽参数。蒸汽通过这些部件时，特别是主汽阀和调节阀，要产生压力降，其降压过程称为节流过程，即过程中压力降低，焓值不变。可见，在背压不变的条件下，若进汽阀中没有节流损失，整机的理想焓降为 ΔH_t；若进汽机构中有压力损失而使蒸汽压力降低时，整机理想焓降为 $\Delta H_t'$，这种由于进汽机构节流作用引起的整机理想焓降的减少 $\delta H_t'$（$\delta H_t' = \Delta H_t - \Delta H_t'$），称为进汽机构中的节流损失。

3. 汽轮机排汽管中的压力损失

汽轮机的排汽从最后一级动叶排出后，经排汽管送到凝汽器，为了克服蒸汽流动时在排汽部分的摩擦阻力和涡流，汽流产生了压降，使汽轮机末级后的静压力 p_c' 高于凝汽器内的静压力 p_c，即 $\Delta p_c = p_c' - p_c$。由于出现了 Δp_c 这部分没有做功的压降损失，使汽轮机整机理想焓降由 $\Delta H_t'$ 减小为 $\Delta H_t''$，引起了焓降损失 δH_c（$\delta H_c = \Delta H_t' - \Delta H_t''$），这个损失称为排汽管损失。

二、汽轮机的外部损失

1. 汽轮机前后端轴封漏汽（气）损失

由于汽轮机主轴与汽缸之间有一定的径向间隙，且汽缸内蒸汽压力与外界大气压不相等，就必然会使汽轮机内的高压蒸汽向外漏出，减少机内做功的蒸汽量，或外界空气漏入低压端破坏真空，增大抽气器的负担。这都将降低机组效率。为此，应尽量防止或减少这种漏汽（气）现象。实践证明，在汽轮机高压缸前装设前轴封以及背压式汽轮机装设后轴封，正常负荷下可减少高压蒸汽向外漏出，在凝汽式汽轮机低压缸装设后轴封可防止空气漏入汽缸。所以轴封是汽轮机安全经济运行不可缺少的重要组成部分。

2. 机械损失

主要是轴与轴承之间的摩擦、控制系统等辅助部件的摩擦、联轴器与轴封段与周围空气摩擦等都会造成能量损失,这些损失统称为机械损失,以 ΔP_m 表示。它是汽轮机内部功率 P_i 与汽轮机轴端功率 P_e 之差 $\Delta P_m = P_i - P_e$。对于大容量汽轮机,ΔP_m 约占机组额定功率的 1% 左右。

三、汽轮机的效率和功率

汽轮机的功率有内功率、机械功率,还有与发电机联在一起的汽轮发电机组的发电功率,这些功率概念中最重要的是内功率。内功率乘以机械效率就可得到汽轮机轴上输出的机械功率,再乘电效率就可得到机组的电功率。

1. 内功率、内效率

汽轮机在进行能量转换的过程中,由于存在各种损失,其理想焓降 ΔH_t 不能全部变为有用功,所以变为有用功的有效焓降 ΔH_i,总是小于理想焓降 ΔH_t 的,两者之比称为汽轮机的相对内效率或简称内效率 η_{oi},即

$$\eta_{oi} = \frac{\Delta H_i}{\Delta H_t} \tag{7-12}$$

无回热抽汽汽轮机的内功率 P_i 正比于蒸汽流量 G_0 与有效焓降 ΔH_t 的乘积。当流量用 $D_0(kg/h)$ 表示时,其内功率为

$$P_i = \frac{D_0 \Delta H_i}{3600} = \frac{D_0 \Delta H_t \eta_{oi}}{3600} \tag{7-13}$$

2. 轴端功率

由于机械损失,存在机械效率

$$\eta_m = \frac{P_e}{P_i} = 1 - \frac{\Delta P_m}{P_i} \tag{7-14}$$

无回热抽汽汽轮机的轴端功率 P_e 为

$$P_e = P_i \eta_m = \frac{D_0 \Delta H_t \eta_{oi} \eta_m}{3600} \tag{7-15}$$

3. 发电机功率

以轴端功率带动发电机时,还要计及发电机的机械损失和电气损失,即考虑发电机效率 η_g

$$\eta_g = \frac{P_e}{P_{el}} \tag{7-16}$$

故最后的发电机出线端功率 P_{el} 为

$$P_{el} = P_e \eta_g = \frac{D_0 \Delta H_t \eta_{ri} \eta_m \eta_g}{3600} \tag{7-17}$$

四、汽轮发电机组的热经济指标

不难理解,汽轮机主汽阀前新蒸汽所携带的热量中,除了在理论上可以转换为电能的理想焓降 ΔH_t 之外,还有排放于凝汽器中的热量(即冷源损失)。蒸汽的理想焓降 ΔH_t 与新蒸汽所携带热量 $(h_0 - h_{fw})$ 的比值,即为第二章第三节中所讲的理想蒸汽动力循环的热效率 η_t,即

$$\eta_t = \Delta H_t / (h_0 - h_{fw}) \tag{7-18}$$

式中 h_0——汽轮机主汽阀前的新蒸汽焓,kJ/kg;

h_{fw}——锅炉入口的给水焓,kJ/kg。

可见，η_t 反映了冷源损失的大小。

若将汽轮发电机组作为一个整体来考虑，其每小时输出的电能与输入热能之比值，称为汽轮发电机组的绝对电效率，用 η_{el} 表示，即

$$\eta_{el} = 3600 P_{el}/[D_0(h_0 - h_{fw})] \tag{7-19}$$

结合式（7-12）～式（7-18）又可以得到绝对电效率的另一种表达形式，即

$$\eta_{el} = \eta_t \eta_{oi} \eta_m \eta_g \tag{7-20}$$

可见，绝对电效率 η_{el} 表明了汽轮机进口处的蒸汽热量中最终转换为电能的份额，反映了汽轮发电机组内存在损失的大小。较先进的大型汽轮发电机组的 η_{el} 值已达到 45%～50%。

用来表明汽轮发电机组热经济性的指标除效率之外，还有汽耗率和热耗率。每生产 1kW·h 电能所消耗的蒸汽质量或蒸汽热量，分别称为汽轮发电机组的汽耗率和热耗率，即

汽耗率 $$d_0 = \frac{D_0}{P_{el}} \quad [\text{kg/(kW·h)}] \tag{7-21}$$

热耗率 $$q_0 = \frac{Q_0}{P_{el}} \quad [\text{kJ/(kW·h)}] \tag{7-22}$$

式中 D_0——汽轮机的汽耗量，kg/h；

Q_0——汽轮机的热耗量，$Q_0 = D_{m0}(h_0 - h_{fw})$，kJ/h。

显然，热耗率比汽耗率更能直接反映汽轮发电机组的热经济性。结合式（7-19）和式（7-22），得到热耗率与绝对电效率之间的关系式为

$$q_0 = 3600/\eta_{el} \tag{7-23}$$

第五节 汽轮机的主要辅助设备

一、凝汽设备

凝汽设备是凝汽式汽轮机必不可少的辅助设备，其任务一是建立和保持汽轮机排汽口的高度真空，以使蒸汽在汽轮机中有较大的理想焓降；二是回收乏汽的凝结水，作为锅炉给水循环使用。现在电站使用的凝汽器主要是以水为冷却介质的表面式凝汽器。在缺水地区，可用空气凝汽器。

最简单的凝汽设备系统简图如图 7-22 所示，主要包括凝汽器、抽气器、凝结水泵、循环水泵等。汽轮机的排汽（即乏汽）引入凝汽器 3 后，被循环水泵 4 输入的冷却水冷却。乏汽变成凝结水并汇集于凝汽器底部的热井内，然后被凝结水泵 5 抽出送往回热加热设备。

由于凝汽器内的蒸汽凝结空间为汽水两相共存，故凝汽器压力为乏汽凝结温度所对应的饱和压力。在通常的循环冷却水温下，蒸汽的凝结温度若为 30℃，所对应的饱和压力则为 4.2kPa，远远低于大气压力，因此在凝汽器内形成了高度真空。由抽气器不断抽出

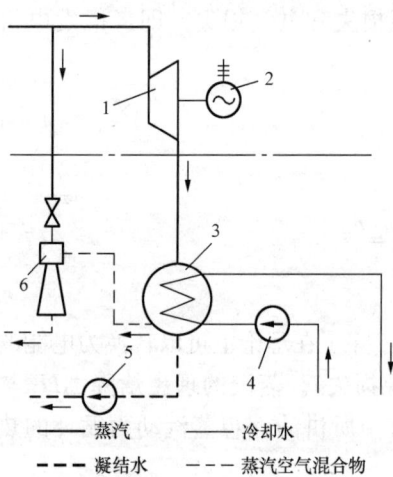

图 7-22 最简单的凝汽设备系统简图
1—汽轮机；2—发电机；3—凝汽器；
4—循环水泵；5—凝结水泵；6—抽气器

从不严密处漏入凝汽器的空气，以保持这一真空。下面简要介绍凝汽器及抽气器的结构及工作原理。

1. 凝汽器

凝汽器结构如图 7-23 所示。凝汽器的外壳通常呈圆柱形、椭圆柱形或方柱形，大机组中一般采用方柱形外壳。由铜管或钛管形成的冷却管束 2 装在两端的管板 3 上，并与两端水室相通。冷却水由进水管 4 经进水室进入下部的冷却管内，然后经回流水室 5 转向进入上部冷却管内，最后流入排水室，经出水管 6 流出。这种使冷却水转向往返一次的凝汽器称为双流程凝汽器，冷却水不经往返而从另一端直接流出的凝汽器称为单流程凝汽器。单流程和双流程凝汽器在大型机组中都有应用。

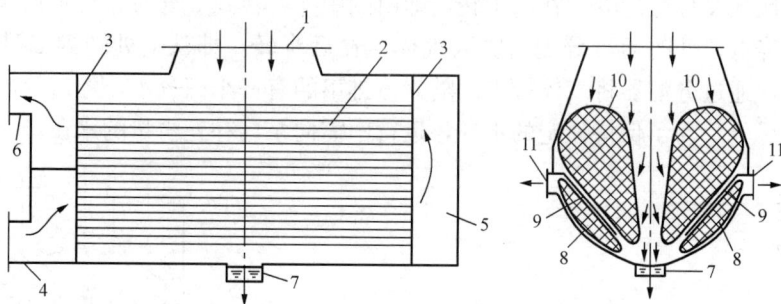

图 7-23 表面式凝汽器结构简图

1—乏汽入口；2—冷却管束；3—管板；4—冷却水进水管；5—冷却水回流水室；6—冷却水出水管；
7—凝结水集水箱（热井）；8—空气冷却区；9—空气冷却区挡板；10—主凝结区；11—空气抽出口

凝汽器汽侧分为主凝结区 10 和空气冷却区 8，其间用挡板 9 隔开。乏汽由进汽口 1 进入主凝结区管外汽侧空间，在管束表面凝结，其凝结水汇集于热井 7 后，由凝结水泵抽走。未凝结的蒸汽及漏入的空气转向进入空气冷却区继续被冷却。空气冷却区约占总冷却管束的 8%～10%，其作用是通过使进入该区的蒸汽进一步凝结，来减轻抽气器的负荷。经过空气冷却区后，空气及少量的未凝结蒸汽一起被抽气器抽出。在抽气器的作用下，凝汽器内的蒸汽及空气向着抽气口方向流动。

因上述凝汽器汽侧为一相通的汽室，故称单背压凝汽器。若将汽室在轴向中间处隔开成为两个互不相通的汽室，使汽轮机各排汽口的排汽分别引入对应的汽室凝结，冷却水则一次串行通过（即单流程）各汽室的管束。这样，由于冷却水进口侧水温低于出口侧，故进水侧汽室压力低于出水侧汽室压力，从而形成双背压凝汽器。因双背压凝汽器的折合压力一般低于单背压凝汽器压力，故可增大蒸汽在汽轮机中的理想焓降，提高机组的热效率。

2. 抽气器

抽气器的作用是将漏入凝汽器中的空气不断抽出，以保持凝汽器的真空和传热良好。抽气器可分为射流式抽气器和水环式真空泵两类。射流式抽气器按其工作介质又分为射汽抽气器和射水抽气器。射汽式和射水式抽气器分别在小型机组和 200MW 机组中应用广泛，而水环式真空泵则在 300MW 以上的机组中应用较为广泛。

射流式抽气器如图 7-24 所示，它由工作喷管 A、混合室 B 及扩压管 C 等构成。运行时，工作蒸汽或工作水经过喷管 A 后，形成高速汽（或水）流射入混合室 B，在混合室内造成低于凝汽器压力的高度真空，因此能够将凝汽器内的空气抽出到混合室。由凝汽器来的空气及蒸汽混合物被高速射流携带一起进入扩压管 C，在其内流速逐渐降低、压力不断提高，最后在略高于大气压力下向外排出。为了回收排出蒸汽的热量及凝结水，需使射汽抽气器出口的介质进入表面式换热器（冷却器）内被冷却，最后将空气排入大气。射水抽气器不设冷却器，但需配置专门的射水泵，以提供一定压力的工作水。

与射流式抽气器相比，水环式真空泵的功耗低、运行维护方便，故在 300MW 以上的机组中得到广泛应用。水环式真空泵的结构原理如图 7-25 所示，其形状类似离心泵，叶轮偏心地安装在圆筒形泵壳内。叶轮旋转时，离心力作用使工作水形成旋转水环，水环近似与泵壳同心。水环、叶片与叶轮两端的侧板构成若干个小的密闭空腔。侧板上有吸入气体和压出气体的槽，故侧板又称分配器。在前半转，即由图中 a 处转到 b 处时，在水活塞的作用下空腔增大、压力降低，此时通过分配器吸入气体，在后半转，即从 c 处转到 d 处时，空腔减小，压力升高，通过分配器将气体排出。随气体排出的有一小部分水，经过分离后，这些水又送回泵内。另外，为了保持恒定的水环，运行中需向泵内补充少量的水。

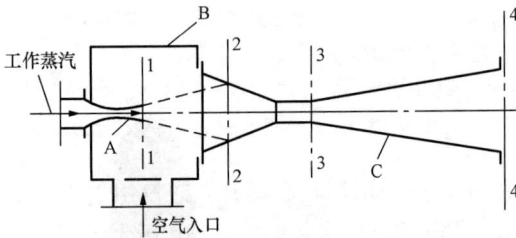

图 7-24　射流式抽气器工作原理图
A—工作喷嘴；B—混合室；C—扩压管

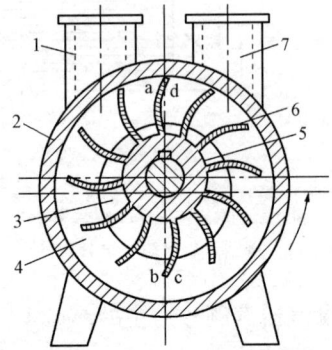

图 7-25　水环式真空泵的结构原理图
1—吸气管；2—泵壳；3—空腔；4—水环；
5—叶轮；6—叶片；7—排气管

二、回热加热设备

回热加热设备是指构成回热系统的各级加热器及其汽水管道、阀门等。如第二章第三节中所述，采用汽轮机中间级的抽汽到加热器中来加热送往锅炉的给水，可减少抽汽在凝汽器中的冷源损失，提高循环的热效率。

回热加热器按其传热方式的不同，可分为混合式和表面式加热器两种。一般电厂的回热系统除了一台兼作除氧器的混合式加热器外，其余的均为表面式加热器。在表面式加热器内，作为加热介质的抽汽与被加热的给水是通过金属管壁进行热交换的，因此表面式加热器可分为汽侧和水侧。按水侧压力的不同，表面式加热器可分为高压加热器和低压加热器（简称高加和低加）。如图 7-26 所示的给水回热系统所示，低压加热器位于凝结水泵和除氧器之间，其水侧压力为凝结水泵的出口压力，高压加热器位于除氧器下的给水泵与锅炉给水操作台之间，其水侧压力为给水泵出口压力。若不计流动阻力，给水泵出口压力应为锅炉汽包压力，远远高于凝结水泵出口压力。300MW 以上的机组，其回热系统一般采用八级回热，即三台高压加热器、四台低压加热器和一台除氧器，简称"三高、四低、一除氧"。

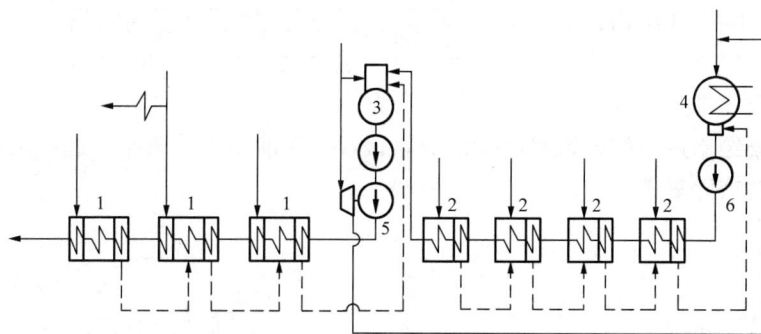

图 7-26 给水回热加热系统示意

1—高压加热器；2—低压加热器；3—除氧器；4—凝汽器；5—给水泵；6—凝结水泵

1. 低压加热器

加热器有立式和卧式两种布置，前者是国内中小型机组的传统布置方式，近年来的大型机组绝大多数采用卧式加热器。卧式低压加热器的结构如图 7-27 所示，主要由水室、U 形管束和壳体构成。由铜管或不锈钢管制成的 U 形管束焊接在左端的管板上，沿管束长度有若干块分隔板，以防止管束在运行中振动。

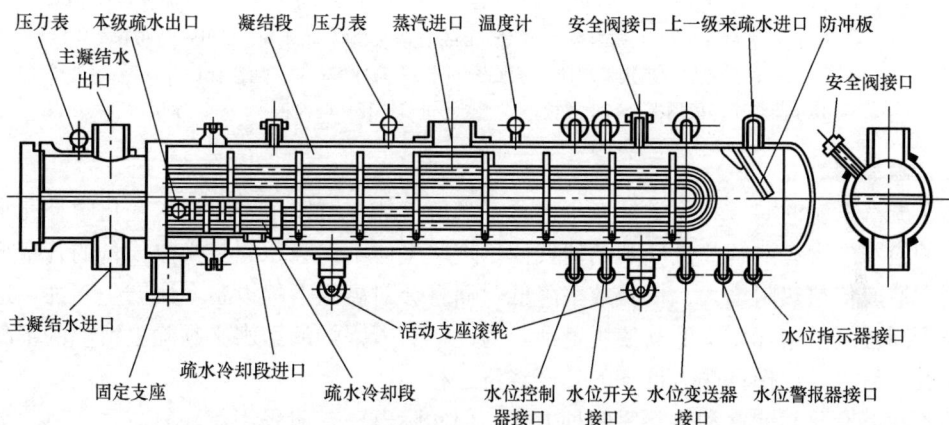

图 7-27 某种型号的低压加热器

由凝汽器或前一级低压加热器来的主凝结水，经左端的下水室进入 U 形管束在管内流动，沿程受到蒸汽的加热后，从上水室流出。汽轮机中间级的抽汽由蒸汽进口进入加热器的汽侧放热，汽侧分为蒸汽凝结段和疏水冷却段。蒸汽在凝结段放热后变成凝结水（称为疏水），疏水与前一级（汽侧压力较高级）加热器的疏水一起进入疏水冷却段继续被冷却。因疏水冷却段处于主凝结水的进口段，凝结水的温度最低，故可使疏水温度低于本级抽汽压力下的饱和温度，这样，当疏水排入下一级汽侧压力较低级的加热器时，可减少对低压抽汽的排挤，使冷源损失减少。疏水在疏水冷却段经中间折流板呈左右蛇形流动，最后经疏水出口引入下一级低压加热器或凝汽器热井。

2. 高压加热器

高压加热器的结构也主要是由水室、不锈钢管制成的 U 形管束、管板、中间分隔板、壳体等构成的，为卧式结构，如图 7-28 所示。与低压加热器所不同的是，由于抽汽的过热度较高，故在汽侧比低压加热器多分出了一块过热蒸汽冷却段，以有效地利用蒸汽的过热，使给水的出口温度提高。这样，蒸汽自其进口先进入过热冷却段放热，然后相继进入蒸汽凝结段及右端主凝结水进口端的疏水冷却段放热，最后和前一级的疏水一起经疏水出口流入下一级高压加热器或除氧器。

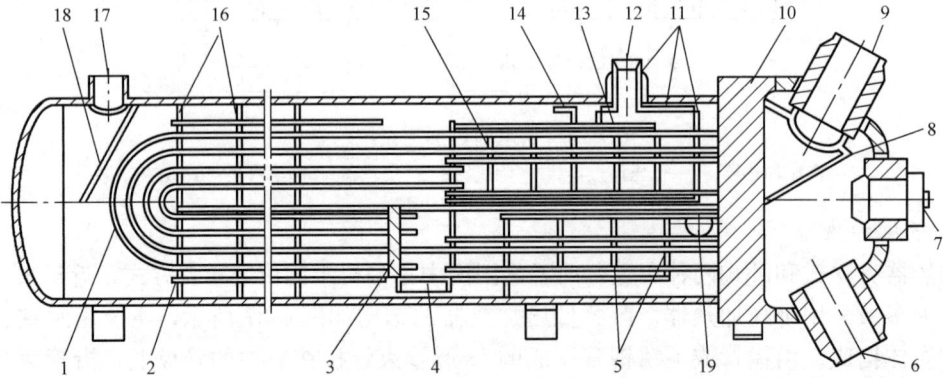

图 7-28　某种型号的高压加热器

1—U 形管；2—拉杆和定距管；3—疏水冷却段端板；4—疏水冷却段进口；5—疏水冷却段隔板；

6—给水进口；7—人孔密封板；8—独立的分流隔板；9—给水出口；10—管板；

11—蒸汽冷却段遮热板；12—蒸汽进口；13—防冲板；14—管束保护环；

15—蒸汽冷却段隔板；16—隔板；17—疏水进口；18—防冲板；19—疏水出口

三、除氧器

由于凝汽系统的漏气和化学补充水中含有溶解气体，所以由主凝结水和化学补充水所构成的锅炉给水中含有溶解的氧气及其他气体。这些气体不仅会积累在换热设备的管壁上形成气体层，造成传热热阻增大、传热效率降低，而且会对高温下的设备金属产生腐蚀，造成热力设备不同程度的损坏，降低其使用寿命。为此，送入锅炉的给水必须除去溶解的不凝结气体，尤其是氧气，以保证热力设备的安全经济运行。

给水除氧有化学除氧和热除氧两种方式，但实际电厂普遍采用热除氧方式。热除氧即在回热系统中设置热除氧器，利用抽汽加热给水至沸点来除去给水中的氧气等气体。因此除氧器兼有对给水回热加热和除氧的双重功能。

热除氧原理是建立在亨利定理和道尔顿分压定律基础上的。亨利定理指出：当液体水和其液面上的气体处于平衡状态时，单位体积水中溶有的某种气体量与液面上该气体的分压力成正比。据此，如果保持水面上总压力不变而加热给水，水面上水蒸气的分压力就会不断增大，其他气体的分压力则相应减小。当把水加热到沸点时，蒸汽的分压力就会接近或等于水面上的总压力，而水面上其他气体的分压力将趋于零。这样，溶解于水中的其他气体就会全部逸出而被除掉。

除氧器大多由除氧塔和给水箱两部分组成。按除氧塔的结构不同，大型机组中采用的除氧器有喷雾淋水盘式和喷雾填料式两种，但后者居多，且一般采用卧式布置。卧式布置的喷雾填料除氧器结构如图 7-29 所示，在除氧塔的圆筒形外壳内，设置有进汽管、恒速喷雾喷嘴、淋水盘和填料层等装置，它们均用不锈钢等耐腐蚀材料制成。

除氧器内水的除氧分为上部的初步除氧和下部的深度除氧两个阶段。在初步除氧阶段，由低压加热器来的主凝结水经置于上端的一系列喷嘴喷成雾状。雾化的目的是增大水的表面积，有利于对水的充分加热和气体的逸出；作为加热介质的抽汽由其进口管进入沿塔身全长布置的蒸汽管（又称一次加热蒸汽管），管的上半部有很多小孔，蒸汽沿小孔均匀地流出，与向上流动的雾状水接触，形成逆流传热。水被蒸汽混合加热到工作压力下的饱和温度时，水中的绝大部分氧气等不凝结气体析出，并通过排气管排出除氧器。经过初步除氧的主凝结水及蒸汽凝结水与高压加热器来的疏水，一起经过多孔的淋水盘，均匀地淋到下部的填料层。填料层由上、下多孔板及中间 Ω 形元件组成，Ω 形元件可以增大水的表面积，有利于对水的充分加热及氧气的逸出。淋下来的水在 Ω 形填料层中通过与下面进入的二次加热蒸汽充分接触，再次被加热，使水中残余的氧气等不凝结气体逸出并被除去，完成深度除氧过程。除过氧的水下落入给水箱，然后通过给水泵不断抽走。

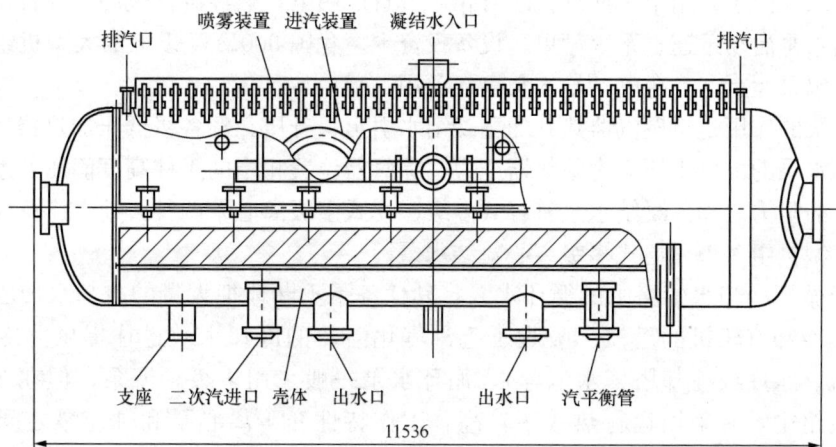

图 7-29 某种型号的卧式喷雾填料除氧器

四、给水泵、凝结水泵、循环水泵

电厂的水泵很多，主要有给水泵、凝结水泵和循环水泵等。这些泵按其工作原理可分为离心式和轴流式两大类。离心式水泵的结构原理如图 7-30 所示。这是一个单级离心水泵，主要由叶轮和泵壳构成。叶轮上装有若干叶片，当叶轮内充满水并旋转时，叶片迫使水做回转运动。在离心力的作用下，水被甩向叶轮的外缘，即蜗壳内。在这一过程中，水被加速，即原动机带动叶轮旋转所消耗的机械功转变为水流的动能。甩向叶轮外缘的水在通流截面不断扩大的扩压通道内（即蜗壳内）流动时，速度降低，

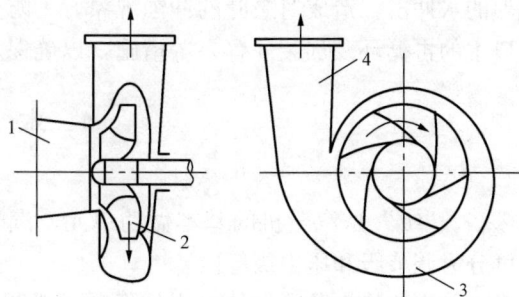

图 7-30 离心式水泵结构原理
1—吸入口；2—叶轮；3—泵外壳；4—排出口

大部分动能转换成压力能，最后达到一定压力的水被引出泵体。对于电厂中实际采用的多级离心式水泵，可看作是多个单级离心泵的轴向串联，这样，从第一级的扩压段通道出来的水接着进入下一级叶轮，水依次流经各级叶轮逐级加压，最后水以规定压力流出

泵体。在水被甩向外缘的同时，叶轮中部形成真空区域，在与水箱（或水井）压力差的作用下，水由吸水口不断被吸入水泵，然后以高压输出水泵，这样就建立起水泵吸水、加压、输出的稳定工况。

　　轴流式泵的工作原理与上述相类似，区别在于离心泵是轴向进水、径向出水，而轴流泵则是轴向进水、轴向出水，这是缘于轴流泵的叶轮叶片与轮轴轴心有一定的螺旋角。叶片在旋转时，同时对流体产生轴向推力，促使流体沿轴向流动。

　　给水泵安装在除氧器给水箱的下方，为多级离心式水泵。其作用是将给水箱内的水加压引出，使其经各级高压加热器、锅炉省煤器后送到汽包。因此给水泵出口水压应为汽包压力、汽包所处位置相当的水柱高度静压与途经各换热设备及管路的流动阻力之和。

　　给水泵按其原动机的型式又分为汽动给水泵和电动给水泵。汽动给水泵是由一小汽轮机拖动，小汽轮机的进汽为大汽轮机的中间抽汽。电动给水泵则由电动机带动。与电动泵相比较，汽动给水泵由于采用中间抽汽，故可相对节省厂用电，热经济性较高，并且调节特性较好。电动给水泵启动迅速、系统简单、设备投资少。我国300MW以上的大型机组一般采用两台汽动给水泵运行，一台电动给水泵事故备用。

　　凝结水泵的作用是将凝汽器热井的主凝结水引出、升压，经各级低压加热器后送往除氧器，故凝结水泵的出口水压应为除氧器压力、除氧器位置相当的水柱高度静压与途经各换热器、管路等的阻力之和。凝结水泵有卧式多级和立式多级离心泵两种，前者广泛应用于中小型机组，大型机组多采用立式多级离心凝结水泵。

　　布置于循环冷却水管路中的循环水泵，其任务是不断地把大量的冷却水加压输送入凝汽器中，去冷却汽轮机的乏汽。吸收了乏汽汽化潜热的冷却水被送往提供此冷却水的水源（如河流、水库或冷却塔、水池等）。循环水泵一般采用多级轴流泵，但在300MW以上的大型机组中，有采用运行热效率较高、工作特性介于离心泵和轴流泵之间的斜流泵的趋向。

　　给水泵和凝结水泵因其入口前的水接近于饱和状态，为了防止水泵汽蚀，均应安装在远低于储水箱布置高度的位置上，以保证水泵进口处有一定的水柱静压。所谓汽蚀是指泵内压力最低处的水，其压力低于水温所对应的饱和压力时，水就会汽化，两相的水会在泵内产生强烈的水冲击，造成对泵叶的冲蚀现象。为防止汽蚀，除了在布置高度上注意外，还采用泵出口水的再循环及加装前置泵等措施，以确保水泵的安全运行。

本 章 小 结

　　一、"级"是汽轮机的基本做功单元。汽轮机的级可分为纯冲动级、反动级和冲动级；还可分为调节级和压力级等。

　　二、汽轮机设备是汽轮机本体及其辅助设备的统称。汽轮机本体包括静子和转子两部分；其辅助设备包括凝汽设备、回热加热设备、除氧设备、调节保安系统及供油系统等。

　　三、蒸汽在汽轮机内的工作过程就是在各级内的能量转换过程，而级内的能量转换又分为喷嘴和动叶流道内两步转换。

　　四、评价汽轮机完善程度的热经济指标主要有：相对内效率，用来反映汽轮机内部损失的大小；机械效率，用来反映汽轮机输出环节机械损失的大小。

评价汽轮发电机组完善程度的指标主要有：绝对电效率，反映汽轮发电机组总损失的大小，包括汽轮机的内部损失、机械损失、冷源损失和发电损失等四项。

五、应注意了解汽轮机各辅助设备的作用、类型、构成和工作原理。

思 考 题

1. 何谓汽轮机的级？级有哪几种类型？级是如何分类的？

2. 汽轮机是如何分类的？大型机组中一般采用何种类型的汽轮机？汽轮机型号的各组成符号表明的含义是什么？

3. 汽轮机设备是由哪些设备构成的？各个设备的作用是什么？

4. 汽轮机本体主要由哪些零部件组成？各零部件的结构特点及作用是什么？

5. 汽轮机级内能量转换过程分哪两步？分别在什么部件中完成？各步所转换能量的定量关系式是怎样的？

6. 级内存在哪些能量损失？它们是如何形成的？级内损失与级的理想焓降及有效焓降三者的关系如何？级效率的意义是什么？

7. 何谓汽轮机的内部损失？试述汽轮机的相对内效率所表明的意义？如何计算汽轮机的内功率？

8. 何谓汽轮发电机组的绝对电效率、汽耗率和热耗率？

9. 汽轮机有哪些辅助设备？各辅助设备的作用、类型、结构特点及工作原理是什么？

10. 何谓汽轮机的临界转速？刚性转子和柔性转子的区别是什么？

第八章 汽轮机运行

【摘要】　迄今为止，还未能找到电能储存的有效方法，而电负荷的变化是经常性的，因此设置控制系统对汽轮发电机组的运行不断调节是必需的。本章第一部分介绍了汽轮机调节的基本知识、汽轮机的保安系统及油系统等。

汽轮机的运行是一个内涵复杂的概念，本章对属于这一范畴的汽轮机的启动、停机、负荷变动及其影响因素作了简要介绍。

最后，为使读者对汽轮机设备形成一个完整的概念。介绍了一台国产 600MW 凝汽式汽轮机设备。

第一节　汽轮机的调节与保护

一、汽轮机调节的任务

与其他产业部门相比，电力生产的一个突出特点是：其产品（电能和热能）是不能储存的，只能根据用户的需求变化而不断地变化。电厂输出的产品必须保证质量，这个质量主要是电压与频率。二者都和汽轮发电机的转速有关，而频率则直接取决于转速。为此在运行中，必须控制转速为额定值，以保证供电质量。这些就是汽轮机控制系统的任务。

物体旋转运动的速度在其他条件都确定的情况下，取决于作用于其上的力矩。分析在运转中的汽轮机，作用在其转子上的力矩共有三项：一是蒸汽作用于动叶栅上的驱动力矩 M_t；一是转子旋转时叶轮与其周围介质和轴颈在轴承中的机械摩擦力矩 M_f；再一项就是发电机定子与其转子之间产生的电磁阻力力矩 M_g。设定驱动力矩 M_t 为正，则摩擦力矩与电磁阻力力矩皆为制动力矩，因而为负。若不考虑摩擦阻力影响，平衡关系用公式描述为

$$M_t - M_g = I\frac{\mathrm{d}\omega}{\mathrm{d}\tau} \tag{8-1}$$

式中　I——汽轮发电机转子的转动惯量；

$\dfrac{\mathrm{d}\omega}{\mathrm{d}\tau}$——转子的机械角加速度。

上式说明，只有当蒸汽主力矩和发电机电磁阻力力矩相平衡，即 $M_t - M_g = 0$ 时，角加速度 $\dfrac{\mathrm{d}\omega}{\mathrm{d}\tau} = 0$，转子的转速才能维持不变。而 M_t 和 M_g 分别取决于进汽量和电负荷，因此汽轮机调节的任务具体表现为，根据电负荷的大小自动改变进汽量，使蒸汽主力矩随时与发电机的电磁阻力力矩相平衡，以满足外界电负荷的需要，并维持转子在额定转速下稳定运行。

二、汽轮机控制系统的基本原理

当汽轮发电机组在某一负荷下稳定运行时，如果遇到外界干扰，比如外界电负荷增大或减小，则上述平衡状态被破坏，机组转速随之减小或增大。这一转速变化信号会及时传给控制系统的转速感受（或测量）部件，进而导致控制系统其他构件的一系列连锁反应，最终改

变进汽量，使蒸汽主力矩与反抗力矩达到新的平衡，即机组在新的负荷下稳定运行，这就是控制系统的基本原理。

虽然不同的汽轮机具有不同的控制系统，但它们的基本原理是相同的。现以图 8-1 所示简单控制系统来说明汽轮机的调节原理。

当外界负荷发生变化，例如负荷增加时，机组转速随之下降，转速感受元件飞锤受到的离心力相应减小，带动滑环 A 下移，滑环 A 的位移量代表了转速变化的大小。随着滑环 A 的下移，杠杆 ABC 以 C 点为支点逆时针偏转，B 点下移，从而带动错油门的滑阀下移，打开通往油动机的两个油口。压力油经下油口进入油动机活塞的下腔室，而油动

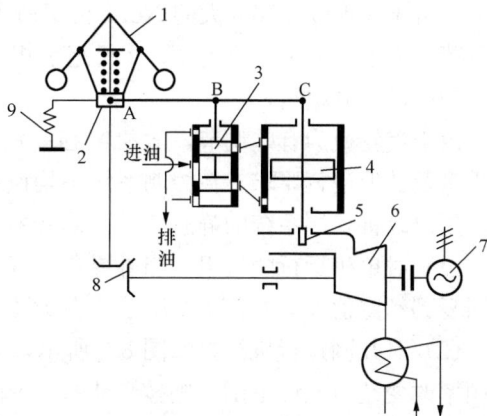

图 8-1 汽轮机调速系统简图
1—调速器；2—滑环；3—滑阀；4—油动机；5—控制阀；
6—汽轮机；7—发电机；8—传动齿轮；9—同步器

机活塞的上腔室此时与错油门的上油口（即泄油口）相连通。在上、下油压差的作用下，油动机活塞向上移动，开大调节汽阀，汽轮机的进汽量增加，蒸汽主力矩 M_t 增大。

在油动机活塞上移的同时，反馈杠杆 BC 带动滑阀向上移动，使滑阀复位回到原来的中间位置。切断去油动机的压力油通路，油动机活塞便停止移动，这时控制系统稳定在一个新的平衡位置，汽轮发电机组在新的电负荷和与其相适应进汽量的平衡工况下运行。这种使错油门滑阀复位的现象称为反馈，反馈的作用是使控制系统稳定在新的平衡工况，并具备再次调节的能力。

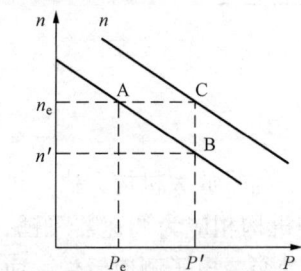

图 8-2 控制系统静态特性

对于机组确定的控制系统，上述一次调节后新平衡工况下的转速与原平衡工况（或其他平衡工况）下的转速并不相同，分别对应于各自平衡工况下的机组负荷 P。这种不同稳定工况下转速 n 与机组负荷 P 之间的单值对应关系，如图 8-2 中的 AB 线所示，称为控制系统的静态特性。这种平衡工况下转速发生变化的调节称为有差调节。

汽轮机控制系统均属有差调节，但不同的汽轮机，在同样大的功率变化时，其转速变化并不相同，即控制系统静态特性线的斜率不同。这一特点用速度变动率表明。所谓速度变动率是指汽轮机由满负荷减至零负荷时的转速改变值与额定转速 n_e 的比值，用 δ 表示，即

$$\delta = \frac{n_{max} - n_{min}}{n_e} \times 100\% \tag{8-2}$$

显然，δ 值较大时，其静态特性线较陡，δ 值较小时，静态特性线较平缓。

速度变动率 δ 的大小决定了并网机组的一次调频能力。所谓一次调频，是指电网中并列运行的诸机组在电网负荷变化引起电网频率改变时，各机组按其静态特性线自动承担一定的负荷变化的调节过程。图 8-3 所示为并网运行的 No. 1 和 No. 2 两机组，分别带负荷 P_1 及 P_2 在额定转速 n_e 下运行时的调频情况。当外界负荷增加 ΔP 时，两机组各自完成一次调频，分别增加负荷 ΔP_1 和 ΔP_2，且 $\Delta P_1 + \Delta P_2 = \Delta P$，均稳定在 $n'(<n_e)$ 转速下（工况点为 B）

运行。可见速度变动率 δ 大的 No.1 机组所承担的负荷变化小，这种机组一般在电网内带基本负荷。速度变动率 δ 小的 No.2 机组承担负荷变化大，即一次调频的能力大，这种机组常在电网内做调峰机组。

由于汽轮机为有差调节，故机组在一次调频后的转速不能维持在额定值 n_e。为满足供电质量及其他运行要求，在控制系统中均设有使静态特性线上、下平移的附加装置——同步器，用以改善控制系统的静态特性。同步器的具体作用如下。

（1）对单机运行的机组，当外界负荷变化导致转速改变时，通过动作同步器可调整其转速回复到额定值 n_e，如图 8-2 所示，在 P' 负荷下，工况点由 B 移到 C。

（2）对并网运行机组，如图 8-3 所示，当电网负荷变化而各机组进行一次调频后，若电网频率改变超过允许范围，则按要求操作调峰机组（No.2）的同步器，向上平移其静态特性线，使网内频率恢复到正常值，而承担基本负荷的机组（No.1）则回到原基本负荷下工作，同时调峰机组（No.2）功率进一步提高，承担全部电网负荷的增加量，这一过程称为二次调频。

另外，在机组启动时，通过同步器调节其空转转速，使其与电网同步。

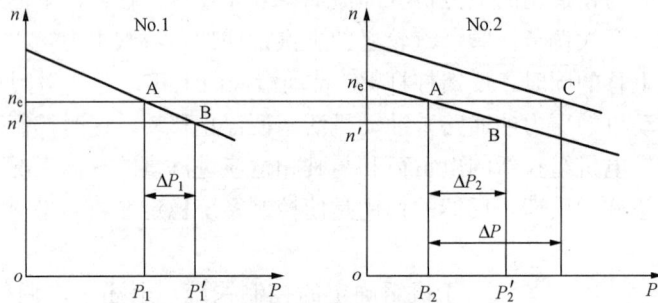

图 8-3　并网机组的一次调频和二次调频

三、功频电液控制系统及 DEH 控制系统简介

汽轮机控制系统的类型很多，但任何控制系统都是由测速机构、信号放大机构、执行机构及反馈机构组成的。在图 8-1 所示的机械控制系统中，上述几种机构相应为调速器飞锤、错油门、油动机和反馈杠杆。如果将测速机构由调速器飞锤改为调速泵或电子测速元件，而放大执行机构仍为错油门和油动机，则相应称为液压控制系统和电液控制系统。这些系统是随着机组容量增大以及运行调节要求的提高而相继出现的。当然，这些控制系统要比图 8-1 所示的复杂得多。

在电液控制系统中，测取的信号除了机械（或液压）控制系统所测的转速信号外，还增加了测功信号，即测量发电机的有功功率，故又称为功频电液控制系统。

图 8-4 为功频电液控制系统的基本工作原理图。系统可分为电调和液动放大两部分，其中电调部分包括测频、测功和校正单元（PID）；液动放大部分为滑阀和油动机。两部分之间用电液转换器相连。测频单元相当于原来控制系统的调速器，用来感受转速变化并输出一相当的直流电压信号。测功单元用来测取发电机的有功功率，并成比例地输出一直流电压信号，来作为系统的负反馈信号，以保持转速偏差与功率变化之间的固定比例关系（即静态特性反映的关系）。校正单元（PID）是一个具有比例、微分和积分作用的控制器，其功用是

将测频、测功及给定信号进行比较，并进行微分和积分运算，同时加以放大后输出。电液转换器是将 PID 输出的电信号转换成滑阀及油动机所能接受的液压控制信号，它是电调和液动放大两部分之间的联络部件。在机组启动和停机过程中，图 8-4 中只有转速回路起作用，此时转速定值器相当于原来控制系统的同步器，由它给出电压信号去人为地控制控制系统。液动控制部分的滑阀和油动机仍然属于控制系统的执行机构。

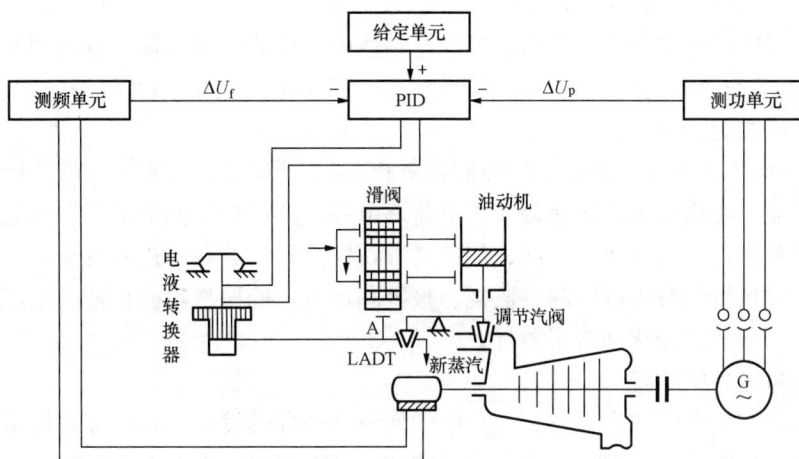

图 8-4　功频电液控制系统原理

该系统在外界负荷变化时的调节过程为，当机组转速随外界负荷增大而下降时，测频单元感受到这一转速偏差，并输出一个经过处理、与之成正比例的正直流电压信号，输入 PID 校正单元，经 PID 处理后输入电液转换器，在电液转换器中转换成的油压信号使滑阀下移，油动机活塞则上行开大控制阀门，使进汽量与外界负荷相适应。在机组电功率增大后，测功单元感受到这一变化，便输出一负的直流电压信号，此信号输入 PID。如若这一负电压信号与测频单元输出的正电压信号相等，则其代数和为零，说明机组的实发功率等于外界负荷，这时 PID 的输出值保持不变，调节过程结束。外界负荷减小时的调节过程与上述相反。

采用测功单元后还可以消除新汽压力变化对功率的影响，其动作过程是：由于新蒸汽压力降低，在同样的阀门开度下，机组的实发功率减小，这时测功单元输出的电压信号减小，因此在 PID 入口仍有正电压信号存在，使 PID 输出继续增大，控制阀开度继续开大，直到测功单元输出的电压信号增大到与测频单元输出的电压信号完全抵消，即 PID 入口信号代数和为零时才停止动作。上述动作过程保证了频率偏差与功率的对应关系，即保证了一次调频能力不变，这是仅有调频功能的控制系统无法满足的。

另外，利用测功单元和 PID 控制器的特性还可补偿中间再热机组的功率滞后。对于中间再热汽轮机来说，由于存在再热器及连接管道这一庞大的中间再热蒸汽容积，所以高压调节阀开度随频率偏差变化后，占全机功率 2/3 或更多的中、低压缸功率要滞后一段时间，造成一次调频能力变差。增加了测功单元后，如当外界负荷增加、机组转速下降时，测频单元输出的正电压信号作用于 PID，控制阀开大，使高压缸功率增加，此时由于中、低压缸功率的滞后，测功单元的输出信号很小，不足以抵消测频单元输出的正电压信号，这时高压控制阀继续开大，即产生过开。高压缸因控制阀过开而产生的过剩功率刚好补偿中、低压缸所滞后的功率。当中、低压缸功率滞后消失时，测功单元的作用使高压控制阀关小，回复到与外界负荷相适应的开度设计值，调节过程结束。这样就保证了机组的一次调频能力不变。

随着自动控制水平的不断提高，目前300MW以上的大型机组已普遍采用数字电液控制系统（简称DEH）。该种系统与上述功频电液控制系统的主要区别在于用数字计算机代替PID控制器，调节算法程序存于计算机中。当转速、功率及给定信号等（该系统的输入信号除了频率、发电机功率外，还有调节级级后压力，此压力与汽轮机功率成正比）输入计算机后，计算机按程序计算结果，其输出信号经过某些中间环节处理后输入电液伺服阀（或称电液转换器），进而通过油动机控制主汽门及控制阀（包括再热主汽门及控制阀）。每个阀门均由单独的油动机控制。

DEH系统由于采用数字控制，即控制以软件实现，因此系统硬件电路简化，且控制灵活。它除了完成一般汽轮机的转速调节、负荷调节外，还可按不同工况根据汽轮机的热应力及其他辅助要求进行自动升速、并网、加负荷等，使汽轮机的启停达到自动化、最优化；并能对机组的主辅运行参数进行巡测、监视、报警和记录，确保汽轮机长期安全经济运行，为实现整个电厂的全盘自动化创造了条件。

四、汽轮机的保安系统

汽轮机是高速旋转的精密设备，运行中任何异常情况的发生，都将导致设备的破坏。因此，在汽轮机的控制系统中均配有危急保安控制系统，其作用是对汽轮机的转速、轴向位移、排汽口真空、润滑油压和抗燃油压（控制系统用油）等参数进行测量、监视、限值判断。当任何一项测量值超出允许范围时，通过中间转换及执行机构使汽轮机的所有进汽阀关闭，迫使汽轮机停机，以保证设备的安全。

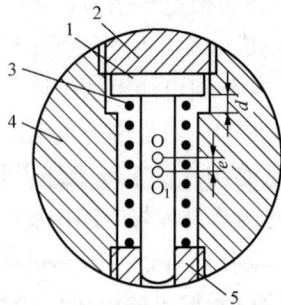

图 8-5　飞锤式危急保安器
结构简图

1—螺钉状飞锤；2—固定螺母；3—锁紧弹簧；4—汽轮机主轴；5—调整螺母；e—偏心距；d—间隙

DEH系统中的危急保安控制一般又分为如下三个系统。

（1）机械超速保护及手动脱扣保护系统：机械超速保护系统由飞锤式危急遮断器及与其相配合的油路所构成。飞锤径向安装在主轴内，如图8-5所示。飞锤的重心 O_1 与主轴中心 O 之间存在一偏心距 e，当飞锤随同主轴高速旋转时，离心力使飞锤欲往外飞出。若控制系统失灵或机组突然甩负荷，使转子转速达到（$1.10\sim1.12$）n_e（n_e 为额定转速）时，飞锤的离心力大于其锁紧弹簧的约束力，飞锤末端迅速飞出，撞击在危急遮断油路的脱扣板上，使危急油路泄压，主汽阀及调节汽阀关闭，汽轮机紧急停机，达到了保护设备的目的。

（2）电气信号危急跳闸保护系统：使该系统动作的信号有：超速11%n_e、凝汽器低真空、轴向位移大使推力轴承轴瓦磨损，低润滑油压、低抗燃油压、电厂遥控跳闸等。上述信号均通过电气元件测量输出。当其中任何一参数超过规定范围时，其电气信号作用于危急跳闸油路的电磁阀上，使危急跳闸油路的高压抗燃油泄压，各主汽阀、控制阀关闭，强迫汽轮机停机。

（3）超速防护系统：当系统测量的超速电气信号超过规定值而使超速防护油路的电磁阀动作时，仅暂时关闭高、中压控制阀，待电网故障消除后，高、中压控制阀仍继续开启。这种当超速是由电网部分故障、机组负荷大幅度下降而造成的时，为避免机组从电网解列后再重新并网的困难以及机组解列后电网不稳定，该系统才动作。

超速保护是汽轮机最重要的保护，故采取上述多通道保护措施，以确保汽轮机的安全。

五、汽轮机的油系统

汽轮机油系统的作用主要是供给汽轮机、发电机各轴承润滑油、调节保安系统控制压力油和发电机氢密封系统的密封油等。300MW以上大型机组的调节保安系统，其控制用油约为14MPa的高压抗燃油，各轴承润滑用油则采用约1MPa的低压汽轮机油，因而形成两个独立的油系统。

润滑油系统主要由主油泵、油箱、启停及事故油泵、射油器、冷油器、排油烟风机及净化装置等组成。在机组正常运行时，主油泵出口油流主要分向三路：其一为发电机氢密封系统（密封油），其二为保安系统的机械超速保护及手动脱扣保护装置（动作油），其三为经射油器、冷油器后去冷却、润滑各轴承及盘车齿轮等。

主油泵装在汽轮机前端的伸长轴上，由主轴直接带动。在汽轮机启停及事故情况下，应开启备用油泵（包括轴承油泵、密封油备用泵及事故直流油泵），以保证上述油路的正常供油。

润滑油油箱一般为圆筒卧式油箱，安装在厂房零米地面汽轮发电机组前端。油箱顶部焊有圆形顶板，其上装有上述各备用油泵及排油烟风机等。油箱内装有射油器、电加热器及其连接管道、阀门等，油箱底部设有排油孔，与主油泵进口管相连接。

射油器是将小流量的高压油转化为大流量低压油的装置，主要由喷嘴、混合室及扩压管组成。喷嘴进口与主油泵出口管相连，因油通过喷嘴时加速，故在喷嘴出口的混合室中形成低压，以此将油箱中的油吸入混合室，混合后的油流经扩压管后油速降低、油压提高。射油器出口的油分成两路，一路经表面式冷油器冷却后去轴承润滑油母管，另一路向主油泵进口管供油。

高压抗燃油系统用来提供调节保安系统控制所需的高压抗燃油。该系统主要由油箱、油泵、高低压蓄能器、精密滤油器、冷油器、阀门及管路组成。此系统一般设计成双回路，即由布置在油箱下方的两台电动油泵组成两个独立的、相互备用的供油回路。一路故障时，另一路可自动启动。为了不使油泵长期处于高压载荷下工作，油泵出口的油除直接去调节保安系统高压油母管外，还进入与此母管相连的充氮式高压蓄能器。当高压蓄能器内油压达到所需的动力油压时，卸载阀动作，使油泵出口的油回流至油箱，而由高压蓄能器向调节保安系统提供动力油。此时油泵仅在很低的压力下运行，节约了厂用电并延长了油泵寿命。当高压蓄能器的油压逐渐降低后，卸载阀复位，切断油泵通向油箱的回油，重新向高压抗燃油母管及高压蓄能器供油加压。充氮式低压蓄能器与回油母管相连，用以吸收并暂存汽轮机甩负荷时油动机活塞下部的大量泄油，以使进汽阀迅速关闭。另外，为将抗燃油温度限制在规定范围，回油母管上装有冷油器，油箱内设有电加热器。在高压油母管上还装有精密滤油器，以保证抗燃油的品质，延长其使用寿命。

第二节　汽轮机运行基本知识

汽轮机运行是一个内涵复杂的概念，它包括运行操作、经济调度、维护管理等方面的内容。本节主要就汽轮机的启动、停机、负荷变动及相关问题作简要介绍。

一、汽轮机的启动与停机

将汽轮机转子由静止或盘车状态加速至额定转速，并将其负荷由零逐步增加到额定值的过程，称为汽轮机的启动。

停机则是汽轮机经历一个和启动完全相反的过程。从传热的角度来说，汽轮机的启动是一个将其零部件由初始状态加热到与当时负荷相对应温度状态的不稳定加热过程，而停机则是一个与启动完全相反的不稳定冷却过程。

1. 启动方式

汽轮机的启动方式大致可以分为如下三类。

（1）按新蒸汽参数可分为额定参数启动和滑参数启动。前者是指在整个启动过程中，从冲转直至汽轮机组带额定负荷，电动主汽门前的蒸汽压力和温度始终保持为额定值，通过调整调节汽阀的开度来适应机组在启动过程中不同阶段的要求。这种方式由于热经济性差、金属部件加热不均以及热冲击较大，故大容量机组已不再采用。

滑参数启动是指在启动过程中，电动主汽门前的蒸汽压力和温度随机组转速或负荷的变化而滑升。对喷嘴调节的汽轮机，定速后控制阀保持全开，完全靠蒸汽参数的调整来适应机组启动过程中不同阶段的要求。这种启动方式的特点是热经济性好，金属部件加热均匀，并且金属温度随蒸汽温度的逐步升高而升高，不会受到强烈的热冲击，有利于设备安全。现代大型汽轮机已广泛采用滑参数启动方式。

（2）按启动前汽轮机金属温度的高低，可以分为冷态、温态和热态启动。启动前汽轮机的金属温度标志点，常用高压转子和中压转子的表面温度。由于高速旋转的转子表面温度难以测取，故一般用汽轮机第一级（调节级）汽室处和中压缸静叶支持环上热电偶测出的温度来代表上述标志点的温度。

启动前标志点金属温度低于 $150\sim180℃$ 的启动，为冷态启动；标志点温度在 $180\sim350℃$ 之间的启动，为温态启动，标志点金属温度高于 $350℃$ 的启动为热态启动。

（3）按控制进汽的阀门不同，可分为调节汽门启动和电动主汽门的旁路门启动或自动主汽门启动。调节汽门启动是指启动时，电动主汽门和自动主汽门全部开启，由依次开启的调节汽门控制进入汽轮机的流量。这种方式在大型机组中采用较少。

用电动主汽门的旁路门或自动主汽门启动，是指启动时调节汽门全开控制进入汽轮机的蒸汽量。

实际的汽轮机启动，往往是上述几种启动方法的组合。

2. 机组的停机

机组的停机分正常和事故停机两种，本书仅讨论正常停机。

汽轮机的停机方式分为额定参数和滑参数停机两种。额定参数停机是指在机组减负荷及降速过程中，蒸汽参数保持不变，而靠关小调节汽门，即减小蒸汽流量的办法来达到停机的目的。这种停机方法的缺点是，停机过程中金属不能得到均匀冷却，并且停机后温度水平较高，延长了停机待修时间。

滑参数停机是指在停机过程中，调节汽门全开，依靠新蒸汽参数的逐渐降低使负荷减小、转速降低、直至停机。滑参数停机过程中，调节汽门全开，进汽均匀，以低参数大流量的蒸汽冷却汽轮机，能使金属部件获得均匀冷却，且能使金属温度降至较低水平。

不同的停机目的，对停机后金属温度水平的要求不同，也就有不同的停机方式和滑停过程中蒸汽参数的选择。

二、变压运行

汽轮机启动过程结束后，就进入了正常运行状态。汽轮机的正常运行管理工作包括两个方面，即正常运行监视和变负荷运行。

1. 正常运行监视

汽轮机带负荷（额定负荷或指定负荷）正常运行，是机组在工作状态下持续时间最长的运行方式。在该方式下，运行人员的主要职责是做好汽轮机的监视和某些调整，以维持汽轮机的安全运行。大型汽轮机正常运行中主要的监视项目有：主蒸汽及再热蒸汽压力和温度，高压缸排汽压力和温度，各汽缸的胀差、轴向位移、振动、应力裕度，频率，负荷，其他如润滑油压力、温度，轴承金属温度，除氧器水位，各辅机运行电流等。

2. 变负荷运行

根据电网需求的变化，通过某种手段调整汽轮机的出力，以及时满足负荷需求的操作过程，叫作汽轮机组的变负荷运行，是机组（尤其是调峰机组）在正常运行中所经常遇到的操作方式。

要使汽轮机的出力适应电网负荷变化的需求，传统的方法是通过改变新蒸汽流量达到调整机组出力的目的。而改变新蒸汽流量的一般方法是采用喷嘴调节（控制阀顺序开启）或节流调节（单阀式），这两种方法的共同特点是负荷变化时，新蒸汽的压力和温度都保持不变，因此统称为定压运行方式。

与定压运行方式相对应，国内近年来发展了变压运行（或称滑压运行）方式。所谓变压运行，是指汽轮机在负荷变动时，保持控制阀全开（或固定于某一位置不变），而采用改变炉膛内的燃烧强度来改变主汽门前的新蒸汽压力，以达到调节机组出力之目的。但在整个调整过程中，新蒸汽温度始终保持额定值不变。

与定压运行方式相比，变压运行主要具有下述优点：能够适应负荷的迅速变化和快速启停要求，提高了机组的热经济性；使汽缸均匀加热或冷却，减小了温差和热应力；延长了主蒸汽管道的使用寿命等。

三、机组启停及变负荷的影响因素

无论是机组的启动、停机还是变负荷过程，在保证安全的前提下，总是希望过程的持续时间尽可能地短。但在实际上，安全性总是与过程持续时间相矛盾的，而这一矛盾的制约因素，主要体现在以下几个方面。

（1）热应力：当材料受到外力作用时，必然会产生相应的变形。当这种变形受到阻碍时，材料内部就会产生应力。同样，材料受到温度变化的影响时，也会产生变形，这种变形称为热变形，相应的应力称为热应力。温度变化的幅度越大，变化速度越快，所产生的热应力就越大，对汽轮机安全性的威胁也就越大。

（2）相对胀差：汽轮机的汽缸和转子受热后均会产生膨胀，二者的轴向膨胀量之差称为相对胀差。相对胀差会引起轴向间隙的变化，如果在启停中控制不当，则可能导致动静摩擦，威胁设备的安全。

（3）热变形：当汽轮机受到温度变化的影响时，不仅仅是变形受到阻碍而产生热应力，而且由于这种阻碍不是"刚性约束"，因此变形也是不可避免的。由法兰内外壁温差、汽缸内外壁温差所引起的汽缸截面椭圆变形，和上下汽缸温差引起的汽缸"拱背"变形及转子的热弯曲变形等，都属于汽轮机的热变形。同热应力一样，热变形的大小取决于温度变化的幅度，也取决于温度变化的速度。

（4）机组振动：温差引起热变形到一定程度时，将有可能引起机组振动，而振动过大，会引起动静部件碰撞与摩擦，因此振动也是影响汽轮机启停或变负荷的重要因素。

（5）启停或负荷变动时间：该时间与上述因素是相互矛盾的，除此之外，它自身又受到热经济性和外界需求等多种因素的制约。

第三节　典型凝汽式汽轮机设备简介

一、主要技术规范（表 8-1）

表 8-1　　　　　　　　　典型凝汽式汽轮机组的主要技术规范

项目	单位	额定负荷	项目	单位	额定负荷
机组功率	MW	600	再热蒸汽温度	℃	537
新蒸汽流量	t/h	1783	排汽压力	kPa	4.903
主蒸汽压力	MPa	16.7	最高冷却水温	℃	33
主蒸汽温度	℃	537	保证热耗率	kJ/ (kW·h)	7835.6

二、本体主要结构特点

该机组系哈尔滨汽轮机厂引进美国西屋电气公司技术生产的 600MW 单轴、四缸、四排汽、反动式凝汽汽轮机，转子最大外缘直径 3726mm，汽轮机总长 31822.4mm，总质量 1270t。

高压缸为单流程，具有一个冲动级（作调节级）、10 个反动式压力级。中压缸采用对称双流程结构，每一流程由 9 个反动级组成。两个低压缸也是双流程，每一流程由 7 个反动级组成。整个汽轮机共有 57 级。

高、中压缸均采用双层缸结构，外缸下部有四个猫爪，分别搭在前、中轴承箱和低压缸上，缸内部套间配有相对死点及热膨胀导销装置。

低压缸同样采用双层缸结构，只是全部由板件焊接而成。本机的惟一一个绝对死点设在 1 号低压缸。

高、中、低压各转子均为合金钢整锻转子。由于反动级动叶栅前后压降较大，为避免在转子上产生过大的轴向推力，各转子采用转鼓式结构，即动叶片直接安装在转子上的叶片槽中。

高中压转子间的推力轴承采用金斯布里型轴承，即轴承具有两层调整垫块，自位性能好，各瓦块负荷均匀。高中压转子径向轴承采用可倾瓦式，而低压转子采用球面三垫块支撑圆轴承。

三、主要辅机及系统配置

配合 1、2 号低压缸，装有两台主凝汽器，两凝汽器以串联双背压方式运行。每个凝汽器为单壳体、单背压、单流程的表面式凝汽器。

本机抽气采用水环式机械真空泵系统。

本机组油系统分为调节保安高压抗燃油和低压润滑油两个独立的油系统。

汽封系统包括高压供汽调节阀、溢流调节阀等主要部件，可以保持汽封蒸汽在各种工况下具有给定的压力。

疏水系统由疏水阀及相应管道组成，能够适应启动工况下本体疏水的要求。

回热系统由 3 台高压加热器、四台低压加热器和一台除氧器构成，其加热蒸汽为不调整抽汽。回热加热器全部采用卧式布置，U 形管结构；除氧器为喷雾填料卧式结构。

控制系统分成三部分，即数字式电液控制系统（DEH），汽轮机监视仪表（TST）；危急保安跳闸装置（ETS）。这三部分构成的控制系统可以满足汽轮机在正常工况下的运行监视、调整、启停和非正常情况下的控制和保护。

本 章 小 结

一、控制系统的基本原理，是保持汽轮发电机组转子上的蒸汽主力矩和发电机电磁阻力力矩相平衡，也就是保持进汽量与电负荷相适应，而这一平衡关系是通过转子转速变化信号导致控制系统的连锁反应来实现的。

二、速度变动率 δ 的大小决定了并网机组在网内所承担的任务。δ 值大的机组，一次调频能力小，一般用于承担基本负荷；δ 值小的机组，一次调频能力大，适于承担调峰任务。

三、控制系统的类型很多，较先进的控制系统当属功频电液控制系统和 DEH 控制系统。

四、汽轮机的保安系统和油系统等都是保证汽轮发电机组安全工作的重要系统。保安系统的保护项目很多，其中放在首位的是超速保护，故 DEH 系统中采用多通道保护措施。

与国产 200MW 以下的机组相比，大型机组油系统的特点，是将润滑油系统和调节保安控制用油系统分开，形成两个独立的油系统。

五、汽轮机的启动、停机、负荷变动等都属于汽轮机的运行范畴。汽轮机的启动或停机是对其不稳定加热或冷却过程，因此评价任何方式的启动或停机的优劣，应以设备零部件不受到强烈的热冲击，使其受到均匀加热或冷却为准则。

汽轮机的变负荷运行，又分为定压运行和变压运行两种，目前一般提倡变压运行。该方式是在保持阀门开度不变的前提下，采用调整炉膛内的燃烧强度来改变主汽门前的新蒸汽压力的。

思 考 题

1. 汽轮机控制系统的主要任务是什么？何谓控制系统的静态特性？同步器有何作用？

2. 汽轮机一般设有哪些保护装置？超速保护装置是如何起到保护作用的？

3. 大型机组的油系统有何特点？油系统的任务有哪些？

4. 汽轮机的启动方式有哪些，是如何分类的？各有哪些特点？

5. 何谓汽轮机的变压运行？变压运行有哪些优点？

6. 汽轮机在启动、停机及变负荷过程中的受热特点有何不同？汽轮机的启停及变负荷受哪些因素的制约？

7. 汽轮机正常运行维护的内容有哪些？

8. 功频电液控制系统的工作原理如何？

第九章　发电厂的生产系统及热经济性

【摘要】　将前述各有关章节中所介绍的锅炉、汽轮机等主辅设备，按照某种特定的方式用管道及附件连接起来，就形成了火力发电厂的主体生产系统，习惯上称之为热力系统。除此之外，还需配备如燃料运输、供水、除灰等辅助性系统，它们共同构成了火力发电厂完整的生产系统。

　　本章先后介绍了热力系统、供水系统，对火电厂中燃料的化学能最终转变为电能的整个过程所涉及到的各能量转换或传递环节进行了热经济性分析，同时给出了火电厂的主要热经济指标。

第一节　凝汽式发电厂的热力系统

　　发电厂的实际热力系统，可以分为局部热力系统和全厂热力系统。局部热力系统表示某一个热力设备同其他设备之间或某几个热力设备相互之间的特定联系，而全厂热力系统则表示全部主要的和辅助的热力设备之间的特定联系。

　　为了便于实际热力系统的构造与分析，通常的方法是绘制热力系统图。出于研究目的的不同，绘制热力系统的方法就有所区别。

　　只表示热力设备之间的本质联系，相同设备只表示一个，备用设备不予表示，设备之间的联系以单线表示，管道附件一般也不表示。按照这样一种原则所绘制的热力系统，称为原则性热力系统。

　　与原则性热力系统相对应的，是全面性热力系统。全面性热力系统的绘制原则是：如实反映主辅热力设备的数量，如实反映主辅设备（包括备用设备）之间的联系；所有管道附件全部表示于图中。

　　上述原则性热力系统和全面性热力系统，都适合于局部或全厂热力系统的构造与分析。

一、发电厂的局部热力系统

　　发电厂的全厂热力系统，无疑是由各局部热力系统按照工质循环的特定顺序组合而成的，诸如主蒸汽和再热蒸汽系统、主给水系统、回热加热系统、给水除氧系统、补充水系统、锅炉连续排污系统、再热机组旁路系统等。以下介绍其中几个主要的局部热力系统。

1. 主蒸汽及再热蒸汽系统

　　主蒸汽及再热蒸汽管道系统，是指从锅炉出口至汽轮机各汽缸入口之间的管道，以及由此引出的送往各辅助用汽设备的支管和附件。

　　在以往的中小型凝汽式发电厂或热电厂中，主蒸汽管道系统多采用母管制，即所有锅炉生产的蒸汽全部送入母管，再由母管送至各汽轮机。这种连接方式的主要优点是机炉可交叉运行，增加了运行的灵活性。对热电厂来说，这种交叉方式可提高供热的可靠性。

　　随着机组容量的增大，特别是再热机组的使用，使得母管制连接已成为不必要和不可能。所以现代大容量机组的发电厂中，普遍采用的是单元制主蒸汽及再热蒸汽管道系统。所谓单元制系统就是将每台汽轮机与供给其蒸汽的锅炉组成一个运行单元，单元之间无横向联系，需用新蒸汽的各辅助用汽设备由各单元的主蒸汽管道引出，再热蒸汽管道的连接随主蒸汽管道而确定。单元制主蒸汽及再热蒸汽管道的全面性热力系统如图 9-1 所示。图中表明，本机组的主蒸汽管道系统采用了"双-

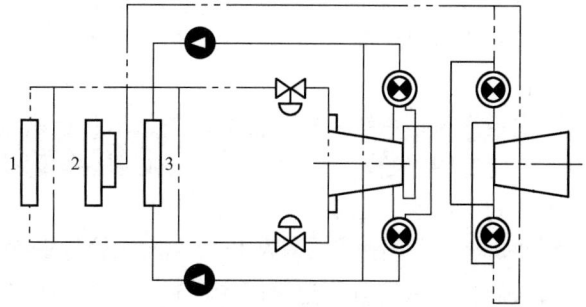

图 9-1　单元制主蒸汽及再热蒸汽管道系统
1—再热器入口联箱；2—再热器出口联箱；3—过热汽出口联箱

单-双"的布置方式，即锅炉过热器出口联箱引出两根主蒸汽管道，然后合并成一根大直径管道，在靠近汽轮机附近时，又分成两根管道分别进入两个高压主汽门。再热蒸汽管道的布置方式与主蒸汽管道相同。

2. 中间再热机组的旁路系统

中间再热机组的旁路系统是指高参数蒸汽在某些特定情况下，绕过汽轮机，经过与汽轮机并列的减温减压装置后，进入参数较低的蒸汽管道或设备的连接系统，以完成特定的任务。旁路系统通常分为三种类型：高压旁路又称Ⅰ级旁路，即新蒸汽绕过汽轮机高压缸直接进入再热冷段管道；低压旁路又称Ⅱ级旁路，即再过热后的蒸汽绕过汽轮机中、低压缸直接进入凝汽器；当新蒸汽绕过整个汽轮机而直接排入凝汽器的则称为整机旁路或Ⅲ级旁路、大旁路。图 9-2 为再热机组三级旁路示意图。

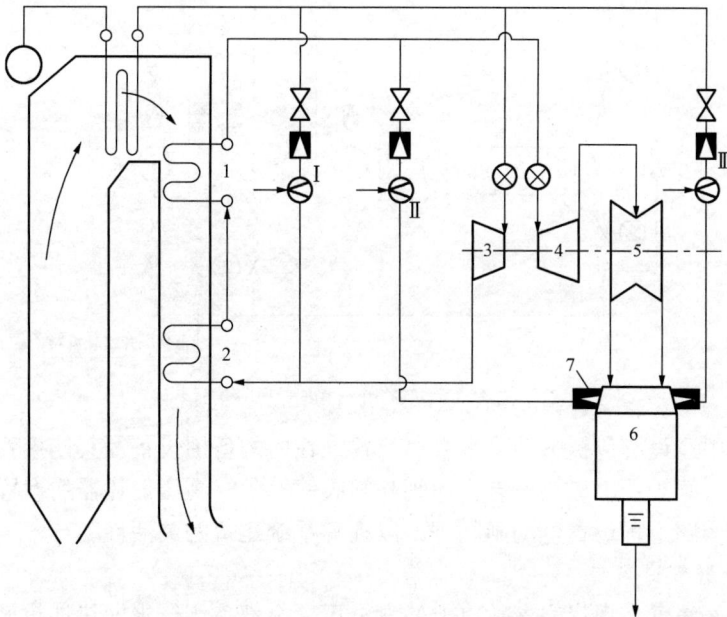

图 9-2　再热机组三级旁路系统
Ⅰ—高压旁路；Ⅱ—低压旁路；Ⅲ—整机旁路；1—高温再热器；2—低温再热器；
3—高压缸；4—中压缸；5—低压缸；6—凝汽器；7—扩容式减温减压器

3. 主给水管道系统

从除氧器出口经高压加热器至锅炉省煤器入口之间的全部水侧管道及管道附件，组成了主给水管道系统。

同主蒸汽管道系统一样，传统的主给水管道系统也是采用母管制。而随着单元制主蒸汽管道系统的应用，给水的母管制已失去必要性，因此超高参数以上的发电厂中，无一例外地采用单元制主给水管道系统。

图 9-3 给出了国产 600MW 机组主给水管道的全面性热力系统。从图中看出，从除氧器引出两根低压给水管分别连接两台前置泵，其出口管道经连通后又分别连接到对应的汽动给水泵入口。为运行可靠，在前置泵和给水泵出口均设有再循环管。主给水泵出口的给水经各级高压加热器后送至锅炉。

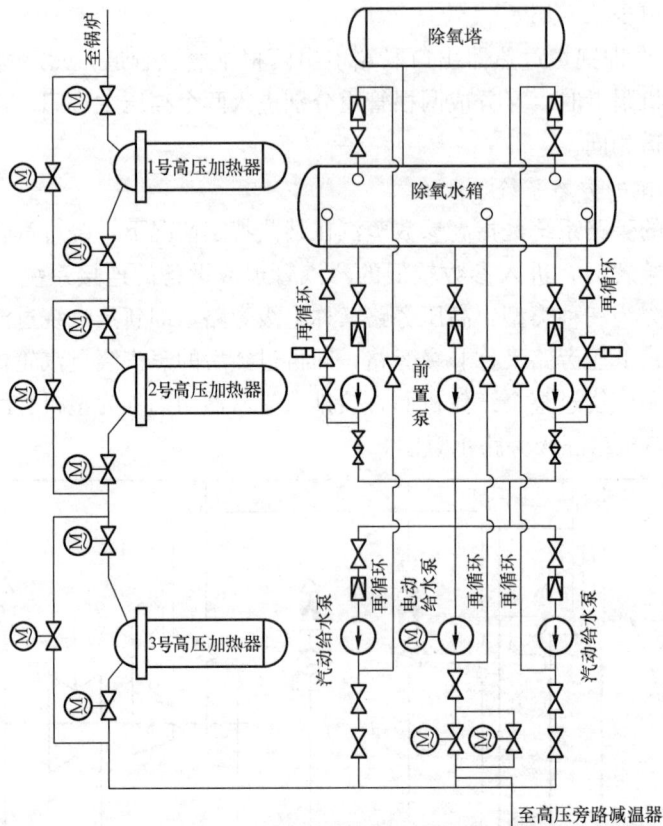

图 9-3　国产 600MW 机组单元制主给水系统

另外，系统中还设有包括电动给水泵、前置泵在内的备用设备及其连接管道。所有泵的入口都装有滤网、闸阀；出口均设有止回阀和闸阀等。各级高压加热器均设置旁路，在加热器进口、出口和旁路上均设置电动闸阀等，以提高系统运行的灵活性。

4. 回热加热器管道系统

为了提高热经济性，现代高参数以上的发电厂，全部采用给水回热加热循环，由此形成的回热加热管道系统成为发电厂全厂热力系统的一个核心系统。

详尽地分析，回热加热管道系统又可分为回热抽汽管道系统、主凝结水系统、主给水系统、疏水系统等若干个子系统。

回热抽汽管道系统是指汽轮机各级抽汽口至相对应的各高、低压加热器之间的连接管道。为防止加热器的湿饱和蒸汽或水倒流入汽轮机，所有抽汽管道上都装有止回阀等，以保证汽轮机的安全。

疏水系统是指各级高、低压加热器之间的抽汽凝结水管道连接系统。国产 300MW 以上的机组回热加热疏水系统的连接特点是高、低压加热器的疏水全部利用相邻加热器之间的汽侧压力差逐级自流。回热抽汽管道系统及疏水系统可参见图 9-5。

主凝结水系统是从凝汽器热井出口经各级低压加热器至除氧器之间的设备和管道连接系统。主凝结水系统的全面性热力系统示于图 9-4。图中显示该机组采用双背压凝汽器，末两级低压加热器分别置于凝汽器颈部。主凝结水由高压凝汽器的热井经一根总管引出，然后分两路接至两台凝结水泵，经除盐装置后相继进入轴封冷却器和各级低压加热器，最后送至除氧器。为保证运行可靠，系统中设有凝结水再循环管、隔离门、电动旁路门、滤网、流量控制阀附件等。

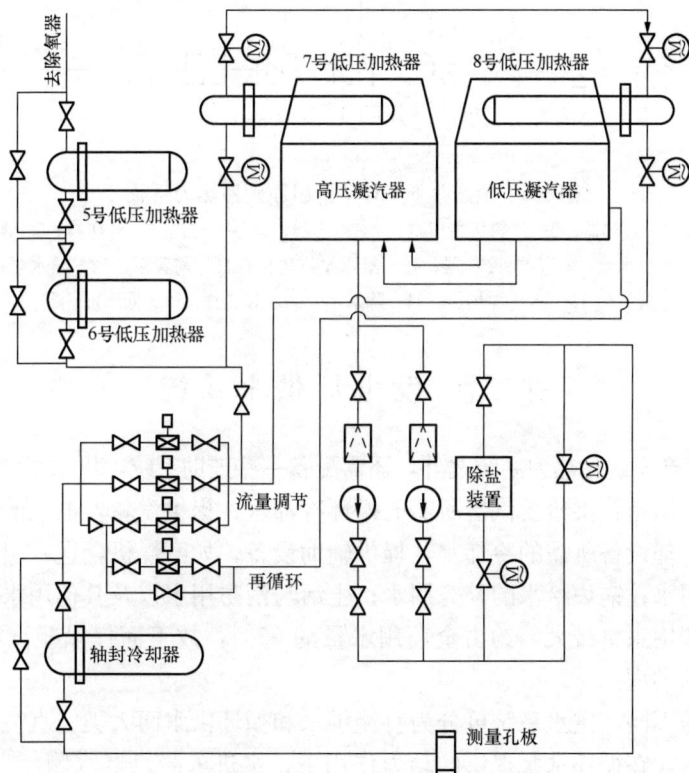

图 9-4　主凝结水系统

二、发电厂的全厂热力系统

限于专业范围及本书篇幅，图 9-5 只示出了国产某 600MW 机组的全厂原则性热力系统，而有关全厂全面性热力系统，本书不再给出系统图。

该机组所配锅炉为亚临界压力、最大连续蒸发量为 2008t/h 的控制循环锅炉，汽轮机为单轴、四缸（有两个双流的低压缸，图上仅画出一个）、四排汽式。本机组共设有八级不调整抽汽，其中高压缸两级、中压缸两级、低压缸四级，分别对应三台高压加热器、四台低压加热器和一台除氧器。除氧器为滑压运行方式，额定工作压力为 0.763MPa。各高、低压加热器均为卧式，高压加热器为三段组合式，低压加热器为两段组合式。加热器疏水全部采用逐级自流，高压加热器的疏水自流至除氧器，低压加热器的疏水自流至凝汽器热井。

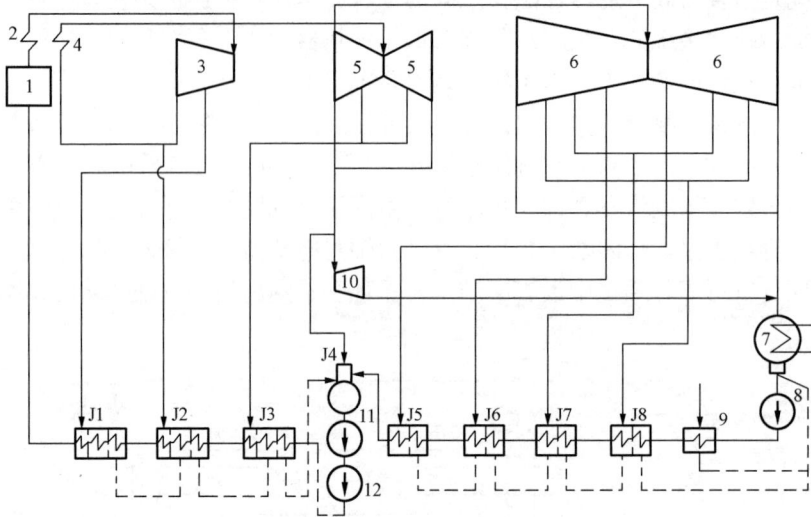

图 9-5　国产某 600MW 机组原则性热力系统

1—锅炉；2—过热器；3—汽轮机高压缸；4—再热器；5—中压缸；6—低压缸；7—凝汽器；
8—凝结水泵；9—轴封冷却器；10—给水泵汽轮机；11—前置泵；12—给水泵；
J1、J2、J3—高压加热器；J4—除氧器；J5、J6、J7、J8—低压加热器

第二节　发电厂供水系统

火力发电厂生产系统除热力系统之外，还需配备一些辅助系统，供水系统就是其中之一。

供水系统的作用是：供给凝汽器所需的循环冷却水；提供汽轮发电机的氢气或空气冷却器、油冷却器等冷却设备所需的冷却水；提供辅助设备，如磨煤机，送、引风机轴承的冷却用水；水力除灰用水；锅炉给水的补充用水；生活与消防用水以及其他用水等。在这些用水中，凝汽器的冷却用水量最大，约占全厂用水量的 95%，故下面仅以凝汽器循环冷却水为主介绍供水系统的类型。

按供水方式的不同，供水系统可分为直流供水和循环供水两大类。直流供水系统是从江河、海洋直接取水，在循环水泵提供的动力作用下，水进入凝汽器水侧，吸收乏汽的热量，温度提高后再返回到江河海洋中。为了保证凝汽器的进水温度，应使取水点设在水流的上游，而排水点设在水流的下游。显然，这种系统要求电厂附近应有充足的水源，其流量一般应超过电厂用水量的 2～3 倍。

循环供水系统则是通过设置如冷却塔、喷水池等冷却设施，使在凝汽器内吸热、温度提高的冷却水在其内冷却放热，温度降低后再由循环水泵送入凝汽器重复使用。按照冷却设施的不同，循环供水系统可分为冷却水池、喷水池和冷却塔三种类型。

（1）冷却水池循环供水系统：利用湖泊、水库或河流上筑坝来作为该系统的冷却水池。

在循环水泵动力的作用下，冷却水由水池的某一地点引入凝汽器，吸热后再排入水池的另一地点。可见，这种系统也要求电厂附近具备一定的自然水资源条件。

（2）喷水池循环供水系统：冷却水从凝汽器吸热后，沿压力管道进入喷水池水面之上的配水管，由配水管上的喷嘴喷溅成细小水滴，水滴在喷射和降落过程中通过与周围冷空气接触而得到冷却，冷却水落入水池中，温度降低的水再由循环水泵抽出送往凝汽器继续循环使用。

这种系统因占地面积较大，冷却效果受环境、气候变化的影响较大，一船只适于小容量电厂。对于大中容量电厂，当不具备自然水资源条件时，普遍采用冷却塔循环供水系统。冷却塔循环供水系统又分为自然通风塔和机力通风塔两种形式。自然通风塔循环供水系统如图 9-6 所示，作为冷却介质的冷空气是依靠双曲线塔身所形成的自然抽吸力，由塔的下部吸入，在塔内自下而上流动，由凝汽器出来的吸热后的冷却水，沿压力管道送至塔内约 10m 高处的配水槽中，沿配水槽由塔中心逐渐流向四周，再从槽底流出落在下面的淋水装置上，最

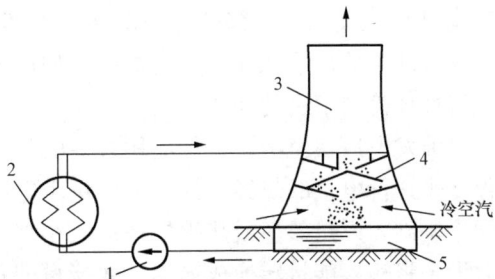

图 9-6　自然通风冷却塔循环供水系统
1—循环水泵；2—凝汽器；3—冷却器；
4—淋水装置；5—集水池

后落入塔底部的集水池中。水在下落的过程中，与向上流动的冷空气形成逆流换热，从而得到有效的冷却。集水池中温度降低了的水，由循环水泵抽出送往凝汽器重复循环使用。

与自然通风塔相比较，机力通风塔循环供水系统的工作原理是类似的，仅是塔内的通风不是靠自然抽吸力，而主要是由通风机实行强制通风，因而冷却效果较好，且塔身矮小、为圆柱形，占地面积小，塔的初投资小。但因多了通风机，运行维护复杂化，并消耗电能，因此这种系统一般仅用于气温高或场地受到限制的场合。

限于篇幅，燃料运输、除灰等辅助系统不予介绍。以上各类系统的组合就构成了火力发电厂完整的生产系统，如图 9-7 所示。

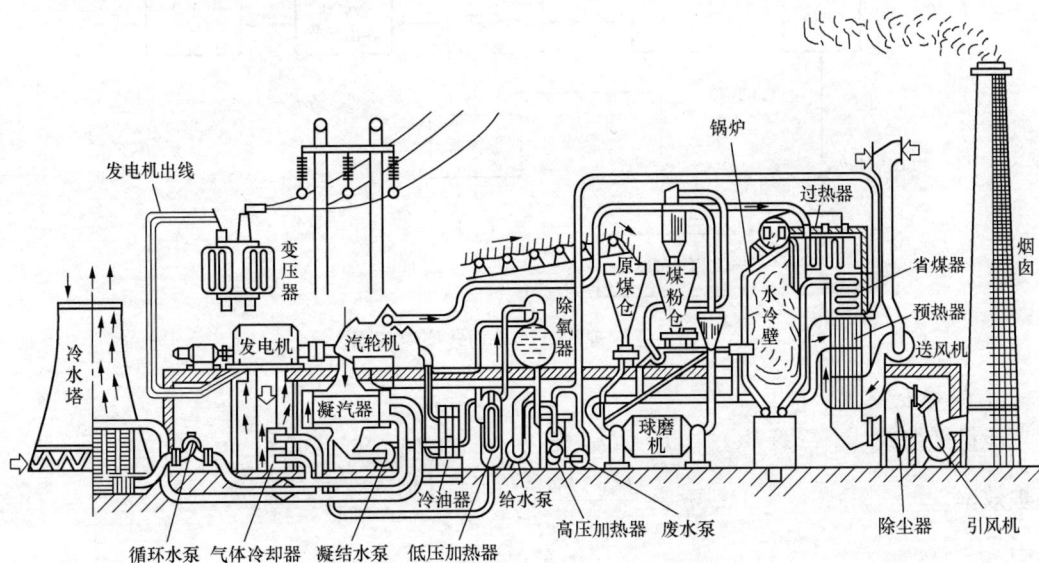

图 9-7　火力发电厂生产系统组合示意图

第三节　凝汽式发电厂的热经济性评价

火力发电厂的生产过程就是一系列能量传递与能量转换过程，而这些过程中最主要的就是热能向机械功的转变。根据热力学第二定律，热能向机械功的转变，必然伴随着一部分热量从高温热源传向低温热源而成为不可再利用的能量。事实上，现代火力发电厂中，燃料的化学能只有大约 40% 最终转变为电能，而其余能量都在各相关环节中损失掉了。那么，究竟是哪些环节造成了如此之大的损失，如何考察一座电厂能量有效利用的完善程度，这就是热经济性评价要解决的问题。

目前发电厂热经济性评价应用最多的是热量法。热量法是以燃料化学能从数量上被利用的程度来评价电厂的热经济性，一般用于电厂热经济性定量分析。热量法以热力学第一定律为理论基础，以热效率或热损失率的大小来衡量电厂或热力设备的热经济性。热效率反映了热力设备将输入能量转换成输出有效能量的程度，在发电厂整个能量转换过程的不同阶段，采用各种效率来反映不同阶段的能量的有效利用程度。

热效率 η 的通用表达式为

$$\eta = \frac{\text{有效利用能量}}{\text{输入总能量}} \times 100\% = \left(1 - \frac{\text{损失能量}}{\text{输入总能量}}\right) \times 100\%$$

下面以凝汽式发电厂为例，阐述凝汽式发电厂热经济性的基本分析与热经济性指标。

一、凝汽式发电厂热经济性的基本分析

图 9-8 给出了现代凝汽式发电厂的流程图。图中表示了在 1h 的时间间隔内送入锅炉的燃料热量通过一系列环节最终转变为电能的全过程，其中每一个环节都存在着不可避免的能量损失。依照热量法即可求得各环节的热效率。根据图 9-8 可作出如下分析。

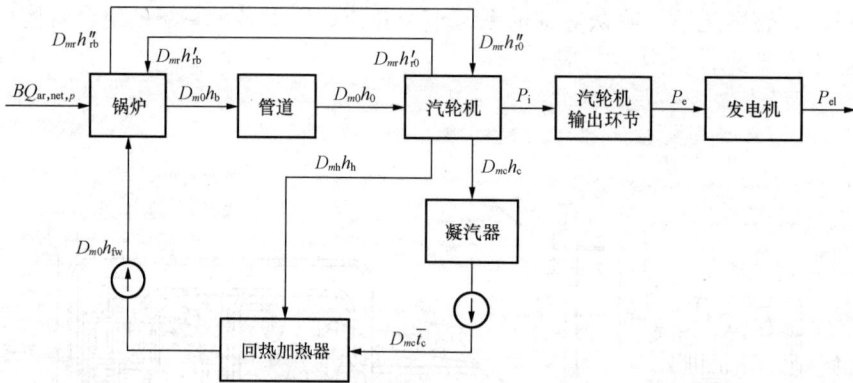

图 9-8　现代电厂热功转换流程图

1. 锅炉设备

能量平衡式
$$BQ_{ar,net,p} = D_{m0}(h_b - h_{fw}) + D_{mr}\Delta q_{rb} + \Delta E_b$$

锅炉效率
$$\eta_b = \frac{D_{m0}(h_b - h_{fw}) + D_{mr}\Delta q_{rb}}{BQ_{ar,net,p}} \tag{9-1}$$

其中
$$\Delta q_{rb} = h''_{rb} - h'_{rb}$$

式中　B——输入锅炉的燃煤量，kg/h；

$Q_{ar,net,p}$——燃料收到基低位发热量，kJ/kg；

　h_b——锅炉出口过热蒸汽焓，kJ/kg；

　h_{fw}——锅炉给水焓，kJ/kg；

　D_{m0}——新蒸汽流量，kg/h；

　D_{mr}——再热蒸汽流量，kg/h；

　Δq_{rb}——每千克再热蒸汽在锅炉中的吸热量；

　h'_{rb}——再热器进口蒸汽焓，kJ/kg；

　h''_{rb}——再热器出口蒸汽焓，kJ/kg；

ΔE_b——锅炉设备的能量损失，即指包括 $q_2\sim q_6$ 的锅炉热损失。

现代大容量锅炉效率约在 90% 以上。

2. 管道

当蒸汽流过主蒸汽管道及再热蒸汽管道时，尽管管道已采取了保温措施，但仍不可避免地要有热量散失到环境中，这部分散失的热量称为管道热损失，以 ΔE_p 表示。管道的能量平衡式为

$$D_{m0}(h_b - h_{fw}) + D_{mr}\Delta q_{rb} = D_{m0}(h_0 - h_{fw}) + D_{mr}\Delta q_{r0} + \Delta E_p$$

故得　　　　　　　　$\Delta E_p = D_{m0}(h_b - h_0) + D_{mr}(\Delta q_{rb} - \Delta q_{r0})$

式中　h_0——进入汽轮机的新蒸汽焓，kJ/kg；

　Δq_{r0}——每千克再热蒸汽带给汽轮机的热量。

按图中所示，$\Delta q_{r0} = h''_{r0} - h'_{r0}$

式中　h''_{r0}——中压缸进口再热蒸汽焓，kJ/kg；

　h'_{r0}——高压缸出口再热蒸汽焓，kJ/kg。

管道热绝缘程度的高低，以管道热效率 η_p 来表示，不难得到

$$\eta_p = \frac{h_0 - h_{fw} + \Delta q_{r0}}{h_b - h_{fw} + \Delta q_{rb}} \tag{9-2}$$

发电厂的管道热效率可达 99% 左右。

3. 汽轮机设备

这里所说的汽轮机设备包括汽轮机本体、凝汽器及回热加热器等。

汽轮机设备的能量损失就是由循环冷却水所带走的乏汽在凝汽器中的凝结放热量，以 ΔE_t 表示。其能量平衡式为

$$D_{m0}(h_0 - h_{fw}) + D_{mr}\Delta q_{r0} = 3600P_i + \Delta E_t$$

式中　P_i——汽轮机的内功率，kW。

衡量汽轮机设备冷源损失大小的指标是汽轮机的绝对内效率 η_i，其计算式为

$$\eta_i = \frac{3600P_i}{D_{m0}(h_0 - h_{fw}) + D_{mr}\Delta q_{r0}} \tag{9-3}$$

内功率 P_i 可以由下式计算，即

$$P_i = \frac{1}{3600}D_{m0}(h_0 - h_c + \Delta q_{r0})(1 - \Sigma\alpha_j^h Y_j^h - \Sigma\alpha_j^{ml}Y_j^{ml}) \tag{9-4}$$

其中　　　　　　　　$$Y_j^h = \frac{h_j - h_c + \Delta q_{r0}}{h_0 - h_c + \Delta q_{r0}}$$

$$Y_j^{ml} = \frac{h_j - h_c}{h_0 - h_c + \Delta q_{r0}}$$

式中　h_c——汽轮机实际排汽焓，kJ/kg；

α_j^h、α_j^{ml}——高压缸、中低压缸各级回热抽汽量占汽轮机进汽量的份额；

Y_j^h、Y_j^{ml}——高压缸、中低压缸各级抽汽的做功不足系数；

　　　h_j——第 j 级（任意级）抽汽焓，kJ/kg。

现代发电厂汽轮机设备的绝对内效率 η_i 可达 45% 左右。

4. 汽轮机输出环节

如图 9-8 所示，蒸汽在汽轮机中完成的内功 P_i，并不是真正用以推动发电机转子转动的功率 P_e。两者之间的差值，在于汽轮机转子需要直接拖动主油泵工作以及需要克服轴承摩擦等所消耗掉的功率，这部分功率称为汽轮机的机械损失，以 ΔE_m 表示，则

$$P_i = P_e + \Delta E_m$$

式中　P_e——汽轮机的轴端功率，kW。

机械损失的大小以机械效率 η_m 来衡量，即

$$\eta_m = \frac{P_e}{P_i} \tag{9-5}$$

现代大型汽轮机的机械效率在 98% 以上。

5. 发电机

汽轮机传给发电机的机械功，除转换成电能以外，还有一部分用于克服发电机轴承摩擦、机内冷却介质摩擦及磁损、电损等造成的功率消耗。这部分消耗掉的功率叫作发电机损失，以 ΔE_g 来表示，则

$$P_e = P_{el} + \Delta E_g$$

式中　P_e——发电机的输出功率，kW。

发电机损失的大小以发电机效率来表明，即

$$\eta_g = \frac{P_{el}}{P_e} \tag{9-6}$$

发电机效率一般在 98% 左右，随冷却方式不同将有所变化。

以上是分别分析了热功转换各个环节的损失及其效率，显然，整个流程的能量平衡式和效率为

$$BQ_{ar,net,p} = 3600P_{el} + \Delta E_b + \Delta E_p + \Delta E_t + \Delta E_m + \Delta E_g$$

而全厂热效率 η_{pl} 则可写成

$$\eta_{pl} = \frac{3600P_{el}}{BQ_{ar,net,p}}$$

$$= \left[\frac{D_{m0}(h_b - h_{fw}) + D_{mr}\Delta q_{rb}}{BQ_{ar,net,p}}\right]\left[\frac{D_{m0}(h_0 - h_{fw}) + D_{mr}\Delta q_{r0}}{D_{m0}(h_b - h_{fw}) + D_{mr}\Delta q_{rb}}\right]$$

$$\times \left[\frac{3600P_i}{D_{m0}(h_0 - h_{fw}) + D_{mr}\Delta q_{r0}}\right]\left(\frac{P_e}{P_i}\right)\left(\frac{P_{el}}{P_e}\right) = \eta_b\eta_p\eta_i\eta_m\eta_g \tag{9-7}$$

式中，$\eta_i\eta_m\eta_g$ 习惯上又称为汽轮发电机组的绝对电效率，以 η_{el} 表示，即

$$\eta_{el} = \eta_i\eta_m\eta_g = \eta_{oi}\eta_t\eta_m\eta_g \tag{9-8}$$

式（9-7）进一步表明，凝汽式发电厂燃料化学能转变成电能的过程中的总损失是各环

节的累计结果。若欲提高这一转变过程的能量有效利用程度，则必须着眼于能量转换的所有环节。

二、凝汽式发电厂的热经济指标

凝汽式发电厂的热经济指标包括四个部分，即汽轮发电机组、锅炉设备、主蒸汽及再热蒸汽管道和全厂热经济指标。有关前三项的效率已在上一问题中给出，故这里仅给出全厂性的热经济指标，它们也是实际中最常用到的指标。

1. 全厂汽耗量和汽耗率

发电厂用于发电每小时所消耗的蒸汽量叫作汽耗量，以 D_{m0} 表示。由式（9-4）得到

$$D_{m0} = \frac{3600P_{i}}{(h_0 - h_c + \Delta q_{r0})(1 - \sum \alpha_j^h Y_j^h - \sum \alpha_j^{ml} Y_j^{ml})}$$

注意到 $P_{i} = P_{el}/\eta_m \eta_g$，并且注意到 Y_j^h 和 Y_j^{ml} 只是计算方法不同，在这里可用统一的符号表示，这样上式变为

$$D_{m0} = \frac{3600P_{el}}{(h_0 - h_c + \Delta q_{r0})(1 - \sum \alpha_j Y_j)\eta_m \eta_g} \quad \text{（kg/h）} \tag{9-9}$$

发电厂生产每千瓦·时的电能所消耗的蒸汽量，称为汽耗率，以 d_0 表示，则

$$d_0 = \frac{D_{m0}}{P_{el}} = \frac{3600}{(h_0 - h_c + \Delta q_{r0})(1 - \sum \alpha_j Y_j)\eta_m \eta_g} \quad [\text{kg/(kW·h)}] \tag{9-10}$$

2. 全厂热耗量和热耗率

发电厂用于发电每小时所消耗的燃料热量叫做热耗量，以下式计算：

$$Q_{pl} = BQ_{ar,net,p} = \frac{1}{\eta_b}[D_{m0}(h_b - h_{fw}) + D_{mr}\Delta q_{rb}] \quad \text{（kJ/h）} \tag{9-11}$$

发电厂生产每千瓦·时电能所消耗的燃料热量叫做热耗率，以 q_{pl} 表示，则

$$q_{pl} = \frac{Q_{pl}}{P_{el}} \quad [\text{kJ/(kW·h)}] \tag{9-12}$$

3. 全厂热效率

全厂热效率已由式（9-7）给出。但在实际生产中又分为发电效率和供电效率两种，前者是以发电机出口的电功率为准，后者则以发电厂出口的电功率为准。显然，发电效率就是由式（9-7）给出的全厂热效率，而供电效率的计算则要考虑到扣除厂用电功率 P_{od}。若以 K 表示厂用电率，则

$$K = \frac{P_{od}}{P_{el}} \tag{9-13}$$

供电效率的计算式为

$$\eta_{pl}^n = \frac{3600(P_{el} - P_{od})}{BQ_{ar,net,p}} = \frac{3600P_{el}(1 - K)}{BQ_{ar,net,p}} = \eta_{pl}(1 - K) \tag{9-14}$$

由上式看出，降低厂用电率也是提高发电厂热经济性的有效途径之一。厂用电率的高低与诸多因素有关，大型凝汽式电厂的厂用电率一般在 $5\% \sim 10\%$。

4. 全厂煤耗率和标准煤耗率

煤耗率是表征火电厂生产技术完善程度和热经济效果的一项最有效、最常用的热经济指标。

煤耗率是指生产 1kW·h 的电能所消耗的燃料量，以 b 表示，即

$$b = \frac{B}{P_{el}} = \frac{3600}{Q_{ar,net,p}\eta_{pl}} \quad [kg/(kW \cdot h)] \tag{9-15}$$

为方便不同电厂间的热经济性比较，国家规定各电厂统一用标准煤计算煤耗率，则

$$b^s = b\frac{Q_{ar,net,p}}{29308} = \frac{3600}{29308\eta_{pl}} = \frac{0.123}{\eta_{pl}} \quad [kg\ 标准煤/(kW \cdot h)]$$

$$= \frac{123}{\eta_{pl}} \quad [g\ 标准煤/(kW \cdot h)] \tag{9-16}$$

以上煤耗率的计算式中，所用全厂效率均为发电效率，所以上述煤耗率又称为发电煤耗率和发电标准煤耗率。若以供电效率 η_{pl}^n 代替式（9-15）和式（9-16）中的发电效率 η_{pl}，则可以相应得到供电煤耗率和供电标准煤耗率。

由于各机组的效率不同，机组的煤耗率也不相同，我国目前 200MW 机组的供电标准煤耗率一般在 380g 标准煤/(kW·h) 左右。

5. 发电设备年利用小时数

若发电厂全年的实际发电量为 $E(kW \cdot h)$，则在全厂装有机组的额定功率 $P(kW)$ 下运行所需的持续时间 T，称为发电设备年利用小时数，即

$$T = E/P \quad (h) \tag{9-17}$$

可见，T 值是一个恒小于 $24 \times 365 = 8760$ 的数值。大多数电厂在规定的大、小修范围内，T 值均在 5500～7500 之间。T 值过低时，除调峰机组服从供电调度原因之外，反映了机组在设计、制造、安装及运行维护管理等某方面的水平欠佳，使发电设备没有充分发挥其应有的作用，造成闲置浪费。

本 章 小 结

一、按研究范围，火电厂的热力系统可分局部和全厂热力系统。无论是局部还是全厂热力系统，按其绘制原则的不同，又都可以划分为原则性和全面性热力系统。

火电厂全厂全面性热力系统是由如下的局部全面性热力系统组合而成的，分别是：主蒸汽及再热蒸汽管道系统；主给水管道系统，主凝结水系统；回热抽汽系统；回热加热器疏水系统；旁路系统等。

二、火电厂中，由燃料热能到转变为发电机出口电能的过程中，依次存在着各个环节的损失，即锅炉损失、管道损失、汽轮机内部损失、机械损失、发电损失、冷源损失。评价这些损失大小，也即评价这些环节完善程度的指标是各环节的效率。评价上述总过程损失大小的指标是全厂发电效率。

三、凝汽式火电厂的全厂热经济指标主要有：全厂效率，它又分为发电效率和供电效率，标准煤耗率，厂用电率，全厂热耗率等。它们从不同角度表明了电厂的热经济性的高低。

思 考 题

1. 凝汽式火电厂热力系统主要包含哪些局部热力系统？各局部热力系统的设备组成及主要作用是什么？

2. 何谓发电厂的原则性和全面性热力系统？二者的区别何在？图9-5所示原则性热力系统所反映的设备构成连接有何特点？

3. 火力发电厂生产系统中，除热力系统之外，一般还包含哪些辅助系统？各辅助系统在电厂中的作用是什么？

4. 火力发电厂的循环供水系统和直流供水系统的区别何在？一般各在什么地区采用？

5. 凝汽式火力发电厂从燃料化学能转变为电能的整个过程中，可以分为哪些环节？各环节分别在什么设备中完成的？评价各环节能量传递或转换过程完善程度的热经济指标分别是什么？

6. 凝汽式发电厂的热经济指标包括哪些？各指标所表明的意义是什么？

7. 发电效率与供电效率的区别何在？试列出供电效率与发电效率及厂用电率之间的关系式。

8. 供电标准煤耗率和发电标准煤耗率的区别是什么？全厂热效率的高低对煤耗率的影响是怎样的？

第二篇　水力发电厂动力部分

第十章　水力学基础和水力发电开发利用方式

【摘要】　本章概括地介绍我国开发利用潜能巨大的水能资源的现状和规划前景。对水系的特征、水能计算和水力发电的基本原理进行了阐述和分析。对水利资源的开发利用方式和水电厂（包括抽水蓄能式水电厂）的基本类型作了稍加详细的介绍。

第一节　我国水利水电开发状况和水电开发方针

一、我国水能资源、可开发水能蕴藏量和水力资源开发现状

水能资源是我国相对较为丰富的一次能源，据勘查统计我国技术可开发的水能储量约为5.8亿 kW，到2015年常规水电装机容量将达到3亿 kW，开发程度达50％；到2020年，常规水电装机容量将达3.5亿 kW，开发程度达60％，是我国经济发展重要而可贵的资源。利用水能发电不耗减总资源量，清洁、无污染、可再生和运行费用低，而且便于电力调峰，因此世界上如巴西、挪威等国家依靠水力发电提供国内90％的电力。我国由于工业化进程的滞后，真正加强水电开发利用兴起于20世纪的后半期，到2013年底，全国水电装机容量达到2.8亿 kW，年发电量8963亿 kWh，占技术可开发容量的40％左右，居世界第一位。全国水电装机容量中，容量百万千瓦级以上的水电厂有100余座，已成为我国水力发电的主力。另外，容量在5万 kW 以下的小型水电厂有4万余座（3000万 kW），约占全国水电装机容量的11％左右。我国小水电资源分布广泛，适合因地制宜开发利用，投资小、风险低、效益稳、运营成本较低，在国家各种优惠政策的鼓励下，民企投资小水电如雨后春笋般兴起，这给大电网难以播及的农村及偏远山区解决生产、生活用电起到了积极而有效的作用。

1. 我国的水能资源特点

中国水能资源有三大特点。

（1）资源总量十分丰富，但人均资源量并不富裕。以电量计，我国可开发的水电资源约占世界总量的15％，但人均资源量只有世界均值的70％左右，并不富裕。到2050年左右我国达到中等发达国家水平时，如果人均装机从现有的0.252kW 加到1kW，总装机约为15亿 kW，即使6.76亿 kW 的水能蕴藏量开发完毕，水电装机也只占总装机的30％～40％。水电的比例虽然不高，但是作为电网不可或缺的调峰、调频和紧急事故备用的主力电源，水电是保证电力系统安全、优质供电的重要而灵活的工具。

（2）水电资源分布不均衡，与经济发展的现状极不匹配。从河流看，我国水电资源主要集中在长江、黄河的中上游，雅鲁藏布江的中下游，珠江、澜沧江、怒江和黑龙江上游，这七条江河可开发的大、中型水电资源都在 1000 万 kW 以上，总量约占全国大、中型水电资源量的 90%。全国大中型水电 100 万 kW 以上的河流共 18 条，水电资源约为 4.26 亿 kW，约占全国大、中型资源量的 97%。

按行政区划分，我国水电主要集中在经济发展相对滞后的西部地区。西南、西北 11 个省、市、自治区，包括云、川、藏、黔、桂、渝、陕、甘、宁、青、新，水电资源约为 4.07 亿 kW，占全国水电资源量的 78%，其中云、川、藏三省区共 2.9473 亿 kW，占 57%。而经济相对发达、人口相对集中的东部沿海 11 省、市，包括辽、京、津、冀、鲁、苏、浙、沪、穗、闽、琼，仅占 6%。改革开放以来，沿海地区经济高速发展，电力负荷增长很快，目前东部沿海 11 省、市的用电量已占全国的 51%。这一态势在相当长的时间内难以逆转。为满足东部经济发展和加快西部开发的需要，加大西部水电开发力度和加快"西电东送"步伐已经进行了国家层面的部署。

（3）三是江、河来水量的年内和年际变化大。中国是世界上季风最显著的国家之一，冬季多由北部西伯利亚和蒙古高原的干冷气流控制，干旱少水，夏季则受东南太平洋和印度洋的暖湿气流控制，高温多雨。受季风影响，降水时间和降水量在年内高度集中，一般雨季 2~4 个月的降水量能达到全年的 60%~80%。降水量年际间的变化也很大，年径流最大与最小比值，长江、珠江、松花江为 2~3 倍，淮河达 15 倍，海河更达 20 倍之多。这些不利的自然条件，要求我们在水电规划和建设中必须考虑年内和年际的水量调节，根据情况优先建设具有年调节和多年调节水库的水电站，以提高水电的供电质量，保证系统的整体效益。

2. 举世瞩目的大型水电工程

从我国能源构成的战略出发，为了加快水电建设，逐步改变水电比重偏低的局面，原电力工业部在 20 世纪 70 年代末设想在水能资源丰富、开发条件较好和缺煤、缺电的地区建立一批水电基地，并提出了做好十大水电基地规划的要求。以后又增加 2 个水电基地，共计 12 个水电基地。这 12 个水电基地规划的总装机容量为 21047.25 万 kW，年发电量为 9945.06 亿 kW·h，其中已建和在建水电站的总装机容量为 3083.59 万 kW，年发电量为 1308.75 亿 kW·h，分别占各基地总装机容量和年发电量的 14.65% 和 13.16%。"十二五"水电重点开工项目见表 7-2。

表 7-2　　　　　　　　　　"十二五"水电重点开工项目

序号	河流	重点工程
1	金沙江	叶巴滩、啦哇、苏洼龙、昌波、旭龙、龙盘、梨园、阿海、龙开口、鲁底拉、观音岩、白鹤滩、乌东德等
2	澜沧江	乌弄龙、托巴、黄登、糯扎渡、景洪、橄榄坝、大华桥苗尾等
3	雅砻江	两河口、牙根一级、牙根二级、孟底沟、杨房沟、卡拉等
4	大渡河	枕头坝一、二级、沙坪一、二级、猴子岩、双江口、金川、安宁、巴底、黄金坪、丹巴等
5	黄河上游	门堂、宁木特、玛尔挡、茨哈峡、羊曲、班多等
6	怒江上游	松塔、马吉、亚碧罗、赛格、六库等
7	雅鲁藏布江中游	大古、街需、加查等
8	其他河流	长江小南海、汉江旬阳、第二松花江丰满重建、乌江白马等

历经几代人辛勤勘查和论证，举世瞩目的长江三峡大型水电工程建设项目于 1994 年 12 月正式宣布开工，揭开了我国酝酿多年的巨型水电工程序幕。长江三峡大型水电工程定基于长江三峡出口的三斗坪，大坝高 185m，坝长 2335m，规划库容为 393 亿 m^3，水库面积约 108.4 万 m^2，可防御百年一遇的洪水，能改善 570～650km 长的长江通航航道，工程充分考虑了生态平衡和移民（100 万）等重大问题。工程规划了大江左岸和右岸两座厂房，装设 26 台 70 万 kW 水轮发电机组，加上 2004 年 12 月立项投建的右岸地下厂房的 6 台 70 万 kW 水轮发电机组，三峡大型水电工程装机容量最终可达 2240 万 kW。比目前世界上最大的巴西伊泰普水电站将近大一倍。长江三峡大型水电工程建设工期为 17 年，2009 年全部建成完工。

溪洛渡水电站是国家"西电东送"骨干工程，位于四川和云南交界的金沙江上。工程以发电为主，兼有防洪、拦沙和改善下游航运条件等综合效益，并可为下游电站进行梯级补偿。电站主要供电华东、华中地区，兼顾川、滇两省用电需要，是金沙江"西电东送"距离最近的骨干电源之一，也是金沙江上最大的一座水电站。总装机 1386 万千瓦，装机容量与巴西伊泰普水电站相当，是中国第二、世界第三大水电站。2005 年底开工，2007 年实现截流。2009 年 3 月大坝主体工程混凝土浇筑开工，2013 年首批机组发电。电站在左、右两岸各布置一座地下厂房，各安装 9 台单机容量 77 万 kW 的巨型水轮发电机组。2014 年 4 月溪洛渡左岸电站 3 号机组结束试运行并完成停机检修，正式投产发电。2014 年 6 月 30 日，溪洛渡左岸 1 号机组结束 72h 试运行，进入投产运行状态。至此，溪洛渡水电站所有机组全部投产。

3. 星罗棋布、蓬勃发展的小水电厂

在上述丰富的水能资源和集中的六大水系之外，在遍布我国 1600 多个山区县的中小水系上，还有 8700 多万 kW 可开发的容量在 5 万 kW 及以下的小水电，预计到 2020 年，小水电装机容量将达到 8000 万 kW。它们因地制宜，多由地方和群众筹资自建，自管和自用；小水电站建设工期短、投资积压少，见效快，能及时有效地解决边远山区和农村自办企业、生活用电的需求。

二、充分发挥我国水电优势

水电是清洁能源，可再生、无污染、运行灵活和费用低，水利电力资源的开发，同时具有防洪、灌溉、航运、渔业、城乡供水和旅游开发等综合效益，因此，优先发展水电是世界各国工业发展的一条共同经验。

在我国广袤的国土上，河流众多，径流丰沛，落差巨大，蕴藏着非常丰富的水能资源。不论是水能资源蕴藏量，还是可开发水能资源，均居世界各国中的第一位。一般认为火电开发工期短、投资低、见效快，但火力发电厂的开发若加上煤矿、运煤铁路或航运设备及航运码头等的综合开发投资，与水力发电厂的开发投资差不多；而且水利电力建设是一次能源开发和二次转换成电能同时完成的，社会综合效益远高于火力发电厂的开发。为此，我国目前电力建设在"调整电源结构，大力开发水电，优化发展煤电，积极推进核电，适度发展天然气发电，鼓励新能源发电，带动装备工业发展，深化体制改革"的指导方针下，正在积极推进水电流域梯级综合开发，全面加速建设黄河上游、金沙江、雅砻江、大渡河和澜沧江等大型水电基地，优先开发调节性能好的大中型水电站，因地制宜开发中小型水电站，并在水资源缺乏地区因地制宜发展抽水蓄能电站。这将有力地推动我国水电开发建设的速度，以能源的可持续发展和有效利用，支持国民经济可持续发展。

第二节　水能资源特征和水力发电基本原理

一、水系特征及其一般概念

1. 干流、支流和水系

所有河流的形成，都是一个沿水流流向的渐变过程。降水经过地表和地下向河流补给水量。在地球引力场的重力作用下，上游水流不断切割和冲蚀使河床逐渐扩大，最初的小水沟变成小溪、小河，最后汇聚成大江大河。水直接流入海洋或内陆湖泊的河流称为干流；汇入干流的河流称为支流。干流和支流构成了脉络相通、经常有水的河流系统，称为水系。水系通常用干流的河名来命名，如长江水系、黄河水系等。在研究某一支流或某一地区的水文问题时，往往也用支流河名来称呼，如金沙江水系，雅砻江水系等。

2. 河流的分段

河流水体的源头称作河源。它们有的是地下水，有的是冰川、融雪、沼泽或湖泊，故河源是指河水发源的局部地区。河水水流沿途行经的河道叫作河床。直接连接河源、落差较大、水流湍急、下切河床力强、洪水涨落急剧的河流上段，称作河流的上游；流量大于上游河段、河床坡度较平缓、沿河两岸常有滩地出现、河道冲刷和淤积较显著的河段，称作河流的中游；河流的下游位于河流的末段，河床坡度平缓、河水流量大、流速小、河床大多处于淤积状态。河流入海或流入湖泊的地方称作河口，由于河口突然扩大，流速大减，水流携带的泥沙大量沉积，常形成沙洲或河口三角洲。

3. 河流的基本特征

沿河床最深处的连线，通常称作"谿线"，在实测的河道地形图上，沿谿线按比例尺可以量算出河流的长度（从河源到河口的距离）。

沿河岸设立的一系列水尺，可以反映河水涨落的情况。水尺的读数便是观测到的河水水面高度，称作水位。沿河道上各点的水尺，具有一个共同的高程零点基面（绝对基面），1956 年我国规定，以黄海多年平均海平面作为统一的高程零点基面，称作黄海绝对基面。地面或水下任何地点，高于这个基面的高度叫作海拔，我国各地海拔值的大小，表明了它们相互之间的高低关系。

另外，表明河流基本特征的物理量，还有河流的过水断面、流量、流速和水力坡度等，我们将在第十章第三节中，给出它们的确切定义。

4. 河流的径流和流域

相对于河段的出口断面，地表水和地下水均向该出口断面以上的河段汇流集中。径流是指水在循环过程中，从地表和地下向着河段出口断面汇集的全部水流；而流域是指河段的集水区域。流域的边界称为分水线（分水岭或分水界）。分水线通常是流域四周的山脊线，如秦岭是黄河与长江的分水线，秦岭以北发生的径流汇入了黄河，秦岭以南发生的径流汇入长江。有时，相邻两条河流所涵盖的流域分界，也可能是较平坦的地区、湖泊或河堤，例如东北的辽河与松花江的流域分水线是公主岭一带地区；华北的海河与华中的淮河流域的分水线则是黄河大堤。

河流流域的分水线和出流断面所包围的面积，称为该河流的流域面积。河流流域面积的大小，基本上决定了该河流径流量的多少，所以，一般河流的水量总是沿河源到河口越往下游就越丰沛。

5. 水流的泥沙携带

江河水流中总是或多或少地含有泥沙。泥沙的沉积，会淤高河床面使洪水泛滥，淤积在水库，便使水库库容量减小；河道闸门前产生泥沙淤积，会使其开闭困难；水流含沙造成水轮机过水设备的磨损等。水资源开发利用中，有关泥沙携带的分析指标有：

(1) 含沙量——单位水体内所含干沙的质量，kg/m^3；

(2) 输沙率——单位时间内，通过测流断面的泥沙量，kg/s；

(3) 输沙量——某时段（日、月、年）内通过测流断面的泥沙总质量。

二、水资源的综合利用

江河水流是国家的宝贵自然资源，与其密切相关的有：水力发电、农田灌溉、治涝防洪、水路航运、水产养殖、工业及民用给水、旅游与环境改良等。如此广泛和重要的用途，就使地面和地下水源成为一种自然资源，称之为水资源。所谓水利开发，就是充分合理地利用江河水域的地上地下水源。要开发利用水资源来造福人类，就必须贯彻以整个国民经济建设计划为基础，既要综合考虑各部门当前的迫切需要，也要满足远景发展的要求，以最少的财力、物力和人力的消耗，最充分合理地利用水资源，获得最高的综合效益。

由于各个用水部门自身的特点对水资源开发利用各有不同的要求，它们既有统一的一面，又有相互矛盾的利害关系。诸如：水力发电、农田灌溉、防洪及渔业都要求集中水体，建造水库；但就水力发电与其他用水部门相比较，农田灌溉耗水量大。若从上游引水，则减少了发电用水流量，若从下游引水，虽可做到先发电后农灌，但控灌范围必会受灌区高程的限制，而且两者在需水量和用水时间上也存在一定的矛盾。又如防洪要求水库有较大的防洪库容，每年的汛期前应尽量放低库水位，空出较大的库容量以容纳汛期到来的洪水，这使水库在汛前减少了水的储备，削弱了水电调度和农灌用水的效益。再如三峡大坝的兴建，可大幅度地集中水头和水量，获得可观的发电能力，改善上游航运条件，扩大坝上地区的农灌范围和提高长江下游的防洪标准；但也不得不花费大量的财力和物力，去解决诸如库上淹地（约 3.2 百万 m^2），进行大量移民和去解决中华鲟洄游等生态平衡问题。协调这些矛盾的正确方法，应该是在集中领导之下，从整体利益出发，全面规划、统筹安排。根据各部门的具体需求和现实的自然条件及技术水平，视轻重缓急，分清主次地加以解决。"综合开发，综合治理，综合利用，综合平衡"是一个完整的规划思想，只有这样，才能真正体现对水力资源合理利用、造福人类的根本原则。

三、水力发电的基本原理

自然流泄的江河水流都具有一定的能量，未被开发利用的水流因克服流动阻力、冲蚀河床、挟带泥沙等，它所蕴含的能量分散地消耗掉了。水力发电的任务，就是要集中利用这种被无益消耗掉的水能，来产生工农业生产和人们日常生活中广泛利用的电能。图 10-1 是水电厂的示意图。依图所示，筑坝使水电厂上游的水池 1 中的水具有较高的势能，当水由压力水管 2 流过安装在厂房 3 内的水轮机 4 排至下游时，水流带动水轮机旋转，水能转换成水轮机旋转的机械能；水轮机驱动发电机 5，将机械能转换成电能。这就是水力发电的基本过程。为实现上述连续地能量转换而修建的水工建筑物和水轮机发电设备的总体，叫作水力发电厂。由图可以看出，水力发电的主要生产过程大体可分为四个阶段：①集中能量阶段，建坝集中河流径流和分散的河段落差，形成水电厂集中的水体和发电用的水头；②输入能量阶段，利用渠道或管道，把水以尽可能小的损失输送至水电厂；③转换能量阶段，调整水轮发电机组的运行，将水能高效率地转换成电能；④输出能量阶段，将发电机生产的电能，经变压、输电、配电环节供给用户。

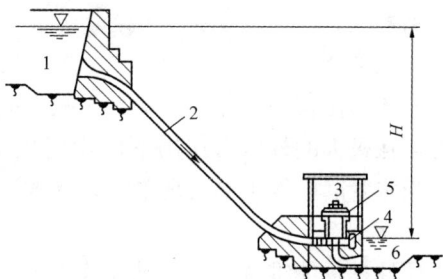

图 10-1　水电厂示意图

1—水池；2—压力水管；3—水电厂厂房；
4—水轮机；5—发电机；6—尾水渠道

发过电的天然水流本身并没有损耗，一般也不会造成水体污染，仍可为下游用水部门利用，这是水力发电用水的重要特点。本篇将介绍水电厂水能的计算，转换流程及与此有关的主要水工建筑物和动力设备。

第三节　水力学基础知识和水流的水能计算

水力学是根据物理和力学定律，用实验和分析的方法，研究液体平衡与运动规律来解决工程实际问题的一门学科。水力学所研究的对象——液体（水）在重力场中，有着固态物质所不具有的"易动性"，随着容纳液体物质的容器形状不同而改变自身的存在形状；液体质点之间的凝聚力很小，不能承受拉力，只能抵抗对它的压力，在压力之外的任何微小外力或内力作用，都能使液体（水）的形状发生显著的变化。在水力学所研究的液体（水）的宏观运动规律范畴内，将液体（水）视为没有任何空隙存在、分子密实的连续介质。

一、液体（水）的主要物理性质

1. 密度

均匀液体单位体积的质量称为密度，用符号 ρ 表示

$$\rho = \frac{m}{V} \quad (\text{kg/m}^3) \tag{10-1}$$

式中　m——液体的质量，kg；

V——液体占有的体积，m^3。

在重力场作用下，均匀液体单位体积的重量，用 ρg 表示，ρ 为液体（水）的密度。本文中，采用水的密度 $\rho_{H_2O} = 1000\text{kg/m}^3$，$g = 9.81\text{m/s}^2$，为重力加速度。严格说来，液体的密度会因温度、压力的变化而发生微小的变化。

2. 黏滞性

液体内部各流层之间，发生相对运动时产生内摩擦力的性质，叫作液体的黏滞性。当液体处于静止状态时，其黏滞性是表现不出来的。液体与固体壁面做相对运动时，也产生黏滞性作用。例如，水在渠道中流动时，水对固体壁面的附着力作用使附着在壁面上不流动的第一层水，通过黏滞性作用影响第二层水的流动速度，随着远离固体壁面的距离增加，水层间的相对运动黏滞性作用逐层减弱，流动速度逐层加大，直到固体壁面的影响消失，流体的流

速达到最大。

3. 压缩性

液体的体积随外界压力增大而减小的性质，叫作液体的压缩性。由于水具有很强的抗压能力，在极大的外压力作用下体积变化很小，故工程上认为水是不可压缩的。必须指出的是，当水管路中发生水击现象时，水的可压缩性是不可忽略的。

4. 惯性

惯性是物体维持原有运动状态的特性，质量是物体惯性大小的量度。水在管路中流动时，若突然关闭管路上的阀门，水在惯性力作用下仍要向前流动，惯性力的作用会使管道中产生水击现象。

二、静水力学基本方程

液体处于相对平衡状态时，研究它的力学规律，属于静水力学范畴。静止的液体受三种力的作用：表面力、体积力和内力。表面力是指作用于液体表面上的力，例如液面上的大气

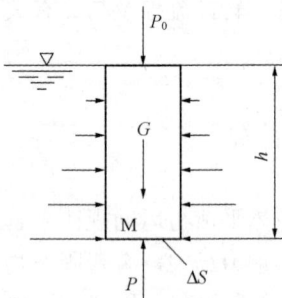

图 10-2　水面下深度为
h 的 M 点受力图示

压力，活塞对水体表面的压力等。体积力是指作用于液体体积内所有质点上的力，例如液体的重力、惯性力等。内力是指液体内部质点之间的相互作用力。在液体内部各质点之间的力都是成对出现的，大小相等、方向相反，互相抵消、合力为零。水在静止状态下，由于不流动，其黏滞性不起作用，内摩擦力和惯性力都不存在，作用在静止水体上的外力只有重力和与水体接触物体对水体的作用力，这些外力的合力为零。如图 10-2 所示，在静水内任取一点 M，其在水面下的深度为 h。在 M 点取底面积为 ΔS、高为 h，直达水体自由表面的圆柱体为研究对象，则作用于此圆柱体上的力有：

（1）圆柱体底面垂直向上的总力　$P = p\Delta S$；
（2）圆柱体顶面垂直向下的总力　$P_0 = p_0\Delta S$；
（3）圆柱体水平方向上的侧压力在垂直轴线上的投影为零；
（4）圆柱体自身的重力 $G = \rho g h\Delta S$。

静止的圆柱体上外力在垂直轴线方向的平衡方程式为

$$p\Delta S - p_0\Delta S - \rho g h\Delta S = 0$$

即
$$p = p_0 + \rho g h \quad (\text{Pa}) \tag{10-2}$$

式中　p_0——从液体（水）表面传来的表面压强，在水利工程中，通常水面均与大气相通，p_0 取一个标准大气压强（$p_0 = 101325\text{Pa}$）；
　　$\rho g h$——单位面积上，高度为 h 液柱的重量；
　　p——静水作用在单位底面积上的全压强，又称为绝对压强，Pa。

式（10-2）即为静水力学基本方程式。它可计算出静水中任何一点上静水压强的大小。在水利工程中，建筑物和水面上都作用着大气压强 p_0，它们自相平衡，故在不特殊声明时水压强仅指水重产生的相对压强 $\rho g h$，用单位面积上受力（Pa）来表示。

三、水流运动基本方程式

1. 水流运动的一般概念

工程实践中，遇到的大量问题是流动的水体运动规律的研究，属于动力学范畴，为此，

先介绍几个常用动水力学术语。

（1）过水断面：过水断面指垂直于水流方向的水体横断面，即过水断面每一点上的流体流线都垂直于过水断面。当过水断面上各点的水流流速方向平行时，过水断面表现为一平面；同一过水断面上各点流速方向不平行（如渐缩或渐扩形流道）时，过水断面表现为一曲面。

（2）断面平均流速：流动速度描述水流流动的快慢程度。事实上，过水断面上各点的流速都不相等，通常我们用假想流速——断面平均流速来描述水流运动，这个假定，获得了过水断面上所有各点流速相等的概念，简称为断面平均流速。

（3）流量：指单位时间内，通过过水断面的水体体积，用 Q 表示为

$$Q = fc \quad (\text{m}^3/\text{s}) \tag{10-3}$$

式中　f——过水断面面积，m^2；

　　　c——流体通过过水断面的平均流速，m/s。

（4）恒定流与非恒定流：通过过水断面上各点的流速和压强不随时间变化的水流，叫作恒定流，否则，称作非恒定流。若管（渠）道中流体的流量 Q 保持不变，即为一恒定流。

2. 恒定流流量方程

水流是遵循质量守恒普遍规律的物质运动的一种方式，在处于恒定流的水流管道中，任取两个过水断面 1—1 和 2—2，相应的过水断面面积为 f_1 和 f_2，断面上平均流速为 c_1 和 c_2。由于水流的连续性和不可压缩性，必有 Q_1 和 Q_2，即

$$Q_1 = Q_2 = \cdots = Q$$

或
$$f_1 c_1 = f_2 c_2 = \cdots = fc \tag{10-4}$$

式（10-4）称为恒定流的流量方程，又叫作恒定流连续性方程。它指出：单位时间内通过恒定流各个过水断面上的流量相等，其断面面积与断面平均流速成反比。

3. 恒定流的伯努利方程

伯努利方程是揭示物质运动中能量守恒和转化的普遍规律，应用于水流运动最基本、最重要的常用公式。在图 10-3 所示的流量为 Q 的恒定流中，若在微小 $\Delta\tau$ 时刻内，水体由 1—2 位置向前流动到 $1'$—$2'$ 位置，则过水断面 1—1 和 2—2 分别向前移动的距离是 $\Delta s_1 = c_1\Delta\tau$ 和 $\Delta s_2 = c_2\Delta\tau$。由动能定律知，运动物体在某一时刻内的动能增量，等于同一时刻内，作用于该物体的外力做功之和。

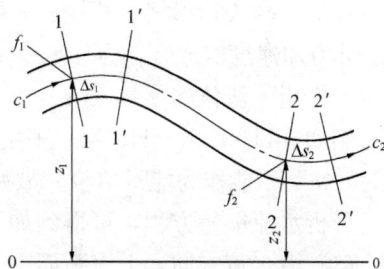

图 10-3　水流能量守恒证明图示

上例中由于是恒定流，故中间段 $1'$—2 内的水体体积、质量和流速都不发生变化。整个水体 1—2 在 $\Delta\tau$ 时段内动能的变化实质上是 2—$2'$ 和 1—$1'$ 微变段之间水体的动能差，而 2—$2'$、1—$1'$ 微变段水体具有相同的质量 $m = \rho Q\Delta\tau$，则在 $\Delta\tau$ 时段内其动能的增量为

$$\rho Q\Delta\tau \frac{c_2^2}{2} - \rho Q\Delta\tau \frac{c_1^2}{2} = \frac{1}{2}\rho Q\Delta\tau(c_2^2 - c_1^2)$$

恒定流水体 1—2 动能的增量是在 $\Delta\tau$ 时段作用于水体的外力做功之和，它们包括：

（1）重力做功：只与水体的垂直位移有关，即 $mg(z_1 - z_2) = g\rho Q\Delta\tau(z_1 - z_2)$。

（2）压力做功：水体两端面上，与水流方向平行的动水压力 P_1 和 P_2 做功（作用于水

体侧面上的动水压力垂直于水流方向，不做功），即过水断面 1—1 上动水压力 $P_1 = p_1 f_1$，指向水体内部，当它流过 Δs_1 距离移到 $1'—1'$ 时，对水体做出正功 $P_1 \Delta s_1 = (p_1 f_1)(c_1 \Delta \tau) = p_1 Q \Delta \tau$；同理，2—2 断面上动水压力 P_2（指向水体内部，与水流方向相反），对水体做出负功 $P_2 \Delta s_2 = (p_2 f_2)(c_2 \Delta \tau) = p_2 Q \Delta \tau$，故压力对水体所做的功为 $p_1 Q \Delta \tau - p_2 Q \Delta \tau = (p_1 - p_2) Q \Delta \tau$。

（3）阻力做功：流动的水体与边壁之间、水体内部质点之间，相互摩擦形成了对水流的阻力，方向与水流方向相反，引起水体运动的能量损失。若以 h_w 表示单位重力作用下水体流动时阻力所做的功，则例中水体的阻力功为 $-(g\rho Q \Delta \tau) h_w$。

于是，按照动量定律可以写出

$$\frac{1}{2} \rho Q \Delta \tau (c_2^2 - c_1^2) = g\rho Q \Delta \tau (z_1 - z_2) + Q \Delta \tau (p_1 - p_2) - g\rho Q \Delta \tau h_w$$

以水体的重量 $g\rho Q \Delta \tau$ 遍除上式各项，得

$$z_1 + \frac{p_1}{\rho g} + \frac{c_1^2}{2g} = z_2 + \frac{p_2}{\rho g} + \frac{c_2^2}{2g} + h_w \tag{10-5}$$

式中　z——单位重力作用下水流相对于水平基准面所具有的位能，称作位置水头；

$\dfrac{p}{\rho g}$——单位重力作用下水流所具有的压能，称作压力水头；

$\dfrac{c^2}{2g}$——单位重力作用下水流所具有的动能，称作流速水头。

这就是流体力学著名的伯努利方程（水流能量方程）的数学表达式。

水力工程中，通常把 $z + \dfrac{p}{\rho g}$ 称作单位势能或测压管水头；把 $z + \dfrac{p}{\rho g} + \dfrac{c^2}{2g}$ 用符号 H 表示，称作单位总机械能或总水头。式（10-5）是相对于单位重力作用下流体写出的，是工程计算中一直沿用的表达形式。式中：z 是高度坐标（m）；p 是压力（N/m²）；c 是流速（m/s）；g 是重力加速度（m/s²），h_w 是单位重力作用下流体的能量损失（m）。式中的每一项都是单位重力作用下流体的能量（m·N/N），它们的组合量纲都是"m"，这给工程上通常用液柱高（例如 mH₂O、mmHg 等）来度量单位重力作用下液体所具有的能量带来一定的方便；因为"m"不能作为能量单位，故始终应与液体的 ρg 联系在一起。

分析水流能量方程，可得到如下结论：

（1）沿水流方向，上游断面 1—1 上的水流总能量 H_1 总是大于下游断面 2—2 上的总能量 H_2；水流总是从总能量大的地方流向总能量小的地方，这是能量方程揭示出的水流本质问题之一。两断面之间的总能量之差，就是水流在两断面间流动过程中的能量损失 $h_w = H_1 - H_2$。

（2）若不考虑水头损失，则各种形式能量的总量不变，但各种形式的机械能（位能、压力能和动能）可以互相转化。

4. 水头损失和水力坡度

河道或管路中，单位重力作用下水流的能量损失 h_w 分为沿程水头损失和局部水头损失两类，它们对于水流内部来说没有本质区别。通常把水流沿流程受摩擦阻力做功引起的水头损失，叫作沿程水头损失；把水流边界急剧变化，例如河道或管路断面突然变化、水流转弯流向改变、闸门或其他水力设施引起水流在局部阻力下所产生的水头损失，叫作局部水头损失。

对于上游过水断面 1—1，下游过水断面 2—2 的河段或管段，其相应的总水头 H_1 和 H_2 之差与两过水断面之间流程长度 L 之比，叫作该河段或管段上水流的水力坡度，即

$$J = \frac{H_1 - H_2}{L} = \frac{h_w}{L} \tag{10-6}$$

它表示出河段或管段上每米流程上水流能量的损失值。水力坡度的大小，说明了水流能量沿程减小的快慢程度。

四、水流的水能计算

1. 天然水流的理论能量

按照水流能量方程，如图 10-4 所示，若取河段上 2—2 过水断面的水平面为 0—0 基准面，可写出 1—1、2—2 过水断面上点①和点②之间单位重力作用下水流的能量差为

$$E_1 - E_2 = H + \frac{p_1 - p_2}{\rho g} + \frac{c_1^2 - c_2^2}{2g} \tag{10-7}$$

式中　E_1——为过水断面 1—1 上点①上，单位重力作用下水体所具有的能量；

E_2——为过水断面 2—2 上点②上，单位重力作用下水体所具有的能量。

$$E_1 = \frac{p_1}{\rho g} + \frac{c_1^2}{2g} + H, E_2 = \frac{p_2}{\rho g} + \frac{c_2^2}{2g}$$

通常，两断面上的大气压力是十分相近的，平均流速在一段河流中相差也不大，假定 $p_1 = p_2$、$c_1 = c_2$ 在工程上不会引起过大的误差时，式（10-7）可简化为

$$E_1 - E_2 = H \tag{10-8}$$

式中的 H 为两断面间的水位差（m），称之为落差或水头，相对于 0-0 基准面，它是断面 1-1 上单位重力作用下水体所蕴含的位能。在天然河道中，该能量分散于 1—1 到 2—2 断面间的水流流程上，以水流内摩擦、夹带泥沙及克服沿河床阻力等而损失掉了。

为了充分利用河段两断面间的水能，就要在河段的适当位置增建一些水利设施（壅水坝、引水渠、隧洞等），以集中落差，减少沿程能量消耗，同时把水流的位能、动能转换成冲动水轮机旋转的机械能，然后驱动发电机转换成电能。若在图 10-4 所示河段的 2—2 断面处修筑拦河坝，使 2—2 断面处的水位抬高到①点高程，便集中了该河段的落差，并且在坝前的水库中汇集起水量。拦河筑坝后汇集的水量所蕴含的总能量，可由下式得出：

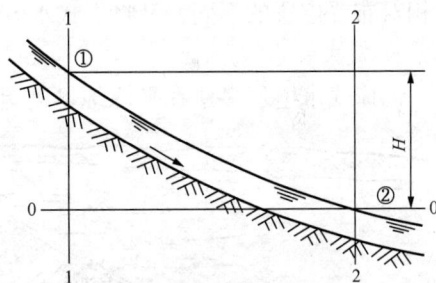

图 10-4　河段中水流蕴藏能量示意

$$E = HW\rho g \, (\text{N} \cdot \text{m}) = HW\rho g \, (\text{J})$$

$$E = \frac{\rho g W H}{3.6 \times 10^6} = \frac{9.81 W H}{3600} \quad (\text{kW} \cdot \text{h}) \tag{10-9}$$

式中　E——水体蕴含的总能量，J 或 kW·h（1kW·h=3.6×10⁶N·m）；

W——汇集的总水量，m³；

H——汇集水量的平均水头，m。

2. 汇集水流的功率

汇集水量在单位时间内，由坝前通过引水设施引泄到坝后下游河道时，所做的功称为水

流的理论出力（功率），用 P 表示，即

$$P = \frac{E}{t} = \frac{\rho g HW}{t} = 9810HQ \quad (\text{J/s})$$
$$= 9.81HQ \quad (\text{kW}) \tag{10-10}$$

式中　$Q = \dfrac{W}{t}$——单位时间内下泄的水流量，m^3/s。

显然，如果水流 Q 是在坝后引入水轮发电机组的，水能便会转变成电能，这就是水力发电的基本方式。

第四节　水资源开发方式和水电厂基本类型

流域的水资源，包括地表和地下的水源，河流的上、中、下游和干支流的各部分，其拥有的水量、水能和水质，是社会重要而又宝贵的财富。水电厂的建设，是在统筹兼顾社会各种企事业，诸如防洪、农业排灌、城乡供水、渔业、航运、环境保护等多部门用水特点情况下，将分散在一定河段上的自然落差集中起来。采用什么样的工程设施集中水量和河段落差，从而构成发电水头，要按照一定河段或水体的自然条件，确定不同的开发方式，修建相应的水工建筑物。这使水能资源的开发，按集中落差的方法不同，形成了四种基本方式，即堤坝式、引水式、混合式和抽水蓄能式。

一、堤坝式开发和堤坝式水电厂

在河道上拦河建坝、抬高上游水位、造成坝上下游水位差，称为坝式开发；采用坝式开发修建起来的水电厂，称为坝式水电厂。根据坝基的地形、地质条件的差别，坝和水电厂厂房相对布置位置的不同，又将坝式水电厂分为河床式和坝后式两种基本型式。

1. 河床式水电厂

河床式水电厂多建在平原地区河流中下游、河床纵向坡度较平缓的河段上。受地形限制，为避免造成大面积淹没，只能修建高度不大的坝（闸），适当提高上游水位。集中的水头，大中型水电厂一般不超过 $25 \sim 35\text{m}$，小型水电厂多为 $8 \sim 10\text{m}$ 左右。如图 10-5 所示，水头不高，尤其是当单机容量较大时，厂房的尺寸也较大，厂房本身质量足以承受上游的水压力，水电厂的厂房常直接和大坝并排建造在河床中，它的进水口、拦污栅、闸门及启闭机构等，与厂房连为一体，是挡水建筑物的一部分。河床式水电厂的引用流量一般都较大，多选用直径大、转速低的轴流式水轮发电机组。并排运行的机组台数较多，是一种低水头、大流量的水电厂。该类电厂的整个

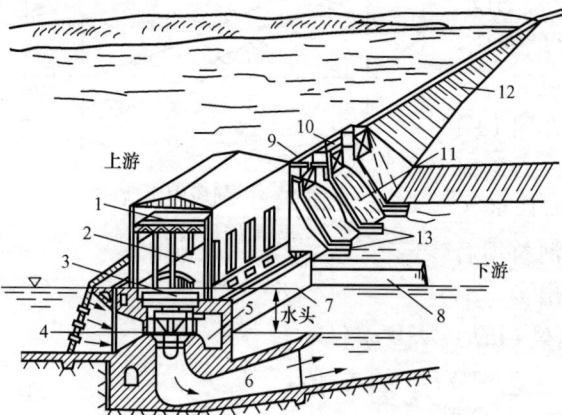

图 10-5　河床式水电厂布置示意图
1—起重机；2—主机房；3—发电机；4—水轮机；5—蜗壳；
6—尾水管；7—水电厂厂房；8—尾水导墙；
9—闸门；10—桥；11—混凝土溢流坝；
12—土坝；13—闸墩

厂房的长度大，可节省挡水建筑物的投资。我国1981 年建成发电的长江葛洲坝水电厂，装机 21 台（2715MW），就是一座大型河床式水电厂，也是我国目前最大的河床式水力发电厂。

2. 坝后式水电厂

在河流的中上游峡谷河段，允许一定程度的淹没，坝可以建得较高，以集中较大水头（300m 以上）。由于上游水压力大，厂房本身的质量不足以抵抗水压并维持其稳定性，不得不把厂房与大坝分开，将厂房移到坝后，使上游水压力完全由大坝来承受。图 10-6 示意出坝后式水电厂枢纽布置，图中厂房 1 是河床较宽时的常用布置方式，它的进水口和压力管道埋设在坝基内；河床较窄时，为了大坝的安全，常采用开挖隧洞而将厂房 2 布置在河流的一岸上，与坝分开自成系统。坝后岸式布置厂房有利于变压装置设置和出线，以及全站对外交通的规划。

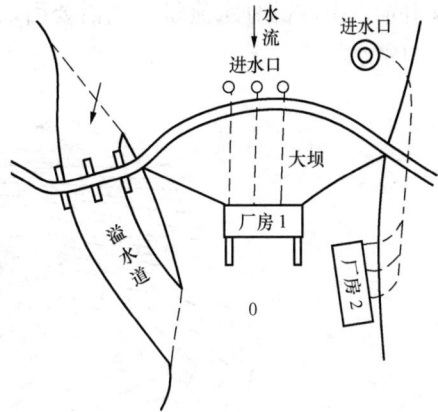

图 10-6　坝后式水电厂枢纽布置图

坝后式布置的水电厂，不仅能获得较大水头，更重要的是在坝前形成了可调节天然径流的水库，有利于发挥防洪、控制灌溉、发电、水产等多方面综合效益，而且对水电厂的运行调度创造了十分有利的条件。坝后式水电厂是我国采用最多的一种厂房布置方式，它的坝体与厂房布置横剖面如图 10-7 所示。我国黄河上游的龙羊峡水电厂（装机 1280MW），就采用坝后式厂房布置，是我国目前总装机容量较大的大型水力发电厂之一。

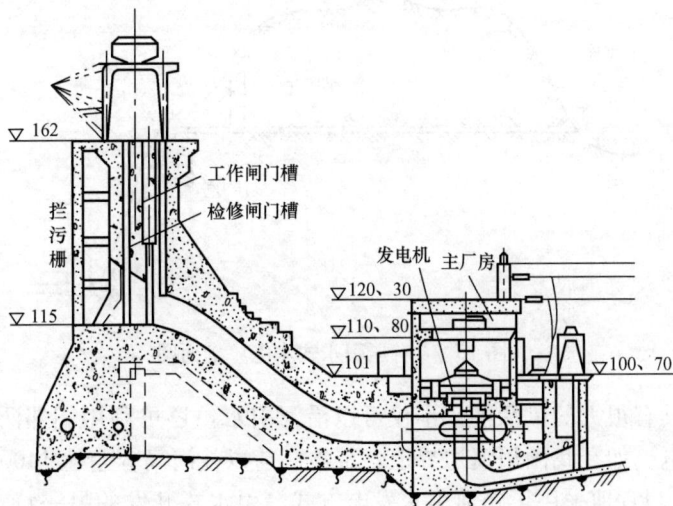

图 10-7　坝后式水电厂横剖面图（单位：m）

二、引水式开发和引水式水电厂

地势险峻、水流湍急的河流中上游，或河道坡度较陡的河段上，可修筑纵向坡度远小于天然河段的引水明渠（或无压隧道）集中水头，然后用压力水管把水引入置于河段下游的水电厂，这称作无压引水式水电厂。如图 10-8 所示，引水渠 2 引水集中水头，只在上游河段修筑引水口引取部分水流量；当需要引取大部分水流量或全部水流量时，才在河段上游修筑不高的壅水坝。

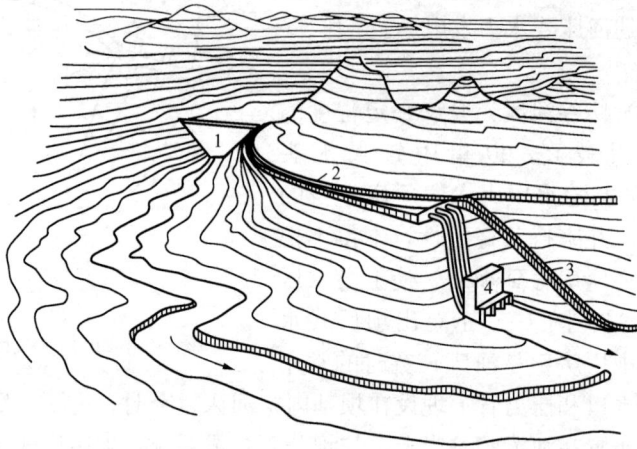

图 10-8　无压引水式水电厂布置示意
1—壅水坝；2—引水渠；3—溢水道；4—水电厂厂房

豁线深度大的上游河段或水体，可采用有压引水方式。如图 10-9 所示，用压力隧道或压力水管，从水体的深位引用高水头的水流，这时，需要在压力引水渠道和引水压力管道的连接处，设置专门的调压井（见第十二章）。

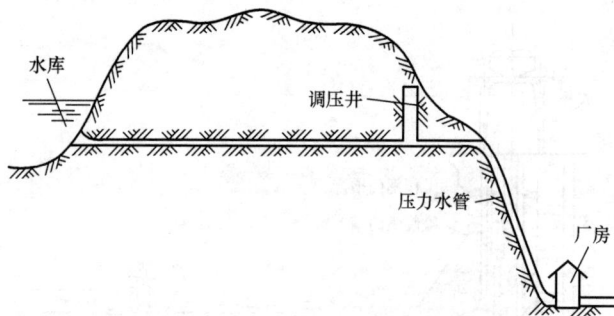

图 10-9　有压引水式水电厂剖面图

引水式开发具有很大的灵活性，不仅可以沿河引水，还可利用相邻两条河流的高程差，进行跨河引水发电。如在我国川滇边界上，金沙江与以礼河高程差达 1400m，两河最近点相距仅 12km，因地制宜地采用了跨河引水发电方式。引水式开发的另一特点是不存在淹没和筑坝技术上的限制，水头集中常可达到很高的数值。但受当地天然径流量或引水建筑物截面尺寸的限制，其发电引用流量一般不会太大。

三、混合式开发和混合式水电厂

如果自然河流的上游具有优良的库址建造水库，而紧接水库以下的河段坡度突然变陡，或是有较大的河湾，则往往可较经济地建坝，集中部分水头，另设引水建筑物，由水库引水再次集中水头，从而使开发利用具有堤坝式和引水式两方面的特点，这便是混合式开发，建立混合式水电厂。

严格说来，混合式水电厂与引水式水电厂没有严格的分界。一条河流水资源的开发，并不只采用一种方式。一条长数百或数千公里的河流上的天然落差（常达数百、数千米），不可能集中在一座水电厂上，因为一次修筑数百、数千米高坝，或开挖数千公里的引水渠道，具有明显的技术和经济上的不合理性。一座水电厂所能开发利用的河段长度都有一定的限制，小型水电厂可开发的河段大多都不会超过 10km。当一条河流可开发的全长超过了一级开发所能达到的技术、经济允许长度时，就要合理地分段开发利用，在河段上开发工程自上而下，一个接一个，犹如一级级的阶梯（见图 10-10），称为

图 10-10　梯级水电厂布置示意

梯级开发。梯级开发布置的水电厂又称作梯级电厂。同一水源上的多个梯级电厂之间，具有水资源和水能利用上的相互制约性，因此，在初步规划水源开发规模时，就应充分注意到上下各级水电厂之间的良好协调关系。

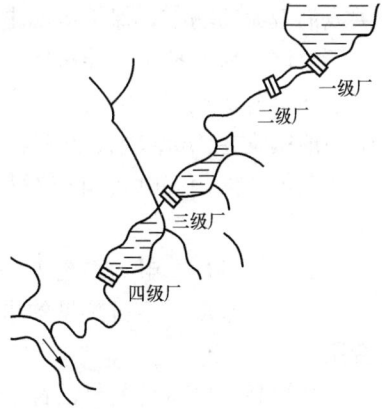

四、抽水蓄能式水电厂

抽水蓄能电厂是一类特殊形式的水电厂。在电力系统中，它既是电源（发电厂），又是负荷（用电设备）。通常它并不单纯用天然水体的水能来发电，而是在时间上把电力系统内的电能进行重新分配。如图 10-11 所示，它的建筑物组成中，必须具有高、低两个水池与压力引水建筑物相连，抽水蓄能水电厂的厂房位于低水池处，大多配备图 10-12 所示的可逆式水轮机和可逆式发电机。

当电力系统内负荷处于低谷（如夜间 1 时～4 时）时，它利用网内火电机组（特别是网内的核电机组）富裕的电能，采用水泵方

图 10-11　抽水蓄能式水电厂

式运行，将下游（低水池）水抽送到高水池，用抽水蓄能的方式把能量蓄存在高水池中。在电力系统高峰负荷（如 18 时～22 时）时，机组改为水轮机方式运行，将高水池蓄存的水能用来发电。在水能的蓄放过程中，由于能量转换损失，大体上是用 4kW·h 低谷电抽水，发出 3kW·h 峰荷电能供电力系统高负荷时段调峰用电。

利用电网内多余的低谷负荷电量抽水蓄能、电网峰荷时引水发电，这是人们对抽水蓄能电厂在电网运行中作用的一般性了解，也是该类电厂最直接的作用。实践表明，抽水蓄能水电厂在电力系统中具有十分重要的间接作用。

（1）调频：抽水蓄能机组可按电力系统内负荷的变化，随时调整其出力的大小，为系统进行调频。

（2）调相：抽水蓄能机组能在系统内作调相机使用，

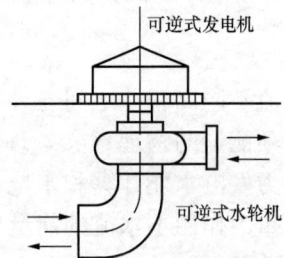

图 10-12　抽水蓄能电厂机组

提供或消费无功功率，保持电网电压的稳定。

　　（3）调负荷：抽水蓄能机组具有随时将其出力在 $50\%\sim105\%$ 范围内调整的能力，从而适应电网负荷快速变化的需要。它由静止状态到并网满负荷运行只需 $2\sim3\text{min}$，而火力发电机组一般很难在 1min 内改变 3% 的出力。有抽水蓄能机组的电网，不必频繁地调整火电机组，从而保证网内火电机组相对稳定在经济负荷下运行，有效地降低了系统的运行、维护费用。

　　（4）事故备用：电力系统内一般需要有 20% 左右的备用容量，抽水蓄能机组在电网内作为备用容量来应对不可预见的事故时的负荷需求，能节省热力机组启、停或低出力时的运行费用。

　　（5）提高电网运行的灵活性和可靠性：抽水蓄能机组在电网内填谷补峰的高度灵活性和能快速启动发电的能力，保证了电网中大型火电机组和核电机组投产试验的顺利进行；避免大机组甩负荷对电网造成的剧烈冲击；增加了电力系统运行的安全可靠性。

　　抽水蓄能电厂作为电力系统中具有多项功能的水电厂，自上个世纪最早的瑞士苏黎士抽水蓄能电厂问世以来，发展很快。目前世界各国抽水蓄能机组的总装机容量已有相当规模。我国由于长期受严重缺电的困扰，主要集中力量建设一些能短期快速多产电量的电厂（尤其是火力发电厂），而对用电负荷和供电质量相对顾及较少。加上我国核电工业刚刚起步，故大型抽水蓄能电站只在近几年才加速投建。第一座大型抽水蓄能电站（广州一期，$4\times300\text{MW}$）机组，于 1994 年底投入商业运行，它对广东电网的安全调度、经济运行和我国目前最大容量的大亚湾核电站（$2\times900\text{MW}$，1994 年投入商业运营）的投产、调试和稳定满负荷运行，作出了巨大贡献。

　　根据我国当前电力工业飞速发展的状况，全国各电网按照各自的特点，适当配备大、中、小型抽水蓄能电力机组，以改善电网调节峰谷电力的能力，提高电网的供电质量和运行经济性。

本 章 小 结

　　江河水体是宝贵的自然资源。我国以黄河、澜沧江、雅砻江、大渡河、红水河和金沙江为主的六大水系，水能蕴藏量十分丰富。开发利用这些水资源，受到水体地形地貌、地质、水文等多方面自然条件和众多用水部门需求各异的因素制约。因地制宜、综合开发、综合治理、综合利用、综合平衡，是我国水资源开发利用的根本原则。

　　水流量 Q 和落差（水头）H 是反映水体水能蕴藏量的两个重要参数。水流能量方程为

$$z_1 + \frac{p_1}{\rho g} + \frac{c_1^2}{2g} = z_2 + \frac{p_2}{\rho g} + \frac{c_2^2}{2g} + h_\text{w}$$

是水流不同高程差之间各种能量形式平衡关系式。掌握水的物理性质和水流能量方程式中各项能量的物理意义，理解并能灵活地进行平衡基础上各项能量形式相互转化计算，是水力发电水能计算和水电厂装机容量估算的基础知识。由此可以推算出不同高程差下单位重力作用下水流的能量差和河流上游汇集得到的总水量 W，在单位时间下泄水流的理论功率：

$$P = 9.81HQ(\text{kW})$$

水流作用于下游布置的水轮发电机组，水能即转变为电能，这就是水力发电的基本方式。

天然水资源按统筹兼顾的开发原则和水体的自然条件，确定不同的开发方式，建造相应的水工建筑物（如拦河筑坝、开凿引水明渠或压力隧道、设置高位和低位水池等）汇集水量和集中落差。将水电厂的开发方式概括为四种基本类型：①堤坝式（河床式、坝后式）；②引水式（有压引水式、无压引水式）；③混合式；④抽水蓄能式。它们各自具有不同特点和不同型式的水工建筑物。其中抽水蓄能水电厂是我国电力系统中，近几年加速投建的一类水电厂，它能灵活地实现负载运行（抽水蓄能）和发电运行（引水发电），是具有双向功能的特殊形式的水电厂。它在电力系统内，可起调频、调相、调整负荷、事故备用和灵活调度等主要作用，大大提高了电力系统运行的安全性、经济性。

思　考　题

1. 什么是"水系"？我国有哪些具有水力开发潜能的较大水系？水系水位的高程是如何确定的？

2. 何为水系的径流和流域？水系的流域面积大小是如何划分的？

3. 什么是水资源的综合开发利用？

4. 水力发电主要生产过程大体上分为几个阶段？

5. 熟悉液体（水）的主要物理性质。掌握水流运动中能量守恒和转化的普遍规律。会作水流理论能量和功率的简单计算。

6. 利用自然水资源发电的开发方式有几类？河床式水电厂与坝后式水电厂在整体布置上有什么区别？

7. 抽水蓄能水电厂的工作特点是什么？它在电力系统中具有哪些重要作用？

第十一章　河流径流调节和水电厂装机容量的选择

【摘要】　本章以水能利用和水电厂生产方式为主线，较详细地介绍径流调节、水电厂的生产特点及其在电力系统中的运行方式，对水电厂的设计保证率进行分析，并举例阐述了水电厂的保证出力和年均发电量计算方法，最后就水电厂的装机容量选择和主要经济指标进行了分析和介绍。

第一节　河流径流和径流调节

一、河流径流的基本特征

河流径流是指降落到流域上的雨水或融雪由地表与地下向流域出口断面汇集的现象。每当流域上有降雨（雪）时，河流中的水位就有涨落变化。通常流域出口断面的径流量总是小于流域内的降水量，这是由于流域内降水期蒸发、植物截流、填洼和补充土壤缺水量，使部分水量损失掉了。由于天然年降水量不均，且一年内各季降水分布也不相同，故未来河流的径流也无法确知，但对河流多年来径流变化的统计和观察，总是有较明显的洪水期和枯水期。径流的大小，除与流域降水量、降水历时长短、降水强度大小、降水面积及暴雨中心位置有关外，也和影响径流形成和变化的地理及气候因素有关。例如流域面积大的河流，得到地下水补给量就多，壤土地质的流域降水下渗量大，对径流变化的影响就大；流域植被覆盖率大，降水被植物截流的量就大；湖泊和沼泽对降水起一定的调节作用；流域气候干燥，蒸发损失量大时，径流量就小等。鉴于上述河流径流随机变化的特点，为有效进行水能开发利用，一个重要的基本手段就是对天然径流量进行人工控制和调节。

二、径流调节和主要调节类型

江河的径流是自然环境的产物，所谓径流调节，就是借助于建造水利工程——坝和水库来控制和重新分配江河径流的变化，人为地增加或减少某一时期的水量，适应各用水部门的需求，解决不同时段用水的供需矛盾，达到兴利除害的目的。

1. 径流调节的重要设施——水库

拦河筑坝建造水库来调节江河径流，是解决天然来水与用水矛盾的普遍而有效的方法。由于江河径流的利用涉及防洪排涝、农业灌溉、水力发电、河道航运、城乡供水、渔业和环境等众多社会事业，因此，水库的建造也必须充分考虑到它们的长期调节需求。

（1）水库的库容：即相应不同水位下水库的蓄水容积。库区地形不同，库容也不同。地形开阔、周岸陡直，库容就大。计算水库容积，往往是以水位为纵坐标，以每间隔 $2\sim5\mathrm{m}$ 高程的水库水面面积为横坐标，分别计算各相邻高程间的部分库容积：

$$\Delta V_i = \frac{S_1 + S_2}{2}\Delta h_i \quad （万\ \mathrm{m^3}） \tag{11-1}$$

式中　S_1、S_2——上下相邻水位点上水库水面的平面面积，万 m^2；

　　　　Δh_i——高程间隔，即相邻水位点间的高程差，m。

计算出各分段高程间的部分库容积 ΔV_i 后，自水库最低点逐次向上累加，得出水库相应水位下的总库容 $\sum \Delta V_i$。

（2）水库的特征水位和相应库容：水库的全部容积并不能都用于调节径流，水库在运行中，泥沙淤积、自流灌溉、发电用水、航运和渔业等部门，都不允许水库水位低于一个最小的水位——称为水库的死水位（见图 11-1）。死水位以下的库容称为死库容，它不直接参与径流调节过程，但它反映了水电厂最低水头的大小，并保障自流灌溉的必要引水高程、航运水深和鱼群栖息。

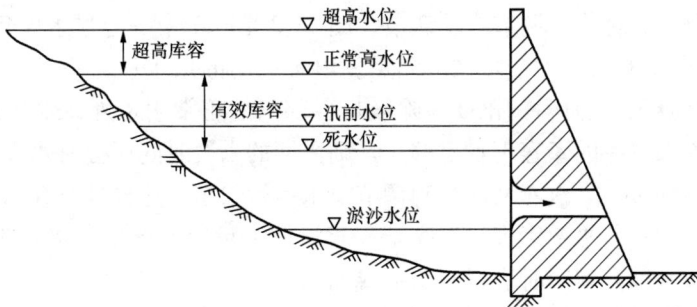

图 11-1　水库中各种特征水位示意

水库在正常运行条件下，为满足各兴利部门在枯水期正常用水，允许水库在丰水期末蓄水到正常高水位，高水位与死水位之间的库容是可以用于正常径流调节的，称为有效库容。有效库容所对应的水层深度，叫作消落深度或水库的工作深度。正常高水位是水库设计中的重要参数之一，它直接关系到一些主要水工建筑物（如大坝、溢流坝、水闸门等）的尺寸、投资、水库回水的淹没量、水力发电的正常最高水头及综合利用效益等指标。大坝的结构设计、强度和稳定性分析计算也以此为依据。水库工作深度的大小直接关系到水电厂调节性能和出力大小。

主要用于防洪和发电的水库，汛前都要加大发电用水量，腾空一部分有效库容。使水库的水位降低到汛前水位，作为汛期拦蓄洪水之用。当出现特大洪水时，水库将被迫蓄水到超高水位。正常高水位到超高水位之间的库容，叫作超高库容，它起着对水库下游流域的滞洪和削减洪峰的作用。

2. 径流调节的主要类型

水库径流调节多以一两个目标为主，按水库的蓄水能力和蓄、供水持续时间的不同，水库实现径流调节的方式也不相同。

（1）日调节或周调节：多见于径流量在一日或一周内变化不大，建有中小型水库主要用于水力发电的水源，属于短期调节。电力系统中的用电负荷，在一日内的白天和深夜、一周中的工作日和周休日的差异很大，有了水库，可在深夜或周休日用电负荷低时，把多余的水量存入水库，到白天或工作日用电负荷高时用来加大发电量，使整个电力系统在满足电负荷要求的条件下，减少系统煤耗和具有较高的运行效率，这种调节称为日调节或周调节。它们所需要的水库库容一般都不大。图 11-2 是日调节水库蓄泄水量和水位变化的例子。水电厂的出力 $P=9.81\eta QH$，若近似认为水头 H 和水轮发电机组的效率 η 都不变，则出力 P 与水流量 Q 成正比。图中的纵坐标量表示河流来水的平均流量。在夜间的 22 点钟至第二天的 8 点钟，电网内的电负荷小，水库进行蓄水；待到白天的 8 点钟至 22 点钟，水库泄水加大发电量以补充网内高峰时段电负荷需要。水库水位在 24h 中完成一个完整的调节变动循环。水电厂的日调节通常只在枯水期和平水期才进行；在洪水期，水电厂在满负荷出力下工作，不进行日或周调节。

（2）年调节和多年调节：我国江河的径流，一般季节性变化很大，洪水期和枯水期相比，径流水量悬殊，使得按季节用水量变化不大的发电、航运、生活和工业供水等部门，发生枯水期水量不足、洪水期水量过剩的矛盾。这就需要建造库容量大的水库，在一年内对天然径流进行重新分配，称作年调节或季调节。图 11-3 是一个中等容量水库年调节的曲线图。当年的 11 月至来年 7 月份水库泄水调节满足发电等部门的用水量之不足，水库的水位逐月降低，待到来年 7 月至 10 月份的汛期，除满足各部门的正常用水外，水库调节蓄存天然来水的多余部分。如果水库的库容不是足够大，则汛期的末段时间还会有水库达到正常高水位后的弃水过程。汛期过后，水库又回复到调节泄水运行状态。这种具有弃水过程的调节，通常叫作不完全年调节；若水库库容足以完全积蓄汛期水量而不产生弃水，叫作完全年调节。几乎所有的年调节水库，都同时进行日调节或周调节。

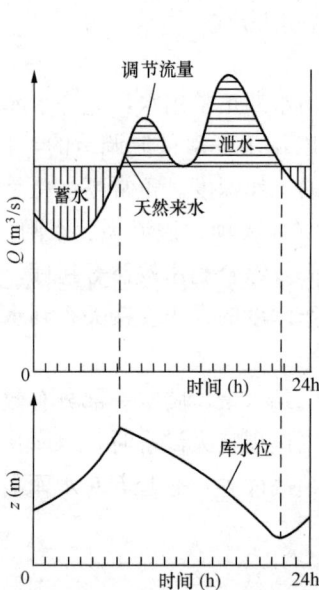

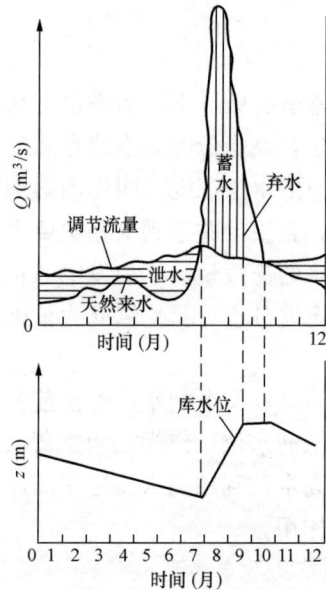

図 11-2　日调节曲线　　　　　　图 11-3　年调节曲线

如果水库的容积很大，可以将多年的多余水量蓄存在水库内，以补枯水年水量不足，称之为多年调节，具有多年调节能力水库的水电厂，通常也进行年调节、周调节和日调节。多年调节的水库的有效库容很大，并非年年蓄满或排空，具有许多年的蓄泄调节能力，例如我国在建的长江三峡水库，库容量高达 393 亿 m^3，可防御长江上游百年一遇的特大洪水，是一座巨型的多年调节水库。

第二节　水电厂的特点及其在电力系统中的运行方式

一、水电厂的特点

与火力发电厂相比，水电厂具有如下工作特点。

（1）河流或水体的天然径流量，在年内及年际间常有较大的变化，尽管大多数的水电厂借助于水库调节以减小这种天然水量变化对水力发电的影响，但即便是调节性能很强的水电厂，也难以完全均衡江河的径流变化。水电厂在丰水年的出力和发电量大，在特殊的枯水年则会达不到应有的出力和发电量，这种自然条件制约使发电量变化的现象，是水电厂具有的重要特性之一。

（2）水电厂的主要动力设备结构简单，辅机数量也少，易于管理和实现自动化，所需要的运行和管理人员比火力发电厂少。

（3）水电厂运行中不消耗燃料。天然径流量大，则发电量多，而运行费用并不因此增加。另外，水电厂运行中的厂用电量甚少（仅占同期发电量的1％左右）。电力系统内的水电机组在丰水期多发电，这对降低系统发电成本、节省火力发电煤耗、提高电力系统的运行经济性是十分有利的。

（4）水轮发电机组启停方便、易于调整。机组从静止状态到满负荷运行通常仅需1～2min，可在电力系统内灵活地担负调峰、调频、调相和作为电力系统中的事故备用容量。

（5）水电厂能为电力系统提供重复装机容量。具有水电厂的电力系统，其必需容量合理地分布于系统内的火力发电厂和水电厂，而水电厂的必需容量，是以河流枯水年的天然来水量为依据设计确定的，这样，河流的平水年和丰水年的全年或汛期的来水量都有余量。水电厂受必需装机容量的限制，往往产生弃水。如果水电厂多设置一部分装机容量，则可以在不增加大坝和水工建筑投资规模的情况下，利用弃水多发电，替代和减少火力发电机组的部分工作容量。水电厂多设置的这部分机组容量是超出电力系统必需容量以外的，称为系统的重复容量。在枯水期，这部分重复容量只能闲置起来，故电力系统内的重复容量，通常只设置在某些有条件的水电厂中。

（6）由于水电厂在运行中不消耗燃料，没有有害气体、粉尘和废渣排放，故不存在大气和环境的污染问题。

二、电力系统负荷曲线和水电厂的运行方式

1. 电力系统的负荷曲线

电力系统内的电力负荷，一般都有明显的日变化（如城镇民政用电和工业用电等）和季节性变化（如农田排灌用电和城镇民政用电随季节变化等）。电力系统中的负荷变化可用负荷变化曲线来表示。

系统内的电力负荷在一昼夜内的变化过程曲线称为日负荷曲线，如图11-4所示。图中以时间（h）为横坐标，负荷P（kW）为纵坐标，表示负荷在一日（24h）内的变化情况。日负荷曲线图上各小时的负荷值都不同，具有代表性的三个特征负荷值是：

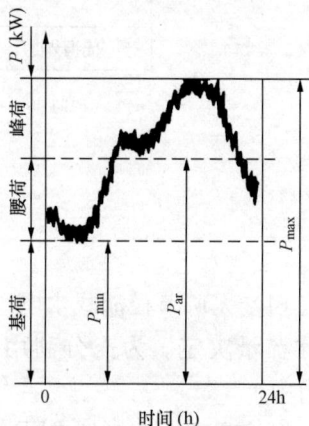

图 11-4　日负荷曲线

（1）日最大负荷 P_{max}：它反映该一日内电力负荷对系统容量的要求。如果某日电力系统可投入运行的机组设备容量小于 P_{max}，则该日电力系统不能满足正常的电力负荷要求。

（2）日平均负荷 P_{ar}：它表示系统在 24h 内的平均负荷值。$P_{ar} \times 24$ 即等于日负荷曲线下所包括的面积，也就是电力系统一昼夜的供电量（kW·h）。

（3）日最小负荷 P_{min}：P_{max}、P_{ar} 和 P_{min} 把日负荷曲线图划分成三部分，P_{min} 水平线以下部分，表示一昼夜内电力系统不变的电力负荷，称之为系统的基荷；P_{ar} 水平线以上的部分，表示电力系统一昼夜间随机变化着的电力负荷，称之为系统的峰荷；基荷与峰荷之间的负荷随时间变化率小于峰荷，称为系统的腰荷。

同理，电力系统的电力负荷在一年内的变化过程曲线，称为系统的年负荷曲线，年负荷曲线图是由系统的月或季内典型日负荷曲线图的三个特征负荷值（P_{max}、P_{ar}、P_{min}）点绘制的。

2. 水电厂的运行方式

电力系统要求网内的水电厂保证完成所分配的电能生产任务，即时刻与系统内并列运行的其他发电机组一起，保证系统所需要的工作容量和电能量的要求，确保电力系统的供电可靠性和供电电能质量，并保证电力系统的供电经济性。制订水电厂在电力系统中的运行方式，就是为满足上述要求，合理确定水电厂在系统负荷曲线图上的工作位置（担负峰荷、腰荷还是基荷），以便提高水电厂的保证工作容量，改善电力系统内火力发电机组的运行条件，降低系统发电成本，充分利用和发挥水能资源的最大效用。

对于水力发电机组，由于水能利用方式不同，受水库的调节性能和河流天然径流量大小变化的影响，水电厂在电力系统中的运行方式也不相同。下面以电力系统日负荷曲线为例，说明不同情况下水电厂和火力发电厂在系统中的运行方式（见图 11-5）。

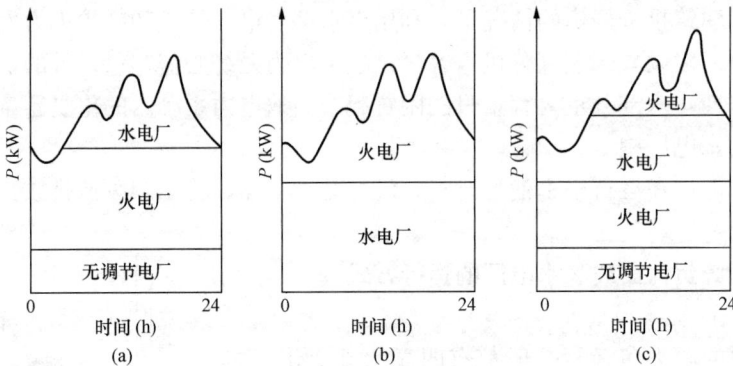

图 11-5　水电厂和火电厂工作位置图
（a）枯水期；（b）汛期；（c）其他

（1）无调节径流式水电厂：该类水电厂在任何时刻的可能发电量，由当时的河流天然来水流量决定。为充分利用天然径流，无论是汛期还是枯水期，它总在系统的基荷下工作。

（2）具有短期（日或周）调节能力的水电厂：该类水电厂具有在短期内重新分配日发电量的能力，枯水季节天然径流量小，常用水库调蓄来适应系统负荷的变化，水电厂在系统的峰荷或腰荷下工作，以便系统内的电力调度具有较大的灵活性和运行经济性。在汛期天然来水多，甚至有可能产生弃水，为充分利用水能，机组应在系统的基荷下工作，并以最大可能满发运行。如果天然径流处于枯水和汛期之间，而且尚有空闲容量时，水电厂可担负系统内的腰荷而让火电机组担负峰荷。火电机组调峰虽会增加系统单位电能的煤耗量，但此时火电厂的总发电量减少，对系统经济运行还是有利的。

（3）有长期（年或多年）调节能力的水电厂：该类水电厂具有调蓄能力高的水库，很大的水库容量可以蓄存丰水年的水量，以补枯水年来水量的不足，因而该类水电厂可以全年在电力系统的调峰负荷下工作，同时进行日、周调节。只有当水库的存水水位较高、有可能发生弃水时，才加大水电机组的发电量，转移到系统的腰荷或基荷下工作。

（4）抽水蓄能式水电厂：该类水电厂在夜间或系统低负荷时段采取水泵方式运行，消耗电力系统低谷负荷下多余的电能。白天或电力系统高负荷时段采取水轮机方式运行，泄水发电担负电力系统的尖峰负荷，对电力系统的负荷变化具有很好的适应性和灵活可靠性，并且有在电力系统内替代火力发电机组热备用和水电机组事故备用的功能。

第三节　水电厂装机容量的选择和主要技术经济指标

一、水电厂的设计保证率

水力发电厂的最大特点之一是，它的正常工作受河流径流量变化的影响。诸如枯水期径流流量不足和水头较低，洪水期河流的下游水位抬高等原因，均可使水电厂发生不能按系统要求提供其应承担的出力和发电量的情况，从而引起电力系统为弥补水力发电缺额而增大火力发电机组的容量，结果是系统的燃料消耗量上升，整个电力系统的运行经济性变差。从另一角度来讲，若欲使水电厂在枯水期间也能保证正常发电用水量的要求，就要修建规模较大的水工设施，这不仅在技术上会有困难，而在经济上也是不合理的。因此，在设计水电厂时，就要充分考察和论证水电厂在一定工作时段（年、月、日）内能够正常工作的几率，这就是水电厂的设计保证率。

一般来说，具有日调节能力水库的水电厂或径流式水电厂，采用的历时保证率为

$$P_1 = \frac{正常工作历时（日、旬或月）}{运行总历时（日、旬或月）} \times 100\% \qquad (11\text{-}2)$$

具有年调节或多年调节能力水库的水电厂，采用的设计年保证率为

$$P_2 = \frac{正常工作年数}{总运行年数} \times 100\% \qquad (11\text{-}3)$$

举例来说，若水电厂建成后长期运行期间，平均每10年中有8年的时间水电厂能按电力系统要求保证出力和供电量，余下的2年则因水文条件过于不利，水电厂的正常工作可能遭到持续时间不等（每年若干天或数月）的破坏，则该水电厂的设计年保证率为80%。

在同一水文条件下，水电厂确定的设计保证率低，保证正常供电的水电装机容量和发电量就大，丰水期的水力资源能得到充分的利用，不产生或少产生弃水，但必使得水电厂建设和水工工程投资增大，遇到枯水期停电造成的国民经济损失也大，机组闲置时间

也长。反之，若水电厂的设计保证率确定得高，则保证正常供电的水电装机容量和发电量小，工程投资少，遇到缺水停电时的损失也小；但丰水期水利资源利用不充分，可能产生弃水。

因此，水电厂的设计保证率选择，本质上是一个广泛而复杂的技术经济比较问题，是如何合理解决水力资源利用程度、供电可靠性和水力发电设备利用率三者之间矛盾的问题。其所涉及的因素很多，通常可按下述一般原则作定性的分析。

(1) 水电厂装机容量愈大，机组不能正常工作时造成的后果愈严重，故大型水电厂原则上应选用较高的设计保证率；中小型水电厂的设计保证率可相应取得低些。

(2) 水电厂的装机容量在电力系统中所占的比重愈大，则当水电机组不能正常工作时，所造成的出力不足愈难以用系统中的火电备用容量来代替，故水电机组在系统总装机容量中所占比重大时，应选用较高的水电厂设计保证率。

(3) 水电厂的电力用户中，有较多的重要企业时，其设计保证率应选高一些。

(4) 考虑到充分利用水力资源，水电厂的设计保证率就不宜选得过大；但如果天然径流量在年内或年际间变化不大，或建有较大的调节库容的水库时，则可适当选用较高的水电厂设计保证率，仍能较充分地利用水力资源。

我国大中型水电厂的初步设计中，依照电力系统的负荷特性、系统内水电装机容量的比重大小、水库的调节性能和水电厂的规模等因素，参照水力动能设计规范，一般按表 11-1 来分析、确定水电厂的设计保证率。

表 11-1　　　　　　　　　　　　　　　水电厂的设计保证率

电用户类型	系统中的水电厂容量比重		
	25％以下	25％～50％	50％以上
大工业区、重要工农业基地、重大城市公用事业	80～90	90～95	95～98
一般工农业及城市公用事业	75～85	85～90	90～97

二、水电厂的保证出力和年均发电量

水电厂的保证出力 P_g 和年均发电量 $E_{y,ar}$ 是水电厂的两个主要动能指标，它们是选择水电厂装机容量的重要依据。所谓水电厂的保证出力，是指水电厂在相应于它的设计保证率的枯水时段的平均出力，时段的长短视水电厂的调节性能而定。对于无调节和日调节水电厂，时段取日或旬；对于年调节水电厂，时段指水库的整个供水期（可长达几个月）；对于多年调节水电厂，枯水时段可能长达几年。水电厂的年均发电量，是指水电厂年发电量的多年平均值，在水文条件一定的情况下，水电厂的年均发电量取决于它的装机容量。

水电厂的规模大小和调节能力不同，它的保证出力和年均发电量也不同。在这里，我们以年调节水电厂为例，介绍目前大中型水电厂常用的等流量调节方法，并给出水电厂的保证出力 P_g 和年均发电量 $E_{y,ar}$ 的计算。在这样的简单计算中，近似地认为在一个水文年时间范围内，调节流量和水头对出力计算没有影响，尤其是对坝高 50m 以上的水电厂，近似计算的误差不会太大。

假定某水电厂的水库正常蓄水位和死水位已定，水库的有效库容为 $V_e = 800 (\text{m}^3/\text{s}) \cdot$ 月，水轮发电机组的总效率 $\eta_t = 0.8$，则该水电厂设计枯水年的水能计算如表 11-2 所示。

表 11-2								
				××水电厂设计枯水年水能调节计算				
时段 Δt（月）	径流量 $Q\Delta t$ [（m³/s）·月]	调节流量 $Q_p\Delta t$ [（m³/s）·月]	水库库容 V [（m³/s）·月]	水库 水位 z_h (m)	水库平 均水位 z_{ar} (m)	下游 水位 z_b (m)	水头 H (m)	水电厂 出力 P (MW)
当年 3	226	226	35	172.6	172.6	141.4	31.2	55.34
4	327	260	35	172.6	173.8	141.5	32.3	65.91
5	462	260	102	175.0	178.5	141.5	37.0	75.50
6	791	260	304	182.0	190.2	141.5	48.7	99.37
7	146	146	835	198.4	198.4	141.0	57.4	65.77
8	38	145	835	198.4	197.2	141.0	56.2	63.95
9	16	145	728	196.0	193.7	141.0	52.7	59.97
10	21	145	599	191.4	190.0	141.0	49.0	55.76
11	44	145	475	188.6	186.5	141.0	45.5	51.78
12	24	145	374	184.8	183.0	141.0	42.0	47.79
次年 1	22	145	253	181.6	178.8	141.0	37.8	43.01
2	50	145	130	176.6	174.3	141.0	33.3	37.89
合计	2164							722.04

在表 11-2 中：

第一项为调节时段（月）。该水电厂的一个水文年调节周期是从当年的 3 月份到次年的 2 月份。

第二项是逐月的径流量。对天然径流量分析后，确定当年的 4、5、6 月份为蓄水期；当年的 8 月至次年 2 月份为供水期；当年的 3 月份和 7 月份不调节，水电厂按天然径流流量工作。

第三项是调节流量。在 $t_1=3$（即 4、5、6 月），蓄水期间的总径流量 $\sum Q_1\Delta t=1580$（m³/s）·月；供水期 $t_2=7$（即当年 8 月至次年 2 月份），总径流量 $\sum Q_2\Delta t=215$（m³/s）·月，当年 6 月底蓄满水库到正常高水位，总库容 $V=835$（m³/s）·月；次年 2 月末放空蓄水到水库死水位，死库容 $V_0=35$（m³/s）·月；二者之差为有效库容 $V_e=V-V_0=800$（m³/s）·月。于是计算得出水电厂蓄水期间调节流量为

$$Q_P=\frac{\sum Q_1\Delta t-V_e}{t_1}=\frac{1580-800}{7}=260\,[（m³/s）·月]$$

供水期间调节流量：

$$Q_P=\frac{\sum Q_2\Delta t+V_e}{t_2}=\frac{215+800}{7}=145\,[（m³/s）·月]$$

当年 3 月和 7 月份不蓄不调，供水量等于当月天然径流来水量。

第四项是当月初的库容量，是从当年 3 月初的死库容开始，顺序按当月初库容＋当月径流来水量－当月调节供水量＝下月初库容量，顺时序进行计算得出的。

第五项是水库实测的月初高水位，z_h。

第六项为水库的月平均值水位 z_{ar}，它是本月初水库高水位与下月初水库高水位的算术平均值。

第七项是水电厂排水的下游水位 z_{ab}。

第八项是该月用于水电厂的发电水头 H，$H = z_{ar} - z_b$（未计水力损失）。

第九项为水电厂月平均出力，$P = 9.81\eta_t Q_p H$。

由表 11-2 可知，该水电厂自当年 8 月到次年 3 月供水期间的平均出力，就是它的保证出力

$$P_g = \frac{供水期平均出力之和}{供水期总月数} \tag{11-4}$$

对于本例，$P_g = \dfrac{360.15}{7} = 51.45$（MW）

水电厂的全年发电量，按每月平均 30 日计算（24×30＝720h）

$$E_y = \sum_{i=1}^{12} P_i \times 720 (\text{kW} \cdot \text{h}) \tag{11-5}$$

要计算水电厂的年均发电量 $E_{y,ar}$，就要对多年的水文资料逐月逐年进行上述水能调节计算，对若干水文年的 E_y 求和、再取平均值。

三、水电厂装机容量选择概述

装机容量选择是水电厂设计的中心内容之一，关系到水电厂的规模、效益、投资效果和水力资源合理开发利用等多方面综合技术、经济比较问题。装机容量选择得过大，会造成国家资金的浪费和积压；反之，水能资源得不到充分利用。加之水资源的多变性、电力系统容量大小、系统负荷的特点及社会各用水部门的不同需求等，使水电厂装机容量选择问题十分复杂。这里仅就组成水电厂装机容量中的工作容量、备用容量、重复容量的选择，作出一般性的介绍。

1. 水电厂最大工作容量选择

水电厂能满足电力系统工作容量要求的容量，叫作水电厂的工作容量。电力系统内的工作容量任一时刻不小于系统负荷变化曲线上相应的最大负荷值。系统在电力调度过程中，要求水电厂提供最大出力值时的水电厂工作容量称作水电厂的最大工作容量。

（1）无调节水电厂任一时刻的出力，就等于该时刻径流量的出力，它的最大工作容量是其设计枯水日的保证出力，即 $P = P_g$。

（2）日调节水电厂的 P_g，是在它的设计枯水日下得出的平均出力。一日中其负荷小于 P_g 时，多余的水量由水库调节积蓄起来，用以补充日内负荷大于 P_g 时的水力不足。所以，这类具有调蓄能力的水电厂的最大工作容量，可以大于它的保证出力 P_g，使其有利于在电力系统的峰荷或腰荷下工作，故日调节水电厂的最大工作容量，一般要从图 11-6 所示的系统最大负荷日的日负荷曲线上去确定。

图 11-6 的左图是与图 11-4 类似的系统典型日负荷曲线图，日调节水电厂在系统内担负峰荷；图 11-6 的右图是电能积累曲线图，该曲线按下述方法绘出：

1）将左图中 $P_{d,min}$ 以上部分分成若干等份；计算各部分包围的面积（即该部分的电能量）ΔE_1，ΔE_2，…。

2）以出力 P 为纵坐标，以电能累加值为横坐标，标出相应电能累加值的点：1，2，3，

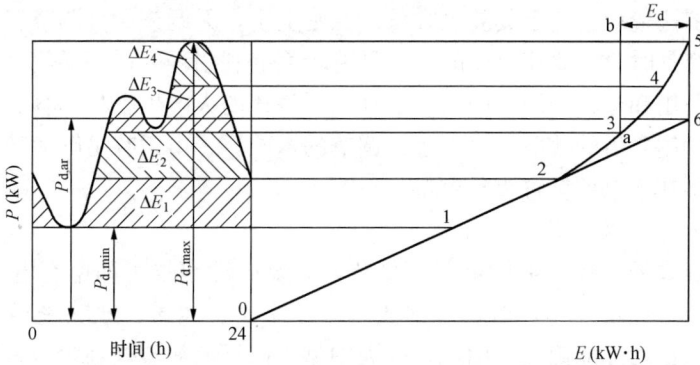

图 11-6　日调节水电厂峰荷工作容量的确定

4，5；连接点 0，1，2，3，4，5，绘出电能积累曲线。

在图 11-6 中，$P_{d,min}$ 以下基荷无变化，为 0-1 直线段；$P_{d,min}$ 以上腰荷和峰荷是变化的，为光滑曲线 12345；5 点的横坐标表示出系统一日电能总量。延长 0-1 直线段与 5 点的垂线相交于 6 点，6 点所对应的纵坐标是系统的日平均负荷 $P_{d,ar}$。

3）日调节水电厂在系统内担负峰荷（图 11-6 中的 $\Delta E_3 + \Delta E_4$），日发电量为 $E_d = P_g \times 24$；由日电能积累曲线上 5 点，沿水平方向左取距离 E_d，得图上 b 点，由 b 点做垂线交于日电能积累曲线上 a 点，则 b−a 为日调节水电厂的最大工作容量。

一般情况下，电力系统的年最大负荷出现在 12 月份，恰逢河川径流的枯水期。为保证系统正常运行，要根据系统最大负荷和网内水电厂枯水期的出力，去确定水电和火电的工作容量大小，因此，水电厂在系统最大负荷日的最大保证工作容量，仍是由水电厂的 P_g 确定的。

（3）年调节水电厂同时也进行日调节，在系统中一般也担负峰荷。而年调节水电厂的水库库容大，具有较大的调蓄能力。在确定年调节水电厂的最大工作容量时，要找出系统月内的最大负荷日的负荷曲线，此时，水电厂的日发电量取为 $E_d = (1.1 \sim 1.3)P_g \times 24$（这里 P_g 是年调节水电厂的保证出力）。然后，如日调节水电厂最大工作容量确定方法一样，在电力系统最大日负荷曲线上，确定年调节水电厂的最大工作容量。

2. 水电厂备用容量选择

在电力系统中，通常占系统总装机容量 8%～10% 的系统备用容量，往往是按照系统内火电厂和水电厂各自容量大小、运行特性和调节性能来进行合理分配的。由于水电厂具有能迅速适应负荷急剧变化和经济性能好的特点，系统总是在运行调节灵活的水电厂划分较多的备用容量。这样，当遇到丰水季节时，还可以少弃水而多发出电能，节约系统的发电煤耗。为使水电厂的备用容量在任何时候都能投入运行，电厂的水库就必须具有能满足备用容量连续工作 10～15 天用水量的备用库容。

3. 水电厂重复容量选择

系统内布置在水电厂的重复容量，是水电厂的必需容量（水电厂工作容量十水电厂备用容量）之外，视河川径流多年水文特点多设置部分装机容量。该部分容量是以减少弃水、充分利用丰水期水能发电而设置的，它虽可带来发电效益的增加（不与重复容量增加成正比增长），但必使水电厂投资加大，并在枯水期闲置。对一座具体的水电厂，应进行充分的投资和效益的综合经济比较后去确定其装机容量。原则上讲，无调节、日调节和年调节的水电厂在决定增设重复容量时，一要使可能的弃水具有较大的利用程度；二要使该重复容量下，考虑了投资年抵偿费用和运行费用后的效益要高于所替代的火电机组相同容量下、排除投资抵偿、运行和燃料费用之后的效益。对于多年调节的水电厂，由于有足够大的库容，几乎没有弃水产生，往往不在水电厂设置重复容量。

4. 水电厂装机容量确定的简化计算方法

水电厂装机容量的选择，工作量大而复杂，需要广泛地收集和据有电力系统的负荷资料，水、火电厂综合经济性对比资料和河流多年的水文、地质、地况资料等，并经繁杂计算、反复地分析论证后才能确定。因此，在大中型水电厂的初步规划阶段，常用简化方法予以估算。

(1) 保证出力倍比法：当求知水电厂的保证出力 P_g 后，在以往的设计、运行的经验基础上用 $P_t = a P_g$ 的简单关系求出总装机容量，其中 a 是倍比系数，$a = 1.5 \sim 4$，是经验数值。例如我国的长江葛洲坝水电厂，总装机容量 2715MW，该电厂的保证出力 $P_g = 768$MW，其倍比系数 $a = \dfrac{2715}{768} = 3.5$。

(2) 年利用小时数法：水电厂不仅生产廉价的电能，更突出的作用是水电机组启、停快速而机动性大；负荷调整灵活、可靠性又高。为反映水电装机设备的利用情况，往往以水电厂多年平均电能生产量 E_{ar} 与水电装机容量 P_t 的比值作为水电厂重要的经济技术指标之一，称为水电站装机容量的年利用小时数：$t_{y,h} = \dfrac{E_{ar}}{P_t}$。

常担负系统峰荷，作为调峰调频任务的大中型水电厂的年利用小时数，大多远小于一年的平均总时数（$24 \times 365 = 8760$h）。$t_{y,h}$ 过大，设备利用率高，但相应的 P_t 偏小，水能资源的利用程度低；反之，$t_{y,h}$ 过小，相应的 P_t 大，而设备利用程度差，投资抵偿年限加长，影响国家投资的回收和资金周转；但水能资源的利用程度高。规划和设计工作者根据已投入运行的水电厂的经验数据，常按表 11-3 适当地选取 $t_{y,h}$ 值来对新规划电厂进行估算，确定 P_t 的大小。

表 11-3 各类水电厂装机容量年利用小时数

水电厂的调节特性	水电比重大的电力系统		水电比重小的电力系统
	用电量大的重工业用户占比重大时	用电量大的重工业用户占比重小时	
无调节	6000~7000	6000~7000	5000~6000
日调节	6000~7000	5000~6000	4000~5000
年调节	5000~6000	3500~4500	3000~4000
多年调节	5000~6000	3000~4000	2500~3500

四、水电厂的主要经济指标

前面介绍了水电厂的三个重要的动能指标：保证出力 P_g、装机容量 P_t、年均发电量 $E_{y,ar}$。此外，还有以下一些主要经济指标。

1. 投资指标

投资指标是指为建造水电厂投入资金的多少，它包括水利工程土建费用和水库回水淹没赔偿费用中，按有关受益部门受益大小比例，水电厂应分摊的部分资金和水电厂机电设备

（含安装费用）所需资金等。投资指标用符号 K（人民币：元）表示。

在水电厂的投资指标中，通常要计算出单位装机容量投资值 K_p 和单位电能投资值 K_E：

$$K_p = \frac{K}{P_t} \quad （元/kW） \tag{11-6}$$

$$K_E = \frac{K}{E_{y,ar}} \quad [元/(kW \cdot h)] \tag{11-7}$$

2. 年运行费用和电能成本

水电厂全年运行中的维修费用、生产管理费用、建筑物和发电设备折旧费用及工人工资等费用的总和，叫作水电厂的年运行费用，用符号 K_y 表示；K_y 与水电厂的年平均发电量 $E_{y,ar}$ 之比，叫作水电厂的电能成本，用 K_E' 表示：

$$K_E' = \frac{K_y}{E_{y,ar}} \quad [元/(kW \cdot h)] \tag{11-8}$$

一般情况下，水电厂的电能成本比火电厂的电能成本要低得多。

3. 年效益和投资回收年限

水电厂的年效益，是指水电厂每年售电所获得的净效益，用 X_y 表示：

$$X_y = sE_{y,ar} - K_y \tag{11-9}$$

式中　s——水电厂 $1kW \cdot h$ 电能的销售价格，元/$(kW \cdot h)$。

水电厂的总投资 K 与年效益 X_y 的比值，叫作水电厂的投资回收年限，用 τ_f 表示：

$$\tau_f = \frac{K}{X_y} \tag{11-10}$$

本 章 小 结

河流径流是由其流域面积大小决定的。径流调节是指拦河筑坝、建造水库，积蓄水量和落差，合理控制和重新分配不同时段发电用水量。它可实施日调节、周调节、年调节和多年调节，达到兴利除弊、有效地利用水力资源的目的。

河流或水体，在年内或年际间径流流量的多变性，使水电厂具有不同于火力发电厂的生产特点。不同调节方式的水电厂，在电力系统负荷曲线图上具有不同的工作位置（担负系统的峰荷、腰荷或基本负荷）。

水能资源的利用程度、水电厂的供电可靠性和水力发电设备利用率，三者之间存在矛盾，合理优化水电厂的设计，要正确选择水电厂的设计保证率。设计保证率是水电厂在一定考察时段内，能够持续、稳定发电的几率，即水电厂正常工作历时时间与水电厂运行总历时时间的百分比率。

保证出力 P_g 和年均发电量 $E_{y,ar}$ 是水电厂的主要动能指标。其中，P_g 是指水电厂在设计保证率的枯水时段平均出力；$E_{y,ar}$ 是指若干水文年的全年发电量的平均值。P_g 和 $E_{y,ar}$ 的分析计算方法，教材中用等流量调节法做出了典型示例，认真阅读和分析示例中表 11-2 的调节计算方法，能加深对水电厂 P_g 和 $E_{y,ar}$ 指标的理解。

水电厂装机容量的选择，是对水电厂规模、效益、投资效果、水能利用程度等多方面的技术、经济比较后择优选取的。其中：

（1）水电厂的工作容量：是满足水能调蓄平衡和电力系统要求的发电装机容量。对担负系统调峰的日调节水电厂，工作容量由电力系统日电能积累曲线和水电厂日保证发电量 E_d 确定的水电装机容量。

(2) 水电厂备用容量：电力系统备用容量合理分配到水电厂的部分，是为电力系统某些机组故障或电力负荷超出系统工作容量情况时，随时可动用蓄水发电的装机容量。

(3) 水电厂重复容量：为丰水期减少弃水、多发电而额外增设的水电装机容量。

水电厂的装机容量（包括工作容量、备用容量和重复容量）的选择，是一项涉及面广，复杂而又烦琐的系统工程，通常的简化计算方法为

1) 保证出力倍比方法：$P_t = aP_g$；倍比系数 a，按经验取 $a \approx 1.5 \sim 4$。

2) 年利用小时数方法：$t_{y,h} = \dfrac{E_{ar}}{P_t}$；按水电厂多年平均电能生产量 E_{ar}，参考表 11-3 确定。

水电厂的经济指标主要有投资指标、年运行费用、电能成本、年效益和投资回收年限等，它们是衡量水电厂技术装备及运行管理水平的标志。

思 考 题

1. 河川径流量的大小与哪些因素有关？

2. 水库有哪些特征水位？如何计算各特征水位下的相应库容量？

3. 河川径流量的日调节、周调节、年调节或多年调节的基本调节方式各是怎样的？

4. 什么是电力系统的负荷曲线？曲线图上三个具有代表性的特征负荷值的意义是什么？熟悉负荷曲线图的读图和分析。

5. 与火力发电厂相比较，水电厂具有哪些重要工作特点？

6. 原则上讲，如何确定具有各类不同调节特性的水电厂在电力系统中的运行方式？

7. 什么是水电厂的设计保证率？选择水电厂设计保证率时，原则上应考虑哪些重要因素？

8. 什么是水电厂的保证出力？依据表 11-2，说明等流量调节法估算水电厂保证出力和年均发电量的方法。

9. 水电厂的最大工作容量是如何定义的？以日调节水电厂为例，说明水电厂在电力系统运行中最大工作容量的选择方法。

10. 电力系统内的水电厂是否设置重复容量和设置重复容量的大小，应遵循的基本原则是什么？

11. 熟悉水电厂常用统计规律下的"保证出力倍比方法"和"年利用小时数方法"，会应用于水电厂装机容量大小的估算。

12. 解释水电厂的投资指标 K_p 和 K_E；年运行费用 K_y 和电能成本 K'_E；水电厂的年效益 X_y；水电厂投资回收年限 τ_f 等水电厂经济指标所表述的概念。

第十二章　水电厂主要水工建筑物和动力设备

【摘要】　本章以水电厂生产系统为主线，分别介绍了主要水力设施和动力设备的作用原理及工作特点。首先对水电厂各种水工建筑物设置和功能进行分析；介绍了水轮机的分类、型号后，重点地对各类水轮机主要结构、安装布置原则、工作原理和运行效率分别进行系统的阐述。尔后简要介绍水电厂辅助生产系统和设备，水轮机的调速系统工作原理和调速元件功能。最后对水轮发电机组基本运行知识做了阐述。

第一节　水电厂主要水工建筑物

河川径流的水文条件差别、自然水体的地形、地貌和地质状况不同，决定了水资源的开发方式、水电厂的类型和布置形式也不相同。不同类型和不同布置形式的水电厂，需要相应地建造不同的水工建筑物。

一、拦水建筑物——坝

坝是截断河流、集中落差和水量、形成水库的大型水工建筑。坝是水利枢纽的工程主体，常见的坝型有土坝、混凝土重力坝、拱坝和支墩坝。

1. 土坝

土坝坝体宽厚，由散粒土体压实而成。一般都是就地取材，人工堆建而成。土坝构造简单，对地质条件要求不高。土坝具有适应变形、抗震能力强的性能，它工作可靠、寿命较长；但土坝要求具有较好的防渗透设施。

2. 混凝土重力坝

重力坝是用混凝土和浆砌石修筑的大体积挡水建筑物，它主要靠自重作用维持坝体的稳定，承受迎水面的水平推力和坝体自重力。重力坝的坝体用水泥浇筑在岩基层的坝基上，与土石坝相比，重力坝易于解决导流、溢洪问题，对气候、地形、地质等条件也有较好的适应性。重力坝所需养护、维修工作量小，是永久性的挡水建筑；但重力坝耗用建筑材料多，而且分段、分层施工时，接缝处理技术要求高，结构也远比土坝复杂。

3. 拱坝和支墩坝

拱坝和支墩坝都是水泥石料结构，拱坝向迎水面呈拱形，迎水面的载荷靠拱体传递到拱坝两岸的岩体上；支墩坝通常由多幅迎水斜面或小型拱面组成，斜面或小型拱面的接合处采用体积大、质量大的支墩承受挡水面传来的载荷，再由支墩传递到坝基。

二、引水建筑物——引水口和引水渠道

（一）引水口的布置

引水口是由水体（河道或水库）引取发电用水的入水口。引水口要求有足够的进水能力，即具有平顺的入口轮廓、较大的断面尺寸（如隧洞的入口段，开挖成喇叭口状）；要保证引水水质符合要求（如在进水口设置拦污栅、拦沙和冲沙设施）；要设置必要的闸门（检

修闸门、事故快速关断闸门），为引水渠道的检修或事故性快速截流，提供控制引流量的手段。

上游水位高或有大型水库的水电厂，常采用有压引水方式。有压引水的水流充满整个隧洞断面，隧洞壁承受较大的内水压力。有压引水的进水口应低于水体运行中可能出现的最低水位，并具有一定的淹没深度。上游水位低或只有较小型水库的水电厂，常采用无压引水方式，无压引水隧洞的工作情况与明渠相同，水在无压引水隧洞中具有自由水面。无压引水的主要问题是防污和防沙，其进水口应设置在河流的凹岸，因为凹岸没有回流，漂浮污物不易堆积，河流上层的清水在环流作用下流向凹岸，进水口前不易发生过量的泥沙淤积。

水电厂的引水流速一般都不大，设置好的进水口轮廓可以减小水头损失，降低工程造价和设备费用。进水的喇叭口开得大时，进口的水头损失小，但孔口的配筋多，闸门尺寸大对坝体结构有不利影响；相反，进水的喇叭口开得小时，则会产生完全相反的利弊问题。因此，一般是，当水头低时，喇叭口开大一些；当水头高时，喇叭口开小一些，并应通过认真的模型试验，确定合适的入口流线形状，以不出现负压、漩涡，并且以水头损失小和工程造价低为原则。

（二）引水渠道及其附属水工设施

引水渠道的作用，是将具有一定水头、符合水质要求的水输送到水电厂。它分为无压引水和有压引水两种类型。

1. 无压引水渠道、压力前池和日调节池

由水体引水到水电厂的无压引水渠道，一般是盘山修建（见图10-8）或穿山开挖的无压隧洞（见图12-1）。在引水渠道的末端，有一个扩大加深的水池——压力前池，它的主要作用是平稳水流，并把渠道引来的水均匀分配给进入水轮机厂房的各压力水管；根据水电厂负荷的变化，补充高负荷时的水力不足和低负荷时由溢流堰溢泄走多余的水量，以保障水轮机正常安全运行。压力前池还具有拦截来水中的漂浮物和沉积、排除来水中的泥沙的作用。

担负系统内调峰的水电厂，一日之内引用的水量往往会有较大的变化，而引水渠道是按最大引用流量设计建造的，因此，通常在具有适宜的地形时，还要设置日调节池（见图12-1）。在水电厂运行中，若水电厂负荷上升，引用水量大于引水渠平均流量时，日调节池的水位下降；若水电厂负荷下降，引用水量小于引水渠平均流量时，日调节池水位上升。容积大的日调节池可以终日维持上游引水渠道在平均流量下工作，有效地改善了水电站的引水运行条件。日调节池越是靠近压力前池，其上述调节作用就越大、越灵活可靠。含砂量较大的河流、水电厂处于

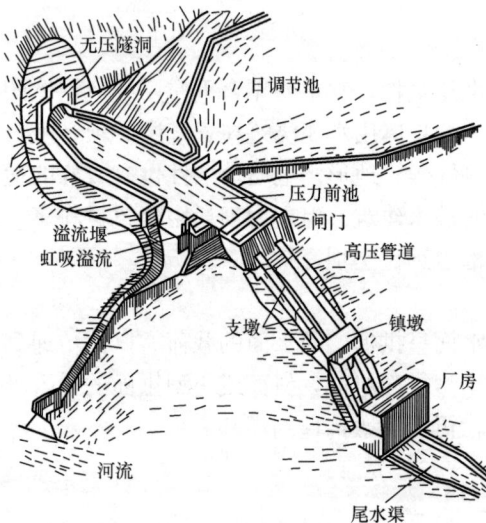

图 12-1 无压隧洞引水式水电厂示意

系统基荷工作时，应将日调节池入口封闭，避免过量的泥沙在日调节池淤积。

2. 有压引水渠道和调压室

（1）有压引水渠道：采用有压引水方式的水电厂，其有压引水隧洞中的水流充满整个过水断面，并承受较大的内水压力，图 10-9 曾给出了有压引水式水电厂的示意图。

有压隧洞的截面多为圆形（过水能力大、承受内水压性能好）或马蹄形。为不使水头损失过大，隧洞内的水流流速一般在 2.5～4m/s。只有在水头较小、隧洞较长时，才取用较大的水流流速。有压隧洞的内壁一般用水泥或钢板作衬砌，它的末端与水轮机的进水压力钢管相连接，压力钢管的末端（水轮机入口前）要装设图 12-2 所示的蝴蝶阀，这是因为当压力水管较长，水轮机组突然甩负荷而调速器又失灵时，避免机组飞车事故。尽管隧洞入口处的闸门可快速关闭，但隧洞和压力水管中的水流仍可使水轮机组发生飞车事故；另外，当多台水轮机组共用一根压力水管分叉实行供水时，为避免各机组间检修或停机时的互相干扰，各机组前也必须装设蝴蝶阀。而且，在压力水管不长，但在隧洞入口处未装设快速启闭闸门时，水轮机前必须装设蝴蝶阀。

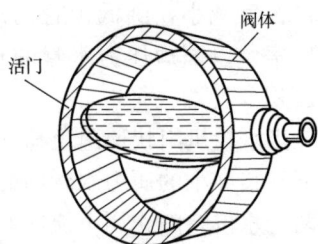

图 12-2　蝴蝶阀外形图

蝴蝶阀构造简单、质量轻、占据空间小，启闭力矩小，启闭过程时间短；它的主要缺点是关闭状态下的漏流量较大。

（2）水击现象：在长度较大的有压引水隧道或压力水管中，由于水的惯性作用，当水轮机前的阀门突然开启或关闭时，隧道和管路中的水压力会突然降低或升高，压力隧道和管路中具有相当流量的水体，在惯性力作用下，压力突然降低或增高的压力值是很大的，这种现象叫作"水击现象"。

水击现象是水电厂运行调节特有的物理现象。以水轮机运行中突然丢弃负荷为例来讲，水轮机组突然甩负荷时，其能量过剩，短暂的自动调节作用将关小水轮机的导向叶片或阀门开度，导致管道中的水流速度突然变化，管内水体产生惯性力 F。F 的大小等于水流的质量 m 与加速度 $a\left(a=\dfrac{dc}{dt}\right)$ 的积；但 F 的方向与加速度 a 的方向相反，$F=-m\dfrac{dc}{dt}$。a 愈大，F 也越大，于是压力管道水流系统内产生了水击现象。由于水体与管壁都是弹性体，故水击不会在全管内同时发生，而是从改变流速的导向叶片（或阀门）处产生，以压力波的形式沿管路传播。一般来说，水的可压缩性很小，压力管道的弹性变形也不大，因此，水击波传播的速率很快（约为 800～1200m/s）。管道内随着水击压力波的传播，表现出水击力的作用，并在压力管道的阀门与入口区间往复（正向到反向）变化，直到在管道内水力摩擦损失作用下逐步衰减，最后趋于消失。

如果阀门的全关闭时间小于水击压力波在压力管道内的一个往复正反向变化时间，就会在系统内产生直接的水击现象。如果水击波传播速度为 1000m/s，关闭前管内水流速度为 3m/s，此时可能产生的直接水击水头能高达 306m，这是水轮机组设备及附属水工建筑物都不允许发生的。所以，所有水电厂在设计阶段，都要进行认真的调节保证计算，获得系统最大和最小的内水压力值，研究减小水击现象的措施，选择合理的调速器调节时间和调节规律，以及导向叶片（或阀门）的启闭历时时间和启闭方式。

（3）调压室的设置：为减小压力管路中的水击压力，在压力隧洞和压力水管的连接处附近设置一个专门的调压室（或叫调压井，见图 10-9）。调压室利用扩大的断面和自由水面反射水击波，平抑水击压力。调压室将水轮机的有压引水系统分成了两段，这使上游段（有压引水隧洞）基本上避免了水击压力的影响，下游段（与水轮机相接的压力水管段）长度减小，降低了管内的水击值，改善了水轮机的运行条件。调压室的布置尽量靠近厂房，以缩短压力水管的长度，调压室本身及底部与压力水管连接处具有足够大的断面面积。

当水轮机组快速甩负荷（或闸门关闭）时，在调压室足够大的断面和自由水面的反射作用下，长度小的压力水管内的水击波很快衰减；而压力隧洞中的水流仍以不变的流速，在隧洞两端水位差的作用下流向调压室，调压室的水位逐渐升高，隧洞两端的水位差同时逐渐减小，水流速度减慢。调压室的水位与上游的水位平衡时，水在隧洞内水流的惯性力作用下，继续流向调压室，直至调压室水位达到最高值（高于上游水位），随后隧洞内的水流反向流回上游水库……。水流在隧洞入口至调压室之间往复波动，波动的振幅在隧洞和调压室的摩擦阻力作用下逐渐衰减，直到为零，调压室水位停止在静水位上。

相反，当水轮机组突然增负荷（或阀门开启）时，隧洞中水流量因惯性作用不能立即增加，调压室则补给流量之不足，其水位下降，隧洞两端水位差随之增大，隧洞内流量增加。因水流的惯性力作用，隧洞中水流流量的变化始终滞后于调压室的水位变化，因此，调压室水位必然继续下降，直到隧洞来水量等于水电机组升负荷后的用水量时，调压室水位达最低值。此后，来水量大于用水量，多余的水开始储存于调压室中，调压室水位又开始上升，随时间的延续，最终来水量在满足增负荷后用水量的情况下，调压室水位上升到新负荷下的稳定水位上，系统达到新的平衡，隧洞内的水流达到稳定。

在上述变化过程中，压力水管的进口必须处于调压室可能的最低水位以下，以防透空现象（空气进入压力水管）的发生。为安全起见，调压室的设计中，其最低水位与压力引水管道入口的上边缘之间的高差应不小于 2～3m。

第二节 水 轮 机

一、水轮机的基本类型和型号

1. 水轮机基本类型

水轮机是将水能转换成旋转机械功的水力原动机。按照水流作用于水轮机转轮时的能量转换特征，分为冲击式水轮机和反击式水轮机两大类。各类水轮机因其结构不同，又有多种不同的型式：

$$
\text{冲击式}
\begin{cases}
\text{斗叶式} \\
\text{斜击式} \\
\text{双击式}
\end{cases}
\qquad
\text{反击式}
\begin{cases}
\text{轴流式}
\begin{cases}
\text{定桨式} \\
\text{转桨式}
\end{cases} \\
\text{混流式} \\
\text{贯流式} \\
\text{斜流式}
\end{cases}
$$

其中，大中型水电厂应用最广泛的是混流式、轴流式和斗叶式三种。斜流式水轮机多用于抽水蓄能电厂。

（1）斗叶式水轮机：图 12-3 所示是冲击式中最常用的斗叶式水轮机。它因转轮上周向布置勺形水斗叶而得名，适用于水头高（100～1700m）、流量相对较小的水电站。它的整个转轮 1 处于大气包围中，喷嘴 2 射出的自由水射流，冲击转轮的勺叶，这时水流的动能转换成转轮旋转的机械功。转轮由勺叶获得的动能大小和方向，由喷嘴 2 及其调节手轮 5 控制针阀 6 的位移变化来确定。目前斗叶式水轮机多为立轴式的（图 12-3 所示为卧轴式的）布置和多喷嘴结构。

（2）混流式水轮机：混流式水轮机如图 12-4 所示，它的整个转轮室充满有压水流。水流通过导叶 3，沿辐向进入转轮，然后沿轴向流出转轮。水流在转轮轮叶的正反面所产生的压力差，使转轮旋转做功。混流式水轮机的适用水头范围为 2～670m，单机容量可达到几百兆瓦。

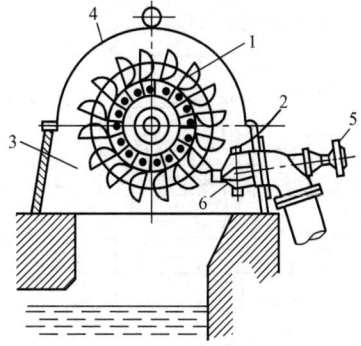

图 12-3　冲击式水轮机

1—转轮；2—喷嘴；3—转轮室；4—机壳；
5—调节手轮；6—针阀

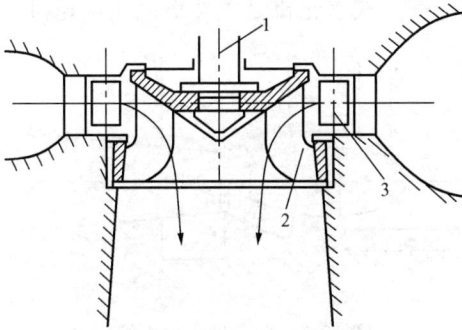

图 12-4　混流式水轮机

1—主轴；2—转轮；3—导叶

（3）轴流式水轮机：另一种采用较多的反击式水轮机是轴流式水轮机，如图 12-5 所示。水流进出水轮机转轮的方向始终为轴向。根据转轮结构的特点，轴流式水轮机又分为转桨式和定桨式两种，轴流转桨式水轮机的转轮叶片可适应负荷的变化，而转动一个角度［见图 12-5（a）］，其平均效率比混流式水轮机高。尤其是在低负荷区工作时更明显，适用于低水头和负荷变化大的水电厂。适用水头范围约为 2～88m，单机出力可达几百 MW，轴流定桨式水轮机的叶片是固定在转轮轮毂上的［见图 12-5（b）］，其主要特点是结构简单、易于制造。由于叶片是固定不动的，故不适用于水头和负荷变化较大的水电厂，通常所使用的水头在 3～50m 范围内，是我国多数中小型水电厂采用的基本水轮机型式之一。

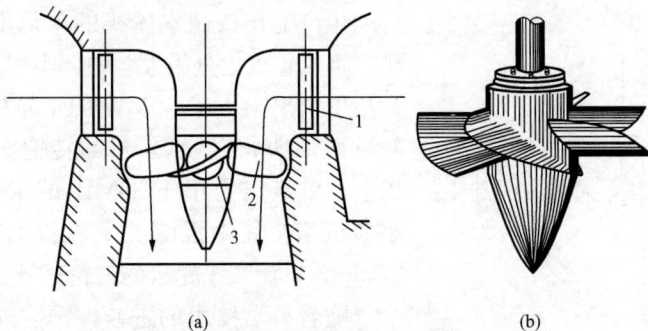

图 12-5　轴流式水轮机

（a）轴轴流转桨式；（b）轴流定桨式转轮

1—导水叶；2—轮叶；3—轮毂

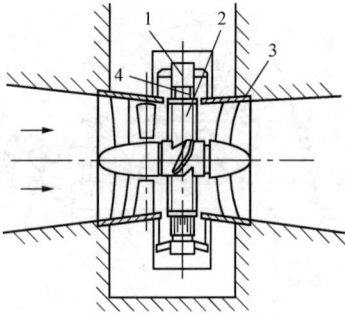

图 12-6　全贯流式水轮机
1—发电机定子；2—水轮机转轮；
3—支撑环；4—发电机转子

（4）贯流式水轮机：它是适用于低水头水电厂的另一类新型水轮机（见图 12-6）。其适用水头一般在 25m 以下，但高的可用于 48m 水头。单机出力由几 kW 到几十 MW 不等。贯流式水轮机的转轮，与轴流式水轮机的转轮没有根本的区别，只是它的整个机组采用卧式或斜式轴向装置，水流从进入水轮机到尾水口，基本上是沿着机组轴向流动的。

按照贯流式水轮机与发电机装配方式不同，又分为全贯流式（如图 12-6）和半贯流式两种，全贯流式水轮机的发电机转子 4，布置在水轮机转轮 2 的外圈。由于转轮与发电机转子之间的密封困难，影响了全贯流式水轮机的广泛应用。半贯流式水轮机，按照水轮机与发电机的连接关系，又分为多种不同的类型，常用的灯泡形贯流式（见图 12-7）因发电机布置在与水轮机连成一体的灯泡形壳体内而得名。水流沿轴向进入水轮机的导向叶片 1，冲动转轮叶片 2 做功，然后经尾水管 3 排入下游水体。另一类半贯流式水轮机是轴伸贯流式水轮机，它是由水轮机的主轴穿过流道（水轮机的进水管或尾水管），在管外与发电机相连接而得名的。为此，水流的流道要做成弯曲形，主轴穿过弯管部位与外部的发电机相连，"轴伸"使水轮机的效率有所降低，但它避免了发电机置于灯泡体内所带来的通风、冷却、维护和检修等方面的诸多困难。

（5）斜流式水轮机：斜流式水轮机是近十几年发展起来的新型水轮机组，如图 12-8 所示。它的叶轮轮叶轴线与叶轮主轴的轴线斜交，进出叶轮的水流与叶轮主轴线斜交，故称为斜流式水轮机。它的转轮结构可做成转桨式或定桨式，适用水头范围在 40～200m。斜流式水轮机兼有轴流式水轮机运行效率高和混流式水轮机强度好、汽蚀性能好的优点，适应高水头下工作。斜流式水轮机是可逆机组，能作为水泵—水轮机在抽水蓄能水电厂中使用。

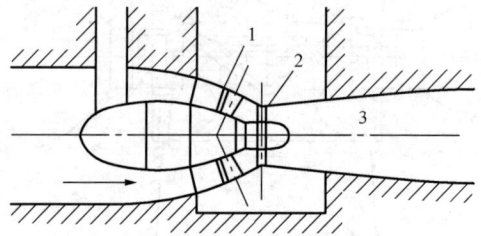

图 12-7　灯泡贯流式机组
1—导向叶片；2—转轮叶片；3—尾水管

生产上还按照水轮机的单机出力及转轮直径大小，将水轮机划分为大、中、小型，大型水轮机一般是指单机出力大于 30MW 的水轮机，大型混流式水轮机和大型轴流式水轮机的转轮直径，在 2.25～3m 以上；单机出力小于 30MW 的水轮机一般称作中、小型机组，其中混流式水轮机的转轮直径为 1.0～2.25m，轴流式水轮机的转轮直径为 1.2～3.0m。

随着科学技术的进步，国内外的水轮机在向大型化的方向发展。大型化使水轮机的结构产生了很大的变化，对机组的效率也有更高的要求，这也就对水轮机的结构设计和制造，提出了新的课题。

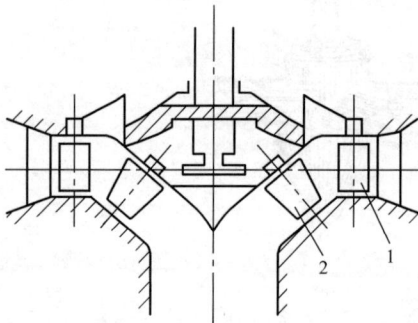

图 12-8　斜流式水轮机
1—导叶；2—轮叶

2. 水轮机的装置形式

与蒸汽轮机相同，水轮机与发电机是用联轴器连接在一起的。它们同速转动。所谓水轮机的装置形式是指水轮发电机组的主轴布置方式。水轮机的装置形式取决于其单机容量的大小、上下游水位的变化情况、水电厂水头的高低和水轮机的工作条件。大中型水轮发电机组，特别是低转速机组，常采用竖轴（立式）装置，即机组的主轴垂直布置，发电机位于水轮机的上部；小型水轮机大都采用卧轴（卧式）装置，即机组的主轴水平布置，发电机同水轮机一般布置在同一高程上。

3. 水轮机的型号

（1）水轮机的比转速：为了说明水轮机转轮型号的意义，先介绍水轮机设计工作中的重要参数"比转速"。设计一台水轮机时，给定的主要参数是有效功率 P（kW）、工作水头 H（m）和水轮机的转速 n（r/min），转轮的直径 D_1（m）是未知的，而工作条件相似、几何关系相似的水轮机，具有相同的工作特性，如果用 P、H、n 来表示水轮机的相似判别量，用 P、H、n 的组合量来反映相似条件下，水轮机的工作特性，就给水轮机的设计带来很大的方便，这个新的概念叫作"比转速"。

通过模型试验，对于反击式水轮机，比转速的近似计算公式为

$$n_s = \frac{n\sqrt{P}}{H^{\frac{5}{4}}} \tag{12-1}$$

式中　n——水轮机的转速，r/min；

　　　H——水轮机工作水头，m；

　　　P——水轮机有效功率，kW。

比转速 n_s 的物理意义是，当有效工作水头 $H=1$m、水轮机出力 $P=1$kW 时，与原型水轮机按一定相似关系建立起来的模型水轮机所具有的转速为 n_s（r/min）。

对于冲击式（水斗式）水轮机，则可进一步把比转速简化为它的射流直径、喷嘴个数和转轮直径的函数：

$$n_s = (189 \sim 216)\frac{d_0\sqrt{z_0}}{D_1} \quad (\text{r/min}) \tag{12-2}$$

式中　d_0——冲击式水轮机的射流直径，m；

　　　z_0——冲击式水轮机的喷嘴个数；

　　　D_1——冲击式水轮机的转轮直径，m。

水轮机制造厂随机所提供的比转速，是指在设计水头下，最高效率点的比转速。不同类型的水轮机，比转速也不相同；同一系列的水轮机在相同工作条件（P、H 相同）下，高比转速的水轮机过流量 Q 大，相应的转轮直径 D_1 小，能节省机组造价、降低电厂土建费用，但机组的转速增高，带来机组设备结构上强度要求高，机组运行气蚀性能（后面讲）变差，以及水轮机受泥沙磨损程度大等问题。目前世界各国都用比转速对水轮机进行分类，因而在水轮机的铭牌型号中，列入了机组比转速的值。

（2）水轮机的型号：我国生产的水轮机型号由三部分代码组成，第一部分由汉语拼音字头和阿拉伯数字表示，指水轮机的型式（见表 12-1）和水轮机的比转速；第二部分由两个汉语拼音字母组成，其中第一个字母表示水轮机主轴装置型式，第二个字母表示水轮机引水室的特征（见表 12-2）；第三部分表示水轮机转轮的标称直径（cm）。

表 12-1 各类水轮机代号

水轮机型式		代号	水轮机型式		代号
反击式	混流式	HL	反击式	贯流定桨式	GD
	斜流式	XL	冲击式	斗叶式	QJ
	轴流转桨式	ZZ		双击式	SJ
	轴流定桨式	ZD		斜击式	XJ
	贯流转桨式	GZ			

表 12-2 水轮机主轴布置及特征代号

主轴布置型式	代号	引水室特征	代号	主轴布置型式	代号	引水室特征	代号
立轴	L	金属蜗壳	J	卧轴	W	罐式	G
		混凝土蜗壳	H			竖井式	S
		明槽	M			虹吸式	X
		灯泡式	P			轴伸式	Z

示例：HL200-LJ-250，表示混流式水轮机，转轮型号（比转速）200，立轴、金属蜗壳，转轮标称直径 250cm（天津发电设备厂制造），转速 250r/min；

示例：$2QJ\times\times\times-W-\frac{120}{2\times10}$，表示在一根主轴上布置两个转轮的斗叶式水轮机，转轮型号（比转速）为×××，卧轴，转轮直径 120cm，每个转轮配有两个喷嘴，设计射流直径 10cm。

二、水轮机的基本结构

（一）反击式水轮机的主要组成构件

水电厂的水轮机，远比火电厂的蒸汽轮机简单。图 12-9 是混流式水轮机的一般布置图。它表明了反击式水轮机构造上的共同特点。从水流流经水轮机的路径顺序来讲，主要由水轮机室、导水机构、转轮和泄水机构四大部分组成。

1. 水轮机室

在图 12-9 中，Ⅰ—Ⅰ表示混流式水轮机室的断面，水轮机室是该种水轮机的引水机构，它的主要作用是以较小的水头损失、经济合理的尺寸，将水流轴对称地引导、汇集，注入转轮。

大中型反击式水轮机的水轮机室，其形状很像一个大的蜗牛壳，简称蜗壳（见图 12-10）。它能做成适当的尺寸，以缩短机组间距，使整个水轮机厂房的尺寸减小；它能适应反击式水轮机所用的任何水头，并保证具有足够的坚固性；它的过水能力

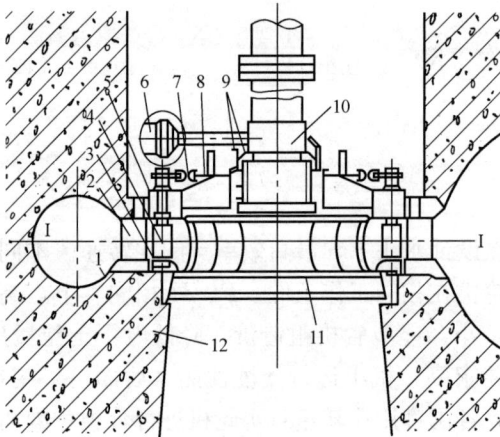

图 12-9 混流式水轮机一般布置图
1—蜗壳；2—座环；3—底环；4—导叶；5—顶盖；
6—接力器；7—传动机构；8—控制环；
9—导轴承；10—主轴；
11—转轮；12—尾水管

和效率都很高，是现代反击式水轮机广泛应用的水轮机室形式。

水轮机室——蜗壳，按其适用的水头高低分为两种：一种是将水轮机的导水机构几乎完全包覆起来的完全蜗壳，另一种是只包覆部分导水机构的非完全蜗壳。

（1）完全蜗壳：完全蜗壳由金属材料制成，又称金属蜗壳，如图 12-11（a）所示。进入水轮机的全部水流，绝大部分都流经蜗壳的进口断面，蜗壳的最大包角 $\varphi=345°$，因此，它的平面尺寸较大，占用厂房平面面积也大。当水电厂的水头较高、流量较大时，蜗壳用钢板焊制而成，并直接埋设于厂房水下部分的大体积混凝土基础

图 12-10　蜗壳外形图

中，承受较大的水内压力；当水电厂的水头高，而流量较小时，蜗壳常采用铸钢结构，铸钢蜗壳的内侧由固定的导叶支撑。铸钢蜗壳用于小型水电厂的机组，安放在厂房的地板面上，单独承受内水压力。

（2）非完全蜗壳：非完全蜗壳由混凝土浇筑而成，称为非金属蜗壳，如图 12-11（b）所示。进入水轮机的水流，只有一部分流经蜗壳的进口断面，蜗壳的包角一般为 $\varphi=180°\sim225°$，另一部分流量直接进入水轮机的导水机构。非金属蜗壳用于低水头（35m以下）大流量的竖轴反击式水轮机，以减小厂房面积。非完全蜗壳的蜗形部分的水流情况与完全蜗壳相同，蜗壳的内侧也由固定的导叶支撑，其导叶是单个地直接埋设在混凝土构筑物中的。

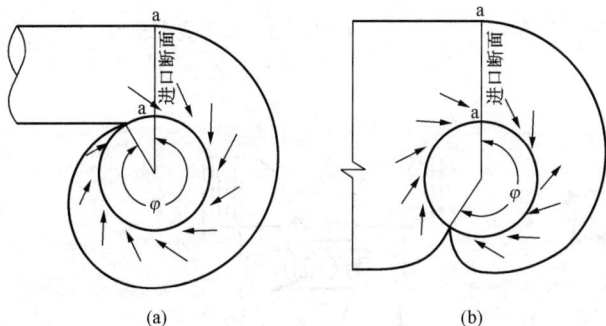

图 12-11　蜗壳平面图
(a) 完全蜗壳；(b) 非完全蜗壳

2. 导水机构

导水机构的作用是使水流沿着有利的方向进入水轮机的转轮，并调节进入转轮的流量，使水轮机的出力与外界负荷变化的要求相适应。关闭导水机构，可使水轮机停止运行。

导水机构由分布在转轮外围四周的导叶、顶盖、底环及传动机构等部件组成，见图 12-9。多导叶式导水机构是目前大中型水电站广泛采用的型式，导叶轴与水轮机主轴平行，由图 12-9可见，自动调速器操纵的接力器 6，通过推拉杆和导轴承 9，连接在控制环 8 上。能驱动控制环转动；铰接于控制环上的连杆、拐臂与导叶轴相连接，控制环转动能带动环向布置的多个可动叶片绕导叶轴同步偏转一个相同的角度。改变导叶间的水流流道断面，使进入转轮的流量变化，可改变水轮机的出力并与外界负荷相适应。

活动的导叶做成如图 12-12 所示的流线型，以减小对水流的阻力。导叶通过导叶轴，与固定上下环的接触面上、导叶关闭状态时的相互接触面上都有嵌入梯形槽内的填料，填料以橡皮条为佳，使水轮机在停机状态下，导叶呈一个封闭良好的圆柱面，减少导水机构的漏水量。

3. 转轮

水轮机的转轮是实现能量转换的核心部件，各种类型的反击式水轮机，外轮的外形和工作特性也不相同。

图 12-13 所示的是混流式水轮机中用于高比转速时的转轮型式，它由轮冠、轮叶和轮叶外侧环向的轮环组成。水流经导叶机构从径向进入转轮的入口，水流流经扭曲的转轮叶片后轴向流出转轮体。转轮与其周向外部的固定部件之间有一定的间隙。为减少水轮机的漏水损失，通常在轮环的外围与固定部件之间设有止漏装置（迷宫环件）。

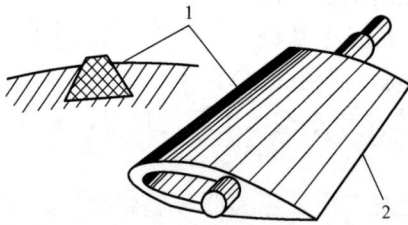

图 12-12　活动导叶的外形

1—橡皮垫；2—导叶叶尖

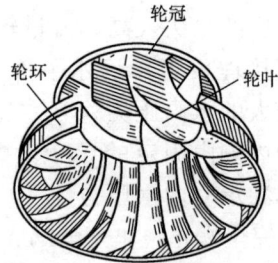

图 12-13　混流式水轮
机转轮外形

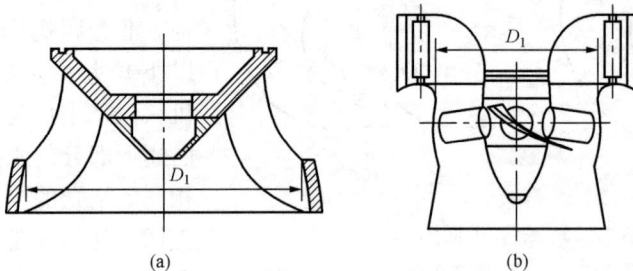

(a)　　　　　　　　　(b)

图 12-14　反击式水轮机的标准直径

(a) 混流式；(b) 轴流式

轴流转桨式水轮机的转轮，由轮毂和装于轮毂上的可动转桨叶片组成，轮毂的下端与形状如子弹头的泄水锥相连接，泄水锥的作用是使流经叶片后的水流平顺地转为轴向，避免从轮叶间出来的水流相互撞击而增加水力损失。整个转轮外形像一个螺旋桨［见图 12-5 (a)］，空心的轮毂上端与主轴相连，轮桨叶片数一般为 3～8。叶片是扭曲的，外侧没有轮环相连。它是低水头、大流量的大中型水电厂常选用的转轮型式。水电厂的水头愈高，转轮的叶片数愈多。轴流定桨式水轮机的转轮［见图 12-5 (b)］，在外形上与轴流转桨式没有区别，只是它的叶片是固定不动的，结构简单、制造方便，但工作性能较差，多用于小型水电厂的轴流式水轮机。

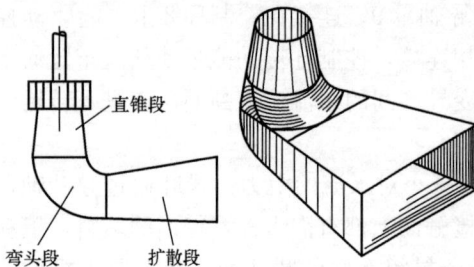

图 12-15　尾水管示意图

水轮机的直径，实际上是指水轮机转轮

的直径，用符号 D_1（cm）表示，它是水轮机铭牌中的一个标志。对于混流式，以转轮轮叶进口边缘的最大直径作为水轮机的标准直径［见图 12-14（a）］；对于轴流式，则以转轮叶片轴心线相交处的转轮室内直径来表示，见图 12-14（b）。

4. 泄水机构——尾水管

反击式水轮机的泄水机构又称尾水管，是水流流过水轮机的最后部件。我国大中型水电厂，水轮机的尾水管多为弯曲形，由直管段、弯曲段和扩散段三部分组成，如图 12-15 所示。

尾水管的作用是将转轮出口的水流引向下游。当水轮机装设在下游水位以上时，转轮出口至下游水位面之间的水头就无法被有效地利用。装设尾水管（一般尾水管的出口断面淹没在下游水位面以下 0.3~0.5m 深度）的水轮机就能充分利用这部分水头的能量。另外，转轮出口的水流速度较大，可达 8~12m/s。对于混流式水轮机，这部分出口动能约占总水头的 5%~10%；对于轴流式水轮机，该部分动能有时可高达总水头的 30% 左右。装设尾水管后，可部分地回收这部分动能，提高水轮机的运行效率。

反击式水轮机装设尾水管能多利用能量的问题，可由图 12-16 所示的装有尾水管和未装尾水管两种情况下，其能量平衡计算的比较加以证明。

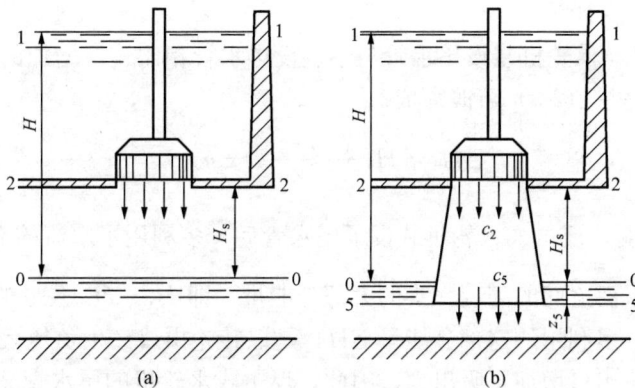

图 12-16 有尾水管和无尾水管利用能量比较图
(a) 无尾水管；(b) 有尾水管

设有一水轮机装设在下游水位面以上 H_s 的高度位置，取下游水位面为 0—0 基准面，对于 1—1 和 2—2 两断面之间的水流可列出能量方程：

（1）不装设尾水管时，水轮机所能利用的水头为

$$H_0' = \left(\frac{c_1^2}{2g}+\frac{p_1}{\rho g}+H\right)-\left(\frac{c_2^2}{2g}+\frac{p_2}{\rho g}+H_s+h_{\text{w1-2}}\right)$$

转轮出口的水流为自由流 $\frac{p_1}{\rho g}=\frac{p_2}{\rho g}=\frac{p_a}{\rho g}$，其中 $\frac{p_a}{\rho g}$ 为大气压力；转轮入口的水流动能 $\frac{c_1^2}{2g}$ 很小，可以忽略不计，上式可以改写成

$$H_0' = \left(\frac{p_a}{\rho g}+H\right)-\left(\frac{c_2^2}{2g}+\frac{p_2}{\rho g}+H_s+h_{\text{w1-2}}\right)$$

（2）装设尾水管时，水轮机所能利用的水头为

$$H_0 = \left(\frac{c_1^2}{2g} + \frac{p_1}{\rho g} + H \right) - \left(\frac{c_5^2}{2g} + \frac{p_5}{\rho g} - z_5 + h_{w1-5} \right)$$

因为加装尾水管后，尾水管的出口断面在 0—0 基准面以下 z_5 深度，尾水管的出口压力 $\frac{p_5}{\rho g} = \frac{p_a}{\rho g} + z_5$，即 $\frac{p_a}{\rho g} = \frac{p_5}{\rho g} - z_5$，并忽略水轮机转轮入口的水流动能 $\frac{c_1^2}{2g}$，上式可以改写成

$$H_0 = \left(\frac{p_a}{\rho g} + H \right) - \left(\frac{c_5^2}{2g} + \frac{p_5}{\rho g} + h_{w1-5} \right)$$

于是，装设尾水管与不装设尾水管相比较，多利用的水头应为 $\Delta H = H_0 - H_0'$，即

$$\Delta H = \left(\frac{p_a}{\rho g} + H \right) - \left(\frac{c_5^2}{2g} + \frac{p_5}{\rho g} + h_{w1-5} \right) - \left(\frac{p_a}{\rho g} + H \right) + \left(\frac{c_2^2}{2g} + \frac{p_a}{\rho g} + H_s + h_{w1-2} \right)$$

$$= H_s + \frac{c_2^2 - c_5^2}{2g} + (h_{w1-2} - h_{w1-5}) \tag{12-3}$$

式中　　H_s——水轮机转轮出口至下游基准水面的高度水头，m；

c_2^2，c_5^2——转轮出口处和尾水管出口处的水流流速，m/s；

h_{w1-2}，h_{w1-5}——转轮入口到转轮出口之间和转轮入口到尾水管出口之间的水力损失，以 m 计。

由图 12-16 可见，水轮机装设尾水管与不装设尾水管相比较，增加的尾水管中的水力损 $h_{w2-5} = h_{w1-5} - h_{w1-2}$ 式（12-3）可改写成

$$\Delta H = H_s + \frac{c_2^2 - c_5^2}{2g} - h_{w2-5} \tag{12-3a}$$

式（12-3a）表明，反击式水轮机装设了尾水管后，多利用了水流的部分动能 $\frac{c_2^2 - c_5^2}{2g}$，转轮出口至下游基准水面之间的高程水头的大部分能量，即 $H_s - H_{w2-5}$ 也被有效利用。

装置尾水管后，多利用的这部分能量 ΔH，是以转轮出口产生负压表现出来的，这个负压值的存在，使转轮出口增加了吸出力，因此，反击式水轮机的尾水管又称为吸出管。分析尾水管进、出口断面 2—5 之间的能量方程：

$$\frac{p_2}{\rho g} + \frac{c_2^2}{2g} + H_s = \frac{p_5}{\rho g} + \frac{c_5^2}{2g} - z_5 + h_{w2-5}$$

因为尾水管出口的静压能 $\frac{p_5}{\rho g} = \frac{p_a}{\rho g} + z_5$，代入上式并整理后，得出

$$\frac{p_a - p_2}{\rho g} = H_s + \frac{c_2^2 - c_5^2}{2g} - h_{w2-5} \tag{12-4}$$

式（12-4）表明，水轮机装设尾水管后，转轮出口的压力 p_2 小于外界大气压力 p_a，在转轮的出口断面上产生了真空 $p_a - p_2$。H_s 是静态真空量，流速减小表现为动态真空量 $\frac{c_2^2 - c_5^2}{2g}$；水力损失 h_{w2-5} 使尾水管段内的真空值减小。如果尾水管做成等截面的直管段，理论上有 $c_2 = c_5$，水轮机转轮出口的水流动能不能被利用。尾水管的出口断面扩大。采用直锥形渐扩管段，则 $c_2 > c_5$，转轮出口水流的动能被部分地利用。尾水管的出口断面愈大，c_5 就愈小，被利用的动能就愈多，但过大的尾水管出口断面会使水流的稳定性变差，水力损失

h_{w2-5} 上升，而且 c_5 不可能等于零，故转轮出口的动能 $\dfrac{c_2^2}{2g}$ 不可能全部被利用。另外，从理论

上分析，H_s 和 $\dfrac{c_2^2 - c_5^2}{2g}$ 项越大，转轮出口处的负压值就越大 $\left(\dfrac{p_2}{\rho g}$ 项越小$\right)$，水轮机装设尾水管

所利用的能量就愈多。事实上，$\dfrac{p_5}{\rho g}$ 的减小受到水轮机有害汽蚀现象的限制，这个问题将在

后面作出解释。

（二）冲击式水轮机的主要组成构件

图 12-3 所示的斗叶式水轮机，是冲击式水轮机中应用最广泛的机型，它的主要部件有转轮、喷嘴、针阀、偏流器、主轴和机壳。

1. 转 轮

斗叶式水轮机的转轮是由转轮盘和均匀分布固定在轮盘外圆周上的勺形斗叶片组成的。转轮盘通过轮毂由键固定在水轮机的主轴上，主轴与发电机连接（见图 12-17）。转轮由机壳包覆，处于大气中运转。转轮的直径 D_1 是指转轮的勺形叶片与喷嘴射流相切的切线圆的直径，见图 12-18，D_1 是冲击式水轮机铭牌中的指标之一。

2. 喷嘴和针阀

向冲击式水轮机供水的压力水管，其末端与喷嘴相接，如图 12-18 所示。喷嘴加速水流并使水流沿一定方向射向转轮的勺叶，喷嘴可将高压水流的压能转换成高达 100m/s 以上的流速（动能），冲动转轮旋转做功。

斗叶式和斜击式水轮机的喷嘴没有什么区别，不同的是喷

图 12-17 斗叶式转轮外形

嘴射流相对于转轮勺叶的装置方向。斗叶式水轮机的喷嘴装置方向与转轮的旋转平面平行；斜击式的喷嘴装置方向与转轮的旋转平面呈一定的相交角度。图 12-18 中，d_0 是喷嘴出口的射流直径（cm）。

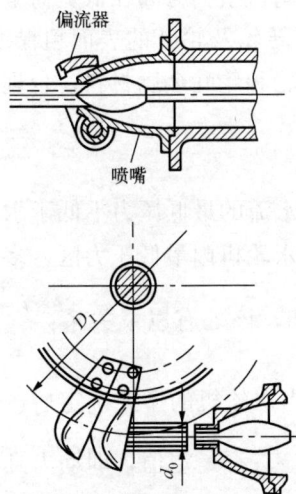

图 12-18 斗叶式水轮机的喷嘴和装置方向

喷嘴由喷嘴体（通常用铸钢浇铸而成）和针阀（与阀杆相连）组成，针阀的工作部位呈圆锥形，阀体通道做成流线形（减小流水的流动阻力）。由调速器自动控制的针阀移向喷嘴出口方向时，喷嘴的过水截面积减小，从而减小了冲击转轮的流量，斗叶式水轮机的出力降低；反之，针阀后移时，通过喷嘴的水流量随之增加，水轮机的出力上升。有的水轮机装有多个喷嘴，用以增加水轮机的进水流量。做过功的水流以只有几米/秒的流速落入尾水渠中排向水体的下游。

3. 偏流器

冲击式水轮机的偏流器又称折向器。它的工作部分如同一个折向挡板，置于喷嘴的出口处（见图 12-18）。当水轮发电机组因故突然甩负荷时，射向转轮的射流流量仍很大，转轮将达到最大转速而飞逸（斗叶式水轮机的飞逸转速约为正常转速的 1.8 倍），此时，若快速关闭针阀切断水流，会使压

力管路中产生过大的水击压力，这是不能允许的。偏流器起到了缓解上述矛盾的作用，机组正常运行时，偏流器与喷嘴喷射出的射流脱离，不影响射流准确地射向转轮的斗叶。当机组丢弃负荷时，偏流器在自动控制系统的驱动下迅速动作，使射流部分或全部偏转方向（通常偏流动作时间为 1~2s），射向斗叶的射流流量显著减小，甚至为零，避免了水轮机转速急剧增加而带来的不良后果。针阀在偏流器动作后，较缓慢地关闭，从而使压力水管中不产生过大的水击压力。

4. 冲击式水轮机的机壳

如图 12-3 所示，冲击式水轮机转轮外面罩有制造简单的机壳。机壳的作用是使离开转轮后的水流通畅地流向下游尾水渠，防止水流向四周飞溅。机壳是非全封闭型，能保证空气自由进入，确保转轮在正常大气压力下平稳运转。机壳内的反射板保证由转轮勺叶出来的水流不回溅到转轮上，以减少转轮的旋转阻力。

冲击式水轮机没有尾水管，只有汇集水流的尾水槽，把水流顺利地引向下游排水渠。

三、水轮机的汽蚀现象和安装高程

1. 反击式水轮机的汽蚀现象

由第一章水蒸气的定压形成过程知道，水的饱和温度和饱和压力是一一对应的。反击式水轮机装置尾水管后，转轮的出口和尾水管进口附近的压力低于大气压力，即产生负压。当局部压力降低到水流温度所对应的饱和压力值时，水就开始汽化，水流中产生了气泡。气泡随水流进入较高压力区便会骤然淹灭消失，此时，周围的水质点以高速填补气泡淹灭后的空穴，发生高速度撞击，引起局部水压力骤然升高（有时可达十几甚至几十兆帕），随后，被强烈撞击而压缩的水质点，又向反方向扩散，引起该汽泡中心区的压力又急剧下降，这种周期性的波动破坏了水流的连续性。水质点撞击的能量消耗使水轮机的效率下降；强大的撞击力发出特殊的噪声，并使水轮机产生强烈振动。如果这种过程发生在水轮机金属部件附近，撞击会造成金属表面海绵状机械破坏。这些现象，总称为水轮机的汽蚀现象。

为了限制汽蚀现象的产生和发展，常采用的措施有：避免水轮机组长时间在低负荷下运行或适当地补入空气破坏真空；改进和完善转轮轮叶叶形和降低转轮及轮叶的表面粗糙度，减少局部低压区出现的可能性；选用硬度大、抗汽蚀性能好的转轮和轮叶金属材料；合理确定水轮机的吸出高度值 H_s 等。

2. 水轮机的安装高程

防止反击式水轮机产生汽蚀现象的根本问题，是使水轮机内水流的最低压力不低于水的汽化压力 p_n（正常水温在 10~30℃时，p_n 约为 1.2~4.3kPa）。水轮机内最低压力区，多发生在转轮叶片背面的进出口和尾水管的入口处。由式（12-4）知，该处有以下关系：$\dfrac{p_2}{\rho g} = \dfrac{p_a}{\rho g} - H_s - \left(\dfrac{c_2^2 - c_5^2}{2g} - h_{w2-5} \right)$。要不产生汽蚀，必须满足 $\dfrac{p_2}{\rho g} \geqslant \dfrac{p_n}{\rho g}$。当水轮机的型式确定后，转轮的出口流速 c_2、尾水管的出口流速 c_5 和尾水管内的水力损失 h_{w2-5} 都是定值，即动力真空 $\dfrac{c_2^2 - c_5^2}{2g} - h_{w2-5}$ 是一定的，用汽蚀系数 σ 与水轮机运行中出现较多的水头范围内的最高工作水头值 H 的积来表示该动力真空，即 $\sigma H = \dfrac{c_2^2 - c_5^2}{2g} - h_{w2-5}$；而 p_a 是大气压力，在海拔 3000m

以下范围内，安装水轮机的地面海拔每增加 900m，大气压力下降 98kPa。可以得出 $\dfrac{p_a}{\rho g} = 10.33 - \dfrac{\nabla}{900}$；这里"$\nabla$"表示安装水轮机的地面海拔。于是推论出

$$\frac{p_2}{\rho g} = \frac{p_a}{\rho g} - H_s - \left(\frac{c_2^2 - c_5^2}{2g} - h_{w2-5}\right) \geqslant \frac{p_n}{\rho g}$$

$$H_s \leqslant \frac{p_a}{\rho g} - \frac{p_n}{\rho g} - \left(\frac{c_2^2 - c_5^2}{2g} - h_{w2-5}\right)$$

或
$$H_s \leqslant 10.0 - \frac{\nabla}{900} - \sigma H$$

H_s 实质上是指下游水位面至转轮工作中最低压力点的距离，在实用上，对上述理论公式计算得出的 H_s 值做出必要的修正，即

$$H_s \leqslant 10.0 - \frac{\nabla}{900} - (1.05 \sim 1.10)\sigma H \tag{12-5}$$

式中 ∇——水轮机所处的地面海拔，m；

H——水轮机最高工作水头，m；

σ——水轮机的汽蚀系数，通常由水轮机模型试验确定。

实际上，吸出高度 H_s 的上位置点是难以确定的。设计中一般规定，对于竖轴轴流式水轮机，H_s 的上位置点取转轮叶片的中心线标高；竖轴混流式水轮机，H_s 的上位置点取导叶的下平面标高；卧轴混流式水轮机，H_s 的上位置点取转轮叶片最高点的标高。

吸出高度 H_s 不是影响水轮机汽蚀现象的惟一因素，转轮表面粗糙或叶片叶形不合理，都会因局部流速过大造成低压区而产生汽蚀。为了水轮机工作安全。往往对由式（12-5）计算得出的 H_s 值，再减去 0.5~1m，作为水轮机安装高程的依据。分析式（12-5），H_s 必随水轮机工作水头 H 的增大而减小，甚至会出现负值，H_s 呈负值表明水轮机应安装在下游水位面以下，此时必将加大水下开挖施工的困难，有时会因之产生不合理现象，这也就是某些汽蚀系数 σ 大的水轮机不能用于高工作水头的主要原因。

冲击式水轮机的转轮不被水流充满，不存在汽蚀问题，决定冲击式水轮机安装高程的主要因素，是在最高尾水位时，转轮不被水体淹没。竖轴式冲击式水轮机常取其中心距最高尾水位等于转轮直径；卧轴式冲击式水轮机常取其轮叶的下部边缘距最高尾水位 0.5~3m，视水轮机的结构和布置要求而定。

第三节 水轮机工作原理及效率

一、水轮机工作原理

水流流经转轮的叶道时，受叶轮叶形和流道断面的约束，水流运动方向和流速大小不断发生变化，于是转轮在水流反作用力作用下绕轴旋转做功，将水能转变成机械能。

若以下角标 1、2 分别表示转轮进口和出口断面的中心点，则可由第十章第三节的伯努利方程建立起该两点之间的元流能量式：

$$z_1 + \frac{p_1}{\rho g} + \frac{c_1^2}{2g} = z_2 + \frac{p_2}{\rho g} + \frac{c_2^2}{2g} + h_{1-2}$$

或
$$h_{1-2}=\left(z_1+\frac{p_1}{\rho g}\right)-\left(z_2+\frac{p_2}{\rho g}\right)+\frac{c_1^2-c_2^2}{2g}$$

令$\left(z_1+\frac{p_1}{\rho g}\right)-\left(z_2+\frac{p_2}{\rho g}\right)=E_p$，$E_p$ 称作元流 1—2 的势能；令$\frac{c_1^2-c_2^2}{2g}=E_d$，$E_d$ 称作元流 1—2的动能；令 $h_{1-2}=E_M$，E_M 称作机械能，理论上它是元流具有的水能通过转轮转变的机械能，所以

$$E_p+E_d=E_M \tag{12-6}$$

式（12-6）表述为：理想工况下，水流流经反击式水轮机的转轮流道时，其势能的降落与动能的变化之和转换成流水反作用于转轮的旋转机械功。

对于冲击式水轮机，因为 $z_1=z_2$，$p_1=p_2$，故 $E_p=0$，所以

$$E_d=E_M \tag{12-7}$$

式（12-7）表明，冲击式水轮机只是利用水流动能做功的水力原动机。

二、水轮机的基本方程

1. 水轮机的转速

水轮机的转速 n(r/min) 是表明水轮机工作状态的参数之一。大中型水轮发电机组的水轮机与发电机直接相连接，发电机的定子具有一定的磁极对数。为保证发电机电压和频率的稳定，水轮发电机组的转速必须保持是一个标准的常数，称为水轮发电机组的工作转速。机组在正常工作情况下，其转速 n 是基本不变的。

2. 转轮轮叶流道的水流进出口速度三角形

绕水轮机主轴旋转的转轮上，布置多个呈空间曲面形的轮叶，两相邻轮叶确定了一个水流沿叶道的空间运动。如图 12-19 所示，在 ab、cd 两个轮叶组成的空间流道上，由导叶引入的元流水流，在进口断面 ac 处，以绝对速度 c_1 进入转轮流道，并在出口断面 bd 处以绝对速度 c_2 离开转轮流道。c_1 和 c_2 均可分解为随转轮一起旋转的圆周速度 u_1、u_2 及沿叶道流动的相对速度 ω_1、ω_2。转轮轮叶流道的进出口水流的绝对速度 c_1、c_2 与圆周速度 u_1、u_2 之间的相应夹角为 α_1、α_2；转轮轮叶流道的进出口水流的相对速度 ω_1、ω_2 与圆周速度 u_1、u_2 之间的相应夹角为 β_1、β_2。三个速度矢量 c_1、u_1、ω_1 和 c_2、u_2、ω_2 在转轮轮叶流道的进出口，组成了两个闭合的速度三角形，表示出了水流在转轮轮叶流道进出口处的运动状态。

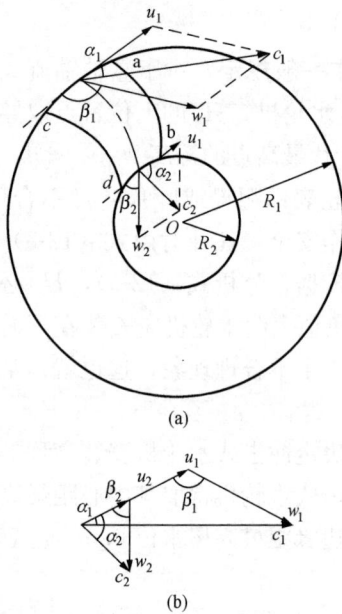

图 12-19 反击式水轮机转轮内水流示意和进出口速度三角形
（a）水流示意；（b）进出口速度三角形

3. 水轮机基本方程

若在 dt 时段内，流入轮叶流道的水体质量为 $dm=\frac{\rho g Q}{g}dt$；水流的速度为 c，流道对该水体的作用力为 dF_i。根据动量原理，$dF_i dt=dmdc=\frac{\rho g Q}{g}dcdt$，即轮叶流道对水体的作用力

$dF_i = \dfrac{\rho g Q}{g} dc$，将 dF_i 力对流道进出口断面之间进行积分，有

$$\int_1^2 dF_i = \frac{\rho g Q}{g} \int_{c_1}^{c_2} dc = \frac{\rho g Q}{g}(c_2 - c_1)$$

显然，上述积分的结果是轮叶流道在进口到出口的流程中，对水体 dm 的总作用力 F_i，由牛顿第三定律，流体对流道的反作用力为

$$F_i = -F_i = \frac{\rho g Q}{g}(c_1 - c_2) \tag{12-8}$$

式中　Q——进入轮叶流道的水流流量，$\mathrm{m^3/s}$；

　　c_2，c_1——水流在轮叶流道进口和出口上的平均绝对速度，$\mathrm{m/s}$；

　　g——重力加速度，$g = 9.81\mathrm{m/s^2}$。

式（12-8）中，进口水流对流道的反作用力 $\dfrac{\rho g Q}{g}c_1$（与 c_1 同向）和出口水流对流道的反作用力 $\dfrac{\rho g Q}{g}c_2$（与 c_2 同向）都是空间力，它们都可分解成切向分力、径向分力和轴向分力。径向分力垂直于转轮的轮轴，轴向分力与转轮轴平行，均不产生对转轮轴的旋转力矩，只有切向分力才对转轮轴产生旋转力矩。在轮叶流道的入口，该切向分力为 $\dfrac{\rho g Q}{g}c_1\cos\alpha_1$，与圆周速度 u 同向；在轮叶流道的出口，该切向分力为 $\dfrac{\rho g Q}{g}c_2\cos\alpha_2$，与圆周速度 u 同向。因此，水流流经轮叶流道全过程时，对转轮轴的总作用力矩为

$$M = \frac{\rho g Q}{g}(c_1 R_1 \cos\alpha_1 - c_2 R_2 \cos\alpha_2) \tag{12-9}$$

式中　R_1，R_2——转轮的外缘半径和内缘半径。

如果转轮以角速度 ω_0 等速旋转，则转轮外缘和内缘上任一点的圆周速度分别为 $u_1 = \omega_0 R_1$ 和 $u_2 = \omega_0 R_2$，转轮在水流反作用力作用下所具有的出力为 $P = M\omega = \dfrac{\rho g Q}{g}(\omega_0 c_1 R_1 \cos\alpha_1 - \omega_0 c_2 R_2 \cos\alpha_2)$

或

$$P = \frac{\rho g Q}{g}(u_1 c_1 \cos\alpha_1 - u_2 c_2 \cos\alpha_2) \tag{12-10}$$

由式（10-10）知，水流流过转轮所具有的理论出力为 $P_0 = \rho g Q H$，若不计水流流过转轮时的能量损失和水轮机的能量损失，则水流出力与转轮的出力相等，即 $P = P_0$，并有

$$\rho g Q H = \frac{\rho g Q}{g}(u_1 c_1 \cos\alpha_1 - u_2 c_2 \cos\alpha_2)$$

则

$$H = \frac{u_1 c_1 \cos\alpha_1 - u_2 c_2 \cos\alpha_2}{g} \tag{12-11}$$

式中　u_1，u_2——轮叶流道进、出口圆周流速，$\mathrm{m/s}$；

　　α_1，α_2——轮叶流道进出口水流绝对速度与圆周速度之间的夹角。

为使水轮机有高效率，通常设计进水夹角 $\alpha_1 \approx 20° \sim 30°$ 左右，出水夹角 α_2 稍小于 $90°$。

式（12-11）是反击式水轮机的基本方程，它表明了水能对机械能转换的能量平衡关系，从物理意义上讲，是理想工况下，单位质量流量的水流所具有的出力。

对于冲击式水轮机，射流水流在斗叶上进出口位置到转轮轴的距离近似相等，限于篇幅，这里直接给出冲击式水轮机的基本方程为

$$H = \frac{u(c_1 - u)(1 + \cos\beta_2)}{g} \tag{12-12}$$

式中　β_2——为冲击式水轮机转轮出口水流相对流速 ω_2 与圆周速度 u 之间的夹角，设计中 β_2 常取 $3°\sim4°$。

三、水轮机的能量损失及效率

式（12-11）与式（12-12）是理想状况下的能量转换式。事实上，水流流经水轮机时，必然存在着摩擦、撞击等能量损失；引入水轮机的水流也并非全部做了功，总有部分水流经各部件间隙而渗漏损失掉；水轮机本身也存在机械部件之间、具有相对运动时的摩擦损失。这些，使水轮机的轴功率总是小于水流所具有的理论出力。

1. 水力损失和水力效率

从水轮机的引水室入口断面至尾水管出口断面之间，过流部件的沿程阻力、局部撞击、涡流、脱流等可能存在的损失所引起的水头降落，称为水轮机的水力损失。它随过流流速的增加（水轮机的出力增大）而增加。工程上用水力效率 η_w 来表示水力损失的大小

$$\eta_w = \frac{H - \Delta H}{H} = \frac{H_e}{H} \tag{12-13}$$

式中　H——水轮机工作水头，m；

　　　ΔH——水流流经水轮机时的总水头损失，m；

　　　H_e——水轮机运行的有效水头，m。

2. 容积损失和容积效率

无论是冲击式还是反击式的水轮机，进入水轮机的全部水流，总有一部分因漏流而损失掉。例如混流式水轮机的转轮外缘，与固定不动的外壳底环之间、转轮的内缘与顶盖之间，都必须有保证转轮正常运转的间隙。虽在结构上布置有密封，但在转轮前后水流压差的作用下，仍会有部分流量不经轮叶流道而漏流到尾水管，造成流量损失。通常用水轮机的容积效率 η_V 来表示其容积损失的大小，即

$$\eta_V = \frac{Q - \Delta Q}{Q} = \frac{Q_e}{Q} \tag{12-14}$$

式中　Q——水轮机的输入流量，m^3/s；

　　　ΔQ——漏流流量，m^3/s；

　　　Q_e——水轮机的有效工作流量，m^3/s。

3. 机械损失和机械效率

水轮机转轮的外表面与水流之间的摩擦，轮缘与止漏装置之间的摩擦及水轮机主轴上的油封、轴承等处的摩擦等，都减少了转轮所获得的能量对水轮机主轴的传递，通称为水轮机的机械损失。水轮机机械损失的大小，用水轮机的机械效率 η_M 来表示，即

$$\eta_M = \frac{P - \Delta P}{P} = \frac{P_e'}{P} \tag{12-15}$$

式中　P——水轮机的转轮功率；

ΔP——水轮机各项机械损失功率之和；

P'_e——水轮机主轴轴端输出的功率。

4. 水轮发电机组的实际出力

第十章第三节中，讨论了水电站的水能计算，在明确了水轮机的损失和效率后，就有可能对水电机组的实际出力作出分析和计算。

式（10-10）给出了理论状况下水流的出力大小，事实上，流水从上游下泻到水轮机入口，通过拦污栅、进水口、引水渠道等过水设施时，都具有沿程或局部的水头损失，损失的大小与过水设施的敷设方式、引水渠道的长短、流道的截面尺寸、设施的材料及施工质量等多种因素有关，对它们都能在电厂总体布置完成后，依次作出精确的计算。根据以往水电厂的运行经验估算，上述水头损失约占上下游水位自然落差的 5%～10% 左右。

若定义 H 为水轮机入口的工作水头，考虑水轮机内各项损失，可写出水轮机主轴轴端的功率为

$$P'_e = \rho g Q H \eta_w \eta_V \eta_M \qquad (12\text{-}16)$$

显然，提高水轮机转轮部件的加工精度，减少水力损失和机械损失，减小水轮机动静部件之间的间隙，采用新型、高效止漏装置，减小容积损失，降低水轮机转轮出口的绝对速度 c_2 等，都能使水轮机的轴端功率增加。

式（12-16）所示的 P'_e，不是水轮发电机组的电功率。由于发电机存在有机械的、电磁的损失，故水轮机轴端提供的功率不能完全转换成电功率。若发电机本身的效率为 η_G，并令 $\eta_t = \eta_w \eta_V \eta_M \eta_G$，则水轮发电机组的发电功率为

$$P_e = \eta_t \rho g Q H \qquad (12\text{-}17)$$

式中　η_t——为水轮发电机组的总效率。

对于大中型水轮发电机组，η_t 一般为 0.82～0.87；对于小型水轮发电机组，η_t 一般为 0.66～0.76。

第四节　水电厂的主要辅助设备

水电厂中除了主要动力设备——水轮机；主要电气设备——发电机和主变压器外，还有一些保证水电厂中动力设备正常运行和安装检修所不可缺少的主要辅助设备和系统，它们是水电厂的油系统设备、水系统设备和空气系统设备。

一、水电厂的油系统设备

水电厂内各种机电设备所用的油，按其任务不同，油的性质也不同，分为独立的汽轮机油系统和绝缘油系统两种，不能相混。

（1）供给机组各轴承的润滑、散热和控制系统操作、传递能量所用的压力油，采用汽轮机油，常用的国产汽轮机油为 22 号和 32 号汽轮机油。

（2）供给电气设备，如变压器、油开关等用作绝缘、散热及消弧的油，叫作绝缘油，常用的国产绝缘油为 15 号和 20 号绝缘油。

大型水电厂的用油量可达数千吨，无论是汽轮机油还是绝缘油，都要经常处于良好（无污染和劣化）状态。两独立的油系统中的主要设备是储油罐，用作接受和储存油，每个系统最少应有两个储油罐，一个盛清油，一个盛污油。它们布置在水电厂厂房内单独的储油室

内，并特别注意防火问题。

通常在储油室旁建有油处理室，内设油泵和油的机械净化设备，诸如离心分离机，利用离心作用将油与混入油内的水及杂质分离；压滤机，将油加压通过滤纸滤去油中的水及机械杂质；真空滤油机，将油和其含有的水分在一定温度和真空下汽化，减压蒸发，达到油中除水脱氧的目的。

油罐、油泵、各类机械净化设备和水电机组的用油部件之间，用油管路联通，形成独立的油系统。主干油管路通常沿水轮机层的一侧纵向布置，再由主管路向各用油设备引出支管。所有油管路均应与电气设备、电缆分层或分侧布置，减少交叉干扰，避免油路滴漏油造成电气设备故障或火灾事故。在水电厂中，一般外表涂以红色的是压力油管路，涂以黄色的是回油管路。

二、水电厂的水系统设备

水电厂的水系统分为供水系统和排水系统。

(1) 供水系统：主要是供机组生产用水，包括发电机空气冷却器、推力轴承和导轴承的油冷却器、油压装置冷却器和水冷式空气压缩机冷却器的冷却用水，水轮机导轴承的润滑用水等。其中，发电机冷却耗水量最大，约占技术用水量的 80%；其次是生活用水和消防用水。在大型水电厂，生活及消防用水一般均各自成系统，单独设置。

生产技术用水，在水量、水温、水质等方面都有一定要求。直接由上游用压力水管或蜗壳取水，叫作自流供水方式。一般用于水头为 20~60m 的电厂中；水头小于 15m 或大于 60m 的水电厂，一般用水泵供水。若水质不符要求，则应考虑取用地下水。供水通过滤水器后，送入总供水管道，再由分管分别向各用水设备供水。

(2) 排水系统：为保证机组正常运行，便于水轮机过水部分的检修和防止厂房过度潮湿，水电厂均布置有排水系统、排除以下几部分废水：

1) 生产中用过的水，如发电机冷却用水、空气压缩机冷却用水、机组上部顶盖漏水等。这部分水的量大且具有剩余压力，一般用自流排出。

2) 检修蜗壳、尾水管和部分引水钢管时，先将机组前的蝶阀或进水阀门关闭，使上述设备中的存水自流，经尾水管排向下游，然后关闭后水管闸门，将余下的存水排入集水井，再用检修水泵排除。

3) 各用水设备的漏水和厂房内的渗漏水。该部分废水量小但连续不断，没有压力，通常利用排水沟汇入集水井，集水井置于水电厂的最低处，而后用水泵排到下游。

三、空气压缩系统

水电厂内有许多设备使用压缩空气，例如，为保证调速系统工作时油压不产生过大波动，压力油箱中有 1/3 空间充满 2.53MPa 的压缩空气；发电机停机时，要用压缩空气进行制动；蝶阀关闭后要向其空气围带中充入压缩空气，以减少漏水量；高压空气断路器中，也要用压缩空气灭弧；机组检修时要使用各种风动工具；闸门及排污栅要用压缩空气防冻及清理等。向这些使用压缩空气的设备供给压缩空气的系统，分为高压和低压两种系统，油压装置、空气断路器由高压 (2.53MPa) 系统供气，其他设备由低压 (0.5~0.7MPa) 系统供气。

压缩空气系统中的主要设备是压气机、储气筒和输气管道。压气机室一般布置在装配场的下层、水轮机层或是布置在隔开的副厂房中、远离中央控制室，避免造成噪声污染。

第五节　水轮机转速调节和运行

一、水轮机的转速调节

1. 水轮机转速调节的任务

为保证电网供电质量，要求交流电的电压和频率波动保持在规定波动范围之内，因此水轮发电机的出力与所担负的电力负荷应相适应，水轮发电机组应稳定地在工作转速下运行（具有稳定的发电频率）。

由于水流的作用，水轮发电机组的转子主轴上产生旋转力矩——水轮机主动转矩 M_d，其方向与机组主轴旋转方向一致；与水轮机相连接的发电机，其定子磁场对转子磁场有反作用阻力转矩 M_f，其方向与机组主轴旋转方向相反。如果不计水轮发电机组本身的转动摩擦阻力矩，按力学原理，水轮发电机组的转子轴系统应有如下运动方程：

$$J \frac{\mathrm{d}\omega}{\mathrm{d}t} = M_d - M_f$$

其中 J 是水轮发电机组转子轴系的转动惯量，对确定的机组，J 是常量。欲使机组的旋转角速度 ω 不变（即机组的转速 n 不变），就要使轴系上作用的两个方向相反的转矩 M_d 与 M_f 相平衡。而电力负荷的变化（M_f 变化）是随机的，因而水轮发电机组出力变化归结为 M_d 应随时改变，以与 M_f 平衡，从而保证机组转速 n（发电频率）基本不变。能使 M_d 变化的主要参量是水头 H 和流量 Q。由于人为地改变水轮机的工作水头很困难，而且短时间内水头 H 的变化幅度很小，故改变水轮发电机组出力主要靠调节进入水轮机的水流流量 Q。

为使水轮发电机组出力与外界电负荷变化相适应而调节流量 Q，就要有调节设备随时改变转轮入口导水机构（周向布置在转轮外缘的全部导向叶片）的开度 a_0，从而改变进入水轮机转轮的水流量，保持水轮机组转速基本稳定，这就是水轮发电机组的转速调节任务。

2. 水轮机的调速器和调节原理

水轮机组的调速器有机械液压式和电气液压式两类，目前已建水电机组中，大量采用的是机械液压式调速器，它的结构与调节原理，与第七章所述的汽轮发电机组转速调节基本相同，故这里只做简单介绍。

图 12-20 所示是只对水轮机导水机构进行调节的单调节机械液压调速器的原理图。图中离心飞摆 1 是调速器的敏感元件，它由水轮机主轴上的皮带带动（或由主轴上电动机带动，此时，该电动机的电源来自与主轴同轴的永磁发电机或水轮发电机端的电压互感器，其电源频率反映了水轮发电机的转速）飞摆转速的变化，就是水轮发电机组 12 的转速变化。在稳定转速下工作时，飞摆的连杆下端，位于 A 点位置，主配压阀 5 的活塞连杆端点位于 C 点位置，杠杆 ABC 处于平衡状态，主配压阀中的上下两个阀盘处于中间位置，恰好封堵住通向接力器 9 两端的油口，接力器的活塞两侧油压平衡，接力器静止不动，水轮机组在额定转速下稳定地运行。

若外界电负荷减小，水轮机组与飞摆的转速同步升高，飞摆在离心力作用下向外扩展，带动飞摆连杆，使 A 点处的连杆滑环沿飞摆的支撑轴滑移上升到 A0 点，带动杠杆 ABC 以 B 点为支点顺时针转过一个角度，主配压阀 5 的活塞连杆端点由 C 点下移到 C1 点，推动配压阀中的上下两个阀盘同步下移，使接力器 9 的左油腔与排油管路接通，同时右油腔与压力

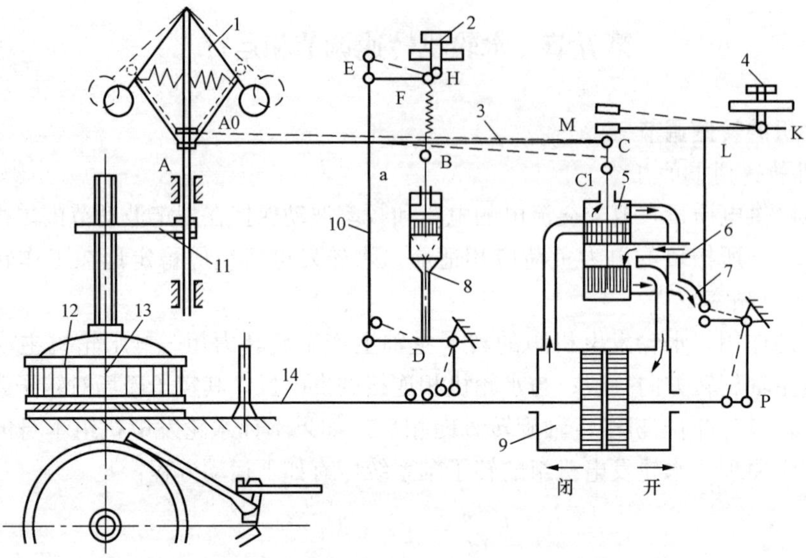

图 12-20　机械液压型调速器工作原理图

1—离心飞摆；2—转速调整机构；3—杠杆；4—开度限制机构；5—主配压阀；6—进油；7—排油；8—缓冲器；
9—接力器；10—残留不均衡机构；11—皮带；12—水轮机；13—导水执行机构；14—推拉杆

油管路接通，接力器中的活塞在两侧油压差作用下，驱动连杆向左侧关闭方向移动，推拉杆 14 驱动导水执行机构 13 动作，关小导向叶片的通流截面，水轮机进水量减小，主动力矩 M_d 减小，水轮机转速下降。当外界电负荷增加时，机械液压调速器将自动引发上述一系列反向进行的调节过程。

　　在上述调节过程中，敏感元件——离心飞摆感受到水轮机转速变化信号；通过杠杆 ABC 传递给了放大元件——主配压阀 5，转换成较强的油压信号；高压油压差信号送入执行元件——接力器 9，做出很大的操作功，操纵导水机构启闭。由于水轮机在调节过程中有巨大的旋转惯性和接力器动作惯性存在，造成过程的不稳定性和过调节，为此，系统设置了反馈元件——缓冲器 8 和残留不均衡机构 10。当接力器 9 的推拉杆 14 向关闭方向移动的同时，与推拉杆连接的杠杆随之推动缓冲器的外套上移，缓冲器内活塞下油压室内的油压增大，推举活塞克服其上部的弹簧压缩力而上移，杠杆 ABC 又以 A0 为支点逆时针偏转一个角度，带动主配压阀 5 中的两个阀盘同步上移回到中间位置，封堵配压阀两侧压力油口，接力器失去动力而停止左移的关闭执行动作。调整过程接近完毕时，缓冲器活塞因活塞上部弹簧的压力而慢慢下移，并将活塞下部的压力油通过节流装置慢慢地压到活塞上部，使杠杆 ABC 的 B 点亦慢慢下移，此时，接力器向关闭方向移动，因机组本身有一定惯性，已升高的转速要经过一段时间才能下降。离心飞摆端部 A 点随之缓慢下移，最后 B 点和 A 点都回到调整前的位置，机组亦保持在原来的转速下运行，一个调节过程就此结束。

　　当机组负荷变化时，调速器不可能经过一个操作过程就调整完毕，即 ABC 三点有一个逐渐变小的摆动过程，经历几个连续摆动过程最后才稳定下来。为使调节后的机组转速重新稳定在原来的额定值，应用转速调整机构 2 控制杠杆 FH 的 H 点位置，使调节后的残留不均衡机构 10 的 E 点回到原处，此时 A 点回到原处，机组调整后仍保持其额定转速。图 12-20 中的杠杆系统 PKLM，是限制导水机构开度的装置。当控制系统触动接力器 9 向右开大时，杠杆 KM 绕 K 点逆时针偏转。当开度开大到规定的 P 点（P 点是该机组限定的导水机构最大开度的对应点）时，杠杆的 M 点与主配压阀的主杆上端的 C 点相接触，此时配压阀的两个阀盘恰好回到中间位置，接力器即行关闭，水轮机的导水机构的开度不再增大。

对于具有转桨式叶片的反击式水轮机和具有折向器的冲击式水轮机，其控制器比上述单控制系统复杂，不仅要有调节导水机构开度（或冲击式水轮机的针阀行程）的控制系统，同时要有在同一感受信号作用下，调节转桨叶片角度（或冲击式水轮机的折向器偏转度）的控制系统，称为双重调节调速器。当机组负荷变化较大时，双重调节调速器把敏感元件感受到的转速变化信号，通过放大元件和执行元件，同时对导水机构（或冲击式水轮机针阀）开度与转桨叶片的角度（或冲击式水轮机的折向器偏转度）进行调节。

机械液压式调速器是已建水轮发电机组应用最多、技术上最成熟的调速系统，随着控制技术的发展和电子元件可靠性能的逐步提高，电气液压调速器将会越来越多地被采用。它把调速器中的测速敏感元件、综合放大和功率放大及反馈部分都用电气回路替代，再与液压放大和液压执行机构相配合，用电缆连接，具有灵敏度高、易于操作和成本低的优点。随着电气元件质量的提高、应用和调试经验的丰富，电液调速器必将成为水轮发电机组的主要调速器。

二、水轮发电机组的启动与停机

1. 水轮发电机组的正常启动

水轮发电机组在较长时间停机后重新启动之前，必须依次做好下述各项准备工作。

（1）认真检查水轮机各轴承中是否有充足的润滑、冷却用油；打开冷却、润滑系统管路上的各管阀；投入冷油器的冷却水，确保机组的油、水系统处于正常的开通状态。

（2）确认机组各设备处于良好的待启动状态，发电机未励磁、断路器已断开、制动风闸已落下。

（3）上述准备工作完成后，将切换阀切换到自动位置，为自动开机做好准备。

发出开机信号后，随着自动控制系统开机继电器的动作，压力水管的蝶阀开启，供水水源投入，机组的导向叶片开至机组空转开度，机组将按照自动控制程序逐渐升速，直至额定转速值。上述任一开机条件不被满足时，自动控制系统能够自行闭锁、拒启动。

对于刚安装好或大修后的机组，启动前，尚需认真检查水源的上游闸门、下游的尾水阀门是否已开启；机组启动后，要认真检查各处油压、水压、轴承温升。确认它们均在规定的范围内；检查机组各部分的响声、振动均无异常之后，才能缓慢升速、定速，做好调节和制动系统的动态实验，逐渐带负荷。机组停机在 72h 以上或推力油槽检修排油后，启动前还要手动油泵，顶起转子一次，顶起后用压缩空气认真吹扫干净。避免推力轴承发生油膜破坏，导致机组发生事故。

2. 水轮发电机组的正常停机

接到停机指令后，应先逐步减去机组负荷，相应使导水叶片逐步关小至空转开度，然后在正常转速下，将导水叶片全部关闭。

在确认机组已切断电源和水源后，机组将在惯性力作用下惰走降速，在转速降低至额定转速的 25%～30% 时，实施煞车停机。机组最终停稳后，必须关闭润滑、冷却系统的各闸门和所有的注油器，并认真检查各轴承的状况。

3. 水轮发电机组事故工况下紧急停机

当电气设备发生事故或推力轴承和上下导轴承温度过高，或油压因故下降而不能恢复时，机组必须立即进行紧急停机。

上述事故发生时，机组的事故继电器会立即动作，关闭进水机构导叶，并发出事故信号。如果机组转速超过额定转速的140%，或在事故紧急停机过程中，发生导叶片的轴销折断，继电器便动作，一方面将导叶关小至空载开度，一方面关闭水路上的蝶阀，防止事故进一步扩大。在机组转速降低到正常转速的35%以下时，应投入制动。制动一定时间后即予以解除，靠机组惯性惰走停机。停机后同样要关闭所有润滑、冷却系统的阀门。紧急停机操作完成后，要及时开展事故检查、分析和检修工作。

本 章 小 结

视河川径流量大小、水体地形、地质和水文等条件，在适宜河段修筑土坝、混凝土重力坝、拱坝或支墩坝，形成水库集中落差和水量，是水资源开发利用的基本方式。为减小水头损失、提高水电厂运行安全可靠性和降低工程造价，在由河体或水库引水到水电厂的渠道入口处，应设置轮廓好的引水口和控流设施。无压引水的渠道（或隧洞）末端，要设置具有平稳水流和均流作用的压力前池、日调节池；对有压引水的隧洞，为消除或降低水击现象，要在隧道末端适当位置设置调控性能好的调压室（井）。

水轮机是水电厂将水能转换为机械能的核心设备。水轮机分为冲击式和反击式两大类，按水流与其转轮作用方式不同，它又分为多种型式。冲击式水轮机中的斗叶式和反击式水轮机中的混流式、轴流式是常用水轮机型式。

斗叶式水轮机，由带斗叶的转轮、喷嘴、偏流器和机壳等部件组成，整机处于大气压力下运转；反击式水轮机，由转轮机室、导水机构、带叶片的转轮和尾水管等部件组成，尾水管的设置提高了反击式水轮机对水能的利用率。

冲击式水轮机安装高程主要以转轮不被水体淹没来确定。反击式水轮机安装高程受水轮机汽蚀现象制约。汽蚀使转轮机室内局部产生过大负压，引起水汽化和淹灭快速交变冲击，造成水轮机效率下降、机组振动和金属部件机械破坏等物理现象。因此，在反击式水轮机安装高程确定中，应视机组所处的海拔，合理选取其吸出高度 $H_s(m)$，并留有可靠的安全裕度。

流经反击式水轮机转轮的水流，其势能降和动能变化作用于转轮，转换为水轮机的旋转机械功。对定型转轮作受力分析，得出水流作用于转轮的工作水头 H［式（12-11）］，它是理论上水能对机械能转换的能量平衡式，是反击式水轮机的基本方程。

水轮机在实际运行中存在多种能量损失，如水力损失、容积损失、机械摩擦损失等。在考虑了这些损失和发电机损失之后的功率，才是水轮发电机组的发电功率［式（12-17）］。

水电厂的辅助生产系统和设备，包括油系统（调节和润滑用汽轮机油系统和绝缘、灭弧用绝缘油系统），生产用供水系统和排水系统，压缩空气系统等。

水轮机的机械液压调速系统由敏感元件、放大元件、执行元件和反馈元件等组成，是目前应用广、技术上成熟的调速系统。为保障水轮发电机组的安全运行，应在认真做好各项准备工作后，正常进行水轮发电机组的启动、运行。停机时，必须严格遵守规定的操作程序。

思 考 题

1. 无压引水渠道上，设置压力前池和日调节池的主要功能是什么？它们一般应布置在引水渠道的什么位置？

2. 与有压引水渠道（隧洞）连接的压力水管末端，为什么要设置蝴蝶阀？

3. 压力水管路中，水击现象是如何产生的？调压室（井）如何平抑压力引水管系中的水击现象？

4. 水电厂所用的水轮机有几种基本类型？试简述冲击式-斗叶式水轮机；反击式-混流式水轮机和反击式-轴流式水轮机的基本工作过程。

5. 什么是水轮机的比转速？对照反击式水轮机比转速近似计算公式，说明比转速的物理意义。

6. 以反击式水轮机为例，试述其主要部件：水轮机室、导水机构、转轮、尾水管等的结构、作用和整体布置。

7. 反击式水轮机装设尾水管，为什么能使水轮机的运行效率提高？

8. 冲击式水轮机的偏流器的主要功能是什么？

9. 什么是水轮机的汽蚀现象？简要叙述水轮机汽蚀现象产生的原因和危害。

10. 如何确定反击式水轮机吸出高度 H_s？若混流式水轮机厂家给定其汽蚀系数为 0.15，在 34m 工作水头，布置于海拔 3692m 的厂房地面上的水轮机的吸出高度应确定为多少米为宜？

11. 水轮发电机组运行中存在哪些主要损失？如何核定水轮发电机组的实际出力大小？

12. 简述水电厂的油系统、水系统和空气压缩系统的功能、主体设备和系统布置。

13. 水轮机转速调节的任务是什么？对照图 12-20，试说明当外界电负荷增加时，单调节机械液压调速器的敏感元件、放大元件、执行元件、反馈元件等的动作过程和调速系统最终的目标参量的变化趋势。

14. 了解水轮发电机组启动、停机的一般步骤和操作方法。

第三篇　原子能发电厂动力部分

第十三章　原子能发电厂动力设备及运行

【摘要】　本章主要介绍压水堆核能发电厂系统布置和主要动力设备。首先简介核能发电简史和我国核电工业发展概况。然后从物质元素的原子结构出发，阐述核裂变能释放原理和可控核裂变能应用的主要技术性问题。从核反应堆的类型引入压水堆核电厂工作原理；对压水式核反应堆的本体结构和压水堆核发电厂动力系统布置进行较为详细的叙述；最后对核电厂的辐射及辐射防护、核电厂的三废处理和核电厂的基本运行知识进行阐述和解说。

第一节　核能发电基本知识

一、核能发电的发展概况

早在 1896 年，法国物理学家昂·贝克勒尔发现了金属铀的天然放射性；1911 年，英藉新西兰人厄·卢瑟福提出了有核的原子结构模型；1939 年，奥地利人弗里什·迈特纳用中子轰击重元素铀原子核，从而导致了重原子核裂变现象被发现。1942 年美籍意大利犹太人费米在美国芝加哥大学，建造了世界上第一座核裂变反应堆，做了一次冒险性的试验，首次完成了人工自持链式重核（铀）裂变反应，肇始了受控"核能释放"，被后人称为核能时代的奠基石。

1954 年，原苏联在布洛欣采夫的领导下，建成了世界上第一座商用核电厂（功率为 5MW），向工业电网并网发电，使和平利用原子能发电步入了一个飞速发展的新纪元。到 1992 年底，世界各国的核电装机总容量达 4.2 亿 kW，其中，美国据有世界核电总装机容量的 1/3，其次是法国、原苏联、日本等。法国的核电工业在 20 世纪发展最快，到 2004 年，法国拥有核电装机容量 6300 万 kW，占其全国发电总装机容量的 80% 左右。

从总体来看，我国目前核能发电在电力工业中的比重还较小。我国的台湾省 20 世纪 90 年代已有 6 台（5000MW）核电机组投入商业运营。20 世纪 80 年代，我国和平利用原子能的核电事业得到了高速发展，1991 年 12 月 15 日我国自行设计、自主建造和运营的首座核电站——秦山 30 万 kW 压水堆机组成功发电，从此结束了我国内地无核电的历史。经过 20 多年的努力，我国的核电建设取得了可喜的成绩。1994 年 12 月我国第一座百万千瓦级核电站——大亚湾核电站建成投产。2003 年 7 月我国首座商用重水堆核电站——秦山三期核电站全面建成投入商业运行，实现了我国核电工程项目管理与国际接轨；与此同时，由中法合作建设的广东岭澳核电站于 2003 年 1 月建成投产。2004 年 5 月我国自主设计、自主建造的第一座商用国产化核电站——秦山二期核电站全面建成投入商业运营，实现了我国自主发展核电的重大跨越。中俄合作建设的江苏田湾核电站也于 2007 年 8 月建成投产。截至 2013 年末，我国内地共有 17 台核电机组投入商业运行，提供 $1121kW \cdot h$ 的电量，我国的核能发电产业已初步形成。根据国家能源结构调整规划设想，到 2020 年我国核电装机容量要达到 4000 万 kW（将占届时全国电力总装机容量的 4%）。中国核电事业的发展无可争辩地向全世界表明，在中国共产党的领导下，中国人民可以创造一切人间奇迹，完全有能力自立于世界民族之林。

二、物质元素的原子和原子结构

世界上的物质都是由原子组成的。从大学近代物理学基础中讲述的卢瑟福原子模型可以知道，组成物质的每一个原子，都是一个类似太阳系的缩影。原子的中心是具有极大密度的原子核，原子核的质量，约占整个原子质量的 99.94% 以上，而原子核的体积，只占整个原子体积的几百万亿分之一。原子核是由质量基本上相同的质子和中子组成的，质子是带有正电荷的粒子，中子则不带电而呈中性。

在原子核的外部，绕核旋转运动着按一定层次排列的电子，电子的质量极小，只有质子质量的 $\frac{1}{1836}$，但每个电子都带有与质子电荷量相等的负电荷。任何一个稳定态的原子，它的核内质子数目与绕核旋转运动的各层电子的总数目相等，所以原子都是中性的，不带电。

不难理解，原子是一个空旷的微观世界，由质子和中子组成的原子核只占极小的体积空间，电子旋转就像几层外壳一样将核包住。如果设想把组成地球的所有物质的原子具有的电子都剥去，地球的质量只失去一点点，此时若把剩下的所有原子核按其相应的密度堆积在一起，地球的直径可由原来的 12874km 缩小到 305m，可见原子核的密度（现代科学证实，每 $1cm^3$ 为一亿多吨）是多么大，而原子的内部又存在着多么大的空间。

核内质子数相同的原子，具有基本相同的化学性质，归为同一种元素，并用其原子核内的质子数来表示该元素的原子序数。例如最简单的氢原子，核内只有一个质子（核外只有一个电子绕核旋转），因此，氢元素的原子序数为 1。同种元素，虽核内中子数不同，但都称为该种元素的同位素。例如自然界中存在的重核元素——铀，具有三种同位素：铀－238（$^{238}_{92}U$ 占 99.27%）、铀－235（$^{235}_{92}U$ 占 0.724%）、铀－234（$^{234}_{92}U$ 占 0.006%）。各元素符号的左上角数值，表示该元素的质量数（取整数）；元素符号的左下角数值表示该元素的原子序数。原子序数相同（质量数不同）的元素都是同一种元素的同位素，自然界中原子序数为 92 的天然铀，就是质量数为 238、235、234 的三种铀同位素的混合物。

三、原子核裂变的巨大核能

正常情况下，原子核的结合是很紧密的，组成核的质子和中子（统称为核子）是靠不同于万有引力和电学上的库仑力的核力紧密结合在一起的。核力是短程力，只有在距离小于 $3 \times 10^{-13}cm$ 范围内的核子间才起作用。原子核内的质子和中子之间的距离很短，因此，两相邻核子间的核力作用很强（远远超过质子与质子间的静电斥力），所以原子核形成一个坚实的整体。所谓核能利用，是说在外来因素的作用下，某些原子核发生结构改变时，其结合能——核力的释放利用。对于"核能发电"，有两类核能量释放形式的利用，一是原子序数在 80 以上的重核裂变时的裂变能用以发电；一是原子序数在 40 以下的轻核聚变时的聚变能用以发电。原子序数在 $40\sim80$ 之间的物质元素的原子，都处于最稳定状态。轻核聚变虽比重核裂变具有更大的能量释放，但要引发轻核聚变所需提供的高能量要求和聚变过程可控制技术的巨大难度，迄今在技术上尚难付诸工业应用。因而，重核裂变能量的利用，是当前技术条件下惟一比较现实的、可以替代常规能源（化石燃料及水能等）的商品性能源。目前所有核能发电都是指重核裂变能量对电能的转换。我们也只在有限篇幅内，对重核裂变能的释放作出必要的解释。

原子核内核力作用的特点使原子核内部各处的核子密度近似相等，只是在原子核表面的核子，由于外面没有别的核子与它相互作用，所以密度有所降低。如同液滴是由液体分子组成一样。由于处于核表面的核子，只有内部的核子与它相互作用。因而原子核也和水等液滴一样有表面张力。我们可以近似地认为，原子核也像液滴一样由于有表面张力而形成一个稳定的球体。这种原子核类似液滴的模型是 20 世纪 30 年代，丹麦物理学家尼·玻尔提出的。

由于中子不带电，所以与带正电荷的原子核之间不存在静电斥力，也最容易穿透原子核外的电子壳层，即外来中子最容易挤进原子核。当一个外来中子挤进原子核这种球形体时，这个原子核（称为复核）就增加了由外来中子带进来的多余结合能，它是中子与原子核结合过程中产生的过剩能量。事实上，任何两个分离的物体结合为一体时，都会释放出一部分能量。例如一块空中的石头下落到地面上时，石头的位能就会转化成动能释放出来。

外来中子与原子核结合时，带来的多余结合能越大，复核的激发程度就越大，越不稳定，复核就像受力的液滴一样发生振荡，于是就出现了两种情况。

（1）如果中子带来的多余结合能不足够大，或是复核能很快地以射线形式放出大部分多余的结合能，则复核的激发振荡会很快衰减而稳定下来。

（2）如果中子带来的多余结合能足够大，而且复核来不及将获得的多余结合能释放的话，复核就会在激发态下由球体变成椭球，进而变成哑铃状。由于距离的拉长，两半哑铃体之间的引力已相当微弱，于是复核在激发态下分裂成两个独立的新球体——原来原子核的裂变产物，叫作裂变碎片。从中子挤入原子核到发生裂变的整个过程，约需万亿分之一秒。新裂变产生的两个原子核，在进一步衰变、释放出多余的核子和能量后，逐渐成为稳定的原子核。

不同物质元素的原子核，是否易于裂变，与它的原子结构和引发其裂变所需加入的最低限度的能量——临界裂变能的大小有关。前面提到的自然界存在的 $^{238}_{92}U$、$^{235}_{92}U$、$^{234}_{92}U$ 中，只有 $^{235}_{92}U$ 是易裂变元素，也是迄今核能发电所用的主要核燃料。这是因为：

（1）$^{235}_{92}U$ 原子核内的质子数为偶数，中子数为奇数，俘获外来中子后，质子和中子一样是成双配对的，挤进来的中子与原来的核子间结合得最紧密，得到的中子结合能要多一些。

（2）$^{235}_{92}U$ 原子核引发裂变时，所需要的临界裂变能小。

（3）$^{235}_{92}U$ 原子是目前已知的，存在于自然界的易裂变重核元素中最易于成矿和浓缩提取的。

1905 年，爱因斯坦在相对论中首次揭示了宇宙间的质量与能量能够相互转化，并推论出了著名的质能互换公式：

$$E = mc^2$$

　　科学已经证明了，中子和质子组成的稳定原子核的质量总是小于分离的中子和质子的质量总和，即融合发生了质量亏损。亏损掉的质量，以结合能的形式释放了出来，较轻的原子核结合成稍重的原子核时，发生质能相互转化。

　　同样，重核元素的原子核裂变成中等质量的原子核时，也要进一步发生质量亏损，并转化为能量释放出来。我们以 $^{235}_{92}U$ 受中子轰击后，裂变成 $^{137}_{56}Ba$（钡）和 $^{97}_{36}Kr$（氪）为例，分析裂变反应中质能互换——能量释放的情况：

$$^{235}_{92}U + ^{1}_{0}n \rightarrow ^{137}_{56}Ba + ^{97}_{36}Kr + 2 \times ^{1}_{0}n$$

　　在上面的核裂变反应式中，$^{235}_{92}U$ 俘获一个外来中子 $^{1}_{0}n$，发生了裂变反应，生成了两种新的元素的原子 $^{137}_{56}Ba$ 和 $^{97}_{36}Kr$，同时对外释放出两个新的中子 $2 \times ^{1}_{0}n$。反应前后的质子和中子总数是相等的。

　　在原子物理学上，把 C-12 原子质量的 $\frac{1}{12}$，定义为一个原子质量（1原子质量＝1.66×10^{-24} g 质量）。$^{235}_{92}U$、$^{1}_{0}n$、$^{137}_{56}Ba$ 和 $^{97}_{36}Kr$ 的原子质量单位量，分别是 235.0439、1.00867、136.9061 和 96.9212，于是上述 $^{235}_{92}U$ 裂变前后的质量亏损为

$$\Delta m = (235.0439 + 1.00867) - (136.9601 + 96.9212 + 2 \times 1.00867)$$
$$= 0.2080（原子质量单位）$$

　　代入爱因斯坦质能互换公式：

$$E = \Delta mc^2$$
$$= \frac{1.66 \times 10^{-24}}{1.602 \times 10^{-6}} \times 0.2080 \times (2.998 \times 10^{10})^2$$
$$= 193.7（MeV）$$

式中　　　　E——质量亏损转换成的能量，MeV 称作兆电子伏，是核科学中常用的能量单位，$1MeV = 1.602 \times 10^{-6}$ g · cm^2/s^2；

　　　　　　c——光速，$c = 2.998 \times 10^{10}$ cm/s；

　　1.66×10^{-24}——1 原子质量单位的质量数，g/原子质量单位。

　　计算表明，$^{235}_{92}U$ 每次裂变时，有 235＋1＝236 个核子参加了反应，可以释放出约 200MeV 的能量（包括裂变产物后期衰变过程中释放出的能量）。这些能量主要是通过裂变碎片的动能形式转化为热能，它约占释放出的总能量的 84%，其余约 16% 的能量，则为裂变中中子的能量和裂变产物衰变释放出的能量。

　　上述核裂变能的释放，是因为重原子核俘获中子后，核内部发生反应——核内中子、质子等基本粒子重新分配的结果，而在火力发电厂中，燃料（煤）的燃烧，属于化学反应过程，是物质的原子重新组合及其电子重新分配的结果。一个碳原子与两个氧原子化合成一个二氧化碳分子，该化合过程所释放出的化学能仅为 4.1eV，是一个 $^{235}_{92}U$ 原子裂变所释放的核裂变能量 4878 万分之一。人们经过推算，1g $^{235}_{92}U$ 的全部原子裂变后释放出的热能，相当于 2800kg 标准煤完全燃烧所释放出的热能。可见用于核裂变反应堆的核燃料 $^{235}_{92}U$ 原子核裂变所释放出的能量是巨大的。

四、重核裂变能应用中的一些重要技术性问题

　　最易于裂变的重核元素之一——$^{235}_{92}U$，裂变时释放能量很大，但如何促发 $^{235}_{92}U$ 的裂变，而且能使它的裂变反应一经发生，就能有规律地继续进行下去，以便从连续不断的裂变反应

中获取稳定的能量流，这是一些十分关键的技术问题。

1. 寻找一种合适的高速粒子

寻找到一种合适的高速粒子，去轰击重原子核，以克服其核子间的核束缚力，促发重核发生裂变的假想，困扰了科学家们许多年。当时最为熟知的电子质量太轻，能量太小，不足以用作"击破"重原子核的"子弹"。直到 1932 年，英国物理学家查德威克在人工核反应中发现了中子，成为击破重原子核最为理想的粒子。中子不带电，能很容易地进入原子核中去，也能与原子核结合，这就是前面提到的"中子俘获"。

2. 确定最具裂变性能的靶核

并不是所有的核元素的原子俘获中子后，都能发生裂变反应，这要看被击中的原子核能被击中而发生裂变的临界裂变能是多少。例如前面提到的 $^{235}_{92}U$ 俘获中子后生成 $^{236}_{92}U$ 复核，$^{236}_{92}U$ 的临界裂变能为 5.3MeV，而中子被俘获时的结合能是 6.4MeV，多余的结合能使复核在激发状态下的亿万分之一秒内，完成裂变反应过程，形成两块碎片，放出能量，同时释放出平均 2.43 个新的中子。另如 $^{238}_{92}U$ 或 $^{234}_{92}U$ 也是可以裂变的，$^{238}_{92}U$ 俘获中子后生成钚－239，它的临界裂变能为 5.5MeV，而中子被 $^{238}_{92}U$ 俘获时的结合能为 4.9MeV，小于钚－239 的临界裂变能，因而，$^{238}_{92}U$ 俘获中子后，几乎百分之百地不发生裂变，只是把低能的外来中子"吃掉"——吸收了。要想使 $^{238}_{92}U$ 俘获中子后的钚－239 发生裂变，就必须向其提供更高动能的快中子做补充。另有钍－232 俘获中子与 $^{238}_{92}U$ 相类似。钍－232 俘获中子后生成 $^{233}_{92}U$，它与钚－239 都是优良的核燃料（应该指明，大多数其他可裂变的元素的原子核吸收中子后，并不产生有用的、易裂变的产物，只是无益地造成中子的浪费），即 $^{235}_{92}U$、$^{233}_{92}U$ 和 $^{239}_{92}U$ 都能用作核燃料，但在这三种核燃料中，只有 $^{235}_{92}U$ 是临界裂变能较小，且天然存在的，能作为反应堆靶核的核燃料元素。

3. 链式裂变反应和中子的慢化

易裂变的靶核，例如一个 $^{235}_{92}U$ 原子核，一旦被中子击中后发生裂变，在释放能量的同时，又放出平均 2.43 个新的中子。如果这 2～3 新中子不被周围介质材料吸收，则下一代就有 2～3 个铀核被击中而发生裂变，并且每一个第二代裂变的铀核又放出 2～3 个新生中子，且一代一代地传下去。这种一旦在铀核裂变开始，便能像链条一样自动地、一环扣一环地持续进行下去的核裂变反应，称为自持链式裂变反应。实现这种有控制的链式裂变反应，就能得到可观能量的连续释放。例如 $^{235}_{92}U$ 核的链式裂变反应发生到第 60 代时，就可能有 280g 的 $^{235}_{92}U$ 元素发生了核裂变，它所放出的能量，相当于七百多吨标准煤所能发出的热能。

问题是中子在空旷的原子微观世界里，要想击中靶核是十分不易的。为此，人们普遍把自然界中只占铀同位素 0.724% 的 $^{235}_{92}U$，选矿浓缩到约 3%，作为反应堆的核燃料（当用气体扩散法将铀矿中的 $^{235}_{92}U$ 浓缩到 90% 以上时，就是原子弹的装料）。在铀块里，能量大的快中子击中铀核的几率不大，因而堆内中子数增加的可能性小，因为快中子可能与 $^{238}_{92}U$ 发生非弹性碰撞而慢化，能量低的慢中子易被 $^{238}_{92}U$ 吸收而使中子总数减少。更多的快中子则会与铀核擦身而过，跑出铀块而泄漏掉或是被铀块内的杂质吸收而损失掉。对核裂变反应的深入研究发现，能量低的慢中子速度低，动量小，但飞越靶核旁的经历时间长，与 $^{235}_{92}U$ 原子核发生裂变反应的几率就高，中子的增加量就大大上升。当中子的能量降低到 0.025eV 时，它的速度只有 2.2km/s。也就是说，中子的能量由 2MeV 降低到 0.025eV，其速度由 2 万km/s 下降到 2.2km/s，其与 $^{235}_{92}U$ 原子核发生裂变反应的几率增加 440 多倍，能量低的慢中子更容易大量地击碎 $^{235}_{92}U$ 的原子核。

　　事实上，$^{235}_{92}U$ 原子核裂变后所放出的中子，99.3％以上是瞬发中子，能量在 $1\sim2MeV$；少量的缓发中子，能量也多在 $0.5MeV$ 左右，它们的能量都远大于在 $20℃$ 常温下与周围介质处于热动平衡状态下的热中子的能量（$E=0.025eV$，平均速度为 $2.2km/s$）。因此，必须设法使这些能量大的快中子，通过与某些能与之产生弹性散射的材料作用，消耗中子的动能量，降低中子的速度到热中子状态。这种能使快中子能量降低、速度减慢的材料，叫作慢化剂。迄今为止，所建造的用于发电的核反应堆，大多采用这种热运动状态下的慢中子维持 $^{235}_{92}U$ 自持链式反应，这样的核反应堆称作热中子堆。

　　核反应堆中所用的慢化剂，一般都是一些原子核质量轻的元素，这是因为作为慢化剂的靶核原子量越小，中子每次与它散射时损失的能量就越大。例如一个乒乓球（假想为中子）去碰撞一个大铁球（假想为慢化剂的原子），碰撞后铁球基本不动，乒乓球弹开了，其能量并无多大损失，只是运动方向改变了；如果用一个乒乓球去碰另一个不动的乒乓球（慢化剂的原子质量轻），由于两者的质量差不多，被碰的乒乓球得到一部分能量跑开了，入射的乒乓球能量大大降低，速度也大大减慢。另外，还要求慢化剂的密度大（即单位体积中原子核的数目大），这样，才能够使中子与慢化剂原子碰撞有大的几率。慢化剂能使中子在每次碰撞中能量损失量的高低和慢化剂与中子发生碰撞的几率大小，统称为慢化剂的慢化能力。

　　慢化能力只是慢化剂品质优劣的第一种量度。慢化剂吸收中子产生寄生俘获、使中子数目减少的性质，是慢化剂品质优劣的另一种量度。例如硼的慢化能力大，但硼对中子的吸收能力也大，所以没有人用硼做慢化剂。

　　反应堆内常用的几种慢化剂是水（又称为轻水）、重水和石墨。氢是所有元素中最轻的，它有三种同位素：氕（^1_1H）、氘（^2_1H 或 D）、氚（^3_1H 或 T）。氕的原子核只有一个质子，氘的原子核有一个质子和一个中子，比氕核重 1 倍。氚的原子核有一个质子和两个中子，比氘更重。它们与氧原子结合，生成三种不同的水，氕水（H_2O）、氘水（D_2O）和氚水（T_2O）。氕水就是普通水，氘水称作重水，氚水太重，不能做慢化剂。

　　重水的慢化能力只有氕水的 $\dfrac{1}{7}$，但重水对中子的吸收很少，故重水是一种良好的慢化剂。重水在普通水中的含量很小，一般处理 3400t 普通水，才能生产 1t 重水，这个代价是很昂贵的。普通的氕水，每个水分子含有两个氢原子，而且水中的氢原子核的密度远大于氢气，因而，在上述常用慢化剂中，水的慢化能力最大。同时，水便宜又容易得到，所以它是目前反应堆中用得最多，最广泛的一种慢化剂。轻水的主要缺点是对中子的寄生俘获较高，沸点又低。石墨是碳的一种，它的慢化能力不及重水的一半，对中子的吸收也远比重水大得多，但石墨比重水便宜得多，容易得到，而且没有普通轻水沸点低、易于汽化的缺点，且耐高温，这正是有些反应堆选用石墨做慢化剂的主要原因。

五、核反应堆的类型

　　核反应堆是用来实现核裂变反应装置的总称。按照用途不同，慢化剂种类不同，冷却剂的类型不同和堆内中子能谱不同等，分成了许多不同的反应堆类型。诸如作为中子源、用来生产原子弹装料 $^{239}_{94}Pu$ 的生产堆；用于物理、化学及生物学等多方面科研用途的实验堆；用于生产再生燃料 $^{239}_{94}Pu$ 或 $^{233}_{92}U$ 的热中子增殖堆；用于推进航空母舰、潜艇和原子破冰船的核动力推进堆，等等。所有反应堆中，数量最大的是用于生产电力的发电核反应堆。当前，发电核反应堆中的绝大多数，是能量在 $0.025\sim0.1\text{eV}$ 量级的热中子维持链式裂变反应的热中子堆（或称慢中子堆）。慢中子堆按冷却剂和慢化剂不同，又分为轻水堆（压水堆或沸水堆）、重水堆和石墨气冷堆等。目前世界各国发电用的核反应堆，80％以上是技术最为成熟、安全可靠性高、有较强的商用经济竞争力的压水堆，为此在这里以压水堆为例，介绍核电厂的系统、设备概况和基本工作原理。

第二节　压水堆核电厂及其一般工作原理

一、核反应堆的控制原理

高浓缩 ${}^{235}_{92}\text{U}$ 的自持链式裂变反应，如果没有控制，其反应速度快，反应时间短到在百万分之几秒内，所有的核燃料裂变反应全部完成，这就是威力巨大的原子弹爆炸。和平利用核裂变能发电的核反应堆，尽管其燃料浓度低，但它的自持裂变反应速度也是极快的。从产生第一代中子开始，只要经过一秒钟，就可产生上万代中子。如果不加以控制，瞬时裂变释放出的巨大能量足以把反应堆摧毁（但不会发生像原子弹爆炸那样的情况）。因此，在反应堆内除要保证自持的链式反应条件外，控制反应速度是反应堆安全运行的关键问题。

1. 压水堆的反应性和临界状态

要在反应堆内维持稳定的自持链式裂变反应，必须控制堆内中子增减的数量。在核物理学中，一般用每一代新生中子数与当代参与反应的中子数的比值来描述中子增减的量度，称作中子增殖系数，记作：

$$K = \frac{\text{一代裂变新生中子数}}{\text{一代裂变参与反应的中子数}}$$

在反应堆的控制技术上，常用反应堆运行的反应性为参量，记作：

$$\rho = \frac{K-1}{K}$$

为了便于对问题的理解，由图 13-1 给出了一个由 ${}^{235}_{92}\text{U}$ 和 ${}^{238}_{92}\text{U}$ 混合燃料及慢化剂组成的系统中，最初有 100 个快中子参与反应的一代中子循环特例。事实上，反应堆内的过程各种变化相互交错，远比该特例复杂得多。

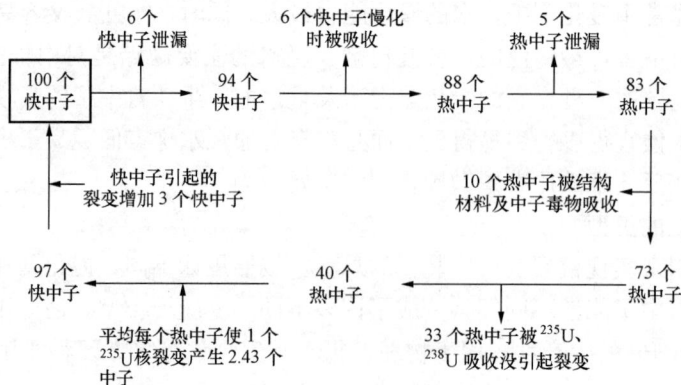

图 13-1　热中子反应堆内一代中子的循环示意图

分析图 13-1 知，该一代理想的热中子循环的增殖系数 $K=1$，反应性 $\rho=\dfrac{1-1}{1}=0$，即新生一代中子与原来一代中子数目相等，都是 100 个。链式反应刚好自行维持下去，裂变反应的规模既不扩大也不减小，而是保持原状。称这种情况为反应堆的临界状态。反应堆临界状态保证反应堆在稳定功率下工作。

如果新生一代中子数目比上一代多，即 $K>1$，相应 $\rho>0$，则称系统处于超临界状态，裂变反应的规模会越来越大；如果新生一代中子的数目比上一代少，即 $K<1$，相应 $\rho<0$，则称系统处于次临界状态，中子的繁殖越来越少，裂变反应的规模逐渐下降，最后基本停止。因此，提升或降低反应堆的功率，是通过增加或减小堆内的反应性 ρ 来实现的。

采用 $^{235}_{92}U$ 做燃料的反应堆，其燃料芯块都是天然铀浓缩得到的，因为在天然铀矿中，$^{235}_{92}U$ 的质量仅占铀总质量的 0.724%，所以单纯的天然铀，在现有的压水堆内无论如何也不会产生链式反应。为加大中子引发 $^{235}_{92}U$ 原子核裂变的几率，通常把天然铀浓缩到 $^{235}_{92}U$ 占 3% 左右，并且制成直径 9～10mm 的圆柱块体。若干燃料芯块集成为长 3～4m 的燃料棒。在反应堆内集成束的燃料棒与控制棒、慢化剂及反射层材料，合理地组成反应堆的堆芯。

堆芯中的控制棒，是用具有对中子强吸收能力的碳化硼、硼不锈钢等材料制成的棒体。它又分为调节棒——以其插入堆芯中的深度或棒的根数多少来调节堆内反应性的高低，从而调节反应堆功率的变化。补偿棒——以其插入堆芯的深度补偿裂变反应的延续和核燃料浓度降低后的反应性不足，待到核燃料消耗得差不多时，补偿反应性的控制棒也几乎全部提出到堆外了。安全控制棒——又称安全停堆棒，它是在核发电机组事故工况下快速插入堆芯，进行紧急停堆用途的元件。

反应堆内的冷却剂（在压水堆内是有压的普通水）连续不断地流过堆芯，它的作用是把反应堆所释放的（热）能量及时带出，再与二次工质进行热交换，供给汽轮发电机组，同时保证反应堆内的温度水平在规定的范围内。为了简化系统控制，近代核发电反应堆往往在冷却剂中适当加入硼酸，以吸收过剩的反应性，运行中，只要适当改变冷却剂中硼的浓度，亦可调整堆内反应性的高低。

2. 裂变中子的倍增时间

反应性 ρ 是控制反应堆运行的关键参数之一。与 ρ 同样重要的另一控制参数是堆内中子的倍增时间——堆内中子数增加 1 倍所需要的时间。

以 $^{235}_{92}U$ 为例，其裂变时占 99.3% 的瞬发快中子是在 10^{-17} s 内释放出来的，任何控制系统的实施控制，都不能在如此短暂的一瞬间完成，这使得堆内反应速度的控制几乎是不可能的。另有 0.7% 的缓发中子是从裂变后所产生的、仍处于激发状态的裂变碎片在几分之一秒到几分钟内的一系列衰变过程中释放出来的。缓发中子的存在，使反应堆内裂变反应的控制才成为可能。

反应堆内的增殖系数是 K，则 $K-1$ 叫作堆内中子的剩余增殖系数。如果在设计反应堆时，使堆内中子剩余增殖系数 $(K-1)>90.7\%$，则瞬发快中子就能很快地使链式裂变反应发展下去，瞬发快中子从产生→慢化→俘获，所经历的时间极短，其倍增时间常在几万分之一秒内，即一秒钟内反应堆中中子的数量及反应堆的功率会上升几万倍，如此快的变化速度，机械运动的控制棒，无论如何是对付不了的，反应堆必会处于一种失控的危险状态——瞬发超临界态，这是绝对不能允许的。

如果在设计反应堆时，使堆内中子的剩余增殖系数 $0 < (K-1) < 0.7\%$，则堆内的核反应要靠瞬发中子加上缓发中子共同作用，才能发展下去，由于缓发中子的寿命在几分之一秒到几分钟不等，故可使堆内中子的倍增时间长达几秒钟以上，从而能通过控制棒的机械移动来控制反应堆内裂变反应和堆功率。

二、压水堆本体基本结构和工作特点

1. 压水堆的来历

在现代原子科学的发展中，最早的反应堆是用石墨砖"堆砌"而成的，故取名为"堆"。实际上它是原子反应器的俗称。用于发电的反应堆，按其慢化剂和冷却剂分为：重水堆、轻水堆和气冷堆三种。

气冷堆是指用石墨作慢化剂，用二氧化碳气体或氦（He）气进行冷却的反应堆，由于它造价高和技术上的复杂性，已逐步退出了核发电反应堆的行列。

重水堆是指用重水氘作为慢化剂和冷却剂的发电核反应堆。重水氘与轻水氘相比，虽具有吸收中子量少$\left(\text{只有} \frac{1}{200}\right)$、可以用天然铀做燃料（不需要建造浓缩铀工厂）和再生原子燃料钚量高等优点，但重水堆所用的重水不仅造价昂贵，而且装载量大（功率为 1000MW 的重水堆，一次重水装载量约为 800t）。因而，在核发电反应堆中，重水堆所占比重很小（约为核电总装机容量的 5% 左右）。

轻水堆因为用轻水（普通水）作冷却剂和慢化剂而得名。经去除杂质和离子净化后的普通水的比热容大，热导率高，在堆内不易活化，对堆内结构材料不易产生腐蚀，无毒和价格便宜。轻水在工业上已有几百年的利用经验，与其有关的泵、阀门、汽轮机等，都有成熟的应用基础。为此，在已建和在建的核电厂中，85% 以上都是轻水堆。由于轻水具有前面提到的两个缺点，即轻水吸收中子比重水和石墨大，致使轻水堆的用料 $^{235}_{92}\text{U}$ 必须浓缩到 3% 左右；轻水的沸点低，为提高堆内冷却水的出口温度以提高效率，就必须提高堆内冷却剂（轻水）的压力，以不使其在堆内发生沸腾，这就出现了压水堆。

同样用轻水作冷却剂和慢化剂的核反应堆，还有从压水堆衍生出来的沸水堆。它将冷却水降低压力，直接在反应堆内产生蒸汽，去推动蒸汽轮机，省去了压水堆内易出事故的蒸汽发生器（后面讲），简化了一回路设备和系统布置。但由于沸水堆的缺点日益暴露，如水沸腾后，密度降低、慢化能力减弱；堆芯及压力容器的体积增大；气泡密度在堆芯内的变化引发堆功率不稳定；带有放射性的工质加大了包括汽轮机在内的屏蔽防护范围；加大了汽轮机等设备因放射性问题，伴生的检修困难和检修时间加长，等等。这些问题使沸水堆日益衰退，目前其装机容量不足轻水堆总装机容量的 20%。

2. 压水堆本体的基本结构

核动力发电厂广泛采用的压水核反应堆本体结构，如图 13-2 所示，它的核心构件是堆芯和防止放射性物质外逸的高压容器——压力容器。

堆芯置于压力容器内的中下部位，由吊篮部件 15 悬挂在压力壳法兰段的内凸缘上，浸泡在含硼酸的高压高温水（冷却剂和慢化剂）中。堆芯的外围是堆芯围板 19，用以强制冷却剂循环流过堆芯燃料组件，有效地将裂变产生的热量带出堆芯，并经管路输出堆壳外。围板的外侧是不锈钢筒 11，该不锈钢筒对堆芯穿出来的中子流和 γ 射线起热屏蔽作用。反应堆的控制棒驱动机构 1 是重要的动作部件，通过它的动作，带动驱动轴 4 和与之相连的控制棒组件，实现控制棒在堆芯内上下抽插，实施反应堆的启动、功率调节、停堆和事故情况下的安全控制。反应堆正常运行情况下，控制棒 6 在导向筒 5 内的移动速度缓慢，每秒钟的行程约为 10mm。在快速停堆或事故情况下，驱动机构 1 得到事故停堆信号后，即能自动脱开，控制棒组件靠自重快速插入堆芯，从得到信号到控制棒完全插入堆芯的紧急停堆时间，一般不超过 2s。

3. 堆芯

堆芯是反应堆的心脏，是发生链式核裂变反应的场所，在这里核能转化为热能，由冷却剂循环带出堆外。堆芯同时又是一个强放射源。

堆芯中的燃料组件，由燃料棒按纵横 14×14 或 15×15 或 17×17 排列成正方形截面，每个组件设有 16（或 20）根控制棒导向管，组件的中心为中子通量测量管 13。一个功率为 300MW 以上的反应堆堆芯，一般由约 121 个这样的燃料组件，排列成等效直径约为 2.5m、高约 3m 的堆芯体。每个组件内的燃料棒元件，都用弹簧定位格架夹紧定位，定位格架、控制棒的导向筒和上下管座等部件连接，形成具有一定刚度和强度的堆芯骨架。每个燃料组件内的 16（或 20）只导向筒内，将由同数量的，用银-铟-镉合金制成的细棒状控制棒吸收体，外加不锈钢包壳后插入，控制棒上部由径向呈星形的肋片连接柄连成一束，由一台控制棒驱动机构通过连接柄带动控制棒在燃料组件内的导向筒中上下运动。

为缩短反应堆的启动时间，和确保启动安全，在堆芯的邻近设置人工中子源点火组件，由它不断地放出中子，引发堆内核燃料的裂变反应。反应堆常用的初级中子源，是钋-铍源，钋放出 α 粒子打击铍核，铍核发生反应放出中子。

4. 压力容器

如图 13-2 所示，压力容器是放置堆芯和堆内构件、防止放射性物质外逸的高压容器，对于压水反应堆，要使一回路的冷却剂在 350℃ 左右保持不发生沸腾，冷却水的压力要保持在 13.7MPa（140at）以上。反应堆的压力容器要在这样的温度和压力下长期工作，所用材料要有较高的机械性能和抗辐射性能及

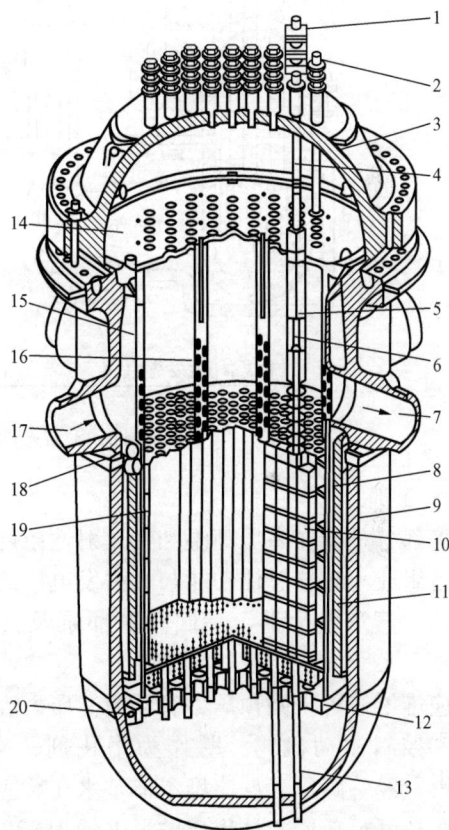

图 13-2　压水反应堆本体结构

1—控制棒驱动机构；2—上部温度测量引出管；3—压力容器顶盖；
4—驱动轴；5—导向筒；6—控制棒；7—冷却剂出口管；
8—堆芯幅板；9—压力容器筒体；10—燃料组件；
11—不锈钢筒；12—吊篮底板；13—通量测量板；
14—压紧组件；15—吊篮部件；16—支撑筒；
17—冷却剂进口管；18—堆芯上栅格板；
19—堆芯围板；20—吊篮定位块

热稳定性。目前国内外大多用高强度的低合金钢锻制焊接而成，并在其内壁上堆焊一层几毫米厚的不锈钢衬里，以防止高温含硼水对压力容器材料的腐蚀。

反应堆的压力容器是一个不可更换的关键性部件，一座 900MW 的压水堆压力容器，其直径为 3.99m，壁厚 0.2m，高 12m 以上，重达 330t。压力壳的外形为圆柱体、上下采用球形封头，顶盖与简体之间采用密封良好的螺栓连接。通常压力容器的设计寿命不少于 40 年。

三、压水堆核电厂的系统布置

各种类型的核电厂，它们的系统布置和设备各有差异，但就总体来说，并没有根本上的差别，我们以图 13-3 所示的压水堆核电厂工作流程为例，作出简要的说明。

由图 13-3 所示，压水堆核电厂从防辐射角度，将系统分成了两大部分。

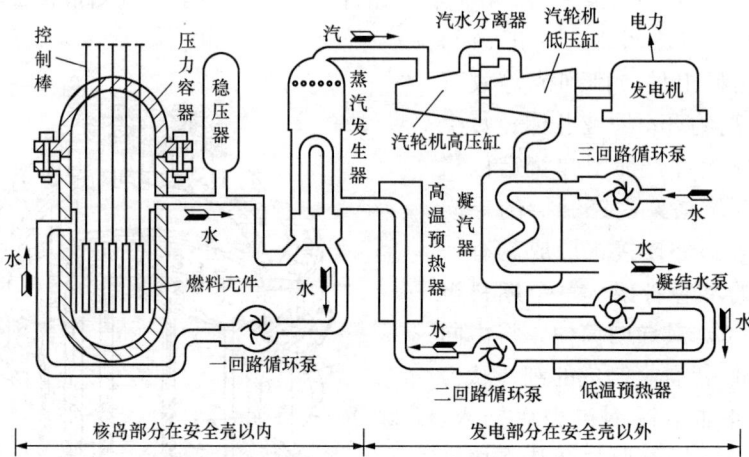

图 13-3　压水堆核电厂的流程

1. 核岛部分

核岛部分是指在高压高温和带放射性条件下工作的部分。该部分由压水堆本体和一回路系统设备组成，它的总体功能与火力发电厂的锅炉设备相同。把由冷却剂循环流通相连的反应堆本体、蒸汽发生器、一回路循环泵及其附属设备、连接管路，称作核电厂的一回路系统。

反应堆堆芯置于圆顶压力容器内。压力容器的顶部布置有调节、控制棒元件的插入、提升组件和控制驱动机构。既作为慢化剂、又是冷却剂的轻水，经一回路循环泵加压达15.2MPa，经管路送入反应堆本体，水在反应堆入口的温度约为 300℃，在堆芯内吸收裂变热能后，离开反应堆本体出口的温度约为 332℃。一座功率为 1000MW 的压水堆，流过堆芯的循环水量约为每小时 6 万 t。

被加热后的压力水（冷却剂）经管路引入压力容器外的蒸汽发生器。蒸汽发生器是一个大的热交换器，在这里用压力热水将二回路来的净水加热成蒸汽。放出热量的压力水，经一回路循环泵加压又回到反应堆本体。按照核电站容量大小不同，一回路通常布置有 2~4 个这样的封闭回路。

在反应堆本体压力水出口到蒸汽发生器入口之间，设置了稳压器。这是因为冷却剂在反应堆内温度升高时，体积会有较大的膨胀，造成密闭的一回路系统内压力波动，影响反应堆运行工况的稳定。稳压器是一个高大的空心圆柱形容器，它的下部充满压力水，罐内用电加热器在其上部产生蒸汽，利用蒸汽可压缩的弹性特点，保持堆内冷却剂的压力稳定。稳压器的上部蒸汽空间，还布置有低温冷却剂喷淋装置，这是为防止一回路反应堆内冷却剂压力过低，出现容积沸腾现象而设置的。喷入低温冷却水消除沸腾现象，可避免堆芯局部燃料元件过热而烧毁的事故。反应堆的整个一回路系统通常共用一台稳压器。

核电厂将一回路系统的所有设备（包括反应堆本体、一回路循环泵、稳压器、蒸汽发生器及全部一回路的连接管道）装置在安全壳内，称作核岛。900MW 核电厂的安全壳，是一个直径 37m、高 45m 的巨大圆柱体，它的顶部为半球形。安全壳的主体由厚度为 85cm 的混凝土浇筑而成，壳壁的内层敷设 6cm 厚、对放射性吸收能力强、导热性能又好的钢板。巨大的安全壳的屏蔽防护作用，能保证反应堆在满功率运行时，工作人员可以有限制地接近反应堆厂房。

2. 常规岛部分

常规岛部分是指核电厂在无放射性条件下的工作部分。核电厂正常运行中，无放射性危害的汽轮机、发电机及其附属设备，合理布置在安全壳以外的厂房里，称为常规部分。如图 13-3 所示，它主要由二回路系统的汽轮发电机组、高低温预热器、二回路循环泵和三回路系统的凝汽器、三回路循环泵、三回路冷却水循环系统等组成。

四、常规蒸汽发电系统设备布置特点

如压水堆核电厂流程图 13-3 所示，常规蒸汽发电过程中，工质流程为：蒸汽发生器生产的高温蒸汽→汽轮机高压缸→汽水分离器→汽轮机低压缸。在汽轮机高压缸和低压缸中，蒸汽的热能部分地转换成旋转机械功，进而带动发电机产生电能输出。低压缸汽轮机排汽→凝汽器。在凝汽器中低压蒸汽与三回路循环冷却水进行热交换，凝结成为低压凝结水→凝结水泵初步升压→低温预热器→二回路循环泵升压到二回路蒸汽所需工作压力→高温预热器→回到蒸汽发生器，完成工质在二回路中做功循环过程。

压水堆核电厂的常规蒸汽发电系统，它的系统布置和设备与火力发电厂相比较，没有本质上的区别，本节只把主要不同点简述如下。

（1）压水堆核电厂中，进入汽轮机的新蒸汽参数比火力发电厂的汽轮机进汽参数低。从图 13-3 看到，核电厂中的蒸汽发生器是分隔并连接一回路系统和二回路系统的枢纽设备。在蒸汽发生器这个大的表面式换热器里，一回路内带有放射性的冷却剂（压力 15.2MPa，温度 332℃）把二回路不带放射性的水（压力 5.9～6.9MPa）加热成微过热的温度约 30℃的高温蒸汽，送入汽轮机做功。二回路蒸汽的压力、温度低，源于一回路冷却剂的温度较低，这是由于反应堆内核燃料的包壳多采用锆合金（对中子的吸收率低），而锆合金目前的最高使用温度不高于 340℃。当温度高到 360℃时，锆合金包壳会加速腐蚀。燃料包壳遭腐蚀而破坏后，一是核裂变产生的放射性裂变产物会跑到冷却剂中去，沾污整个冷却剂循环回路和周围环境；二是破坏了核燃料元件的整体性，并使核燃料受冷却剂的腐蚀，这些都是不能允许的。如果提高冷却剂的温度（排除锆合金包壳高温腐蚀问题），为了不使冷却剂在反应堆内产生沸腾，就必须提高堆内压力，因此反应堆的压力容器和燃料元件的包壳都必须加厚，而使热中子的俘获增加，且设备造价大大提高。过高的冷却剂温度（假设在 1000℃以上）下，锆与水会发生强烈的化学放热反应，从而降低了反应堆失水事故时的安全裕度。因此，压水反应堆采用较低的压力和温度是目前技术条件下，权衡利弊后的最佳决策。

（2）在相同的功率下，核电站的汽轮发电机组比火力发电厂的汽轮发电机组的体积和质

量都大，效率也低，而且必须设置中间汽水分离器。由于核电厂汽轮机的进汽一般是饱和蒸汽（$x\approx99.8\%$），汽轮机体积大，质量大，故多采用半速（$n\approx1500\text{r/min}$）汽轮机。核电厂一台 1300MW 汽轮发电机组的总长度，通常可达 56m，机组的热能利用率约为 33%（火电机组为 40%以上）。核电厂的汽轮机高压缸排汽中已有部分凝结水滴，因而在汽轮机的高压缸和低压缸之间必须装置汽水分离器，对引入低压缸的蒸汽进行汽水分离，并从主蒸汽管道引入部分新蒸汽对其进行"干燥"，蒸汽方能在低压缸内继续膨胀做功，汽轮机组才能安全、经济运行。

（3）二回路系统的低温预热器和高温预热器是为加热返回蒸汽发生器的给水设置的。前者的加热汽源来自汽轮机低压缸的抽汽，后者的加热汽源来自汽轮机高压缸的抽汽。它们的工作原理和基本结构，与火力发电厂回热加热系统的低压和高压加热器基本相同。

（4）核电厂汽轮机组的循环冷却水的需求量大。核电厂的汽轮机凝汽器的循环冷却水系统，习惯上称作三回路系统。与大型同容量的火力发电机组相比，由于核电机组的热能利用率低，故三回路循环冷却水需求量大。一座 1000MW 压水堆核电汽轮机的排汽冷凝所需的冷却水循环量高达 40 万 t/h 以上。这使核电厂三回路的初投资（容量大的凝汽器设备及大型冷水塔设备的建造费用）和运行费用（循环冷却水的净化处理、废水的排放量和功率大的循环水泵厂用电等）都大于同容量的火力发电机组。

第三节 核电厂辐射防护和三废处理

一、核电厂的辐射防护

1. 反应堆产生的放射物及其危害

本篇第一节提到，同一种元素可能具有多种同位素，各种同位素的原子核的性能也各不相同，有些同位素的核是稳定的，有些则是不稳定的，后者又称为放射性同位素。自然界存在的放射性同位素称为天然放射性同位素，如铀、镭、氡等；更多的是人工方法（反应堆、加速器等）制造的同位素，称为人工放射性同位素。核电站辐射防护中所遇到的，是大量的人工放射性同位素。

放射性同位素会自发地放射出某种"粒子"（或称射线）。放射性同位素经历一个时间阶段后，衰变成稳定的另一种核素。根据衰变过程中放出的射线（或称辐射）的不同，不稳定的放射性同位素放射衰变，有 α、γ、β 衰变三大类。

（1）α 射线：放射性同位素衰变时，放出 α 粒子，核本身转变为另一种新的原子核。α 粒子是由两个中子和两个质子组成的氦（He）原子核，带正电荷。如 $^{238}_{92}\text{U}$ 经 α 衰变后，变成 $^{234}_{90}\text{Th}$（钍-234）。α 射线的电离能力很大，防护中切忌它通过呼吸、饮食等渠道进入人体而形成内辐照，在电离和激发作用下，引起人体生物效应，造成对体内细胞和组织器官的伤害。但 α 射线在空气中的贯穿能力很弱，一般在 $3\sim8\text{cm}$ 的行程内即被吸收了。因此，对 α 射线的外照射防护是比较容易的。

（2）β 射线：当同位素原子核内的中子与质子数之间的比例超过了相应的稳定极限时，就会衰变释放出 β 粒子。核内中子过多时释放出电子流，称为 β^- 衰变；核内质子数过多时释放出正电子流，称为 β^+ 衰变。例如：$^{238}_{92}\text{U}$ 吸收中子后变成 $^{239}_{92}\text{U}$ 复核，经 β^- 衰变放出负电子流，变成 $^{239}_{93}\text{Np}$（镎-239），进一步经 β^- 衰变，放出电子流，变成稳定的同位素 $^{239}_{94}\text{Pu}$

（钚—239）。

β 射线的防护与 α 射线的一样，但 β 射线的穿透本领比 α 射线强，在空气中，一般要经过几米至十几米距离才被吸收。通常一层薄的有机玻璃就能有效地阻止 β 射线的外照射。

（3）γ 射线：同位素受外来中子的作用，往往会处于不稳定的高能量状态。当它并未发生裂变，而由不稳定高能量状态转变为较低能量状态时，会放出 γ 粒子。γ 射线是一种波长极短的电磁波（俗称为"光子"），不带电且没有静止质量。γ 射线具有很强的穿透本领，过量的 γ 辐照，对人体和设备都会带来很大的损害。在反应堆内，核燃料的原子核俘获中子时，中子与原子核的结合能就是以 γ 辐射的形式释放出来的。

核裂变时释放出 γ 射线，同时产生大量的高能瞬发中子，这些中子的一部分会被堆芯材料吸收或泄漏到堆外。反应堆停堆后，上述中子泄漏和 γ 射线便会基本消失。但核裂变后产生 200 多种人工放射性元素（裂变碎片），它们都具有放射性，其 γ 射线的放射剂量，随它们各自的半衰期（放射性同位素的原子核数衰减为初始值一半时所需要的时间）不同，其量值和强度也不相同。另外，中子被堆内的结构材料和冷却剂吸收后，会使物质活化，活化的物质也会释放出 γ 射线；一回路系统内的设备材料及冷却剂发生化学反应后所产生的腐蚀产物，在堆内经中子轰击后也形成 γ 射线的放射性物质。由此可见，反应堆内核裂变是放射性的总来源。裂变反应及受中子辐照后的堆内设备材料、冷却剂带有放射性，冷却剂夹带杂质、腐蚀产物，燃料元件破损后漏入冷却剂内的裂变产物等，共同构成了核反应堆的放射性危害。

2. 核电厂有害辐射的防护

核裂变产生的中子流和 γ 射线是穿透能力最强的两种射线，核电厂在设计上对它们采取了多次屏蔽的防护措施。

在核电厂中，第一道安全屏障是核燃料本身，它大都制成物理、化学性能十分稳定的二氧化铀小圆柱形的陶瓷块，熔点高达 2800℃。它能把裂变产物的 98% 以上保持在芯块内。只要芯块不被熔化，即使燃料包壳破裂，芯块与水接触也不易发生化学反应，芯块内的裂变产物也不会大量地跑出来。

第二道安全屏障是燃料元件的包壳。包壳用优质锆合金材料制成，其壁厚为 0.6～0.7mm。全部燃料元件在投料前都经过严格的质量检查，无损伤。运行中从芯块逸出的少量裂变产物，基本上能被保持在包壳密封之内。

防止放射性物质外逸的第三道屏障是反应堆的压力容器。它把燃料组件、控制组件等完全封闭起来。冷却剂循环通过压力容器时，并不与核燃料直接接触。只有当燃料包壳发生有少量破漏时，放射性物质才会扩散到封闭循环的一回路中。

第四道安全屏障是反应堆的安全壳。庞大的安全壳把整个一回路的设备系统包覆起来，即使一回路出现破裂或渗漏，放射性物质也不会逸出安全壳跑到环境中去。世界各国在核电厂的建设中，都不惜工本加强安全壳对放射性的防护能力，其设计原则是，将一切可能的事故限制并消灭在安全壳内。反应堆运行时，所有进入安全壳的通道全部关闭，不允许人员进入。

对于核电厂中的核岛部分，包括它的各辅助系统（如压水堆的硼回收系统、停堆冷却系统、运行时的取样系统等），从里到外对放射性污染设置层层屏障防护，使得核电厂成为既干净、又安全的电能生产工厂。尽管如此，对从事核电生产的工作人员，还要有一套严格的操作防护规程。对于外部辐照防护规定：在有有效屏蔽设施的情况下，要求操作人员必须具有熟练的技术，缩短受照条件下的操作时间，并尽量采用遥控和远距离操作。对于内部辐照防护规定：所有受照操作时，操作人员必须配备有效的防护用具，严禁在工作场所吸烟、饮水和进食。设置精确的测试仪器，对不同等级的禁区范围进行连续的、严密的放射性污染监测，保证其在允许的污染程度之内。

二、核电厂的三废处理

核电厂在运行时，不可避免地会产生带有放射性的废水、废气和固态废料，称为核电厂的"三废"。尽最大可能保证核燃料元件包壳的完整性和一回路系统的密封性，是减少核电厂三废产生量和放射性浓度的首要、积极的三废防治根本办法。对已产生的三废物质，严格按废物种类、性质和放射性水平进行有效的控制、收集和处理，是核电厂为保护环境和人体健康，必须做好的重要工作。

1. 放射性废水处理

核电厂一回路系统中，设备排放和引漏水、洗涤去污用水、燃料冲洗用水等，都带有较强的放射性。二回路中，当蒸汽发生器管件发生泄漏时，蒸汽发生器的排污水和汽轮机房的地坑水也带有不同程度的放射性。上述各处的废水都有分类收集和处理系统。

处理放射性废水的方法很多，行之有效的、并广泛采用的方法有以下几种：

（1）储存衰变法：将废水储存于带防护的大容量存储槽内，使短半衰期的放射性同位素（例如碘元素中除碘—134和碘—129以外的所有碘放射性同位素）在几天内完成衰变过程。

（2）蒸发法：利用蒸发将废水浓缩几十到几百分之一，然后加入水泥或化学凝固剂，使浓缩废液固化后封装，作为固体废物处理。

（3）离子交换法：采用强酸、强碱型离子交换树脂去除废水中的放射性碘、锶、镍、钴、铁等元素。吸附了放射性物质后的树脂，封装后作为固体废物处理。

2. 放射性废气处理

反应堆在运行时，从稳压器、减压箱、容积控制箱等设备处，会排放出带放射性的工艺废气，它们的总量每运行年只有几千立方米；另外，当冷却剂发生泄漏时产生的气体、安全壳的换气、辅助厂房的排气、放射性液槽等释放出的气体，也都带有放射性。当蒸汽发生器内管件破损时，一回路的冷却剂（压力高）渗漏到二回路中，会使汽轮机凝汽器的抽气器排出的气体和蒸汽发生器的排污扩容器排出的汽体也带有放射性。

对带有较强放射性的工艺废气的处理方法，常是先将其引入废气系统的缓冲罐，用压缩机加压至1MPa以上后，送入衰变箱，经$60\sim100$天后，废气中短命的氪、氙和碘的放射性同位素99.9%以上衰变掉，余下的极低量的放射性物质经有控制地稀释后，排入大气中去是安全的。

对于带有放射性的厂房排气，普遍用玻璃纤维滤纸进行过滤，除去99.7%以上的、直径大于$0.3\mu m$气溶胶体微粒，再用几厘米厚的颗粒活性炭层，在厂房的温度和湿度下，吸附掉排气中的碘蒸气。经过过滤和吸附处理后的厂房排气，可安全地排入大气中去。

3. 放射性固体废物的处理

核电厂生产中产生的放射性固体废物，主要是冷却剂净化系统、废水净化系统的废树脂、废过滤芯子和蒸发残渣的固化物。再就是受辐照活化了的堆内报废的零构件、受沾污的工具、防护用品等。

放射性固体废物的处理，多是将可燃质低放射固形物焚烧后，与松散的低放射性固态物一并压缩装桶，与其他密实的放射性废物一起，或深埋于地下，或沉入地质条件稳定的深海4000m以下的水中。

三、核电厂乏燃料的处理

如前所述，自然界中可开采的工业品位铀矿石，含铀量为0.1%～0.3%。矿石经选矿、冶炼后加工成含铀量为60%～75%的铀浓集物（俗称黄饼），其中大部分是$^{238}_{92}U$，可裂变的$^{235}_{92}U$仅占黄饼中总含铀量的0.71%（质量比）。作为压水堆核燃料，尚需进一步精炼浓缩至含$^{235}_{92}U$元素3%左右。核燃料在入堆前的这些加工过程，叫作核燃料的"前处理"。

核燃料在反应堆内的"燃烧"过程的重要特点是：裂变反应消耗$^{235}_{92}U$的同时，还再生一部分新的核燃料，例如$^{238}_{92}U$吸收中子后，转化为$^{239}_{94}Pu$（钚-239），后者是具有良好裂变性能的核燃料。另外，裂变产物的增加和积累，其中有些成为中子的强吸收物质（称为有害毒物），从而使堆内可裂变物逐渐减少，而中子的吸收损失逐渐增大。随着时间的延续，当反应堆内再也达不到临界条件时，反应堆便"熄火"了。因此，核电厂的反应堆，都要在一年运行中，按需停堆10天左右进行换料，将乏燃料卸出堆外，重新装入新的核燃料。

一座1000MW的核电厂，一年运行所需约30～40t低浓缩铀核燃料（同容量的火电厂，每年需普通煤约350多万t），可见，核电厂的乏燃料量并不大。核电厂的乏燃料并不全是废物，一般来说，压水堆卸出的乏燃料中，尚有未烧尽的$^{235}_{92}U$，占铀含量的0.8%～1.0%。每千克铀中还有新生成的$^{239}_{94}Pu$约8g，回收这部分燃料，在经济上是值得的，这项工作要在专门的工厂进行，称作乏燃料的"后处理"。后处理分离和回收有利用价值同位素后的乏燃料，成为带放射性的废物，对其进行浓集后，像对放射性固体废物一样，作永久性处理。

第四节　核电厂运行维护基本知识

核电厂与火力发电厂相比，因其有突出的不同特点，故在运行、维护工作中，必须有十分可靠的严格要求。核电厂"经受不住一次重大事故"，由事故产生的政治上、经济上和社会、环境上的负效应，将是难以弥补的。为此核电厂从厂址选择、电厂设计、主要设备制造、土建和安装，投产前的分部和综合试验等，都必须经过逐一严格、认真的检验。在各系统、各设备、各连接管道和调控装置，包括小到电子元件及电源、仪表等，分别单独检验合格后，才能进行反应堆的初次装料，进入预备启动状态。

一、核电厂启动简述

（1）核电厂长期停堆后的启动，称作冷态启动。冷态启动是核反应堆最复杂的一种综合操作过程。冷态启动前必须全面检查反应堆的安全系统、调节棒、安全棒的控制系统等，它们均应处于相当可靠的完善程度。一回路系统充满规定纯度的冷却剂。之后，投入主循环泵，并开通稳压器内的电加热装置，把一回路循环中的冷却剂加热到饱和温度。稳压器上部空间充满蒸汽后，继续稳定升压到规定值。

（2）与此同时，二回路中的凝汽器水井、高温预热器、低温预热器、除氧器等应保持启动时应有的给定水位。

（3）操纵人工中子源点火装置，将中子源引入反应堆的堆芯活性区。提出安全棒，并严密监视中子探测仪。按规定的程序和速率提升调节棒。此时，要特别注意操作的准确性，严防操作不当而使反应堆瞬发超临界事故的发生，稳妥地启动反应堆。

（4）反应堆启动并达到临界后，投入反应堆的功率自动控制系统，在低功率下使一回路冷却剂入口温度达到额定值。然后逐步提升反应堆功率，使冷却剂在反应堆出口的温度逐步升到额定值。在提升反应堆功率的过程中，严格监视并控制一回路系统的温升率在允许的水平内，防止热膨胀不均，引发反应堆热应力和热变形事故。

（5）在开始提升反应堆功率的同时，启动二回路系统中凝汽器的循环泵，把三回路循环冷却水系统投入运行；投入抽气系统对凝汽器和汽轮机抽真空；启动辅助油泵、发电机冷却系统并及时投入盘车。完成常规岛范围内各系统和设备、汽轮机启动前的一切准备工作。

（6）随着二回路系统主蒸汽参数的建立，注意及时进行暖管。汽轮机主汽阀前的蒸汽压力和蒸汽温度达到要求后，联系各有关方面注意进行汽轮机冲转、暖机。机组定速后，进行各项安全试验和全面检查。

（7）确认各机组设备完好并重新达到额定转速后，发电机并网接带基本负荷。上述（1）～（6）顺序操作过程中，蒸汽发生器产生的不合格蒸汽或多余的蒸汽，均经旁路系统引入凝汽器。

（8）机组带基本负荷且一切正常后，按规定速率逐步提升出力，汽轮机的负荷达到机组额定负荷的25％时，投入自动控制系统，控制反应堆和汽轮发电机组协调，增加负荷直至满载，冷态启动过程结束。

上述启动过程中，一回路系统（反应堆）和二回路系统（汽轮发电机设备）是紧密相互配合的。压水堆核电厂正常冷态启动，从提升控制棒到反应堆达到临界约需4h；从反应堆临界到发电机并网约需5h，总启动时间（约9h）并不比火力发电机组冷态启动时间长。

二、核电厂正常运行知识

与火力发电厂相比，核电厂建厂初投资大，用于放射性污染的防护费用高，但核电厂的发电成本只有火电厂的60％～70％。为了降低发电成本，同时也为了减小热循环变动对核燃料和设备产生不利影响，核电厂在电力系统内一般只带基本负荷，不参与电网的调频。核电机组在长期稳定基本负荷下，反应堆处于相对稳定的临界状态，核反应的裂变速度或反应堆功率大小与堆内中子密度不随时间变化。核电机组具有较少的大幅度功率变动操作。

核电机组除了启动、停堆之外的正常运行中，其输出功率的波动、核燃料消耗加大和冷却剂压力、温度的变化等，都会使反应堆内临界状态破坏，经历一个中子密度变化的自调节过渡过程后，达到新的临界平衡状态。正常运行中的功率变动，是由汽轮机进汽量变化体现出来的。根据反应堆调节特性，控制棒自动改变插入堆芯的深度和抽插速率，对反应堆功率作相应调节。反应堆的运行控制实质是：由控制棒在堆芯内抽插的深度和速率不同（其吸收中子量的多少和速度不同），控制堆内中子密度，从而改变堆的有效增殖系数 K。功率增加时，使 K 略大于1，直到满足所要求的功率时，再维持 K 等于1；功率降低时则相反。只有在机组瞬时大量地甩负荷时，才会有短时间的多余蒸汽，经旁路排入凝汽器。

堆内各种引起反应性波动因素的影响，都可通过控制棒加以调整。只有在反应堆运行的初期和后期，因反应性变化较大，压水堆才辅以改变慢化剂中硼酸溶液浓度的方法，补偿控制棒调整之不足。

三、核电厂停闭概述

（1）短期停闭：核电厂短期停闭的操作原则是：对汽轮发电机组和反应堆功率进行协调，相应以每分钟 5% 的速率降低负荷。反应堆功率降至额定功率值的 10% 以下时，解列汽轮发电机组，关闭汽轮机侧主汽门，开启蒸汽发生器到凝汽器的蒸汽排放旁路系统，维持反应堆内的压力和温度基本在运行状态。最后插入停堆控制棒，反应堆裂变反应停止，堆保持热备用状态。

（2）长期停闭：欲长期停闭核电机组，则应按短期停闭操作完成后，停止一回路主循环泵，启动一回路事故备用泵，导出堆内余热。启动停堆冷却系统，继续冷却反应堆和一回路系统，直至达到常温下安全停闭。

（3）事故停闭：核电厂在事故时，引发保护系统动作，安全棒迅即落入堆芯，停闭反应堆。与此同时，切除汽轮发电机组，二回路的蒸汽经旁路排入凝汽器，部分蒸汽经安全阀排入大气。事故停闭后，切实做好事故停堆后的安全保护工作。

四、核电厂正常维护和检修的特殊要求

核电厂设备的维护和检修与火电厂有很多相似之处，但核电厂又有特殊重要的对设备和人身安全防护问题。鉴于一回路系统与设备的强放射性特点，必须配备遥测遥控的各类测试装置和仪表。反应堆运行时能进行检修的设备，也必须设置安全有效的生物屏蔽。不易接近的高放射性部位，更需设置诸如工业电视、光学纤维检查镜、潜望镜、声呐装置、遥控自动化超声波检查装置等远距离操作仪器设备和工具。因此，核电厂必须配备辐射防护知识丰富、技术水平高的维护、检修人员。在辐射区内进行巡回检测或维护检修的人员，除严格按要求穿戴相应的防护用品外，其连续工作时间不允许超过容许照射剂量率规定的工作时间。在对反应堆设备每年定期所做的 1~2 次检查，和每 2~5 年进行的一次大检查工作中，尤其要做好统筹安排、充分准备和认真做好安全管理工作。

核电厂必须有充分可靠的厂用电供电系统，至少应有两条独立的厂用电供电线路与电网相连。对核电厂的安全系统及设备应设置两条厂用母线，两台厂用变压器中的任一台，都能向两条母线供电。当一台厂用变压器因故退出运行时，另一台厂用电变压器仍能维持两套安全系统设备的用电要求。此外，还应配备两台柴油发电机组，作为事故备用电源，以保证核电厂厂用电的安全可靠性。

核电厂要配备三套蓄电池组，其中两套全容量蓄电池组用于设备控制和动力，一套专供反应堆中子监测控制系统。一些重要的仪表和控制设备的交流电源，要从蓄电池经电动发电机组不间断地供电。

核电厂应有完善可靠的通信联络系统。还要设置厂内、厂外均能接收到的撤退警报信号系统。

本 章 小 结

核能发电是新兴的电力工业，我国目前的核能发电工业，正处于适度发展的新时期。

物质的原子由原子核和绕核旋转的电子组成。原子是中性的。原子质量的 99.94% 以上，集中在由质子和中子组成的原子核内。原子核内质子的数量表示原子的序数，原子序数相同的元素化学性质相同，是同一种物质元素的同位素。原子序数在 40 以下的轻核发生聚

变和原子序数在 80 以上的重核发生裂变时，都释放出极大量的结合能——核能。就目前的科技发展水平，人类已有成熟的控制技术进行重核可控的裂变能释放并加以利用。

重核元素原子裂变能的释放，是外来带能粒子冲击下进入靶核，促发核发生结构改变的结果。自然界中存在的、能批量制取和易于发生裂变反应的重核元素，主要是 $^{235}_{92}U$，它是目前核反应堆应用最广泛的"燃料"。

据爱因斯坦质能互换公式推算，$^{235}_{92}U$ 原子受外来粒子冲击发生裂变反应时，大约能释放出 200MeV 的能量。促发重核元素连续的原子裂变反应，并从中获取稳定的能量流，首先要选取最具裂变性能的靶核（如 ^{235}U）、轰击靶核的高速粒子（如中子流）和实现可控链式裂变反应的中子慢化剂（如水、重水或石墨）。

世界各国用于发电的核反应堆，80%以上是压水式核反应堆，在核反应堆运行中，实现可控裂变反应的两个主要技术指标是反应堆运行的反应性和裂变中子的倍增时间。中子增殖系数 K 是描述中子易代增减的量度，反应堆运行的反应性 $\rho = \dfrac{K-1}{K}$ 反映链式裂变反应的变化率，$\rho > 0$ 或 $\rho < 0$ 将导致堆内裂变反应呈"超临界状态"而失控或呈"次临界状态"而逐渐停息。调控使 $K=1$，$\rho=0$，裂变反应处于"临界状态"，反应堆保持在稳定功率下安全运行。为实现这一调控目标，采用对中子具有强吸收性的含硼控制棒，改变控制棒在反应堆堆芯内"燃料芯块"间的插入深度。为满足机械运动的控制棒在堆芯内抽插时间要求，设计使堆内中子剩余增殖系数（$K-1$）小于 0.7%，就是使堆内裂变反应的发展，在 10^{-17} s 内瞬发产生的、占中子量总数 99.3%的快中子和在长达数分钟不等时段内存在的、占中子总数 0.7%的缓发中子共同作用下，才能实现，从而把堆内中子的倍增时间延长到几秒钟以上。

以轻水为冷却剂和慢化剂的压水堆本体结构如图 13-2 所示，由压力容器和封闭在壳内的堆芯组成。堆芯是由"燃料"组件、控制棒组件及壳外的驱动机构和中子源点火组件等部分，按规则排列组合并用定位格架固定连接而成的。

充满放射性物质的反应堆本体、循环泵、蒸汽发生器和稳压器等设备，用管路连接成闭式一回路循环换热系统，称作核电厂的"核岛"部分。整个一回路系统设备和管路，封闭在庞大的安全壳内（见图 13-3）。

蒸汽发生器产生的无放射性的蒸汽，通过汽轮机、汽水分离器、凝汽器、循环泵和高低温预热器等设备，组成二回路闭式循环热功转换系统。它与三回路循环冷却系统共同构成核电厂的"常规岛部分"（见图 13-3）。与同容量火电厂相比较，二、三回路系统没有根本性的区别。从热力过程特性讲，核电机组进汽参数低、汽轮机组体积大，需要设置专门的汽水分离器，机组热效率较低，三回路循环冷却水量大。

核岛部分的放射性物质不断产生有害的 α、β 和 γ 辐射流，使核电厂对人身和设备的辐射防护显得尤为重要。为此核电厂设置了严密的防渗漏和防辐射的多级防护措施，如采用机械性能好和化学性能稳定的二氧化铀燃料芯块结构，加装优质锆合金燃料芯块包壳，建造坚固且屏蔽性能优良的压力容器和庞大的核岛安全壳等。配备高新技术的远距离遥控操作仪器和调控设备，建立必须严格遵照执行的、对人身和设备辐射防护的生产管理规章制度。

严格地分类回收核电生产过程中产生的废水、废气和固态废料，并与乏"燃料"一起进行有效的安全处理。

切记"核电厂经受不住一次重大事故"的严酷性。核电机组的启动、运行、停闭等操作及检修、维护和管理工作，必须慎之又慎地严格按生产管理规程进行。核电厂所有设备必须保证充分的完善，必须保证安全可靠的厂用电系统和通畅、灵敏的通信、警报系统。

思　考　题

1. 物质元素的原子结构是怎样的？建立原子微观世界中，基本粒子的质量、体积、电性能等的相对量级概念。

2. 中子轰击重原子核时，受激核可能发生哪些核物理变化？迄今为止，世界各国大多采用 $_{92}^{235}\text{U}$ 做核燃料的主要原因是什么？

3. 从原子反应式 $_{92}^{235}\text{U} + _0^1\text{n} \rightarrow _{56}^{137}\text{Ba} + \text{Kr}_{36}^{97} + 2 \times _0^1\text{n}$，说明核裂变释放巨大核能的基本原理。

4. 何谓"中子俘获"、"链式裂变反应"、"中子慢化"？核裂变反应堆中，慢化剂应具备哪些基本特点？

5. 什么是自持链式裂变反应的"反应性"和"临界"？如何调节核裂变反应堆反应性的高低、从而改变堆输出功率的大小？

6. 什么是"裂变中子倍增时间"？如何使核裂变反应堆内裂变中子的倍增时间延长？为什么要延长裂变中子的倍增时间？

7. 以轻水为冷却剂和慢化剂的压水式核反应堆核电厂，其核岛部分由哪些主要设备组成？简述一回路系统的原则性布置和循环过程。

8. 与火力发电厂相比，压水堆核电厂的常规蒸汽发电系统的工质参数、设备结构、系统布置等，有哪些主要不同？

9. 什么是放射性？激发态及裂变过程中的核素，放射出的 α、β、γ 射线是由何种粒子组成的？它们各具有怎样的辐照特点？

10. 核电厂设置有几道安全屏蔽防护？它们各是如何防止放射性物质外逸的？从事核电设备运行、维护和检修的工作人员，应具有哪些基本的防辐照知识？

11. 什么是核电厂的"三废"？核电厂的三废物质和乏燃料的基本处理方法有哪些？

12. 了解核电厂启动、正常运行维护和停闭过程中的基本操作和重点注意事项。

附　录

附表 I　　　　　　　　　　饱和水与干饱和蒸汽表（按压力编排）

压力	饱和温度	比 体 积		焓		汽化潜热	熵	
		液体	蒸汽	液体	蒸汽		液体	蒸汽
p	t_s	v'	v''	h'	h''	r	s'	s''
MPa	℃	$\dfrac{m^3}{kg}$	$\dfrac{m^3}{kg}$	$\dfrac{kJ}{kg}$	$\dfrac{kJ}{kg}$	$\dfrac{kJ}{kg}$	$\dfrac{kJ}{kg \cdot K}$	$\dfrac{kJ}{kg \cdot K}$
0.001	6.982	0.0010001	129.208	29.33	2513.8	2484.5	0.1060	8.9756
0.002	17.511	0.0010012	67.006	73.45	2533.2	2459.8	0.2606	8.7236
0.003	24.098	0.0010027	45.668	101.00	2545.2	2444.2	0.3543	8.5776
0.004	28.981	0.0010040	34.803	121.41	2554.1	2432.7	0.4224	8.4747
0.005	32.90	0.0010052	28.196	137.77	2561.2	2423.4	0.4762	8.3952
0.006	36.18	0.0010064	23.742	151.50	2567.1	2415.6	0.5209	8.3305
0.007	39.02	0.0010074	20.532	163.38	2572.2	2408.8	0.5591	8.2760
0.008	41.53	0.0010084	18.106	173.87	2576.7	2402.8	0.5926	8.2289
0.009	43.79	0.0010094	16.206	183.28	2580.8	2397.5	0.6224	8.1875
0.01	45.83	0.0010102	14.676	191.84	2584.4	2392.6	0.6493	8.1505
0.02	60.09	0.0010172	7.6515	251.46	2609.6	2358.1	0.8321	7.9092
0.03	69.12	0.0010223	5.2308	289.31	2625.3	2336.0	0.9441	7.7695
0.04	75.89	0.0010265	3.9949	317.65	2636.8	2319.2	1.0261	7.6711
0.05	81.35	0.0010301	3.2415	340.57	2646.0	2305.4	1.0912	7.5951
0.06	85.95	0.0010333	2.7329	359.93	2653.6	2293.7	1.1454	7.5332
0.07	89.96	0.0010361	2.3658	376.77	2660.2	2283.4	1.1921	7.4811
0.08	93.51	0.0010387	2.0879	391.73	2666.0	2274.3	1.2330	7.4360
0.09	96.71	0.0010112	1.8701	405.21	2671.1	2265.9	1.2696	7.3963
0.1	99.63	0.0010434	1.6946	417.51	2675.7	2258.2	1.3027	7.3608
0.2	120.23	0.0010608	0.88592	504.7	2706.9	2202.2	1.5301	7.1286
0.3	133.54	0.0010735	0.60586	564.1	2725.5	2164.1	1.6717	6.9930
0.4	143.62	0.0010839	0.46242	604.7	2738.5	2133.8	1.7764	6.8966
0.5	151.85	0.0010928	0.37481	640.1	2748.5	2108.4	1.8604	6.8215
0.6	158.84	0.0011009	0.31556	670.4	2756.4	2086.0	1.9308	6.7598
0.7	164.96	0.0011082	0.27274	697.1	2762.9	2065.8	1.9918	6.7074
0.8	170.42	0.0011150	0.24030	720.9	2768.4	2047.5	2.0457	6.6618
0.9	175.36	0.0011213	0.21481	742.6	2773.0	2030.4	2.0941	6.6212
1	179.88	0.0011274	0.19430	762.6	2777.0	2014.4	2.1382	6.5847
1.2	187.96	0.0011386	0.16320	798.4	2783.4	1985.0	2.2160	6.5210
1.4	195.04	0.0011489	0.11072	830.1	2788.4	1958.3	2.2836	6.4665
1.6	201.37	0.0011586	0.12368	858.6	2792.2	1933.6	2.3436	6.4187
1.8	207.10	0.0011678	0.11031	884.6	2795.1	1910.5	2.3976	6.3759
2.0	212.37	0.0011766	0.09953	908.6	2797.4	1888.8	2.4468	6.3373

续表

压力	饱和温度	比 体 积		焓		汽化潜热	熵	
		液体	蒸汽	液体	蒸汽		液体	蒸汽
p	t_s	v'	v''	h'	h''	r	s'	s''
MPa	℃	$\frac{m^3}{kg}$	$\frac{m^3}{kg}$	$\frac{kJ}{kg}$	$\frac{kJ}{kg}$	$\frac{kJ}{kg}$	$\frac{kJ}{kg\cdot K}$	$\frac{kJ}{kg\cdot K}$
2.5	223.93	0.0011972	0.07993	961.8	2800.8	1839.0	2.5540	6.2564
3.0	233.84	0.0012163	0.06662	1008.4	2801.9	1793.5	2.6455	6.1832
3.5	242.54	0.0012345	0.05702	1049.8	2801.3	1751.5	2.7253	6.1218
4.0	250.33	0.0012521	0.04974	1087.5	2799.4	1711.9	2.7967	6.0670
5.0	263.92	0.0012858	0.03941	1154.6	2792.8	1638.2	2.9209	5.9712
6.0	275.56	0.0013187	0.03241	1213.9	2783.3	1569.4	3.0277	5.8878
7.0	285.80	0.0013514	0.02734	1267.7	2771.4	1503.7	3.1225	5.8126
8.0	294.98	0.0013843	0.02349	1317.5	2757.5	1440.0	3.2083	5.7430
9.0	303.31	0.0014179	0.02046	1364.2	2741.8	1377.6	3.2875	5.6773
10	310.96	0.0014526	0.01800	1408.6	2724.4	1315.8	3.3616	5.6143
12	324.64	0.0015267	0.01425	1492.6	2684.8	1192.2	3.4986	5.4930
14	336.63	0.0016104	0.01149	1572.8	2638.3	1065.5	3.6262	5.3737
16	347.32	0.0017101	0.009330	1651.5	2582.7	931.2	3.7486	5.2496
18	356.96	0.0018380	0.007534	1733.4	2514.4	781.0	3.8739	5.1135
20	365.71	0.002038	0.005873	1828.8	2413.8	585.0	4.0181	1.9338
21	369.79	0.002218	0.005006	1892.2	2340.2	448.0	4.1137	4.8106
22	373.68	0.002675	0.003757	2007.7	2192.5	184.8	4.2891	4.5748
22.129	374.15	0.00326	0.00326	2100	2100	0.0	4.4296	4.4296

注 临界参数：$p_c=22.129$MPa；$v_c=0.00326$m³kg；$t_c=374.15$℃。

附表Ⅱ 　　　　　**饱和水与干饱和蒸汽表（按温度编排）**

温度	饱和压力	比体积		焓		汽化潜热	熵	
		液体	蒸汽	液体	蒸汽		液体	蒸汽
t	P_s	v'	v''	h'	h''	r	s'	s''
℃	MPa	$\frac{m^3}{kg}$	$\frac{m^3}{kg}$	$\frac{kJ}{kg}$	$\frac{kJ}{kg}$	$\frac{kJ}{kg}$	$\frac{kJ}{kg\cdot K}$	$\frac{kJ}{kg\cdot K}$
0	0.0006108	0.0010002	206.321	−0.04	2501.0	2501.0	−0.0002	9.1565
0.01	0.0006112	0.00100022	206.175	0.000614	2501.0	2501.0	0.0000	9.1562
1	0.0006566	0.0010001	192.611	4.17	2502.8	2498.6	0.0152	9.1298
2	0.0007054	0.0010001	179.935	8.39	2504.7	2496.3	0.0306	9.1035
4	0.0008129	0.0010000	157.267	16.80	2508.3	2491.5	0.0611	9.0514
6	0.0009346	0.0010000	137.768	25.21	2512.0	2486.8	0.0913	9.0003
8	0.0010721	0.0010001	120.952	33.60	2515.7	2482.1	0.1213	8.9501
10	0.0012271	0.0010003	106.419	41.99	2519.4	2477.4	0.1510	8.9009
12	0.0014015	0.0010004	93.828	50.38	2523.0	2472.6	0.1805	8.8525
14	0.0015974	0.0010007	82.893	58.75	2526.7	2467.9	0.2098	8.8050
16	0.001817	0.001001	73.376	67.13	2530.4	2463.3	0.2388	8.7583

温度	饱和压力	比体积		焓		汽化潜热	熵	
		液体	蒸汽	液体	蒸汽		液体	蒸汽
t	p_s	v'	v''	h'	h''	r	s'	s''
℃	MPa	$\dfrac{m^3}{kg}$	$\dfrac{m^3}{kg}$	$\dfrac{kJ}{kg}$	$\dfrac{kJ}{kg}$	$\dfrac{kJ}{kg}$	$\dfrac{kJ}{kg \cdot K}$	$\dfrac{kJ}{kg \cdot K}$
18	0.0020626	0.0010013	65.080	75.50	2534.0	2458.5	0.2677	8.7125
20	0.0023368	0.0010017	57.833	83.86	2537.7	2453.8	0.2963	8.6674
25	0.0031660	0.0010030	43.400	104.81	2547.0	2442.2	0.3672	8.5570
30	0.0042417	0.0010043	32.929	125.66	2555.9	2430.2	0.4365	8.4537
35	0.0056217	0.0010060	25.246	146.56	2565.0	2418.4	0.5049	8.3536
40	0.0073749	0.0010078	19.548	167.45	2574.0	2406.5	0.5721	8.2576
45	0.0095817	0.0010099	15.278	188.35	2582.9	2394.5	0.6383	8.1655
50	0.012335	0.0010121	12.048	209.26	2591.8	2382.5	0.7035	8.0771
60	0.019919	0.0010171	7.6807	251.09	2609.5	2358.4	0.8310	7.9105
70	0.031161	0.0010228	5.0479	292.97	2626.8	2333.8	0.9548	7.7565
80	0.047359	0.0010292	3.4104	334.92	2643.8	2308.9	1.0752	7.6135
90	0.070108	0.0010361	2.3624	376.94	2660.3	2283.4	1.1925	7.4805
100	0.101325	0.0010437	1.6738	419.06	2676.3	2257.2	1.3069	7.3564
110	0.14326	0.0010519	1.2106	461.32	2691.8	2230.5	1.4185	7.2402
120	0.19854	0.0010606	0.89202	503.7	2706.6	2202.9	1.5276	7.1310
130	0.27012	0.0010700	0.66851	546.3	2720.7	2174.4	1.6344	7.0281
140	0.36136	0.0010801	0.50875	589.1	2734.0	2144.9	1.7390	6.9307
150	0.47597	0.0010908	0.39261	632.2	2746.3	2114.1	1.8416	6.8381
160	0.61804	0.0011022	0.30685	675.5	2757.7	2082.2	1.9425	6.7498
170	0.79202	0.0011145	0.24259	719.1	2768.0	2048.9	2.0416	6.6652
180	1.0027	0.0011275	0.19381	763.1	2777.1	2014.0	2.1393	6.5838
190	1.2552	0.0011415	0.15631	807.5	2784.9	1977.4	2.2356	6.5052
200	1.5551	0.0011565	0.12714	852.4	2791.4	1939.0	2.3307	6.4289
220	2.3201	0.0011900	0.08602	943.7	2799.9	1856.2	2.5178	6.2819
240	3.3480	0.0012291	0.05964	1037.6	2801.6	1764.0	2.7021	6.1397
260	4.6940	0.0012756	0.04212	1135.0	2795.2	1660.2	2.8850	5.9989
280	6.4191	0.0013324	0.03010	1237.0	2778.6	1541.6	3.0687	5.8555
300	8.5917	0.0014041	0.02162	1345.4	2748.4	1403.0	3.2559	5.7038
320	11.290	0.0014995	0.01544	1463.4	2699.6	1236.2	3.4513	5.5356
340	14.608	0.0016390	0.01078	1596.8	2622.3	1025.5	3.6638	5.3363
350	16.537	0.0017407	0.008822	1672.9	2566.1	893.2	3.7816	5.2149
360	18.674	0.0018930	0.006970	1763.1	2485.7	722.6	3.9189	5.0603
370	21.053	0.002231	0.004958	1896.2	2335.7	439.5	4.1198	4.8031
374.15	22.129	0.00326	0.00326	2100	2100	0	4.4296	4.4296

附表Ⅲ　　未饱和水与过热蒸汽简表

单位: v (m²/kg); h (kJ/kg); s [kJ/(kg·K)]　　(粗线左下侧为未饱和水, 右上侧为过热蒸汽)

$p(\times10^5\text{Pa})$		$t(°C)$ 0	20	40	60	140	160	180	200	300	350	400	450	500	550	600
1	v	0.0010002	0.0010017	0.0010078	0.0010171	1.889	1.984	2.078	2.172	2.639	2.871	3.103	3.334	3.565	3.797	4.028
	h	0.1	84	167.5	251.1	2756.6	2796.2	2835.7	2875.2	3074.1	3175.3	3278	3382.2	3487.9	3595.4	3704.5
	s	0.0001	0.2963	0.5721	0.8309	7.5669	7.6605	7.7496	7.8348	8.2162	8.3854	8.5439	8.6932	8.8346	8.9692	9.0979
5	v	0.001	0.0010015	0.0010076	0.0010169	0.00108	0.3836	0.4046	0.4249	0.5226	0.5701	0.6172	0.6641	0.7109	0.7575	0.804
	h	0.5	84.3	167.9	251.5	589.2	2767.4	2812.1	2855.4	3064.2	3167.5	3271.8	3377	3483.6	3591.7	3701.4
	s	-0.0001	0.2962	0.5719	0.8307	1.7388	6.8653	6.9664	7.0603	7.4605	7.6334	7.7944	7.9452	8.0877	8.2231	8.3525
10	v	0.0009997	0.0010013	0.0010074	0.0010167	0.0010796	0.0011019	0.1944	0.2059	0.258	0.2825	0.3066	0.3304	0.354	0.3776	0.401
	h	1	84.8	168.3	251.9	589.5	675.7	2777.3	2827.5	3051.3	3157.7	3264	3370.7	3478.3	3587.2	3697.4
	s	-0.0001	0.2961	0.5717	0.8305	1.7383	1.942	6.5854	6.694	7.1239	7.3018	7.4606	7.6188	7.7627	7.8991	8.0292
20	v	0.0009992	0.0010008	0.0010065	0.0010158	0.001079	0.0011012	0.0011266	0.001156	0.1255	0.1386	0.1512	0.1635	0.1756	0.1876	0.1995
	h	2	85.7	169.2	252.7	590.2	676.3	763.6	852.6	3024	3137.2	3248.1	3357.7	3467.4	3578	3689.5
	s	0	0.2959	0.5713	0.8299	1.7373	1.9408	2.1379	2.33	6.7679	6.9574	7.1285	7.2855	7.4323	7.5708	7.7024
30	v	0.0009987	0.0010004	0.001006	0.0010153	0.0010783	0.0011005	0.0011258	0.001155	0.08116	0.09053	0.09933	0.1078	0.1161	0.1243	0.1324
	h	3	86.7	170.1	253.6	590.8	676.9	764.1	853	2994.2	3115.6	3231.6	3344.4	3456.4	3568.6	3681.5
	s	0.0001	0.2957	0.5709	0.8294	1.7362	1.9396	2.1366	2.3284	6.5408	6.7443	6.9231	7.0847	7.2345	7.3752	7.5084
40	v	0.0009982	0.0009999	0.001006	0.0010153	0.0010777	0.0010997	0.0011249	0.001154	0.05885	0.06645	0.07339	0.07999	0.08638	0.09264	0.09879
	h	4.0	87.6	171.0	254.4	591.5	677.5	764.6	853.4	2961.5	3093.1	3214.5	3330.7	3445.2	3559.2	3673.4
	s	0.0002	0.2955	0.5706	0.8288	1.7352	1.9385	2.1352	2.3268	6.3634	6.5838	6.7713	6.9379	7.0909	7.2338	7.3686

续表

p(×10⁵Pa)	t(°C)	0	20	40	60	140	160	180	200	300	350	400	450	500	550	600
50	v	0.0009977	0.0009995	0.0010056	0.0010149	0.0010771	0.001099	0.0011241	0.001153	0.04532	0.05194	0.0578	0.06327	0.06853	0.07363	0.07864
	h	5.1	88.6	171.9	255.3	592.1	678	765.2	853.8	2925.4	3069.2	3196.9	3316.8	3433.8	3549.6	3665.4
	s	0.0002	0.2952	0.5702	0.8283	1.7342	1.9373	2.1339	2.3253	6.2104	6.4513	6.6486	6.8204	6.9768	7.1221	7.2586
60	v	0.0009972	0.000999	0.0010051	0.0010144	0.0010764	0.0010983	0.0011232	0.0011519	0.03616	0.04223	0.04738	0.05212	0.05662	0.06096	0.06521
	h	6.1	89.5	172.7	256.1	592.8	678.6	765.7	854.2	2885	3043.9	3178.6	3302.6	3422.2	3540.0	3657.2
	s	0.0003	0.2951	0.5698	0.8278	1.7332	1.9361	2.1325	2.3237	6.0693	6.3356	6.5438	6.7214	6.8814	7.0291	7.1673
90	v	0.0009958	0.0009977	0.0010038	0.0010131	0.0010745	0.0010961	0.0011207	0.001149	0.0014022	0.02579	0.02993	0.03348	0.03675	0.03984	0.04281
	h	9.1	92.3	175.4	258.6	594.7	680.4	767.2	855.5	1344.9	2957.5	3119.7	3257.9	3386.4	3510.5	3632.4
	s	0.0005	0.2944	0.5686	0.8262	1.7301	1.9326	2.1286	2.3191	3.2539	6.0383	6.2891	6.4872	6.6592	6.8147	6.9585
120	v	0.0009943	0.0009964	0.0010026	0.0010118	0.0010727	0.001094	0.0011183	0.0011461	0.0013895	0.01721	0.02108	0.02411	0.02679	0.02926	0.03161
	h	12.1	95.1	178.1	261.1	596.7	682.2	768.8	856.8	1341.5	2848.4	3053.3	3209.9	3349	3480	3607
	s	0.0006	0.2937	0.5674	0.8246	1.7271	1.9292	2.1246	2.3146	3.2407	5.7615	6.0787	6.3032	6.4893	6.6536	6.8034
150	v	0.0009928	0.0009942	0.0010013	0.0010105	0.0010709	0.0010919	0.0011159	0.0011432	0.0013779	0.01148	0.01566	0.01845	0.02079	0.02291	0.02489
	h	15.1	97.9	180.7	263.6	598.7	684	770.4	858.1	1338.6	2693.8	2977.6	3158.2	3309.7	3448.7	3581.2
	s	0.0007	0.2930	0.5662	0.8230	1.7241	1.9258	2.1208	2.3102	3.2284	5.445	5.8851	6.1443	6.3471	6.5214	6.6776
170	v	0.0009919	0.0009929	0.0010004	0.0010096	0.0010697	0.0010906	0.0011143	0.0011414	0.0013707	0.0017286	0.01303	0.01576	0.01797	0.01992	0.02173
	h	17.1	99.7	182.4	265.3	600.0	685.2	771.5	859.0	1336.9	1668.7	2920.2	3121.4	3282.6	3427.2	3563.6
	s	0.0008	0.2926	0.5655	0.8220	1.7222	1.9236	2.1182	2.3073	3.2206	3.7736	5.7575	6.0463	6.2620	6.4434	6.6043
200	v	0.0009904	0.0009929	0.0009992	0.0010083	0.0010679	0.0010886	0.001112	0.0011387	0.0013606	0.001666	0.009952	0.0127	0.01477	0.01655	0.01816
	h	20.1	102.5	185.1	267.8	602.0	687.1	773.1	860.4	1334.6	1648.4	2820.1	3062.2	3240.2	3394.3	3536.9
	s	0.0008	0.2919	0.5643	0.8204	1.7192	1.9203	2.1145	2.3030	3.2095	3.7327	5.5578	5.9061	6.1440	6.3373	6.5055

附表 IV　　　　　　　　　干空气的热物理性质（大气压力 $p_{amb}=101325Pa$）

t	ρ	c_p	$\lambda\times10^2$	$\alpha\times10^2$	$\mu\times10^6$	$v\times10^6$	$a_V\times10^3$	Pr
℃	$\dfrac{kg}{m^3}$	$\dfrac{kJ}{kg\cdot K}$	$\dfrac{W}{m\cdot℃}$	$\dfrac{m^2}{h}$	$Pa\cdot s$	$\dfrac{m^2}{s}$	$\dfrac{1}{℃}$	
0	1.293	1.005	2.44	6.768	17.2	13.28	3.66	0.707
10	1.247	1.005	2.51	7.200	17.6	14.16	3.53	0.705
20	1.205	1.005	2.59	7.704	18.1	15.06	3.41	0.703
40	1.128	1.005	2.76	8.748	19.1	16.96	3.19	0.699
60	1.060	1.005	2.90	9.432	20.1	18.97	3.00	0.696
80	1.000	1.009	3.05	10.87	21.1	21.09	2.83	0.692
100	0.946	1.009	3.21	12.10	21.9	23.13	2.68	0.688
200	0.746	1.026	3.93	18.50	26.0	34.85	2.11	0.680
300	0.615	1.047	4.60	25.78	29.7	48.33	1.75	0.674
400	0.524	1.068	5.21	33.52	33.0	63.09	1.49	0.678
500	0.456	1.093	5.74	41.51	36.2	79.38	1.29	0.687
600	0.404	1.114	6.22	49.79	39.1	96.89	1.15	0.699
700	0.362	1.135	6.71	58.82	41.8	115.4	1.03	0.700
800	0.329	1.156	7.18	67.97	44.3	134.8	0.93	0.713
900	0.301	1.172	7.63	77.83	46.7	155.1	0.85	0.717
1000	0.277	1.185	8.07	88.52	49	177.1	0.79	0.719

注　$Pr=\dfrac{\rho c_p}{\lambda}=\dfrac{v}{\lambda/(\rho c_p)}=\dfrac{v}{a}$，这里的 $a=\dfrac{\lambda}{\rho c_p}$，叫作"热扩散率"或"导热率"。

附表 V　　　　　　　　　　　　　　水 的 热 物 理 性 质

t	p	ρ	c_p	$\lambda\times10^2$	$\alpha\times10^2$	$\mu\times10^6$	$v\times10^6$	$a_V\times10^4$	Pr
℃	kPa	$\dfrac{kg}{m^3}$	$\dfrac{kJ}{kg\cdot K}$	$\dfrac{W}{m\cdot℃}$	$\dfrac{m^2}{h}$	$Pa\cdot s$	$\dfrac{m^2}{s}$	$\dfrac{1}{℃}$	
0	101.3	999.9	4.212	55.1	4.72	1788	1.788	−0.63	13.67
10	101.3	999.7	4.191	57.4	4.93	1306	1.306	+0.7	9.52
20	101.3	998.2	4.183	59.9	5.15	1004	1.006	1.82	7.02
30	101.3	995.7	4.174	61.8	5.36	801.5	0.805	3.21	5.42
40	101.3	992.2	4.174	63.5	5.51	653.3	0.658	3.87	4.31
50	101.3	988.1	4.174	64.8	5.65	549.4	0.556	4.49	3.54
60	101.3	983.2	4.179	65.9	5.76	469.9	0.478	5.11	3.98
70	101.3	977.8	4.187	66.8	5.87	406.1	0.415	5.70	2.55
80	101.3	971.8	4.195	67.4	5.98	355.1	0.365	6.32	2.21
90	101.3	965.3	4.208	68.0	6.05	314.9	0.326	6.95	1.95
100	101.3	958.4	4.22	68.3	6.08	282.5	0.295	7.52	1.75
150	476	917.0	4.313	68.4	6.23	186.4	0.203	10.3	1.17
200	1555	863.0	4.505	66.3	6.12	136.4	0.158	13.3	0.93
250	3978	799.0	4.844	61.8	5.72	109.9	0.138	18.1	0.86
300	8592	712.5	5.736	54	4.75	91.2	0.128	29.2	0.97

注　表中温度由 0~90℃各栏所列是 0.1MPa 下未饱和水的物性参数，100℃以上各栏所列为各温度下饱和水的物性
　　参数。

参 考 文 献

1 王加璇. 工程热力学. 北京：水利电力出版社，1992.

2 庞麓鸣，汪孟乐，冯海仙. 工程热力学. 2版. 北京，高等教育出版社，1986.

3 沈维道，郑佩芝，蒋淡安. 工程热力学. 4版. 北京：高等教育出版社，2007.

4 杨世铭，陶文铨. 传热学. 4版. 北京：高等教育出版社，2006.

5 俞佐平. 传热学. 3版. 北京：高等教育出版社，2004.

6 孔珑. 工程流体力学. 4版. 北京：中国电力出版社，2014.

7 樊泉桂，阎维平. 锅炉原理. 2版. 北京：中国电力出版社，2014.

8 南京工学院，西安交通大学. 电厂锅炉原理. 北京：电力工业出版社，1980.

9 樊泉桂，魏铁铮，王军合编. 火电厂锅炉设备及运行. 北京：中国电力出版社，2001.

10 金维强主编. 大型锅炉运行. 北京：中国电力出版社，1998.

11 朱传标. 工业锅炉技术基础. 上海：上海远东出版社，1996.

12 徐通模，金定安，温龙. 锅炉燃烧设备. 西安：西安交通大学出版社，1990.

13 翦天聪. 汽轮机原理. 北京：水利电力出版社，1986.

14 沈士一等. 汽轮机原理. 北京：中国电力出版社，1992.

15 韩中合，田松峰，马晓芳. 火电厂汽轮机设备及运行. 北京：中国电力出版社，2002.

16 华北电力学院. 火电厂热力设备及系统. 北京：电力工业出版社，1980.

17 郑体宽. 热力发电厂. 2版. 北京：中国电力出版社，2008.

18 田金玉. 热力发电厂. 第二版. 北京：水利电力出版社，2008.

19 黄焕春. 发电厂热力设备. 北京：水利电力出版社，1990.

20 华东水利学院，成都科学技术大学，台肥工业大学合编. 水电站. 北京：水利电力出版社，1980.

21 吕元平. 水利工程概论. 北京：水利电力出版社，1984.

22 叶秉如. 水力计算. 北京：水利电力出版社，1985.

23 王树人等. 水电站建筑物. 北京：清华大学出版社，1984.

24 王世泽. 水电站建筑物. 北京：水利电力出版社，1987.

25 华中工学院. 发电厂（上册：动力部分）. 北京：电力工业出版社，1980.

26 国家自然科学基金会. 核技术. 北京：科学出版社，1991.

27 鲍云樵. 原子巨人——核反应堆. 北京：科学出版社，1984.

28 郭星渠. 核能：20世纪后的主要能源. 北京：原子能出版社，1987.

29 W. 奥尔德科布. 核电站压水式反应堆，（中译本）. 北京：水利电力出版社，1986.